博观丛书

U0620309

李剑 —— 著

# 南岭民族走廊经济发展战略研究

Development Strategy of
Nanling Ethnic Corridor

Ethnic Corridor

经济管理出版社
ECONOMY & MANAGEMENT PUBLISHING HOUSE

**图书在版编目（CIP）数据**

南岭民族走廊经济发展战略研究/李剑著. —北京：经济管理出版社，2020.1
ISBN 978－7－5096－7049－1

Ⅰ.①南…　Ⅱ.①李…　Ⅲ.①民族地区经济—区域经济发展—研究—中国　Ⅳ.
①F127.8

中国版本图书馆 CIP 数据核字（2020）第 021984 号

组稿编辑：高　娅
责任编辑：高　娅
责任印制：黄章平
责任校对：陈　颖

出版发行：经济管理出版社
　　　　　（北京市海淀区北蜂窝 8 号中雅大厦 A 座 11 层 100038）
网　　址：www.E－mp.com.cn
电　　话：（010）51915602
印　　刷：北京玺诚印务有限公司
经　　销：新华书店
开　　本：710mm×1000mm/16
印　　张：20.75
字　　数：287 千字
版　　次：2020 年 1 月第 1 版　　2020 年 1 月第 1 次印刷
书　　号：ISBN 978－7－5096－7049－1
定　　价：88.00 元

# 序

　　"民族走廊"是费孝通先生在其"中华民族多元一体"思想中提出的重要学术概念,为民族学研究赋予了区域性视角和跨区域研究方法。作为三大民族走廊之一,南岭民族走廊地区的经济发展问题越来越受到关注。本书以南岭民族走廊为对象,将这个民族学概念引入区域经济发展战略研究。

　　改革开放40多年来,各省区不断深化体制改革与对外开放,全国总体取得了举世瞩目的成就。尤其是西部大开发战略实施以来,我国西部民族地区获得了长足发展。但是与东部沿海地区相比,西部民族地区的发展速度和发展水平依然较低。加速发展西部民族地区经济,缩小东西部发展差距不仅是学者们非常关心的重要问题,更是关系到国家经济整体发展战略的重大问题。作为三大民族走廊之一的南岭民族走廊,其所涵盖地区既包括东部沿海省区,也包括中西部内陆地区,是民族构成较为复杂的一个地区。能否将南岭民族走廊所涵盖的地区视为一个区域经济合作体,依据其所处的国内和国际区位,从整体上构建经济战略,将其融入国家"一带一路"建设中去,是一个非常值得探索的问题。民族走廊具有天然的历史渊源和文化纽带,这是民族走廊地区实施协同发展战略无可比拟的优势。借鉴通道经济模式,以民族关系纽带强化其经济联系,促进南岭民族走廊协同发展，是实现缩小发展差距目标的积极探索。

在学术界现有研究成果的基础上，本书在以下方面进行了创新：一是将"南岭民族走廊"这个民族学概念引入区域经济发展战略研究；二是综合多个学科理论方法界定了南岭民族走廊的概念与空间范围；三是在认识论层面对将南岭民族走廊作为一个整体性经济区域的合理性进行了理论论证；四是以民族文化与民族关系强化走廊区域经济关系；五是以国际视野审视南岭民族走廊区位优势，提出协同发展和双向开放内外结合的发展方略。

2009 年，笔者硕士毕业之后，参加了团中央组织的"大学生志愿服务西部计划"，作为青年志愿者在西藏自治区山南地区志愿服务了一年时间。2010 ~ 2015 年，笔者在广西壮族自治区工作了五年时间。2015 ~ 2018 年，笔者在中央民族大学攻读中国少数民族经济专业博士学位。2018 年至今，笔者又到云南省工作，在此实现自己的人生价值。在民族地区的长时期工作与学习，让笔者对民族地区产生了深厚的情感，对其经济发展的关注与研究也将成为笔者以后重要的学术研究方向。

路漫漫其修远兮，吾将上下而求索。

# 前　言

　　"民族走廊"是费孝通先生在其"中华民族多元一体"理论体系中提出的民族学概念，为民族学研究赋予了区域性的研究视角，同时创新了民族学的区域性研究方法。作为三大民族走廊之一的南岭民族走廊，成为诸多学者的重要研究对象，其经济发展问题越来越受到关注。本书以民族学中提出的南岭民族走廊为研究对象，着重研究其经济发展战略，对丰富民族学、文化人类学、民族经济学、区域经济学等相关研究具有较大理论贡献，同时对于促进该民族地区经济发展进步、实现协调发展具有深远的现实意义。

　　本书的核心内容是将"南岭民族走廊"这个民族学概念延伸至区域经济发展研究范畴，对其经济发展战略的构建进行理论研究和现实论证。本书研究思路主要表现在：在科学界定南岭民族走廊的概念和空间范围的前提下，对该走廊区域经济发展现状与问题进行分析、归纳并引出整体构建该民族走廊经济发展战略的必要性，然后在理论和现实层面对战略构建的可行性进行充分论证，最终绘制出南岭民族走廊经济发展战略的总体蓝图。研究内容的丰富性决定了本书研究方法的多学科交叉特征：在遵循现代经济学分析范式的基础上，综合运用民族学、区域经济学、民族经济学、地理学、历史学等学科中的科学方法，通过交叉研究，做到理论研究与实证分析相结合、定量分析与定性分析相结合。

本书研究的基本框架、主要成果和创新之处可以概括如下：

第一，将"南岭民族走廊"这个民族学概念引入区域经济发展研究，界定了南岭民族走廊的概念、民族特征与空间范围。

南岭民族走廊是民族学中提出的一个特殊的"历史—地理"区域概念，是历史上各民族在长期迁徙流动和互动融合中所形成的一个民族地区。它是连接中原文明与岭南文化的中间地带，既是连接长江流域与珠江流域的要道，也是串联我国西南与东南地区的纽带，是古代海上丝绸之路的起始点区域。将这个概念引入区域经济研究，首先要在概念上进行准确界定。面对学术争论，在辩证分析、吸收学者们相关研究合理成分的基础上，本书界定了南岭民族走廊的概念，综合了自然地理学、民族学、文化人类学、区域经济学等不同学科角度下对该走廊空间范围的不同界定，创造性地提出了"核心区+辐射区"的范围界定方式。

第二，发展差距与发展失衡是南岭民族走廊地区经济最为突出的核心问题。

从整体角度来看，通过对各省区进行经济对比分析发现，南岭民族走廊地区存在发展差距大、经济结构不合理、增长方式粗放、创新能力不足、对外开放不开阔、贫困问题严重等一系列整体性问题，其中，发展失衡与发展差距是该地区经济发展中存在的最为突出的重大核心问题。将南岭民族走廊视为一个整体性经济区域，科学规划其整体经济发展战略，既是形势所致，也是问题所逼。本书认为，整体构建南岭民族走廊经济发展战略，是该地区解决经济发展中的问题以及面对形势所迫的根本选择。

第三，整体构建南岭民族走廊经济发展战略既具有深厚的理论支撑，同时也具有充分的现实条件。

　　整体构建南岭民族走廊经济发展战略具有坚实的理论依据，主要表现在：首先，以南岭民族走廊为一个整体性经济区域进行发展战略研究具有一定的科学性与合理性；其次，以南岭民族走廊为角度进行区域经济发展战略研究，要比其他经济区划形式更具备优势；再次，加速发展战略思想对南岭民族走廊经济发展仍然具有深远的指导意义，区域协同发展理念与双向开放开发思想对南岭民族走廊在经济发展战略模式上的创新具有巨大价值；最后，通道经济或走廊经济，是南岭民族走廊经济发展中可以借鉴的模式。同时，南岭民族走廊经济发展战略的构建也具有充分的现实依据，主要表现在：首先，构建"南岭民族走廊区域合作经济带"具有现实可行性；其次，协同走廊内各省区现行的经济发展战略也具有可行性，表现在战略目标的相同性、发展理念的一致性、战略定位的互补性、战略举措的趋同性等方面；最后，构建南岭民族走廊经济发展战略具有厚重的现实条件，表现在国际国内双重视角下的区位优势、丰裕优质的要素禀赋优势、民族文化与民族关系中的纽带优势、经济发展奠定的良好基础、灵活优惠的政策条件等方面。

　　第四，打造"南岭民族走廊区域合作经济带"，坚持五大发展定位和五大发展理念，内部协同发展与外部双向开放等构成了南岭民族走廊经济发展战略的总体蓝图。

　　以打造"南岭民族走廊区域合作经济带"为战略目标，坚持"21世纪海上丝绸之路建设的战略起点区与国际大通道、全国对内对外双向开放先行区、东中西部互联互动协调发展示范区、民族团结进步与民族经济加速发展示范区、全国主体功能区优化发展样板区"五大战略定位，以创新、协调、绿色、开放、共享为发展理念，以内部协同发展战略和外部双向开放战略为战略模式和战略重点，以优化经济布局、深化合作原则、创新合作机制、拓宽合作领域、推动区域一体、促进创新驱动、拓展对外开放等为战略举措，构建南岭民族走廊整体经济发展战略的总体蓝图。走廊内部协同发展战略与外部双向开放战略是南岭民族走廊经济发展整体战略的两翼，两者相互依赖、相互促进、相互配合，构成内外结合的战略体系。

第五，南岭民族走廊经济发展战略支持体系包括组织保障体系、建设性支持体系和政策性支持体系。

根据南岭民族走廊经济发展战略构想中对该区域经济发展战略目标、战略定位和战略模式等内容的设计和要求，以该走廊的特殊性和经济发展中存在的突出问题为依据，其战略支持系统应包含组织性体系、建设性支持体系和政策性支持体系三个层面的内容，三者之间相互补充、相互联系、缺一不可。

将"南岭民族走廊"这个民族学概念引入区域经济学研究，需要从哲学层面上的认识论角度对这两个学科下的区域构建进行逻辑上的契合研究，在理论上充分论证将南岭民族走廊作为一个整体性经济区域的合理性和优势。这既是本书最大的难点，也是本书重大突破之处。本书在南岭民族走廊经济发展战略构建中，十分重视发挥走廊中紧密的民族关系对强化区域经济关系的纽带作用，在国内国际双重视阈下提出南岭民族走廊具有双向开放区位特征，在此基础上提出了南岭民族走廊的海洋战略。

# 目 录

# 导　论

　　民族走廊是我国著名学者费孝通先生于 20 世纪 80 年代提出的学术概念，科学地界定了我国的民族格局。作为三大民族走廊之一的南岭民族走廊，成为后继诸多学者的重要研究对象，对南岭民族走廊的历史、民族文化与关系、空间范围等问题进行了多角度深入研究。其中，南岭民族走廊的经济发展问题也越来越受到学者关注。在我国东西部地区经济发展差距越来越被拉大的严峻形势下，构建科学有效的经济发展战略进而缩小发展差距，对我国民族地区的发展具有长远意义。如何发挥其地理区位和比较优势，制定适宜的经济发展战略以促进南岭民族走廊的进一步开发和对外开放，是本书研究的基本出发点。

## 一、研究背景与意义

　　民族走廊是费孝通先生基于民族学角度提出的一个学术概念。它的提出不但为民族学研究赋予了区域性的研究视角，同时创新了民族学的区域性研究方法。国内学者分别在历史、文化、民族、经济、地理等各个方面对三大民族走廊包括西北走廊、藏彝走廊和南岭走廊进行了深入研究。本书以南岭民族走廊为对象，将这个民族学概念引入区域经济发展战略研究。

### （一）研究背景

　　积极帮助少数民族地区发展经济是新中国成立后国家一贯执行的政策方针。改革开放 40 多年来，各省区不断深化体制改革与对外开放，全国总体取得了举世瞩目的成就。尤其是西部大开发战略实施以来，我国西部民族地区获得了长足发展。但是，与东部沿海地区相比，西部民族地区的发展速度和发展水平依然较低，东西部之间的发展差距有逐渐拉大的趋势。加速发展西部民族地区经济，缩小东西部发展差距不仅是学者们非常关心的重要问题，更是关系到国家经济整体发展战略的重大问题。

在世界多极化、经济全球化、文化多样化的趋势下，共建"一带一路"是秉持开放合作精神和维护全球自由贸易体系的表现，符合世界各国的根本利益，是对国际合作新理念、新模式的有益探索。随着"一带一路"建设的持续推进，我国各涉及地区依据自身的区位和条件，纷纷出台相关战略规划，积极融入"一带一路"建设中去。作为三大民族走廊的南岭民族走廊，其所涵盖地区既包括东部沿海省区，也包括中西部内陆地区，是民族构成较为复杂的一个地区。能否将南岭民族走廊所涵盖的地区视为一个区域经济合作体，依据其所处的国内和国际区位，从整体上构建其经济战略，将其融入国家"一带一路"建设中，是一个非常值得探索的问题。

《藏羌彝文化产业走廊总体规划》（2014 年）的颁布，将"民族走廊"这个民族学学术概念和思想理论第一次延伸到经济发展范畴，应用于社会实践领域。这深刻表明国家正在积极探索和创新民族地区经济发展的新模式。南岭民族走廊所涉及区域跨越我国东中西部，各省区发展差距较为悬殊。民族走廊具有天然的历史渊源和文化纽带，这是民族走廊地区实施协同发展战略无可比拟的优势。借鉴通道经济模式，以民族关系纽带强化其经济联系，促进南岭民族走廊协同发展，是实现缩小发展差距目标的积极探索。

（二）研究意义

本书以南岭民族走廊为研究对象，着重研究其经济发展战略，通过多学科交叉研究，旨在民族经济学理论层面有所贡献，同时对南岭民族走廊地区经济发展实践具有一定的指导意义。因此，研究具有深远的理论价值与现实意义。

本书研究具有多学科交叉研究的特征，因此，其理论价值就体现在对民族经济学、民族学和区域经济学等学科的贡献上。主要表现在以下几个方面：

第一，可以拓展民族经济学的研究内容与研究视角。本书以南岭民族走廊这个民族学概念为逻辑起点，通过南岭民族走廊地区各民族之间的历史文化关系来强化其经济联系，进而提出该民族走廊的经济发展战略。这对于民族经济学中民族因素与经济因素的交叉互动过程、模式、规律等方面的研究具有深远的价值贡献。另外，本书还对民族经济学的区域性与民族性的辩证关系研究具有积极贡献。在区域经济发展研究中赋予民族特征的考察，通过民族文化联系强化区域经济关系，实现民族性与区域性的耦合，为民族经济走廊的打造奠定理论基础。

第二，以民族关系纽带开拓走廊经济研究的新思路。以民族走廊为视角研究民族地区的经济发展战略，不同于单纯的区域经济和走廊经济研究。民族走廊的研究更为广泛，不仅涉及自然地理、资源条件、技术条件、政策法律等方面的研究，更重要的是引入民族要素的分析，如民族特征、民族关系、民族文化、民族历史等方面的研究。本书以民族关系为纽带，通过南岭走廊地区各民族之间在历史交往中形成的文化联系，来强化各民族地区之间的经济联系，并形成一种全新的区域经济协同发展机制。注重南岭走廊地区民族特征的研究是本书研究的一个鲜明特点。这样不但拓展了走廊经济或通道经济研究的内容，而且为走廊经济研究提供了一种全新的思路。

第三，可以丰富区域经济发展研究中的内部协同理论与对外开放理论。本书以区域经济协同发展理论与双向开放思想为理论依据，充分发挥各民族之间在历史中形成的文化纽带作用，将南岭民族走廊作为一个经济系统整体，根据其要素禀赋、区位等条件制定适宜的经济发展战略，在其内部进行全面协同，在其外部进行双向开放，最终实现南岭民族走廊地区的经济发展目标。这对于丰富区域经济研究中的内部协同理论和外部开放理论具有积极的学术贡献。

第四，对民族学中南岭走廊的经济问题研究具有一定的价值。南岭走廊是费孝通先生于20世纪80年代初提出的三大民族走廊概念中的一个，也是在其生平中论及最少且争议最大的一个民族走廊。对南岭民族走廊的定义、特点、范围等方面的界定，到目前为止，国内依然存在众多争议。

本书对南岭民族走廊经济发展战略的研究，是建立在费孝通先生以及其他知名学者在南岭民族走廊研究上已有的学术成果基础上，再结合区域经济研究的一般范式，在区域经济学的角度引入民族要素的研究，进而研究民族地区经济问题。这对于南岭民族走廊的进一步研究以及民族走廊思想的进一步完善具有重要的意义。

本书除了具有较大的理论价值，还在加速南岭民族走廊地区经济发展、推进国家西部大开发战略和"一带一路"建设等方面具有一定的现实意义。具体主要表现在以下几个方面：

第一，促进南岭民族地区经济协同发展，缩小东西部地区发展差距。本书旨在通过对南岭民族地区经济发展战略的研究，将民族要素分析引入区域经济规划，通过建立该民族地区经济的协同发展机制，实现经济加速发展、缩小差距的目的。广义的南岭民族走廊地理范围涉及我国东中西部地区，是建立区域经济协同发展机制的优良之地。本书对该民族地区创新区域经济合作模式和制定区域经济发展战略具有现实的借鉴意义。

第二，深入推进西部大开发战略，促进南岭民族地区双向开发。缩小我国东西部地区之间的发展差距，努力建成一个全面发展的西部地区是西部大开发的总体战略目标。这个战略目标的实现，不仅需要东西部地区之间的协作，也需要深化西部地区对外开放层次。本书对于深入推进西部大开发战略，促进南岭民族走廊地区的双向开发具有直接的现实意义。

第三，强化南岭地区民族关系纽带，促进民族团结与各民族共同繁荣发展。民族走廊是在历史上多个民族使用过的迁徙流动的路线通道，是我国各民族之间进行延续发展与互动交流的重要场域。本书正是以南岭民族走廊历史中形成的紧密民族关系为纽带，促进区域经济关系的强化。这对于促进南岭地区各民族之间的相互交流、民族团结、社会稳定、共同繁荣具有深远意义。

第四，深化南岭民族地区对外开放程度，推进国家"一带一路"建设。自古以来南岭民族走廊地区就与古代丝绸之路的形成息息相关。建设"一带一路"，将民族地区从对外开放的末梢、内地边陲，推向了改革开放的前沿地区。在国家的全球战略布局中，南岭民族走廊地区在空间上是我国"一带一路"建设中尤其是"21世纪海上丝绸之路"的起点区域，将其作为一个区域整体规划其经济发展战略，对于提升该民族地区的对外开放程度、推进国家"一带一路"建设具有积极的意义。

**二、相关研究综述**

本书以南岭民族走廊的经济发展战略为研究中心，其涉及的学科知识有民族学、人类学、民族经济学、区域经济学等相关领域。南岭民族走廊、发展战略是本书研究的两大核心词语，也是进行文献检索和文献综述的关键词语。根据本书的研究内容，与选题相关的研究动态主要表现在以下三个方面：

（一）南岭民族走廊相关研究综述

尽管民族走廊概念是由费孝通先生提出并逐渐成为国内外学者的理论研究对象，但是关于南岭少数民族的研究却经历了长期历史过程。至今为止，学术界对"西北走廊"与"藏彝走廊"的研究成果较为丰富，而与"南岭走廊"相关的研究却比较薄弱。

1. 有关南岭民族走廊的研究历程

有关南岭少数民族的历史、文化、风俗习惯、生活等方面的历史记载自先秦时期就已经出现。"从先秦的《尚书》至清代李来章的《连阳八排风土记》，及用汉文书写的瑶族经典《千家峒流水记》《评皇券牒》等，这些厚重的历史文献从汉文语境中反映了南岭地区各民族的社会文化、风俗习惯等。"① 新中国成立之前，以费孝通、王同惠、杨成志、李智文、许益堂等为代表的学者深入南岭地区，从人类学研究角度创作了一批研究成果。在新中国成立后的少数民族调查与识别过程中，中央组织了大量学者、专家编撰了大量关于南岭地区少数民族的书籍，如《中国少数民族社会历史调查资料丛刊》《中国少数民族简史丛书》等，为南岭民族走廊的进一步研究奠定了基础。但是这些研究成果基本都是某些特定区域的特定民族研究，它们明显受空间区域的限制。

---

① 李勇军、李双：《南岭民族走廊研究的回顾与展望》，《广西师范学院学报（哲学社会科学版）》2016年第5期，第67-73页。

学术界中出现的南岭民族走廊研究热潮始于 20 世纪 80 年代，而且学者来自国内外，在研究视野、研究方法、研究对象等方面均对后来的研究产生了深远影响。日本的佐佐木高明、竹村卓二，中国香港的谢剑、乔健等，深入南岭民族走廊地区进行田野调查，并与国内学者进行学术交流。这其中，佐佐木高明的贡献非常大，他所著的《照叶树林文化之路》一文提倡的"照叶树林文化论"对推进民族走廊研究具有深远意义。受他们影响，国内学者逐渐学习并接受区域历史的研究方法，为跨区域民族研究奠定了科学前提。1981 年 12 月，费孝通先生首次提出了南岭民族走廊的概念。在经历了 20 世纪 80 年代和 90 年代的平静期之后，南岭民族走廊研究在 21 世纪初又迎来了另一个热潮时期。南方各高校的科研机构以跨区域研究为方法，在多个角度对南岭民族走廊进行了多方位研究。代表学者有广西师范大学的覃德清，广西民族大学的徐杰舜、玉时阶，暨南大学的王元林，中山大学的麻国庆、刘秀丽等，出版了大量学术论著，初步形成了南岭民族走廊研究的学术体系。

2. 与南岭民族走廊相关的研究主题

南岭民族走廊概念提出之后，虽然费孝通先生在各种学术会议或著作中曾多次提及，但其本人对南岭民族走廊并没有做出太多的论述，为后人对其进行进一步研究留下了很大的发挥空间。后继学者对南岭民族走廊的研究，与本书具有密切关系的主要集中在以下内容：

第一，基本理论框架研究。基本理论框架研究，即南岭民族走廊的相关基本概念研究，是南岭民族走廊研究的核心问题，也是其他研究所依赖的基础。其中，南岭民族走廊的界定是理论框架研究中的关键问题。1982 年 5 月，费孝通先生指出了南岭走廊的大致空间范围和基本民族成分。他提出，"广西、湖南、广东这几个省区能不能把南岭山脉这一条走廊上的苗、瑶、畲、壮、侗、水、布依等民族，即苗瑶语族和壮傣族这两大集团的关系都搞出来"①。虽然他没有对南岭民族走廊的空间范围进行完整界定，

① 费孝通：《谈深入开展民族调查问题》，《中南民族大学学报（人文社会科学版）》1982 年第 3 期，第 2-7 页。

但基本成为后继学者进行研究的基本理论支撑。后继学者在费老思想的基础上，根据自身研究的需要，对南岭民族走廊的界定提出了不同的见解。

李星星（2005）在《论"民族走廊"及"二纵三横"的格局》一文中不但对民族走廊的概念、特征、形成等进行了阐述，还进一步对南岭民族走廊的范围进行了界定。他认为，"'民族走廊'是在中国特定的自然历史条件下形成的，处于古代冲积平原农业文明区域边缘，属一定历史民族或族群选择的……其地形复杂而又依山川自然走向平面呈条带状的特殊地带，这些特殊地带也是中国少数民族的摇篮"。① 按照他的界定，"壮侗走廊"在我国内陆的大致地理范围是东起闽南武夷山区，西至珠江支流北盘江（西段延伸部分与"藏彝走廊"南端部分相接）、南盘江上游地区，北界在南岭北侧一线（与"苗瑶走廊"相汇），南以北回归线为界。

著名学者王元林（2006）在《费孝通与南岭民族走廊研究》一文中认为，费孝通先生提出的南岭走廊概念应该是广义而非狭义的，李星星的"壮侗走廊"虽然在提法上有一定的道理，但是与费孝通提出的南岭走廊包括苗瑶和壮侗两大语族的提法是不一致的。但是与王元林持广义南岭民族走廊的观点不同，吴忠军则认为南岭民族走廊的地理范围不应该扩大。他在《南岭民族走廊贫困现状与扶贫开发研究》（2014）一文中，坚持从地理学角度界定南岭民族走廊地理范围，采用中国科学院在 20 世纪 90 年代对南岭地区进行多次考察后所界定的南岭概念和范围。

学者麻国庆在《南岭民族走廊的人类学定位及意义》（2013）一文中认为，"民族学人类学意义上的'南岭走廊'的区域范围的确定，一方面应参照地理学界各种关于南岭山区的自然地理划分；另一方面应结合区域内的历史、文化、社会、族群流动等因素"。② 此外，覃德清认为，应当从文化形态上对南岭民族走廊进行界定，他提出"南岭民族文化"，"其内涵和外延应包含历史上曾经或者仍然居住在湘、黔、粤、桂、赣交界的南岭山地及其周边地区

---

① 李星星：《论"民族走廊"及"二纵三横"的格局》，《中华文化论坛》2005 年第 3 期，第 124-130 页。
② 麻国庆：《南岭民族走廊的人类学定位及意义》，《广西民族大学学报（哲学社会科学版）》2013 年第 3 期，第 84-90 页。

的各族群及其创造和传承的各种形态的区域文化综合体"。①

第二，交通要道与民族文化研究。交通要道和民族文化分别是南岭民族走廊形成的有形纽带和无形纽带，其相关研究是南岭民族走廊研究的重要内容。

学者王元林在南岭通道研究方面所主持的相关课题为南岭民族走廊交通要道研究提供了丰富的学术成果，如《唐宋时期湘桂交通走廊与湘桂毗邻地区发展初探》《明清粤赣通道与两省毗邻地区互动发展研究》《明清时期湘粤交通走廊与湘粤毗邻地区发展研究》等。这些研究成果详细阐释了各历史时期南岭民族走廊的交通路线、人口流动、地理环境等内容。王元林（2006）指出，"南岭因地处我国长江、珠江两大水系的分界线，岭间拥有众多低谷和多构造盆地，既是汉族南下百越的通道，也是各少数民族南下通道，为中央政府重点经营的交通要道"。② 他论述了秦汉时期中央对南岭地区交通要道的开发，并指出，"中央政府发展岭南交通在沟通中央与地方关系上起到桥梁作用，维护了岭南边疆地区的安定"。③ 麻国庆（2013）也在《南岭民族走廊的人类学定位及意义》一文中指出，"南岭一方面使来自东南海洋的暖湿气流受阻，另一方面又使北来的寒潮阻滞或延缓南下，成为重要的南北气流交汇之地。南岭历来为南北交通要道，如水运通道灵渠、陆路通道梅关古道等"。④ 韦浩明（2011）对南岭走廊中的潇贺古道进行了多年考证研究。他认为，"潇贺古道的修筑与人口流动、人口密度、经济发展等因素密切相关，对中央政府开发和经略岭南地区具有重大作用"。⑤

南岭民族走廊的形成除了地理交通上的有形纽带外，民族文化就是无

---

① 覃德清：《关于开展南岭民族研究的构想》，《广西师范大学学报（哲学社会科学版）》2008 年第 2 期，第 64-70 页。
② 王元林：《费孝通与南岭民族走廊研究》，《广西民族研究》2006 年第 4 期，第 109-116 页。
③ 王元林：《秦汉时期南岭交通的开发与南北交流》，《中国历史地理论丛》2008 年第 4 期，第 45-56 页。
④ 麻国庆：《南岭民族走廊的人类学定位及意义》，《广西民族大学学报（哲学社会科学版）》2013 年第 3 期，第 84-90 页。
⑤ 韦浩明：《潇贺古道及其岔道贺州段考》，《贺州学院学报》2011 年第 1 期，第 34-38 页。

形的纽带。民族文化研究是南岭民族走廊研究中的重要内容。覃德清、杨丽萍（2009）在文章《南岭民族走廊文化积淀与审美人类学研究的拓展》中以审美人类学为理论方法，以各族群的审美心理、崇尚、趣味以及其他审美文化形态为切入点，对南岭及其周边地区各民族审美习俗的传承演化过程进行了细致的研究。他们将南岭民族走廊视为中国南方苗瑶语族与壮侗语族各少数民族聚居的"民族文化富矿区"[①]。他们认为，"历史上南岭民族及其文化的演进，历经沧桑，整个文化发展过程既有自成一体的文化根脉，也同汉族文化具有千丝万缕的联系，有些文化事象具有鲜明的时代特征，也有一些文化传统经久不变，流灌在南岭民族文化的历史长河之中"。[②]陈能幸、陈炜在文章《南岭走廊少数民族非物质文化的分类及特征》中，对南岭民族走廊中的非物质文化遗产进行了较为详细的整理分类，并在整体上论述了南岭民族走廊文化遗产的特征。此外，还有很多学者从特定的角度或特定的民族、区域对南岭民族走廊中的民族文化进行了专门研究。例如，陈摩人在《龙门瑶族的来历与"舞火狗"探析——"南岭民族走廊"文化遗存一例》一文中深入探究了龙门瑶族"舞火狗"文化的特征、来历与功能；石中坚、黄韧在《粤东畲族招兵节研究——兼论南岭走廊民族文化互动特征》一文中充分阐释了畲族的世界观与价值观；李晓明在《南岭走廊过山瑶传统文化基本特征探论》一文中鲜明概括了过山瑶的文化特征；梁安在《南岭走廊瑶族环境伦理思想探论》一文中深入分析了瑶族居民伦理思想的形成与自然环境、生计方式之间的密切关系；吴声军在《南岭过山瑶传统生计方式探析——以富川瑶族自治县枫木坪为例》一文中对瑶族生计方式的特征、形成做了深刻剖析；等等。不管是总体研究还是对特定民族文化的专门研究，都为掌握南岭民族走廊的文化特点奠定了坚实的基础。

　　第三，民族融合互动研究。民族融合是南岭民族走廊研究的重要内容，是中华民族多元一体格局形成的重要原因，各民族之间在经济文化上

---

①② 覃德清、杨丽萍：《南岭民族走廊文化积淀与审美人类学研究的拓展》，《文化遗产》2009年第3期，第111-117页。

的相互交流对各民族的生产生活产生了深远影响。

李晓明（2010）对南岭民族走廊地区的族群互动进行了长期研究，他认为南岭民族走廊地区中瑶族的族群认同呈现"多元性"，表现在对族源、生产生活方式、语言与身份、地域、信仰等方面的认同上。这种认同的多元性推动了南岭民族走廊族群的发展与融合。①

韦浩明（2010）以文化形态为分类依据，将潇贺古道的居民分为20多个文化族群，认为从族群内部认同到族群外部认同的过程就是族群融合的过程。他提出，"族群之间文化认同的产生与发展，既受到客观自然环境、物质环境、文化环境的影响与制约，又受到族群自身传统文化和政府政策的影响。潇贺古道区域瑶族对汉文化的认同，建立在复杂的社会制度和生活状态的变迁之中，是政府政策倡导、族群精英及其成员长期实践的结果"。②

在认同汉文化的过程中，南岭民族走廊上的各少数民族不仅是被动地接受儒家文化，也发展了儒家文化。刘秀丽（2010）认为，"族群之间的互动不仅促成了文化的交流、传播或涵化，而且各个族群的文化在互动中激发出新的元素，这些新元素继而在各自的族群背景下被整合或重构，各个族群的文化都在这个过程中吐故纳新，从而生成新的文化特质"。③ 笔者将这个过程称为"文化共生"，认为这对于促进民族关系具有重大意义。

第四，民族经济发展问题研究。费孝通先生在提出南岭民族走廊概念之时就将该地区的经济发展问题作为重要研究内容。他在1988年12月提出了建立"南岭瑶族经济协作区"的构想，其对南岭民族走廊地区少数民族的经济发展的重视，为后继学者进行深入研究起到了启迪作用。

王施力、王明生（2007）在《加强区域协作发展，构建南岭地区瑶族文化圈》一文中从文化融合、现代化、区域合作三个层面探究了构建南岭地区瑶族文化圈的必要性，将构筑"一园、两带、多点"的空间布

---

① 李晓明：《族群认同的"多元性"：以南岭民族走廊瑶族为例》，《前沿》2010年第22期，第148-151页。

② 韦浩明：《潇贺古道区域瑶族认同汉文化的历史建构》，《广西民族研究》2010年第4期，第126-131页。

③ 刘秀丽：《从四大民瑶看明清以来"南岭走廊"的族群互动与文化共生》，《中南民族大学学报（人文社会科学版）》2010年第2期，第44-48页。

局作为发展战略。其中："一园"即建设盘瓠文化产业园；"两带"即打造两条瑶族文化精华集中的地带；"多点"即依托南岭瑶族地区的自然资源、旅游资源、文化资源等，加快文化产业基地建设，推动南岭地区瑶族文化的均衡发展。①

吴忠军、张瑾（2009）在《粤桂湘瑶族文化旅游圈构建研究》一文中对费孝通先生提出的"南岭瑶族经济协作区"进行了进一步思考。他们从区域合作战略出发，提出了构建"粤桂湘瑶族文化旅游圈"的设想。他们在文中提到，"这一系统的基本构架以连南瑶族自治县为核心，呈核心—边缘结构，即一个核心、两个圈层、四条轴线的区域网状格局"。②值得注意的是，吴忠军在文中建议打破行政界限和行政区划，统一规划、共同协作，共商发展对策。吴忠军、邓鸥（2014）在另一篇文章《南岭民族走廊贫困现状与扶贫开发研究》中，对南岭民族走廊的贫困问题进行了深入研究。文中，他们选取了该地区的 34 个贫困县作为研究对象，用人均国内生产总值、人均地方财政一般预算收入以及农民人均纯收入这三个反映地区贫困程度的指标，对所选地区的贫困状况进行了定量分析，并归纳出导致该地区贫困的原因，最后提出将南岭山区列入国家第十二个集中连片特困区进行扶贫开发，大力发展特色产业，尽快实现脱贫致富。③

高冲、吴忠军（2015）在《南岭民族走廊旅游经济差异研究》一文中，利用现代统计方法对该走廊旅游经济进行了差异性分析，概括出该地区在旅游经济发展上的两种差异和四种类型，并以此为依据提出对策建议。文中认为，"促进南岭民族走廊旅游经济协调发展，应充分考量南岭七市发展战略、国家顶层设计、资源环境约束等因素，依托民族、生态、红色旅游资源，逐步构建以民族旅游为龙头、以生

① 王施力、王明生：《加强区域协作发展，构建南岭地区瑶族文化圈》，《民族论坛》2007 年第 2 期，第 25-27 页。
② 吴忠军、张瑾：《粤桂湘瑶族文化旅游圈构建研究》，《贺州学院学报》2009 年第 3 期，第 105-109 页。
③ 吴忠军、邓鸥：《南岭民族走廊贫困现状与扶贫开发研究》《广西民族研究》2014 年第 6 期，第 136-146 页。

态旅游为主导、以红色旅游为特色的南岭旅游经济发展模式……致力于将南岭民族走廊打造为国家旅游扶贫试验区、国家生态旅游示范区、国家级民族风情旅游区"。①

龙晔生（2016）在《南岭走廊民族区域平等发展：概念提出及路径选择》一文中以民族文化中心为视角，以民族平等理论为支撑，结合平等发展观和区域协调发展理论提出了民族区域平等发展的新概念。他认为，南岭走廊民族区域协作起步早但提升慢，区域政策差异割裂导致南岭走廊区域贫困加深。最后他提出，设立文化边区扶贫开发管委会是南岭走廊民族区域平等发展的路径选择。②

关于南岭民族走廊的相关研究成果较为丰富，是进一步深化研究的前提基础。但是，与西北走廊和藏彝走廊研究相比，南岭民族走廊的研究依然存在不足。一方面，整体性的宏观研究成果不多。大部分学者主要针对南岭民族走廊的特定区域或特定民族进行了专门性的相关研究，但是在南岭民族走廊整体角度进行研究的宏观性成果相对较少。另一方面，从国际视野审视南岭走廊并以开放的体系来看待南岭民族走廊在海上丝绸之路的战略地位，这样的研究更是稀少。

（二）经济发展战略相关研究综述

经济发展战略是第二次世界大战后在研究发展中国家经济问题的过程中兴起并应用的概念。经济发展战略思想可以上溯到古典经济学，尤其是德国历史学派提出的"国家经济学"范畴。之后，以人口理论、创新理论、有效需求理论等为代表的理论思想在国家干预经济方面为经济发展战略理论的形成奠定了基础。"二战"以后，关于发展中国家的经济发展理论得到了空前的发展。20世纪80年代以后，发展经济学在批判继承和创新的基础上，取得了一些新的进展。这些理论对于我国民族地区经济发展战略的制定奠定了决策依据。

---

① 高冲、吴忠军：《南岭民族走廊旅游经济差异研究》，《贺州学院学报》2015年第3期，第31-37页。
② 龙晔生：《南岭走廊民族区域平等发展：概念提出及路径选择》，《民族论坛》2016年第6期，第4-9页。

1. 国外发展经济学战略理论

发展经济学中关于发展战略的理论思想基本分为两大类：平衡增长理论和不平衡增长理论。平衡增长理论分为"大推进"理论和"贫困恶性循环"理论；不平衡增长理论分为非均衡增长理论、增长极理论和主导产业论。

"大推进"理论是1943年英国经济学家罗森斯坦—罗丹在《东欧和东南欧国家工业化的若干问题》一文中首次提出的。该理论认为，实现工业化是推动经济发展的关键，而实现国家的工业化必须同时对国民经济的各个工业部门进行大规模投资。"大推进"理论虽然为发展中国家提出了理论依据，但是具有一定的局限性。该理论没有充分考虑发展中国家在资金问题上存在的瓶颈，也忽视了市场的作用。"贫困恶性循环"理论是美国经济学家罗格纳·纳克斯（1953）在《不发达国家的资本形成》一文中提出的，他认为，缺乏资本是阻碍发展中国家发展的关键因素，因为贫困而导致发展中国家存在两种恶性循环。纳克斯也认为，克服这一恶性循环的途径，只有对国民经济各部门进行大量投资。这一理论的主要缺陷在于错误地将储蓄水平作为经济增长的动力来源。

非均衡增长理论是美国经济学家赫尔希曼（1958）在《经济发展战略》一书中提出的，他认为，优先发展引致决策最大化项目的不平衡增长战略是发展中国家取得经济增长最有效的途径。该理论主要包括三部分内容："引致投资最大化"原理、"联系效应"理论和优先发展"进口替代工业"原则。增长极理论是法国经济学家佩鲁（1995）在《增长极概念的解释》一文中提出的，他指出，"增长极"是由主导部门和有创新能力的企业在某些地区的聚集而形成的经济中心，这个中心因为具有资本、技术高度集中和规模经济效应等特征，对周边地区和部门具有巨大的辐射作用。主导产业论由赫尔希曼提出，但是却由罗斯托进行了系统研究。罗斯托将经济增长的过程划分为传统社会、为起飞创造前提、起飞、成熟、高额群众消费、追求生活质量六个阶段，并将主导部门发展作为经济起飞的三大条件之一。他认为，近代经济增长本质上是一个产业的过程，经济增长阶段的更替表现为主导产业部门的次序变化，现代经济成长过程实际上就是主导产业部门的成长过程。

除此之外，国外还有很多增长理论或思想值得借鉴。内生增长理论认为，经济增长的动因主要来源于经济体系内部的力量，技术进步是促进经济增长的源泉。但是，经过世界各国经济发展的历史事实证实，这一理论具有不可克服的矛盾。新制度主义则认为，经济发展主要取决于制度安排和经济组织的有效性。可持续发展理论认为，经济增长必须是在保障自然资本可持续性的前提下，提高物质和能源的使用率，通过绿色方式和途径，获得经济增长。国家竞争优势理论认为，决定一个国家或地区竞争优势的是一组要素，包括生产要素、需求条件、相关支持性产业和企业战略、结构与竞争，以及机遇和政府作用。

2. 国内对西部民族地区经济发展战略理论的研究动态

自新中国成立尤其是改革开放以来，国内对西部民族地区经济发展问题的研究出现了很多卓有价值的理论思想，有一些理论成果甚至被国家采纳并付诸实践。其中比较具有代表性的有：梯度战略、反梯度战略、两步战略、超越战略、加速发展战略等。

20世纪80年代初期，天津市和上海市的部分社会科学理论工作者提出了"国内技术转移的梯度推移规律理论"，这种理论的主要观点是：我国经济发展存在不平衡现象，在经济、技术水平上自然呈现出一种梯度。沿海地区经济实力强且技术先进，边疆地带处于经济落后和传统技术状态，大部分腹部地区处于中间状态。国家应该按照东部、中部、西部的顺序安排发展布局。这种理论观点确实反映了我国客观上存在的三级经济势能梯度差，反对齐头并进的错误发展理念，能根据各地区不同的状况制定经济发展规划。但是这种理论也存在较大缺陷，片面强调梯度开发，会造成经济发展趋向更加不平衡的状态，也忽略了落后地区在发展特色经济上的优先性。

反梯度战略是在20世纪80年代梯度战略提出后提出的反面观点，其基本观点是：只要遵守节约社会必要劳动时间规律，技术的反梯度运作是可以成功的。而且该观点还认为，一些处于西部地区的企业在引进国外先进技术并取得效益后，反而向东部地区进行技术输出。但是反梯度战略的实施具有特殊性，对实施条件有着极高要求，不能成为西部民族地区的主流战略。

两步战略认为，国家应当首先集中力量发展东部地区，随后再依靠东部的技术资金带动西部地区的繁荣发展。这一战略思想在我国经济发展中得到积极实施，"七五"时期国家在东部沿海地区建设了四个经济特区和14个对外开放港口城市，同时实施"国际大循环"战略方针，积极参与国际竞争，东部地区经济发展成就举世瞩目。但是两步战略同样具有不足之处，它导致国家的相关投资和优惠政策严重向东部倾斜，西部地区却因得不到足够的资金和技术而导致发展缓慢，东西部地区的发展差距越来越大。

超越战略是在东西部发展差距拉大的背景下提出的发展战略，以实现工业生产总值的最快增长为主要目的，西部地区的国民生产总值必须高过东部地区的速度增长。它不但要求国家加大对西部地区的财政投入，同时依靠东部的技术援助，参与国内和国际市场，提高西部工业产值，促进区域经济快速增长。该理论非常重视西部特色工业体系的建立，明确工业化是摆脱贫困的有效途径。但是这种战略思想忽略了西部经济发展的客观环境和现实条件，也没有认识到国家在财政投入上的困难，因此实施难度非常大。

如何缩小东西部地区之间的发展差距是目前学术界非常重视的研究课题。"加速发展"是20世纪80年代中期邓小平同志在"南方谈话"中多次提到的重要术语，是专指1984～1988年这五年的加速发展阶段。邓小平同志还进一步说明这五年的飞跃并没有伤害整个发展的机体、机制。民族经济学家施正一先生深刻领会了邓小平同志的讲话精神，将"加速发展"作为少数民族地区经济发展的基本战略指导方针，并在理论上对加速战略进行了详细论述。

加速发展战略的基本构想是，西部少数民族地区要在现代化建设过程中加快前进步伐，尽可能在短时期内缩小与东部地区的发展差距，为最终摆脱总体上的落后局面打下坚实基础。加速战略的实施重点是深化经济体制改革，转变增长方式，注重经济效益的增长而非单纯数量的增长。加速战略实施的客观基础表现在发展潜力巨大、对外开放便利、未来建设中心、巩固祖国边防、维护民族团结五个方面。①

（三）南岭地区经济发展相关研究综述

改革开放以来，南岭山区在发展山区经济方面取得瞩目成就，但是与

---

① 施正一：《施正一文集》，中央民族大学出版社2015年版，第454页。

其丰富的自然条件相比，发展程度还没有达到较高水平。南岭地区在我国整体经济社会发展布局中具有重大的战略地位。南岭地区的经济发展问题不仅受到国家高度重视，也受到学术界重点关注，本书从多个角度对南岭地区的经济发展进行了考察研究。

1. 南岭地区资源开发利用研究

从 20 世纪 50 年代开始，中国科学院就对南岭地区进行了多年科学考察，不但厘清了南岭山区的地理范围，更对南岭地区的自然资源及其开发利用问题进行了深入研究。从 1986 年起，中国科学院从事南岭地区开发利用研究的科学工作者就对南岭山区进行了多学科、多层次的考察研究，并编写了《赣江流域自然资源开发战略研究》《桂东北山区资源合理开发利用》《湖南南岭山区自然资源开发治理》等多部著作。1992 年，中国科学院、国家计划委员会自然资源综合考察委员会南岭山区科学考察组编著了《南岭山区自然资源开发利用》，这是对之前研究成果的一次集中。这本著作以南岭山区自然资源合理开发利用为中心，分析了南岭山区资源开发的自然、经济条件，阐述了南岭山区工农业生产系统的发展和布局，指出了农村经济结构存在的问题和调整重点，最后对综合开发和整治中的一些重大问题做了探讨。该书认为，南岭山区的资源优势表现在气候资源、水资源、土地资源、生物资源、能源资源、矿产资源、旅游资源等多个方面，但是在经济发展中存在诸多问题，例如，广大丘陵山区生产经济效益很低，群众生活水平提高不快；耕地面积小，水旱灾害频繁，农田水利设施不配套；森林过伐，生态环境遭到破坏，环境污染严重；工业体系落后，产业结构单一；能源短缺，矿产开发利用率低等。[1] 书中最后在综合治理人口问题、资源合理开发问题、山区脱贫致富问题、生态环境恶化问题以及山区交通运输问题等方面给出了建议。此书以整个南岭山区为研究区域范围，对南岭山区的资源开发问题进行了重点研究，对从整体上研究与制定南岭民族走廊的经济发展战略具有极高的价值。

---

[1] 中国科学院、国家计划委员会自然资源综合考察委员会南岭山区科学考察组：《南岭山区自然资源开发利用》，科学出版社 1992 年版，前言第 v 页。

2. 南岭地区经济协作研究

周生来在《关于建立南岭地区经济协作区的思考》（2005）一文中对建立南岭地区经济协作区和南岭经济区进行了卓有思考的研究。他认为，湖赣湘桂边地区即南岭地区有着共同的地缘关系，人文和资源相似，经济发展程度相近，建立南岭地区经济协作区，既必要又可行。"未来南岭地区经济协作区内的协作单位，必须进一步更新观念，创新机制，加强区域协作……使南岭地区经济协作区成为东西结合部最具发展潜力的经济协作区。"①他在另一篇文章《建立南岭经济区的战略构想》中，更在战略高度研究了建立南岭经济区的必要性、可行性与政策措施。他认为，"湘赣粤桂边地区即南岭地区区位优势独特、资源优势明显……产业和市场具有很强的集聚性和趋同性。建立湘赣粤桂边经济区，即南岭经济区，不仅是必要的，也是可行的"。② 周生来还对南岭经济区的战略定位、区域布局、发展目标、政策措施等进行了大胆构想。这两篇文章独创性地提出"南岭经济区"和"南岭地区经济协作区"两大概念，这对于本书有着巨大的启发意义和参考价值。

陈宪忠（2007）在《论南岭地区和湘漓流域在"泛珠三角"的经济合作——关于建立南岭湘漓次区域经济合作区的构想》一文中也从区域合作角度研究了南岭地区经济协作问题。他认为，南岭湘漓是湘、桂、黔、粤、赣五个省区的结合部，在这个地区推动省区之间的区域经济合作具有众多意义，要完善"泛珠三角"经济合作，必须将南岭湘漓自身的优势整合起来，形成整体竞争力。建设"南岭湘漓次区域经济区"，打造一个具有南岭湘漓特色的经济合作发展模式，促进南岭湘漓地区经济、社会、文化、生态的和谐发展。③ 尽管陈宪忠仅仅是从南岭湘漓角度研究次区域经济合作区，但是该文章对研究整个南岭民族走廊地区区域协同发展战略具有极高的参考价值。

① 周生来：《关于建立南岭地区经济协作区的思考》，《湖南省社会主义学院学报》2005 年第 2 期，第 49-53 页。
② 周生来：《建立南岭经济区的战略构想》，《热带地理》2005 年第 3 期，第 248-252 页。
③ 陈宪忠：《论南岭地区和湘漓流域在"泛珠三角"的经济合作——关于建立南岭湘漓次区域经济合作区的构想》，《中共桂林市委党校学报》2007 年第 4 期，第 22-25 页。

蔡旭在其文章《关于构建南岭环境保护经济区发展战略的研究》（2014）和《关于构建南岭环境保护经济区设想的研究》（2015）中运用区域经济学的观点和方法对南岭环境保护经济区的发展战略进行了论述。他认为，在区域经济合作的潮流方兴未艾的背景下，南岭地区四市（湖南永州市、广西桂林市和梧州市、广东清远市）有着显著的互补关系，在构建环境保护经济区方面有着坚实的客观基础。"经济区的总体战略发展是合理开发、综合利用，保护环境自然资源，引进外商资源，加速南岭四市之间的人才培养和新技术引进，推动经济区产业结构的调整和可持续发展，设立研发机构、生产加工基地和物流与运输管理配套体系，不断扩大经济区内产品对外销售和流通渠道。"① 该文章所构想的南岭环境保护经济区的行政区域范围仅仅涉及四市，但是其对南岭地区的经济发展战略设计比较具体，对本书也具有非常有益的启发作用。

3. 南岭地区对外开放研究

张勇等（1992）在《南岭山区：越过封闭屏障迈向开放走廊》一文中，将改革开放十几年来南岭山区在经济跨越式发展中的变化，形象地描述为由"前哨"变为"窗口"，以此来说明南岭山区从封闭的区域走上了对外开放的步伐。走在改革开放前头的广东省为南岭地区的其他省市树立了良好的榜样，成为其他地区争先学习和"接轨"的目标。"面向广东南大门的湘南、赣南改革开放试验区，明确提出了'循环、接轨、跟进'的改革开放战略，并在价格、税收、计划、用工、分配、对外贸易等方面主动同广东接轨。"② 文章同时对南岭在改革开放浪潮中出现的问题进行了说明。这篇新闻性质的文稿尽管离现在较为久远，但是文中所呈现的一些合作、接轨等内容还是具有一定的参考价值的。

李澜、谭朴妮（2005）在《环北部湾地区发展中心——广西双向开放开发的理性思考》一文中从广西的国内和国际区位分析出发，对广西

---

① 中国环境科学学会：《中国环境科学学会学术年会论文集（2011年第3卷）》，中国环境科学出版社2011年版，第2015–2019页。

② 张勇、刘星泽、文伯其：《南岭山区：越过封闭屏障迈向开放走廊》，《瞭望》1992年第34期，第9–11页。

的双向开放开发战略进行了积极探索。李澜认为，在经济发展日趋全球化的今天，任何区域的经济发展都离不开对内和对外的双向开放开发。作为环北部湾地区经济发展的中心，广西具有双向开放开发的有利条件，更应走全面开放开发的强区之路，进而促使民族经济的加速发展，为环北部湾地区及大西南地区的经济协作与发展做出贡献。① 文章从对华南的开放、对大西南的开放、对东盟及港澳的开放三个层面论证了广西走双向开放开发战略的可行性与重要性，从资源、区位、产业以及政策优势等方面论证了双向战略实施的条件，从开发优势产业、改造传统产业、发展口岸产业的角度论证了广西双向开放开发战略的运行方略，最后又在政策、基础设施等方面对该战略的支持系统做了详细阐述。该文章无论是研究角度还是论证过程，都对本书具有极大的启发意义和借鉴价值。

综上所述，与本书相关的文献资料相当丰富，众多学者为本书奠定了充实的文献基础，很多卓有新意的思想对本书的深入思考起到了积极的启发意义。但是，通过对上述文献的梳理可以发现，迄今为止的相关研究中，以从民族学角度对南岭民族走廊的研究文献居多，而且其涉及的经济问题研究却相对较少。另外，尽管不少经济学研究者创造性地提出了基于南岭地区或南岭走廊建立经济合作区的思想，但是并没有深入研究其合作机制，也没有详细谈论其开发与开放战略。本书将积极借鉴以上文献中的积极思想，通过民族学、文化人类学、区域经济学、民族经济学等多学科之间的交叉互动，以民族学提出的南岭民族走廊为研究对象，运用区域经济学的理论工具和分析范式，并结合地理学、历史学的方法，注重研究南岭民族走廊的经济发展战略。

### 三、研究目的、内容与研究思路

通过理论层面与现实环节的分析而最终构建南岭民族走廊的经济发展战略是本书的研究目的。根据这个研究目的，本书的研究内容主要体现在理论论证、现实分析和战略构建三个方面。从核心概念的界定出发，通过理论可行性与现实可行性的分析，提出科学的发展战略是本书的基本研究思路。

---

① 李澜、谭朴妮：《环北部湾地区发展中心——广西双向开放开发的理性思考》，《学术论坛》2005年第8期，第112-118页。

（一）研究目的

本书注重理论研究与应用研究的结合，以理论性研究论文和调研报告的成果形式实现多方面的研究目的。本书的理论研究目标主要有三个方面：首先，丰富民族经济研究中的经济发展理论；其次，从民族经济走廊角度为区域经济研究尤其是新型区域经济体的打造提供理论支撑；最后，为南岭民族走廊多学科、多角度的深入研究提供一定的思路和启发。本书研究的现实目的主要有三个方面：首先，为南岭民族走廊经济协同发展与双向开放提供可行性分析报告；其次，为南岭民族走廊的经济规划适宜的发展战略，更好地服务于该民族地区经济发展；最后，为国家对南岭民族走廊的进一步开放开发谏言献策。

（二）主要内容

根据本书逻辑结构，研究的主要内容涉及理论研究、现实分析和战略构建三个层面。

第一，理论研究层面。理论研究是本书研究的首要环节，主要目的是为南岭民族走廊经济发展战略的规划奠定科学的理论基础。根据研究需要，本书必须梳理清楚的相关理论包括以下内容：一是南岭民族走廊的理论界定；二是在走廊经济研究中引入民族要素分析的必要性、可行性；三是区域经济协同发展理论与双向开放开发理论。

第二，现实分析层面。现实层面的分析是本书提出最终观点的依据，主要目的在于解决南岭民族走廊经济发展战略构建所必需的现状分析、问题分析、条件分析、可行性分析等方面的内容支撑。主要内容包括：一是南岭民族走廊主要省区经济发展的现状与问题分析；二是南岭民族走廊主要省区发展战略的比较分析；三是整体构建南岭民族走廊经济发展战略的条件分析。

第三，战略构建层面。这是本书最重要的核心环节。依据前文在理论层面和现实层面的分析研究，本书最终将在以下四个环节对南岭民族走廊经济发展战略的具体内容进行阐述。一是经济发展战略的基本内容；二是内部协同发展方略构建；三是内陆开放与对外海洋方略构建；四是经济发展战略的支持系统。

（三）研究思路

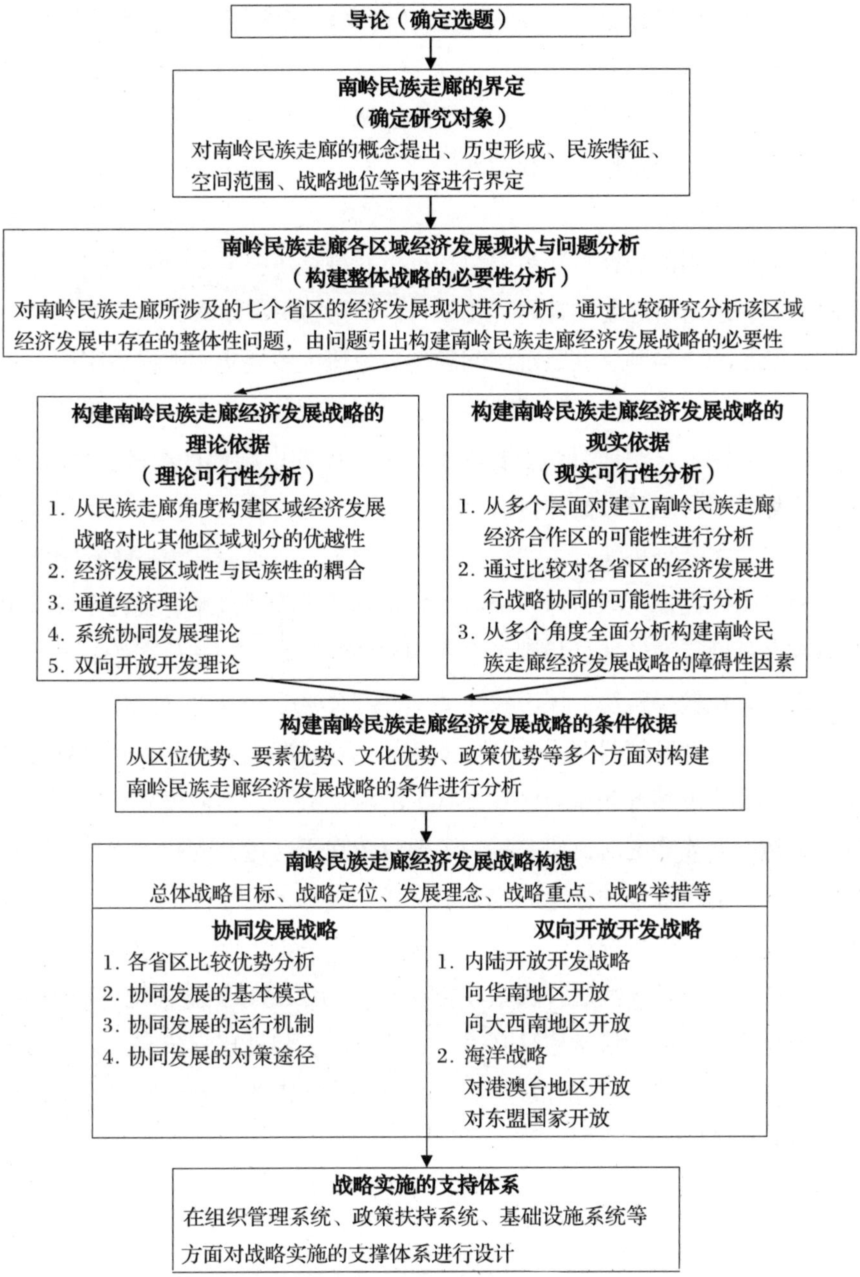

导论（确定选题）

**南岭民族走廊的界定**
**（确定研究对象）**
对南岭民族走廊的概念提出、历史形成、民族特征、
空间范围、战略地位等内容进行界定

**南岭民族走廊各区域经济发展现状与问题分析**
**（构建整体战略的必要性分析）**
对南岭民族走廊所涉及的七个省区的经济发展现状进行分析，通过比较研究分析该区域
经济发展中存在的整体性问题，由问题引出构建南岭民族走廊经济发展战略的必要性

**构建南岭民族走廊经济发展战略的**
**理论依据**
**（理论可行性分析）**
1. 从民族走廊角度构建区域经济发展
　 战略对比其他区域划分的优越性
2. 经济发展区域性与民族性的耦合
3. 通道经济理论
4. 系统协同发展理论
5. 双向开放开发理论

**构建南岭民族走廊经济发展战略的**
**现实依据**
**（现实可行性分析）**
1. 从多个层面对建立南岭民族走廊
　 经济合作区的可能性进行分析
2. 通过比较对各省区的经济发展进
　 行战略协同的可能性进行分析
3. 从多个角度全面分析构建南岭民
　 族走廊经济发展战略的障碍性因素

**构建南岭民族走廊经济发展战略的条件依据**
从区位优势、要素优势、文化优势、政策优势等多个方面对构建
南岭民族走廊经济发展战略的条件进行分析

**南岭民族走廊经济发展战略构想**
总体战略目标、战略定位、发展理念、战略重点、战略举措等

**协同发展战略**
1. 各省区比较优势分析
2. 协同发展的基本模式
3. 协同发展的运行机制
4. 协同发展的对策途径

**双向开放开发战略**
1. 内陆开放开发战略
　 向华南地区开放
　 向大西南地区开放
2. 海洋战略
　 对港澳台地区开放
　 对东盟国家开放

**战略实施的支持体系**
在组织管理系统、政策扶持系统、基础设施系统等
方面对战略实施的支撑体系进行设计

**图 0-1　本书研究思路**

## 四、研究方法与技术路线

本书研究以民族学研究为基础，在遵循现代经济学分析范式的基础上，根据研究需要综合运用民族经济学、人类学、历史学、区域经济学、地理学、民族经济学等学科的科学研究方法，做到理论研究与实证研究相结合、定量分析与定性分析相结合。

（一）研究方法

本书拟采用的研究方法主要包括以下几种：

第一，理论研究与实证研究相结合。对南岭民族走廊经济发展战略的研究，既是理论问题，又是现实问题。理论研究主要集中在民族走廊、南岭民族走廊、通道经济、发展战略、协同发展理论、双向开放理论等概念的梳理与界定上。实证研究主要集中在南岭民族走廊地区经济发展现状、发展条件、可行性等方面的分析上。

第二，文献分析法。主要应用于研究动态、文献综述与概念界定等环节。通过阅读大量文献，对与南岭民族走廊经济发展战略有关的基础理论和研究文献进行了综述，找到了本书研究的逻辑起点和理论支撑。

第三，比较分析法。该方法主要应用于本书所必要的对比分析环节，主要包括：各种区域性划分的对比分析、多角度进行概念界定的对比分析、南岭民族走廊各区域经济发展状况的对比分析、南岭民族走廊各区域现行经济发展战略的对比研究等。主要目的在于通过分析找到本书的最佳理论依据，选择最佳的概念界定方法，进行更深入的原因分析，并为最终观点的提出提供分析依据。

第四，其他学科方法。除上述方法外，为了更好更全面地进行研究，还可能应用到其他学科常用且必需的一些方法，如地理学研究方法、历史学研究方法、民族学研究方法等。这些方法对于南岭民族走廊的精确研究具有重要意义，不可或缺。

（二）技术路线

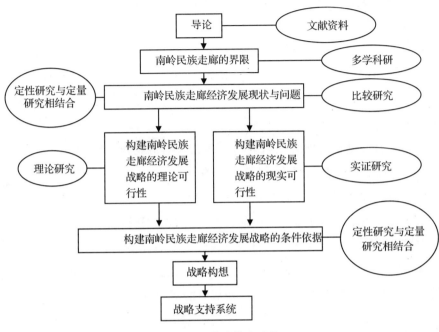

**图 0-2　本书技术路线**

## 五、研究难点与创新点

根据本书的研究内容和所采用的研究方法，本书的研究难点、创新之处主要体现在以下方面：

（一）研究难点

本书的研究难点主要体现在以下三个方面：

第一，国内学者对南岭民族走廊区域范围的界定仍然没有公认的权威观点，因此本书在界定该民族走廊的区域范围时，有可能会出现难以界定的问题。

第二，在对南岭民族走廊各主要省区进行发展现状和发展战略的对比分析时，评价体系的构建需要大量数据，研究所需要的全部数据收集难度较大，现有文献资料有可能无法提供。

第三，战略把握难度大的问题。本书研究着重于对南岭民族走廊未来经济发展战略的构想和规划，是一个较为宏观的问题，把握难度较大，在高度、视野、经验、操作等方面对研究者要求极高。要求研究者必须具有国际视野，既能把握国家战略全局，还能深谙区域经济管理。

面对这些挑战，本书拟采取以下应对办法：

第一，综合运用民族学、文化人类学、历史学、地理学、区域经济学等学科的知识和方法，根据本书研究需要，在整合前人研究成果的基础上，对南岭民族走廊的区域范围进行界定。只要论证充分，允许争议和不同的学术观点存在。

第二，大量收集现有文献资料，并深入实地调研，充分占有数据材料。对收集到的数据材料进行归纳、分析、比较、分类，去伪存真、去粗取精，由感性认识上升到理性认识。

第三，始终以理性分析和国际视野来把握本书研究。尽量排除个人的主观臆断和不切实际的观点，对南岭民族走廊各主要省区经济发展现状、发展战略、发展条件等方面进行详细分析，在充分可行性分析的基础上，提出该民族走廊适宜的发展战略以及战略的实施方略。

（二）创新之处

本书的创新之处表现在以下几点：

第一，将"南岭民族走廊"这个民族学概念引入区域经济发展战略研究。南岭民族走廊是民族学研究中非常重要的一个概念，是费孝通先生提出的重要思想。随着国家西部大开发战略的深入推进以及"一带一路"倡议的实施，我国很多民族地区的战略地位已经不能仅仅从国内范围来考量，必须从国际视野来重新审视其地位。国家已经在经济发展层面对一些学术范围的学说思想进行了实践，如《藏羌彝文化产业走廊总体规划》的提出，说明民族走廊不仅是一个学术概念，也对区域经济的发展具有理论指导意义。尽管通道经济或走廊经济已经成为区域经济研究的重要对象，也有很多学者对民族走廊中的经济问题进行关注并研究。但是将民族走廊作为一个经济体并研究其经济发展战略，还没有得到关注。本书以南岭民族走廊的经济发展战略为研究对象，在研究角度上具有一定的创新。

第二，将民族要素分析引入走廊经济发展战略研究。本书以南岭地区经济研究为基础，着重引入民族要素分析，以民族文化联系作为强化区域经济关系的纽带和机制，从民族文化走廊的角度来构建经济走廊，区别与其他区域经济体的划分模式，此举具有一定的创新价值。中华民族多元一体格局的形成说明，民族文化联系在民族走廊的历史形成过程中具有重要作用。这种历史上形成的纽带同样对该民族地区现时的经济联系具有积极的价值。以民族文化纽带来构建经济协同发展的机制，在民族经济学研究中具有创新意义。

第三，以国际视野审视南岭民族走廊战略位置，提出协同发展和双向开放开发观点。南岭民族走廊横跨我国东中西部地区，其范围除涉及湖南、江西、广东、广西四省区之外，广义的范围还包括云南东北部、福建西部、贵州西部等地区，是我国实现东西部地区协同发展的优良区域。从国际区位的角度来看，南岭民族走廊正好处于古代海上丝绸之路的起点区域，既是内陆地区面向港澳台地区的最直接区域，又是我国面向东盟、南盟以及海上丝绸之路沿线更远国家或地区的窗口。其国际区位与我国"21世纪海上丝绸之路"战略高度契合。因此，南岭民族走廊的开放发展战略，向内可以面向我国华南地区和大西南地区进行开放，向外可以面向中国港澳台地区、东盟国家地区、亚非其他国家等进行开放，制定海洋发展战略。

# 第一章

---

## 民族走廊与南岭民族走廊理论述要

---

1988 年 11 月，我国著名人类学家、社会学家费孝通先生受香港中文大学的邀请，在其主办的"Tanner"演讲上，发表了"中华民族多元一体格局"的精彩演讲。在民族平等和共同繁荣的原则基础上，从整体和历史的角度出发，费孝通先生对我国现实各民族之间的关系格局以及中华族群之间的交往史做了十分精准的概括，将民族关系研究推进了一大步。"中华民族多元一体格局"理论的提出，是费孝通先生对我国民族关系、民族历史进行不断研究的结果。民族走廊学说是"中华民族多元一体格局"理论的重要组成部分。

### 第一节　民族走廊学说及相关研究

作为"中华民族多元一体格局"理论思想的重要支撑，"民族走廊"这个民族学概念自提出之日起，就引起了国内外学者的广泛关注和高度评价。对民族走廊有关问题的后继研究一直方兴未艾，并涌现出了丰富的研究成果。这不仅大大推进了中国民族学的本土化研究，而且对于社会学、历史学、经济学上诸多问题的解决也有所帮助。费孝通认为，研究民族走廊是打开中国民族之间关系的钥匙，是理解历史上民族间交往交流交融的一条重要线索。

### 一、民族走廊思想的提出

民族走廊思想的形成与提出，是我国民族学者长期深入该地区进行调查研究的结果。新中国成立之前，以费孝通、王同惠、杨成志、李智文等为代表的学者就广泛深入我国民族地区，从人类学研究角度对相关区域的民族问题进行了细致考察和研究。新中国成立之后，随着国内外学者之间的学术交流日益频繁，国外学者的区域历史研究方法逐渐被国内学者接受，为跨区域民族研究奠定了方法论前提。其中，日本学者佐佐木高明的贡献非常大，他所提倡的"照叶树林文化论"对推进民族走廊研究具有深远意义。

"民族走廊"概念的提出，与我国民族学研究中存在的"族体"意识问题有直接关系。20世纪80年代初，费孝通提出要对民族研究的范式进行转换，认为"把少数民族按照'族别'分别逐一研究，在方法上固然有其长处，但也有它的局限性。今后应该加强宏观视野，亦即提出了所谓的区域研究"。① 有了科学的研究方法作为前提，"民族走廊"概念就得以提出并完善。

在一次题为"关于我国民族的识别问题"的发言中，费孝通先生第一次在民族问题研究中使用"走廊"概念，而且将这条走廊界定为以康定为中心，分别向东、向南延伸，是汉藏、彝藏接触的边界。随后他将之前提到的走廊命名为"藏彝走廊"，同时又提出了"南岭走廊"和"西北走廊"。三条走廊再加上六个板块，"倘若这样看来，中华民族差不多就有一个全面的概念了"。② 民族走廊的全面提出，为学者研究民族问题注入了宏观整体的观念，在中华民族一体下注重考察各个成员的历史过程。随后，费孝通先生从整体的、宏观的角度勾勒出了中华民族的基本空间格局。他提到："从宏观的研究来说，中华民族所在的地域至少可以大体分成北部草原地区、东北角的高山森林地区、西南角的青藏高原、曾被拉铁摩尔所称的'内部边疆'，即本书所说藏彝走廊，然后是云贵高原、南岭

① 费孝通：《民族社会学调查的尝试》，《中央民族学院学报》1982年第2期，第3-10页。
② 费孝通：《谈深入开展民族调查问题》，《中南民族大学学报（人文社会科学版）》1982年第3期，第2-7页。

走廊、沿海地区和中原地区。这是全国这个棋盘的格局。"① 至此，费孝通进一步完善了他的民族走廊学说，并完整地提出了中华民族聚居地是由"六板块三走廊"构成的空间格局的观点。这些论述为"中华民族多元一体格局"思想的形成奠定了学术前提，具有重大的理论意义和现实意义。

费孝通先生的三次讲话都紧紧围绕一个问题，就是以往民族调查和研究中存在的强烈的"族体"意识，导致学者们通常按照"族别"对少数民族进行逐一研究。针对这个突出问题，他提出了三个基本观点：其一，他认为国内的民族研究要具有整体的全面的观念，即宏观的视野，倡导从中华民族的整体来看待问题。即使是微观的细致研究，也必须将其放置在整体和宏观的视野之中。其二，打破行政区划的界限，以区域联系的观点来开阔视野，从民族历史的迁移流动以及民族之间的互动关系来看待问题。其三，提倡多种学科之间的交叉互补，进行全面调查和综合研究。区域联系观点和整体、宏观视野，是费孝通先生民族走廊学说能够得以提出并逐渐完善的前提，也对其后来"中华民族多元一体格局"思想的形成具有重大指导意义。

当然，除了科学的思维方法之外，民族走廊学说的提出还离不开费孝通先生对先前学者研究成果的吸收和继承。其一，产生于先秦时代的中国传统地理学，对后世关于我国区域格局的研究影响深远。战国时期的《尚书·禹贡》就已经开创了关于区域地形分部门研究的先河，汉代以后逐渐形成了"三条四列"② 的思想。唐代天文地理学家僧一行提倡"天下山河两戒"③ 学说，即分辨华夷的一套分野体系，一度主导着后世对天下山水格局的理解。之后，明朝的王士性提出"昆仑三龙说"；清朝的魏源提出"葱岭三干说"，均认为天下山脉都是源自葱岭。我国传统地理学最

---

① 费孝通：《民族社会学调查的尝试》，《中央民族学院学报》1982年第2期，第3—10页。
② "三条四列"，即把中国山系自西向东分为四列，四列又细分成"九山"，"九山"后又合为"三条"，这些山脉自西北向东南延伸，连接九州。
③ "天下山河两戒"，即"北戒"和"南戒"。"北戒"，以关中地区为中心，以黄河为走向，以积石山为起始，东至钟南山北侧，过黄河至太行山，北过常山西侧，沿长城至辽东，用来"限戎狄"，构成"胡门"；"南戒"，沿长江向下，由岷山向东至钟南山南侧，过华山，逾江、汉到衡山南侧，向东至福建中部，用来"限蛮夷"，构成"越门"。

大的特点就是认为山水同行，倾向于沿着山河的东西走向，以华夏族为主体进行区域划分。其二，一些观点和思想直接影响了费孝通对中华民族格局的认识。例如，苏秉琦的文化区系类型学说、林耀华的"经济文化类型"概念、童恩正的边地半月形文化传播带理论等都为费孝通民族走廊学说的提出奠定了基础。费先生是民族走廊学说的提出者，但是他并没有对其进行过框定式的概念界定，这为后继学者继续民族走廊研究留下了较大的思维空间。

**二、民族走廊的概念与人文内涵**

尽管民族走廊思想由费孝通先生提出，但是其本人并没有完整使用"民族走廊"这个术语，更没有对其进行概念上的界定。可以说，"民族走廊"这个概念是其他学者依据费先生的相关讲话以及他平生的学术思想而提炼、归纳和概括出来的。在费先生的"六板块三走廊"学说思想中，他用空间区域的构架来阐述其对"中华民族这个整体"的认识。

（一）走廊的含义

"走廊"一词原为建筑学中的常用概念，特指有顶盖的过道、建筑物的水平交通空间，用以连接两个邻近而又不接触的建筑物。因为具有"连接"的寓意，"走廊"一词被广泛应用于地理学领域中，用以比喻连接两大区域之间的狭长地带。

"走廊"一词还被应用于区域经济学领域，产生了诸如"经济走廊"或"通道经济"的概念。"经济走廊"是在邻近的地域空间，以水路、陆路、航空等"走廊"状基础设施为纽带，并以沿线城镇为结点，以促进区域内部经济共同发展为目的，而构筑起来的"点—轴"式串联的区域。与地理学意义上的"走廊"作为自然存在的地理区域纽带不同，"经济走廊"主要依托交通设施作为连接不同区域的纽带。走廊经济是区域经济发展的新型模式，受到全球各地的青睐。例如，国外的美国波士华经济带、日本太平洋带状工业带、莱茵河跨国经济走廊等，国内的南广经济走廊、成渝经济走廊等都在加强区域经济联系和共同发展上发挥了积极作用。依托国际大通道和重点港口，着力打造新亚欧大陆桥、中蒙俄、中国—中亚—西亚、中国—中南半岛、中巴、孟中印缅六个国际经济走廊，将中国与世界经济相连接，是共建"一带一路"倡议框架思路中的重要内容。

将"走廊"一词运用于人类学、民族学领域，主要是费孝通先生的创举。费先生积极吸收"走廊"一词中所蕴含的"通道"和"连接"寓意，以整体、宏观的视野和历史唯物主义的精神，巧妙地运用到中华民族空间格局的架构之中，提出了民族走廊学说思想。

（二）民族走廊的定义

在费先生关于民族走廊的多次讲话以及相关论述中，可以找到其对"民族走廊"这个概念的一些零散而非系统的阐述。例如，他曾经用"历史形成的民族地区""民族接触的地带""在历史上出现过政治上拉锯的局面"[①] 等语句对民族走廊进行了不全面的抽象概括。这些只言片语为后继学者对民族走廊进行进一步研究奠定了依据。

根据费孝通先生的界定，民族走廊是"历史上形成的民族地区"。民族走廊是各民族在历史活动中所形成的就行迁徙、定居、生产生活、互动交流的重要场域。葛政委（2013）认为，"民族走廊属于山区文明地带，它远离政治中心，在历史上是山内民族居住和山外民族逃遁或迁徙的国家权力与地理边缘地带，在现实中这里仍然聚居着多个少数民族，保存了丰富的当地民族和外地民族的文化遗产，民族情况异常复杂，是对民族学研究具有突出意义的地带"。[②] 李星星（2013）认为，"从逻辑上讲，民族走廊的性质不是由其自然形式而是由其历史内容来决定的。民族走廊作为一个民族学概念只能是一个历史范畴"。[③]

民族走廊的形成与民族迁徙活动有重要关系，甚至有学者将民族走廊直接界定为民族迁徙的路线。例如，李绍明（2004）认为："民族走廊指一定的民族或族群长期沿着一定的自然环境如河流或山脉向外迁徙或流动的路线。"[④] 在这个定义中，他突出了民族迁徙或流动在民族走廊形成中

---

① 费孝通：《谈深入开展民族调查问题》，《中南民族大学学报（人文社会科学版）》1982年第3期，第2-7页。

② 葛政委：《论民族走廊研究的几个关键问题》，《铜仁学院学报》2013年第2期，第59-63页。

③ 李星星：《再论民族走廊：兼谈"巫山—武陵走廊"》，《广西民族大学学报（哲学社会科学版）》2013年第2期，第16-25页。

④ 李绍明：《巴蜀民族史论集》，四川人民出版社2004年版，第18页。

所起到的重要影响，并将民族走廊界定为"迁徙或流动的路线"。但是，李星星认为，李绍明将民族走廊定义为"迁徙或流动的路线"，不够全面和准确，内涵过于简单，外延过于宽泛。

民族走廊也是一个地理区域概念。共同的地域是民族形成的重要因素，自然地理特征也是民族走廊概念中的重要内容。例如，李绍明提到："我个人认为，民族走廊虽是一个民族学概念，但它必须与地理学有关的概念有所挂钩或有所对应方能成立。即这一走廊必须首先是自然地理的，然后才有可能是人文地理的……"可见，民族走廊的概念中也不能忽视自然地理因素。

民族走廊是少数民族的摇篮和多元民族文化的沉淀区。例如，李绍明认为，"在这条走廊中必然保留着该民族或族群众多的历史与文化的沉淀"。① 葛政委认为，"在现实中这里仍然聚居着多个少数民族，保存了丰富的当地民族和外地民族的文化遗产"。② 这些都说明了民族走廊是我国少数民族延续发展的重要庇护带和多元民族文化的沉淀区。

综观以上种种界定可以看出，学者对民族走廊的认知和理解存在较大差异，关于民族走廊的定义还有多种说法。从费老先生对民族走廊的零散阐述中可以发现，其对民族走廊概念所包含要素的界定包括以下几个方面：第一，民族走廊是"历史上形成的民族地区"，这是民族走廊概念的核心和本质。第二，民族走廊的形成离不开各民族之间的接触与碰撞，尤其是民族的历史迁徙流动，这是民族走廊形成的原因。第三，在历史上形成的民族地区中，出现过政治拉锯的局面，这表明民族走廊是少数民族为求生存发展而选择的生活与生产地域。第四，民族走廊是少数民族谋求种族延续与多元文化不断互动交融的地区，这体现了民族走廊的特征。

在充分研究费孝通先生关于民族走廊的基本思想以及对他人的定义进行客观评价的基础上，李星星（2005）对民族走廊这样定义："'民族走廊'是在中国特定的自然历史条件下形成的，处于古代冲积平原农业文

① 李绍明：《巴蜀民族史论集》，四川人民出版社2004年版，第18页。
② 葛政委：《论民族走廊研究的几个关键问题》，《铜仁学院学报》2013年第2期，第59-63页。

明区域边缘、属一定历史民族或族群选择的，多半能够避开文明中心政治经略与开发、既便于迁徙流动又便于躲避以求自我保存的，地形复杂而又依山川自然走向平面呈条带状的特殊地带。这些特殊地带也是中国少数民族的摇篮。"① 与其他学者界定的概念相比，这个定义较为系统完整，涵盖了民族走廊的性质、形成、含义以及特征等多方面内容，既符合费孝通先生本人关于民族走廊的核心内涵，又对民族走廊的外延进行了准确延伸。

（三）民族走廊蕴含的人文内涵

"民族走廊"概念的提出，源于费孝通先生意识到"民族与民族之间、文化与文化之间还存在着跨越边界的迁移、交流、融合和互动，从而沿着某一自然地理的'走廊'流动。"② 走廊最大的意义在于连接和融合，它既是生活在周边的各少数民族历史流动的通道，也是各民族之间互动融合的场所。由此可见，一个简单的"民族走廊"的称谓，却蕴含着丰富的人文思想。

第一，民族走廊是中华民族各成分之间互动交融的一幅历史画卷。作为一个民族学概念，民族走廊是一个历史范畴，是"历史上形成的民族地区"，这本身就是费孝通在提出民族走廊时所秉持的基本思想。而作为事实存在的走廊正是一种跨区域的历史空间。民族走廊是对在中国特殊的历史和自然条件下产生的历史空间形式以及这种历史空间形式特殊形成过程的准确概括。这个特殊的历史空间形式既是周边各少数民族不断流动、迁徙、开拓的通道，更是中华民族各成分之间不断相互了解学习、不断交流互动融合的场域。或者更为确切地说，民族走廊是我国古代农业文明中心与周边地区不断交融而形成的特殊边缘地带。由此可见，民族走廊是"中华民族多元一体格局"的一种历史佐证。

第二，民族走廊是我国民族文化多元化的庇护带和少数民族的摇篮。

---

① 李星星：《论"民族走廊"及"二纵三横"的格局》，《中华文化论坛》2005 年第 3 期，第 124–130 页。

② 马成俊、王含章：《范式转换：中国民族走廊与国际民族通道——丝绸之路研究的方法论刍议》，《西北民族研究》2016 年第 3 期，第 163–177 页。

民族走廊的形成与中原地区农耕文明的形成和发展有密切的关系。李星星（2013）认为，"正是由于文明中心势力的聚集和扩张，造成民族走廊成为一种特殊边缘……民族走廊作为边缘或界限地带而成为民族及其文化的庇护地和遗存地带"。[①] 民族走廊多处于远离中原文明的非冲积平原地区，地貌多为河川山地或高原草原。因此，民族走廊实际上就是我国历史上少数民族或族群的主要活动地带，是我国少数民族的摇篮。从文化角度上说，独特的地理地貌和生产方式孕育了不同于中原地区农耕文明的文化形态。而民族走廊对这些文化形态起到了很好的庇护作用，同时又为少数民族文化的外向交流互动提供了场所，促进了少数民族文化的多样化和进一步发展。

第三，民族走廊折射出民族平等团结、共同繁荣发展的人文精神。民族走廊的提出，除了折射出费孝通先生的历史唯物主义哲学精神之外，也显现出其所秉持的民族和谐与共同发展的人文精神。"走廊"本身就意味着多元文化不断相互交融、你中有我、我中有你的一种关系。多元文化的相互交融逐渐使各种文明体相互了解、相互尊重、相互认同、彼此依赖，最终形成了对中华民族的认同。民族走廊正是基于民族平等团结的基本原则，在尊重各民族历史发展的客观规律的前提下，而提出的学说思想。了解和促进少数民族地区社会发展是费孝通先生在提出民族走廊之始就确定的基本初衷。民族走廊体现了各民族之间平等团结、不断互动融合与共同繁荣发展的人文精神。

### 三、民族走廊的构成体系与形成机理

费孝通先生在他的"六板块三走廊"学说中，提出了中华民族空间整体格局中重要组成部分的三条民族走廊，即藏彝走廊、西北走廊和南岭走廊。在提出三条走廊的思想之后，他又在不断深入调查研究的基础上不断完善民族走廊学说。在我国民族走廊的构成这个问题上，不同的学者有不同的立论观点，从更加细致的角度丰富了费孝通先生的民族走廊学说。

---

[①] 李星星：《再论民族走廊：兼谈"巫山—武陵走廊"》，《广西民族大学学报（哲学社会科学版）》2013 年第 2 期，第 16-25 页。

但是，不管我国历史上形成了几条民族走廊，其基本形成机理却是一致的，民族走廊有着客观的形成和发展规律。

（一）民族走廊的构成体系

民族走廊是费孝通先生基于整体的宏观视野所提出的中华民族空间格局的基本框架结构，但是他本人对我国民族走廊的构成从来没有过任何僵硬化的界定。相反地，他深知我国民族地区与民族构成的多样性，在不断地深入民族地区进行调查后，逐渐丰富完善他的民族走廊思想。他为后继学者继续对民族走廊进行多学科、跨区域研究树立了良好的榜样，提供了丰富的想象空间。李星星（2005）认为，全国"民族走廊"呈现出"二纵三横"的格局，主要由五条构成，即"藏彝走廊""壮侗走廊""土家—苗瑶走廊""古氐羌走廊"以及"阿尔泰走廊"。[①] 也有学者认为我国只有四条民族学意义上的民族走廊："藏彝走廊""陇西走廊""武陵走廊"和"南岭走廊"。[②] 尽管费孝通先生在有生之年还没有系统化地完善民族走廊学说，但是他提出的三大民族走廊思想对认识中华民族的整体格局具有无可替代的指导意义。

藏彝走廊是费孝通先生最早提出的民族走廊，用以指代夹在汉、藏、彝三者之间的民族接触地带。藏彝走廊主要指今川藏滇三省交接地区，由处于青藏高原东南的横断山脉与一系列南北走向的河流如岷江、金沙江、大渡河、怒江、雅砻江等交错而构成的高山峡谷区域。走廊内居住着藏缅语系中的藏、羌、彝、傈僳、纳西、白、独龙、怒、景颇、普米、拉祜等20多个少数民族。藏彝走廊是连接南北"丝绸之路"和稳定西南部边疆的重要地带。

西北民族走廊，按照费孝通先生的讲话，是指以河西走廊为核心，从甘肃沿着"丝绸之路"到新疆的狭长地带。秦永章（2011）认为，"费先生所提出的'西北民族走廊'是广义的，它由两条走廊构成，不仅包括

① 李星星：《论"民族走廊"及"二纵三横"的格局》，《中华文化论坛》2005年第3期，第124-130页。
② 葛政委：《论民族走廊研究的几个关键问题》，《铜仁学院学报》2013年第2期，第59-63页。

从甘肃到新疆的这条历史上著名的东西向的民族走廊，即'河西走廊'，同时也包括从祁连山脉向南直至横断山区（即藏彝走廊地区）的呈南北走向的'陇西走廊'"。① 走廊内分布着土、撒拉、裕固、保安、东乡等民族，与汉、蒙古、藏、回等民族散居在一起。西北民族走廊的宗教信仰包括藏传佛教、伊斯兰教、道教等；语言种类也很多，有蒙古语、藏语、突厥语等。

南岭民族走廊以南岭地区为核心，主要涵盖湘南、粤北以及云贵高原南部地区，是湘、赣、桂、粤等省份的毗邻地区。南岭民族地区的民族构成十分复杂，分属于不同的语族。壮、布依、侗、水、仫佬、毛南等民族属于汉藏语系中的壮侗语族；而瑶、苗、畲等民族则属于苗瑶语族。另外，还包括历史上从这条走廊流动的汉、彝、回、仡佬、满等民族。南岭民族走廊是连接珠江与长江两大水系、稳定南部边疆的重要地带。

以上三条民族走廊就像是三条流通的管道，连接走廊周边的地理文化单元。三条走廊之间虽然地理环境不同，分布的民族有差异，民族文化也有区别，但是从历史的形成过程来看，其形成机理却具有一般规律性。

（二）民族走廊的形成机理

中国独特的三级阶梯式地势尤其是多山川河流的地貌特征是民族走廊产生的自然地理基础，而自古中华民族各成分的插花式布局造成的频繁互动融合是民族走廊产生的历史人文基础。民族走廊在我国特殊的地理和历史环境下，必然呈现出多样化的特征。但是，多样化的民族走廊的形成机理却是一致的。

第一，特殊的山地环境是民族走廊形成的重要基础。作为一种特殊的"历史—地理区域"，民族走廊是族群活动与地理环境相互作用的结果。因此，特殊的地理环境是民族走廊形成的自然基础。"'民族走廊'形成的前提条件是其特殊的地理环境，离开了特定的地理环境就不可能形成'民族走廊'"。② 中国地势的三级阶梯式结构中，区域板块众多，阶梯之

---

① 秦永章：《费孝通与西北民族走廊》，《青海民族研究》2011 年第 3 期，第 1-6 页。
② 葛政委、黄柏权：《论民族走廊的形成机理》，《广西民族大学学报（哲学社会科学版）》
2013 年第 2 期，第 26-30 页。

间存在众多过渡地带。走廊本身就连接两大地区的狭长地带，这些过渡地带就是连接各区域板块和各文化单元的"走廊"。费孝通先生的"六板块三走廊"思想，也是基于我国这种特殊的地形特征而提出的。可以说，中华民族多元一体格局形成的自然基础就是我国特殊的地理环境。这些过渡地带远离中原农耕文明中心地区，多山川沟谷，交通不便，地形复杂，生态资源十分丰富。在这些过渡地带中，孕育了迥然于中原地区的居民和族群，是我国大部分少数民族的栖息地和生存地带。

第二，人口的历史流动是民族走廊形成的动力机制。鲁迅在《故乡》一文中曾说："其实地上本没有路，走的人多了，也便成了路。"[①] 同样，世上本没有民族走廊，走的族群多了，也便成了民族走廊。民族走廊是历史上诸多民族在不断的相互往来、迁徙流动、征战、经商、开拓等活动中逐步形成的，是民族活动作用于一定地理环境的结果。例如，新石器时代人类就已经沿着藏彝走廊中的江河由上而下进行迁徙；秦朝时期政府开凿灵渠以加强对岭南地区的控制与开发；而西北民族走廊自古就是中原民族与西域各民族进行沟通往来的重要通道。民族走廊就像一条条"血管"，它既是由各族群在长期迁徙流动中作用于地理环境而形成的，反过来又滋养着各民族的存续，促进族群之间的流动和融合。

第三，文化的融合互动是民族走廊形成的人文基础。伴随着人口的流动，不同的文明形态和文化样式在民族走廊中交汇交融。民族走廊是我国少数民族的摇篮，既为各民族之间的文化互动提供了交流平台，同时又为多元文化的长期交融提供了温床。"但凡民族走廊区域，既是多民族共生共荣地区，又是多元文化不断富集沉淀地区。"[②] 这主要是因为民族走廊具有两种特性：一是开放性，即通道性质，这保证了周边族群以及多元文化可以在走廊内频繁流通；二是庇护性，即容器性质，保证了多元文化可以长期富集沉淀下来，并长期流传和传承。例如，藏彝走廊内就分布着20多个少数民族，形成了羌文化区、康巴文化区、彝文化区、藏族支系

---

① 鲁迅：《呐喊》，春风文艺出版社 2015 年版，第 58 页。

② 葛政委、黄柏权：《论民族走廊的形成机理》，《广西民族大学学报（哲学社会科学版）》2013 年第 2 期，第 26—30 页。

文化区、纳西文化区等七个文化区。西北民族走廊与南岭民族走廊同样是多元分化的留存地带。

第四，农业文明的扩张是民族走廊形成的政治推力。不同文明形态之间的相互碰撞，是族群在民族走廊内进行迁徙流动的原因之一。世界史表明，形成于大河冲积平原的古代农耕文明中心，随着其势力的向外扩张，逐渐形成一种"中心—边缘"的圈层空间结构。李星星（2013）认为，"民族走廊其实就是中国古代大河冲积平原地区农耕文明中心聚集与扩张过程中形成圈层结构的一种表现和标志"。[①] 古代时期，民族走廊多为远离中央王朝的边缘地带，朝廷为了加强对中原周边地区的统治和开发，采取多项举措。例如，战国时期都江堰水利工程的修建、秦朝时期灵渠的疏通、汉代的屯田制度和都护制度、唐代兼容并包的基本国策、元代的土司制度和移民政策、清代的改土归流政策等。这些中央王朝的举措，尽管是农业文明的对外扩张，但是却促进了不同族群和文明形态之间的互动融合，客观上推动了民族走廊的形成和发展。

民族走廊的形成是一个长期的历史过程，是自然地理、政治环境、文化因素等长期作用的结果。从国内历史看，民族走廊的形成是内部因素综合作用的结果，但是放眼于世界，民族走廊与丝绸之路则有着极为深刻的历史渊源。

### 四、民族走廊与丝绸之路

随着民族走廊研究的持续深入，在当今经济全球化的时代背景下，需要进一步拓宽视野，从中华民族对外交往的广阔视角来进一步认识我国的民族走廊。陆上丝绸之路分为北方丝绸之路和南方丝绸之路，再加上海上丝绸之路，它们与三大民族走廊有着密切的历史关系。民族走廊是一个开放、流动的历史空间，它不仅是国内板块区域和文化单元之间的连接通道，同时也是沟通华夏文明与异域文明的国际通道，是我国古今对外交往、传播华夏文明的窗口。

---

[①] 李星星：《再论民族走廊：兼谈"巫山—武陵走廊"》，《广西民族大学学报（哲学社会科学版）》2013年第2期，第16-25页。

（一）西北民族走廊与西北丝绸之路

广义的西北民族走廊，既包括以河西走廊为中心的古丝绸之路，也包括从祁连山南部至横断山脉的陇西走廊。由此可见，西北民族走廊基本与西北丝绸之路的国内部分相吻合，是我国古代沟通西域、中西亚甚至欧洲的整个丝绸之路的一部分。

形成于西汉时期的西北丝绸之路，分为几条线路：一是西域丝路段，始于长安，经固原、金城、河西四郡、楼兰等地，最远到达大秦、波斯等地区。二是草原丝绸之路，也分为南北两路。北路横贯欧亚草原，东起西伯利亚高原，经蒙古高原、里海、黑海直至东欧。南路依天山北麓分布，始于敦煌，经哈密、吐鲁番、乌鲁木齐等地后直至伊犁。三是"青海道"，古称"河南道"或"吐谷浑道"。这条线路沿长江至益州，然后向北至龙涸、吐谷浑都城，向西经柴达木盆地到敦煌后，与西北丝绸之路主干道会合。

往来于西北丝绸之路上的民族主要有汉、回、藏、突厥语族、蒙古语族、满—通古斯语族、俄罗斯、塔吉克等，大部分民族以游牧为主要生产方式，迁徙流动较为频繁，同时民族政权之间的角逐与碰撞也十分频繁。马成俊、王含章（2016）认为，"相对于西南四周之路的民间性质来说，西北丝绸之路可算是一条真正的官道，是以国家的力量将民间古道贯通起来而形成的。在这个意义上，西北丝绸之路可以说是一条在政治军事力量主导之下的东西方文化交流通道"。[1] 国家或政权之间的关系状态决定着西北丝绸之路的畅通与否。除了官道属性外，西北丝绸之路还是一条贯通欧亚大陆的繁华"商道"。自西汉开始，往来于中国、中西亚地区、地中海地区以及阿拉伯地区的商人就络绎不绝。伴随着商品的互通，西北丝绸之路成为中西方文化交流的桥梁。丝路沿线的民族之间相互学习、互通有无，不同文明体之间相互促进、共同进步。

西北民族走廊与西北丝绸之路的这种吻合关系，决定了西北民族走廊

---

[1] 马成俊、王含章：《范式转换：中国民族走廊与国际民族通道——丝绸之路研究的方法论刍议》，《西北民族研究》2016 年第 3 期，第 163-177 页。

融入"一带一路"建设具有天然的历史和人文基础。历史赋予了西北民族走廊上的各民族与西北丝绸之路沿线民族之间的友好关系，无论古今，都是我国与沿线国家开展政治、经济和文化交流与合作的基础。和谐包容、开放合作、互学互鉴、互利共赢、命运和责任共同也是古丝绸之路留给世人的基本精神。从国际区位来看，西北民族走廊的战略定位，是丝绸之路经济带中新亚欧大陆桥、中蒙俄、中国—中亚—西亚等经济走廊建设的起点区域。

（二）藏彝走廊与西南丝绸之路

藏彝走廊位于我国西南横断山脉和六江流域，是沟通南北丝绸之路的重要通道，也是一条沟通东西方的国际大通道。藏彝走廊的南端连通着南方丝绸之路，北端连通着北方丝绸之路，自先秦时期就是中西方进行文化交流的进出口。藏彝走廊与古代西南丝绸之路有着密切关系，可以说，西南丝绸之路就是由藏彝走廊中的众多道路相互连接和延伸而形成的。

古代西南丝绸之路是西汉时期张骞出使西域时在大夏（今阿富汗）发现的从蜀地到大夏的一条民间通道，是西汉依赖中原政权经略西南的重要纽带。西南丝绸之路是历史上我国四川、云南、西藏等地区对外连接的通道，以成都为起点，经雅安、攀枝花到云南的昭通、曲靖、大理、保山、腾冲、德宏等地出境，直接进入缅甸、泰国、印度、巴基斯坦、阿富汗等国家，最终到中亚、西亚地区。这条丝路贯穿川滇，连接中国、缅甸、印度、巴西、阿富汗等国家，是比西北丝绸之路的历史更加悠久的古老国际通道。西南丝绸之路包括"蜀身毒道""茶马古道""夜郎道"或"牂牁江道"等，主要分布着藏缅语族、苗瑶语族和壮侗语族等族群的居民。

"藏彝走廊东西狭窄、南北开放，向北跨白龙江进入汉中，连接到北方丝绸之路，向南经水路与海上丝绸之路会合，由此形成的西南丝绸之路主要是中国与南亚、东南亚地区民间的商贸和宗教交流通道。"① 区别于西北丝绸之路的官道属性，西南丝绸之路的民间属性更为突出。这条丝绸

---

① 马成俊、王含章：《范式转换：中国民族走廊与国际民族通道——丝绸之路研究的方法论刍议》，《西北民族研究》2016 年第 3 期，第 163-177 页。

之路是西南地区各族群往返迁徙、互通有无的重要通道，也是中国和印度这两个文明古国早期进行联系的纽带。另外，西南丝绸之路也是一条文化沉积带和传播纽带。产生于印度的佛教在三国两晋时期经此道传入西南地区，并逐渐与本土的巴蜀文化、青铜文化、楚文化等相互交融、沉淀、积存，形成共融性特点突出的古道文化。而古蜀文化也是沿着西南丝绸之路对西南民族进行整合的，推动了西南地区文化历史演进。从"一带一路"建设的视野来看，藏彝走廊可以同时参与南北两个方向的经济走廊建设，具有两个方向上的开放性。向北可以参与新亚欧大陆桥、中蒙俄、中国—中亚—西亚三条经济走廊的建设，向南可以参与中国—中南半岛、中巴、孟中印缅三条经济走廊的建设。

（三）南岭民族走廊与海上丝绸之路

南岭民族走廊与海上丝绸之路是陆上丝绸之路的延伸。南岭民族走廊的区域范围至今争议颇多，但核心区域是地理上的南岭山区，主要涉及湘南、赣南、桂北和粤北，即四省的交接地带。南岭民族走廊是长江水系与珠江水系的分界线，走廊内地形复杂、水道交错、民族多样，是连接我国西南、东南以及中原地区的重要通道。

在历史的不断迁徙中，一些活动于南岭民族走廊的族群经海南岛进入南中国海，最终到达东南亚地区，为早期海路的开通奠定了基础。隋唐时期，已有唐人从我国东南地区移民至海外，开启了海外华人的移民史。随着经济中心的逐渐南移，海上丝绸之路的作用更加突出，至明代，海上丝绸之路达到历史最繁盛时期。可以说，海上丝绸之路是南岭民族走廊向海洋方向的不断延伸，南岭民族走廊是海上丝绸之路的重要组成部分。以贺州为核心的桂、粤、湘连接带，即秦代就已经开辟的潇贺古道，历史上就是中原与西南、岭南地区和海外交通的走廊，走廊内的族群流动、货物运输、文化交流非常频繁。

在三大民族走廊中，南岭民族走廊是唯一一条连接海洋的大通道。随着海上丝绸之路的不断扩展，它很早就参与到全球海上贸易格局之中。借助于南岭民族走廊的地理交通要道优势，古代海上丝绸之路将中国、东南亚、南亚直至地中海地区的国家紧密联系起来，形成了一张庞大的国际海上贸易网络。由此可见，南岭民族走廊是"21世纪海上丝绸之路"建设的关键区域。

从上述论述中可以得知，藏彝走廊、西北民族走廊、南岭民族走廊既是"中华民族多元一体格局"中的重要通道，也是中国与海外开展政治、经济、文化交流与合作的重要国际通道。"在全球化进一步发展的今天，流动与网络将成为更加重要的概念，跨越边界的众多共同体的存在决定着当前中国民族走廊的研究势必进一步扩展开去，以更加广阔的视域去了解走廊向其开放的一段如何持续延伸。"① 从更加广阔的视域，尤其是从全球的视野下看待民族走廊，对于推进民族走廊研究具有重大意义。这也符合费孝通先生在提出民族走廊思想时所秉持的基本理念。民族走廊的"国际走廊"属性对于整合我国不同地区、民族共同参与"一带一路"建设，促进各民族共同发展具有极大的理论意义与实际价值。

## 第二节　南岭民族走廊的界定

作为三大民族走廊之一，南岭民族走廊在中华民族多元一体格局中具有重大意义。南岭民族走廊涉及我国南方属于苗瑶语族和壮侗语族中的多个民族，是研究各民族之间的迁徙流动、历史关系、文化互动、古代交通等内容的绝佳区域，是"中华民族多元一体格局"思想的重要支撑。

### 一、南岭民族走廊的概念界定

虽然费孝通先生在多次讲话中提及南岭民族走廊，但是他本人并未对南岭民族走廊的概念做出完整而准确的界定，后继学者也都是以费先生的些许讲话和他的民族理论为主要参考依据对南岭民族走廊进行概念上的界定。概念界定是对南岭民族走廊相关问题进行研究的核心问题。

南岭民族走廊的概念，在费孝通先生的几次讲话中有几个关键语句：一是"历史上形成的民族地区"，这是其对包括南岭民族走廊在内的所有

---

① 马成俊、王含章：《范式转换：中国民族走廊与国际民族通道——丝绸之路研究的方法论刍议》，《西北民族研究》2016年第3期，第163-177页。

民族走廊一般属性的精准概括；二是"中南""南岭山脉""广西、湖南、广东这几个省区"等，这是对南岭民族走廊所涉及的地理位置与行政区域的描述；三是"苗瑶语族和壮傣语族""山居民族"等，这是对南岭民族走廊中所分布的民族成分的基本概括。尽管费先生最终没有将这些零散的语句整合成南岭民族走廊的一个完整概念，但是这些语句却为南岭民族走廊的概念界定指明了基本方向和概念内涵。

李星星（2005）在其系统界定的"民族走廊"的概念基础上，将费孝通先生提出的南岭民族走廊定义为"壮侗走廊"，将其地理位置界定在东南珠江、闽江流域与长江流域三条水系的分水岭地区，以南岭山脉与珠江支流为自然地理基础。① 他基于对我国民族走廊格局的认识，提出了"二纵三横"的基本构架，其中就包括"土家—苗瑶走廊"。由此可见，李星星按照自己对全国民族走廊格局的认知，将"南岭走廊"重新定义为"壮侗走廊"，而将费孝通先生所提出的南岭民族走廊中的两大语族中的"苗瑶语族"的部分民族归入"土家—苗瑶走廊"中。尽管他对我国民族走廊格局进行了更为细致的划分，但是他将南岭民族走廊界定为"壮侗走廊"的做法与费孝通先生对南岭民族走廊的理解是不一致的。著名学者王元林认为，李星星的"壮侗走廊"这一提法虽然有一定的道理，但是这个概念没有全面涵盖费孝通先生所言中南岭民族走廊所涉及的内容。这并不是说李星星的划分方法和界定不科学，事实上这种划分方法也符合我国多民族杂居和多样活动区域的历史事实。而是说，由于他对我国民族走廊"二纵三横"的划分要比费孝通先生的三大走廊划分法更加细化，必然会对某些民族分布区域的归属进行更为严苛的界定，这样必然导致对某些民族之间关系的相对割裂。南岭民族走廊本来就是历史上苗瑶语民族和壮侗语民族相互交流、交往、互动的区域，各民族在南岭民族走廊的插花式杂居特征，很难真正将它们的分布区域用一条线划分出来。民族走廊是一个开放的历史地理区域，就算是三大民族走廊之间，其民族界

---

① 李星星：《论"民族走廊"及"二纵三横"的格局》，《中华文化论坛》2005年第3期，第124-130页。

线、地理界线、文化类型界线也不是绝对的清晰。划清走廊之间的界线抑或是民族地区之间的界线，并不是费孝通先生提出的区域研究方法和民族走廊思想的本意。恰恰相反，他一贯主张跨区域式的民族研究，提倡更为宏观的视野，十分重视民族之间的历史关系研究。从某种角度上来说，民族走廊学说是他对民族研究者所提出来的走出"族别"、狭隘区域等思维限制而进行更为宏观、全面、整体研究的一种新的研究思路。

王元林（2006）提出，南岭民族走廊有狭义和广义之分。他认为，"费孝通先生提出的民族学上南岭走廊，显然不是狭义的，而应是广义的，不仅指今天生活在南岭走廊黔、桂、湘、粤、赣等交界处的汉藏语系壮侗语族中壮傣语支的壮族、布依族，侗水语支的侗、水、仫佬、毛南等民族，苗瑶语族中的瑶族、苗族、畲族等，而且还包括历史上由这条走廊南下、北上或东进的汉族、回族、彝族、仡佬族、满族等"。① 这个定义基本得到学术界的广泛认可。王元林对南岭民族走廊狭义与广义概念的区分具有深远的创新价值，是对费孝通先生关于南岭民族走廊思想的拓展与延伸，但又符合费孝通先生关于民族走廊概念核心的界定。但是，王元林对南岭民族走廊的概念界定，尽管在民族构成方面进行了概括，但是仍然以自然地理范畴为基本内容，并没有完整阐释南岭民族走廊的自然环境特征、历史形成过程及动力机制，也没有将南岭民族走廊在"中华民族多元一体格局"中的功能地位进行表述。覃德清（2008）认为，作为自然地理概念的南岭地区是恒定不变的，而作为中华民族文化研究范畴的南岭走廊却是随着民族的不断迁徙、文化分布范围的移动而变动，而且没有不可逾越的整齐划一的疆界。② "南岭""南岭民族""岭南""南方民族""华南民族"等概念之间具有紧密的关联性，既有交叉又有密合，只是因不同的语境而意指不同。他主张将历史上或当今生活在南岭山地以及周边的各族群及其创造的区域文化综合体作为"南岭民族文化"研究的内涵和外延。

---

① 王元林：《费孝通与南岭民族走廊研究》，《广西民族研究》2006 年第 4 期，第 109-116 页。
② 覃德清：《关于开展南岭民族研究的构想》，《广西师范大学学报（哲学社会科学版）》2008 年第 2 期，第 64-70 页。

以上学者均依据自己对费孝通先生所言的理解，在不同角度对南岭民族走廊进行了界定：有的侧重于南岭的地理范围，有的侧重于南岭的民族构成，有的侧重于南岭的民族文化。但是，仍然没有学者对南岭民族走廊进行系统的概念界定。从诸多学者的概念界定中可以看出，南岭民族走廊的概念应该包含以下基本点：区域位置、地形特征、历史形成、民族构成、功能地位等。按照上述理论框架以及李星星对民族走廊概念的界定，南岭民族走廊可以这样理解：南岭民族走廊处于中原农业文明区域边缘的地形复杂而又依山川自然走向的南岭山脉地区和珠江支流地区，是历史上壮侗和苗瑶语族民族或族群所选择的既便于迁徙流动，又可以避开文明中心进行政治军事扩张与开发以求民族延续，在各民族长期互动融合中形成的平面呈条带状的民族地区。走廊中分布着分属于苗瑶语族和壮侗语族两大语族的十几个少数民族，包括壮、侗、水、布依、仫佬、毛南、苗、瑶、畲等民族，还包括历史上由这条走廊北上、南下或东进的汉、彝、回、仡佬、满等民族。南岭民族走廊是中国南方少数民族聚居的"民族文化富矿区"，是长江流域和珠江流域的分界线，是连接我国西南与中南的交通要道，也是连接古代海上丝绸之路的国际大通道。

**二、南岭民族走廊的历史形成**

按照费孝通先生的解释，民族走廊的一般特征是"历史上形成的民族地区"。南岭民族走廊的形成就是苗瑶语族和壮侗语族中各成分之间以及与周边民族之间的一部迁徙流动史和相互交融史。著名民族学家潘光旦先生认为，"我国祖国的历史是一部具有许多不同特点的人们接触、交流、融合的过程。这个过程从没有间断过，而且还在发展着"。[①] 南岭，古文献中多称"五岭"，"自北徂南，入越之道，必由岭峤，时有五处，故曰五岭"。[②] 自古代起，不仅是汉族南下而至岭南的通道，也是众多少数民族南下或北上的通道。

潘光旦先生曾经根据徐偃王记载和盘瓠传说认为，先秦时期，在东夷

---

① 费孝通：《费孝通全集（第11卷）》，内蒙古人民出版社2009年版，第287页。
② 来自《晋书》卷15《地理志下·寿州》。

中靠西南区域活动的徐族人，就已经不断南下并进入长江流域。其中，一部分从南岭向东至江西、浙江、福建等地，与汉族不断结合成为畲；一部分先定居于洞庭湖周边，后进入湖南西部和贵州南部，成为苗；一部分则定居于南岭山脉成为瑶。除了人群流动外，南岭也是重要的文化通道。根据考古发现证明，距今约 6000 年前，湖南安乡汤家岗遗址的彩陶就经灵渠南下进入西江流域；距今约 5000 年前，江西、浙江等地遗址的盘鼎、玉宗等就翻越大庾岭进入广东。[①] 由此可见，南岭山脉早在先秦时期就是各族群进行迁徙和文化交流的重要通道。

秦汉时期，苗族为武陵蛮的一部分，至南北朝时期，他们一直居住于零陵、衡阳等郡的险要山区。后至隋朝时，他们主要杂居于湘中、湘南、湘西北以及粤北等地。直到宋朝，生活在荆湖南路的瑶族翻越南岭进入岭南地区，使岭南地区成为主要的瑶族分布区，湖南南部、西南部则成为瑶族的次分布区。这样，就形成了与当今瑶族分布相一致的格局。因此可以说，南岭是瑶族分布格局形成的重要因素，而瑶族分布格局历史的形成正是南岭民族走廊形成的重要佐证。苗族自古就是一个经常流动的族群，其祖先"顺着日落的方向走，跋山涉水来西方"。[②] 唐宋以后，湖南西部的苗族越过南岭进入广西北部，贵州南部、西南部的苗族则经过南岭进入广西的西部和北部。通过长期历史移动，基本形成了一个与现在一样的民族分布格局：以南岭为基点，向西到云贵高原的西边、南边以及黔东、湘西和桂北一带为苗族分布区；向东至赣东、闽西北、浙南以及粤东、粤北为畲族分布区；南岭山区、湘南、湘西南为瑶族分布区。根据苗族、瑶族和畲族的迁徙历史可以得出，南岭是形成这几个民族分布格局的重要地理因素。

南岭民族走廊的形成除了与苗族、瑶族和畲族的历史迁徙有密切关系之外，还与一直生活在我国南方的原住居民——百越的历史活动有密切关系。秦统一六国后，开凿灵渠，并通过移民以加强对岭南地区的统治与开

---

① 卜工：《岭南文明进程的考古学观察》，《历史人类学学刊》2005 年第 2 期，第 1-23 页。
② 国家民委民族问题五种丛书编辑委员会：《中国少数民族》，人民出版社 1981 年版，第 445 页。

发。"秦徙中县之民南方三郡，使与百粤杂处"①，这些移民经过南岭走廊而到达两广地区。汉代征伐南越，也是途经南岭走廊而顺势南下。魏晋南北朝时期，南岭走廊以南的百越与汉人交错杂居，受到当地政权的管理。而壮侗语族中的水、侗等民族是历来生活在南岭山脉周边的民族，甚至比苗族定居在黔湘桂边区的时间还要早。受到统治政权的压迫，这些民族中的一些居民不断迁徙、流动，以求自保。唐宋以后，岭南的各个民族不断分化，各民族特点已初步形成。例如，五代时期，黔南的布依族称为"仲家"；宋代时期，广西壮族称为"僮"，桂西、滇东等地已经出现么佬族；元代时期，桂北的毛南族被称为"冒南""茅滩"等；明代时期，水族、侗族的名称已经出现在一些文献中。随着汉族人不断从中原地区通过南岭走廊进行南迁，彝族在宋代时期就沿南盘江进入桂西地区；元代时期的回族人也经湘桂走廊进入南岭地区。

综上可见，历史上南岭民族走廊中的族群迁徙活动不仅涉及的民族众多，而且异常频繁。这些历史活动，既有生活在南岭民族走廊附近的被称为"溪峒之民"的侗、水等民族的向外迁移，也有瑶、苗等民族的居民向内迁徙，更有苗、瑶、彝、畲、汉、回等民族的过迁活动。但是，走廊并不是简单的迁徙通道，也是各民族进行接触、互动、融合的场域。在长期的历史迁徙过程中，形成了密切的民族关系，包括汉族与走廊内少数民族之间的关系、走廊内各少数民族之间的关系以及中华民族与东南亚地区一些民族之间的关系。与多元的民族构成相适应，南岭民族走廊在长期历史过程中沉淀了丰富多彩的多元民族文化。南岭独特的地理环境、悠久的多族群迁徙史、多元文化的融合与沉淀、远离中原文明中心等诸多因素的综合作用，形成了这条连接长江流域和珠江流域的南岭民族走廊。

### 三、南岭民族走廊的空间范围

空间范围是南岭民族走廊理论框架研究中的首要内容，也是准确界定南岭民族走廊概念的关键问题。费孝通先生在他的讲话中只是大致指出了南岭民族走廊的地理范围和民族成分，并没有全面而准确地对其进行完整

① 出自《汉书》卷 1 下《高帝纪下》。

的界定。随着南岭民族走廊研究的进一步深入，后继学者均从各自的学科角度和研究需要去界定南岭民族走廊的地理范围。将南岭民族走廊作为学术研究中的整体性区域，难免会遇到不同学术领域的种种区域划分。无论是从地理区域、行政区域还是从文化区域的角度来看，南岭民族走廊都处在相关区域的交界位置。

（一）自然地理学角度上的南岭山区

"南岭"最早是秦汉时期朝廷对楚国南部的群山区域的总称，后被用以指代湘桂赣粤相连区的群山区域。古文献中更多地将"南岭"称为"五岭"，包括越城岭、萌渚岭、都庞岭、大庾岭和骑田岭。在地理学中，南岭是重要的南北气流交汇之地，处于中亚热带向南亚热带的过渡地带，气候差异明显。

但是，自然地理学角度上的南岭山区，其边界和范围也是众说纷纭。我国著名地质学家李四光就曾以"南岭何在"为标题，首次探讨了南岭的地质构造，并认为南岭的地文存在毫无问题。而地理学家吴尚时则提出相反观点，认为南岭的地质构造复杂，地文作用也并不显著。地理学家陈述彭也表达了同样的观点，但是他认为南岭在地理上是客观存在的，而且具有重要意义。地质学家常隆庆认为，南岭属于不稳定的华夏古陆台、南岭准地槽，其范围要比地理上所称的南岭大得多，包括江南地盾和闽浙地盾的所有地区。他首次将南岭分为广义和狭义两个区别：广义的南岭，是指珠江与长江的分水岭；狭义的南岭就是通常所说的五岭，还包括瑶山、八面山、九连山以及武夷山等在内。莫柱孙等提出的南岭范围最为广泛，将南岭泛指长江与珠江流域分水岭一带由花岗岩构成的山地。这个范围北起越城岭岩体北端，东至东海之滨，南界为北纬22°（即广东湛江），西至东经107°。[①]

土壤地理学家席承藩把南岭北侧的湘赣山地列入中亚热带江南山地区，而将南侧的桂东北山地、粤北岭南山地以及桂北—黔南喀斯特区列入南亚热带华南丘陵区。中国科学院在1985年将南岭山地划入华中、华南

---

① 莫柱孙：《南岭花岗岩地质学》，地质出版社1980年版。

湿润亚热带地区（Ⅲ）中的中亚热带长江南岸丘陵盆地常绿阔叶林区的一个亚区，并且指出了南岭的地理范围。"东起武夷山南端，西抵雪峰山以南的八十里大南山，东西绵延600余公里，南北宽约200公里，构成长江水系与珠江水系的分水岭。"① 这个区域划分较为科学合理，成为其他学者进行进一步划分的依据。

中国科学院南方山区综合科学考察队在经过多年考察之后，不但将南岭丘陵山区列为国家重点开发与治理的十九片之一，并且基本考察清楚了南岭山区的地理范围。按照中国科学院在《中国南方山区的开发治理》一文中的界定，南岭山区位于北纬23°34′~26°23′，东经109°36′~115°56′，东西长约640公里，南北宽约310公里，是一个相对独立的自然地理单位。在行政区域上，包括桂东丘陵山区的17个县市，湖南丘陵山区的18个县市，粤北丘陵山区的16个县市和赣南丘陵山区的12个县市，本区共计63个县市，总面积为13.7万平方公里。② 此后不久，该科考队又进一步修订了南岭山区的范围：包括赣南12个县市，粤北16个县市，桂东北17个县市以及湘南20个县市，共65个县市，土地总面积139210平方公里，占湘、赣、粤、桂四省（区）土地面积的16.79%。③

1990年3~5月，中国科学院在之前科考的基础上，对南岭地区进行了重点考察。后根据现有文献资料，以地质构造与山形为基础，兼顾行政区划的完整性，确定了南岭山区的边界范围。这个范围以南岭为主体，"西抵雪峰山以南的八十里大南山，东越武夷山南端，北与万洋、诸广等山相接，南和九连山相邻，东西绵延640公里，南北宽320余公里，其地理位置大致位于北纬23°50′（英德）~26°55′（祁阳），东经109°36′（龙

① 中国科学院《中国自然地理》编辑委员会：《中国自然地理总论》，科学出版社1985年版，第300-301页。
② 中国科学院南方山区综合科学考察队：《中国南方山区的开发治理》，华东师范大学出版社1988年版，第119页。
③ 中国科学院南方山区综合科学考察队：《中国亚热带东部丘陵山区自然资源开发利用分区》，科学出版社1989年版，第130页。

胜）～115°35′（龙川）"。① 这个地理范围所涉及的行政区域分为粤北、桂东北、湘南和赣南四部分，包括广东省的韶关、清远、河源；广西壮族自治区的桂林、梧州；湖南省的邵阳、零陵地区、郴州地区以及江西省的赣州地区等，共计 76 个县（市），总面积达 165977.7 平方公里，占全国国土面积的 1.73%，占粤桂湘赣四省（区）土地总面积的 20.92%。

除了科考等研究者对南岭地区进行界定之外，地方政府部门为了加强对南岭地区的管理与规划也进行了范围划分。粤、桂、湘、赣四省区有关部门编写的综合自然区划、农业区划以及国土规划等工作中，都分别将南岭部分地区列为粤北山区、部分粤东北山区、桂东北山区、湘南山区、赣南山区几大部分。之后成立的湘赣粤三省交界地区国土规划领导小组，协调和编制了交界地区的国土资源规划工作。三省交界地区是南岭的重要部分，包括湖南郴州地区、江西赣州地区、广东韶关市等共 39 个县市区。

由此可见，地理学上的南岭山区，由于地质构造的复杂性，其空间范围的界定也是众说纷纭，没有形成统一的观点。在所有的界定中，中科院与国家计委组成的自然资源综合考察委员会南岭山区科学考察组对南岭山区的界定相对较为科学和完整，充分考虑了地质构造、地形特征、行政区划等因素，具有一定的说服力，得到了众多学者的采纳。

（二）民族学、文化人类学角度上的"南岭民族走廊"

民族走廊是历史上形成的民族地区，明确民族走廊的区域范围是从民族走廊角度进行民族研究的前提。国内民族学者、文化人类学者从民族分布、民族文化、区域文化、民族关系、历史活动区域等诸多角度对南岭民族走廊的地理范围进行了多样界定。

李星星（2005）认为，"'壮侗走廊'，即'南岭走廊'，位于东南珠江、闽江流域与长江流域分水岭地区，略呈东—西走向（稍偏北—南）；

---

① 中国科学院、国家计划委员会自然资源综合考察委员会南岭山区科学考察组：《南岭山区自然资源开发利用》，科学出版社 1992 年版，第 4 页。

以南岭一系列东北—西南走向的山脉及丘陵，以及大体呈西—东走向的珠江支流为其自然地理基础。其坐标位置大体在东经 104°~116°、北纬 23°~26°。直线距离东西长约 1800 公里，南北宽约 300 公里"。① 按照这个界定，"壮侗走廊"在我国内陆的大致地理范围是东起闽南武夷山区；西至珠江支流北盘江（西段延伸部分与"藏彝走廊"南端部分相接）、南盘江上游地区，直抵乌蒙山；北界在南岭北侧一线（与"土家—苗瑶走廊"相汇）；南以北回归线为界。

王元林（2006）则认为李星星"壮侗走廊"的提法并没有涵盖费孝通先生对南岭民族走廊所界定的全部内容。他以南岭的地理学解释为基础，依据南岭民族走廊的形成历史，提出了广义的南岭民族走廊，并界定了其空间范围。"南岭走廊北端为云贵高原东南、雪峰山南段、罗霄山脉南段，即北纬 26.15°左右，南端在左江—郁江一线，约为北纬 23.15°，南北宽 330 多公里；西界在滇、黔、桂相交的南、北盘江上游地区的东经 104°，东界达南岭东端东经 115°，东西长 1000 多公里。"②

但是与王元林持广义南岭民族走廊的观点不同，吴忠军则认为南岭民族走廊的地理范围不应该扩大。他在研究南岭民族走廊的贫困问题时，坚持从地理学角度界定南岭民族走廊的空间范围，并采纳了中国科学院于 20 世纪 90 年代对南岭地区进行多次科考后所界定的南岭地区范围。他认为，"狭义的南岭民族走廊在地理空间上西起广西的三江、龙胜—荔浦、昭平一线，东至江西赣州市的石城、瑞金—寻乌、龙川一线，北达湖南的通道、绥宁—资兴、桂东，南抵广东的连山、连南—新丰、龙川一线。"③这个范围基本涵盖湖南永州、郴州；广西贺州、桂林；广东清远、韶关；江西赣州等市县。

著名学者麻国庆（2013）认为，民族学、人类学意义上的"南岭走

① 李星星：《论"民族走廊"及"二纵三横"的格局》，《中华文化论坛》2005 年第 3 期，第 124-130 页。
② 王元林：《费孝通与南岭民族走廊研究》，《广西民族研究》2006 年第 4 期，第 109-116 页。
③ 梁宏章、何莲翠、李丹：《概念与走向：2013 年"南岭民族走廊"学术研讨会综述》，《民族论坛》2013 年第 12 期，第 43-46 页。

廊"的区域范围的确定，一方面应参照地理学界各种关于南岭山区的自然地理划分；另一方面应结合区域内的历史、文化、社会、族群流动等因素。在这种方法下，麻国庆做了如下界定："'南岭走廊'应包括武夷山南端、赣南山区、粤北山区、湘南山区、桂东北山区、桂北—黔南喀斯特区、滇东高原山区，东连闽粤沿海，西接横断山脉（'藏彝走廊'区域）及东南亚山区。南岭山区由一系列不连续的山地组成，地形破碎散乱，无统一走向，岭间多大小不一的平缓山隘和盆地。南岭是珠江水系和长江水系的分水岭，珠江的大部分支流及长江的赣江和湘江两大支流均发源于南岭。"①

学者李晓明认为，狭义的南岭民族走廊仅仅是指"五岭"，而广义的南岭民族走廊西起桂、黔、滇三省的交界地，经桂、湘、赣三省交界地区和桂、湘、粤三省交界地区，东至粤、赣、闽三省的交界地区。这四个三省交界地区所连成的线就是南岭民族走廊的主要区域。此外，覃德清（2008）从文化形态上提出"南岭民族文化"概念，认为"其内涵和外延应包含历史上曾经或者仍然居住在湘、黔、粤、桂、赣交界的南岭山地及其周边地区的各族群及其创造和传承的各种形态的区域文化综合体"。②

可见，民族学、文化人类学角度上的南岭民族走廊，其地理范围的界定更加多样。这与南岭民族走廊本身所具有的民族成分复杂、历史迁移频繁、文化类型多样、民族分布杂居、民族关系多变、行政区划多变等特点是分不开的。从不同角度、不同层面研究南岭民族走廊时，其面对的地理范围的边界是不同的。相对于板块来说，走廊本身就具有流动性，而这种流动性就决定了其边界的不稳定性。

（三）区域经济学视角下的"南岭民族走廊"

从区域经济学的角度来看，南岭民族走廊也是处于多个经济区的分界交叠的位置。美国学者施坚雅（G. William Skinner）以市场体系为中心，

---

① 麻国庆：《南岭民族走廊的人类学定位及意义》，《广西民族大学学报（哲学社会科学版）》2013年第3期，第84-90页。

② 覃德清：《关于开展南岭民族研究的构想》，《广西师范大学学报（哲学社会科学版）》2008年第2期，第64-70页。

将晚期的中华帝国划分为九大区域。他的区域性经济体系理论对我国的历史学、人类学、经济学等领域影响深远。"施坚雅从集市贸易体系理论出发，根据地理学中的中心地学说，建构了各区域的经济等级结构体系……这样一个以市场关系为中心的等级结构，构成一个经济区域，并最终整合成为中国。"① 这九大区域包括华北区域、长江上游区域、长江中游区域、长江下游区域、东南沿海区域、岭南区域、西北区域、云贵区域、满洲区域。按照这个经济区域划分，南岭的东西两侧分别连接着东南沿海区域和云贵高原区域，南北两侧分别连接着岭南区域和长江中游区域。因此，如果将南岭作为一个整体性区域，它的空间范围则与施雅坚基于市场体系模型下的经济区域有所区别，是云贵、东南沿海、岭南与长江中游区域的交界区。

国内对于我国经济区域的划分自新中国成立之后经历了长期的演变过程。1956 年，毛泽东在《论十大关系》一文中提出沿海与内地的区域划分。20 世纪 60 年代初，中共中央为了解决沿海与内地在工业布局上的不均衡问题，将全国划分为华北、东北、华东、中南、西南和西北六大经济区域。改革开放以后，在市场经济体制下，各地区之间的经济联系发生了巨大变化，引起经济区域的重新划分。1985 年，刘再兴根据全国生产力布局情况，将全国划分为八大综合经济区："东北区、华东区、华北区、西北区、黄河中下游地区、长江中下游地区、东南沿海区和西南区。"② 1987 年，国家在"七五"计划中首次按照东部、中部、西部的方法将我国经济区划分为三大经济地带。1992 年，邹家华基于区域协调发展的考虑，提出七大经济区的战略构想，包括环渤海地区、长江三角洲及沿江地区、东南沿海地区、西南和华南部分省区、西北地区、东北地区和中部五省地区。

从以上众多经济区域划分来看，南岭民族走廊所涉及的区域范围具有

---

① 黄国信：《区与界：清代湘粤赣界邻地区食盐专卖研究》，生活·读书·新知三联书店 2006 年版，第 6 页。

② 刘再兴：《综合经济区划的若干问题》，《经济理论与经济管理》1985 年第 6 期，第 45—49 页。

以下特点：第一，同时跨越东部、中部和西部三大经济地带。南岭民族走廊的主体部分属于中部地区，但边缘地区同时延伸至东部和西部地区。第二，地处华中地区、华南地区、华东地区、西南地区的交界地带，既是南北交通要道，又是东西串联通道。第三，毗邻长江中下游、东南沿海、泛珠三角、西南等经济区，是各经济区互通往来的重要陆上枢纽。第四，从国际区位来看，南岭民族走廊是海上丝绸之路的起点区域，是连接我国各经济区域与东南亚国家地区之间商贸往来的重要国际大通道。

（四）本书对南岭民族走廊空间范围的界定

无论是从自然地理学、民族学、文化人类学还是从区域经济学的角度，南岭民族走廊的空间范围都是千差万别的，没有形成一致的看法。民族走廊是费孝通先生在民族研究中提倡区域研究方法而提出的概念，但是并没有严格界定任何一个民族走廊的空间范围。区别于一般意义上的区域，民族走廊是一个动态的开放的"历史—区域"概念，因不同的历史阶段、不同的研究角度而会出现不同的空间范围界线。这既符合历史规律，也符合科学的思维规律。本书旨在对南岭民族走廊的经济发展战略进行分析和构想，基于研究目的和研究需要，对南岭民族走廊空间范围的界定主要坚持以下原则：一是尊重南岭的自然地理与地质构造科学的原则；二是尊重民族历史发展规律与民族分布格局原则；三是有利于整体高效参与"一带一路"建设原则；四是有利于促进区域经济协作与协同发展的原则；五是有利于要素自由流动与资源有效整合的原则。此外，还需要考虑与其他经济区的差异性、区域内部的趋同性、区域经济政策的制定与实施、整体战略的实施难度、行政区划的独立性与分割性等因素。

综合前文中各学科领域内的学者对南岭地区或南岭民族走廊的空间范围界定，本书以地理学或地质学中的南岭山区为依托，以民族学与文化人类学对南岭民族走廊的范围界定为基本依据，同时依照费孝通先生提出的"六板块三走廊"的中华民族基本空间格局，兼顾行政区划的完整性，以区域经济研究为主要范式，以中国科学院对南岭山区的界定为基本参照，对南岭民族走廊的空间范围进行界定。

本书采用广义的南岭民族走廊概念，将南岭民族走廊划分为核心区与辐射区两部分。南岭民族走廊核心区的地理范围，以南岭为主体，东至武夷山南端，西抵雪峰山以南的八十里大南山，南与九连山相邻，北与万洋、诸广等山相接，南北宽约320余公里，东西绵延640公里。核心区所涉及的行政区域分为粤北、桂东北、湘南和赣南四部分，包括广东省的韶关、清远；广西壮族自治区的桂林、贺州；湖南省的永州、郴州以及江西省的赣州地区。南岭民族走廊辐射区所涉及的地理区域包括武夷山南端、岭南地区、滇东高原山区、黔南地区等。

南岭民族走廊涉及多个省份的众多市县区域，倘若脱离省际关系，单从市县级层面进行经济战略的整合，其可行性与实施效果都得不到有效保证，更不能保证南岭民族走廊的区域整体性特征。南岭民族走廊所涉及的各个区域之间的经济协作，关系到各个所属省（区）的整体经济发展，必须在省际协同的框架下进行。基于我国长期以来行政区划在区域经济发展中的重要作用，为了便于分析与规划南岭民族走廊的经济发展战略，考虑到战略制定与执行时所要求的行政区域整体性，基于区域经济学的研究要求，本书在研究过程中尤其是在战略分析与战略规划过程中进一步扩大范围并转换角度，将南岭民族走廊所涉及的行政区域确定为核心四省区（湖南省、江西省、广东省与广西壮族自治区）与辐射三省区（云南省、贵州省、福建省）。将民族走廊概念与行政区域概念融合，从而打造南岭民族走廊经济带，这样做不仅不会影响南岭民族走廊的核心内涵，反而会更好地促进南岭民族走廊地区经济的协同发展和对外开放，最终会带动核心四省区与辐射三省区的全面协同发展与对外开放。此举具有重大的现实意义。

### 四、南岭民族走廊的战略地位

从地理与交通角度来看，南岭民族走廊中的主体——南岭山区是我国长江以南的重要山系，衔接着长江与珠江两大水系，京广线、湘桂线纵贯走廊境内，交通网络四通八达，历来是我国南北水陆交通的咽喉之地，又邻近东南沿海，地理区位优势明显。南岭民族走廊地区，"北镇衡岳，南峙百越，西控雪峰，东接武夷，形势险要，自古以来，是兵家必争之地，也是粤、桂、湘、赣四省（区）通商要衢"。①

自秦汉时期起，南岭民族走廊就是中原内地通往南陲的重要交通和军事要道。改革开放至今，南岭山区仍是重要的商贸重地。这里既是广东省沿海经济开放区赖以持续发展的经济腹地，是广西环北部湾地区经济振兴的坚实基础，也是湖南和江西进行经济体制改革的试验区。南岭民族走廊所涉及地区，交通便利，南北贯通，东西畅通，向南可面向沿海经济特区、港澳台、东南亚，向北可与长江黄金水道连接，是各省区强化经济协作与经济联系的纽带，是深化对外开放、发展外向型经济的阵地，是一个建立在民族关系纽带上的独特的经济共同体。在西部大开发深入实施和"一带一路"建设持续推进的当今，南岭民族走廊的战略地位就显得更加突出。

第一，南岭民族走廊是深入推进西部大开发战略与东西部协调发展的示范区域。西部大开发是国家在世纪之交做出的重大决策，是指导西部地区经济发展的纲领，目的是促进西部地区经济开发程度，缩小东西部发展差距。西部大开发战略所涉及的范围非常广泛，包括广西、云南、贵州等在内的 12 个省、自治区、直辖市，以及 3 个少数民族自治州。南岭民族走廊地区跨越我国东部、西部和中部三个经济地带，是深入实施西部大开发战略和探索东中西部实现协调发展，加强区域经济协作的良好示范区。

第二，南岭民族走廊是实现民族地区繁荣发展和密切民族关系的重要区域。南岭民族走廊是三大民族走廊中民族成分多样、民族关系密切、民族文化多元的地区。两大语族中的数十个少数民族，在长期的历史迁徙活动中形成了千丝万缕的民族关系。而这样的民族关系则是当今加强区域联系，促进区域经济合作的重要纽带。由于复杂的自然环境和险要的地形特征，南岭民族走廊中的少数民族地区发展较为缓慢落后，贫困地区较多，并且集中连片。能否消除南岭民族走廊地区的贫困状况，促进少数民族地区繁荣发展，关系着国家的社会稳定与民族团结。

---

① 中国科学院、国家计划委员会自然资源综合考察委员会南岭山区科学考察组：《南岭山区自然资源开发利用》，科学出版社 1992 年版，第 4 页。

第三，南岭民族走廊是"21世纪海上丝绸之路"建设的起点区域。南岭民族走廊是连接古代海上丝绸之路的国际大通道。共建"一带一路"倡议，是我国着眼世界大棋局、欧亚非大舞台做出的重要选择。我国三大民族走廊自古以来就与丝绸之路的形成息息相关，有着很深的渊源，各族人民对丝绸之路有着很深的情感认同。从全球区位来看，南岭民族走廊是中国面向东盟国家深入对外开放的桥头堡和前沿阵地。南岭民族地区在空间上是"21世纪海上丝绸之路"的起点区域。

## 第三节　南岭民族走廊的民族特征

与藏彝民族走廊、西北民族走廊一样，南岭民族走廊也是在我国特殊的自然地理环境与历史条件下形成的民族地区。但是由于自然地理环境与历史人文环境的差异，在长期的历史进程中，南岭民族走廊形成了与众不同的民族构成、民族文化与民族关系。南岭民族走廊是我国苗瑶语族与壮侗语族中各少数民族的摇篮，也是我国南方少数民族传统文化的沉淀区域，并且在长期的互动融合中，彼此之间具有密切的民族关系。独特的自然地理环境、多样的民族构成、紧密的民族关系、多元的民族文化是南岭民族走廊的重要特征。

### 一、复杂的自然生存环境

自然地理环境是民族形成并赖以存续的基本条件。南岭民族走廊以南岭山区为主体，是依山川自然走向的条状地带。历史上通过此通道迁徙流动的民族或用于商贸往来，或用于躲避战乱，或用于生存开拓等。这条纵贯南北而又串通东西的地带，之所以成为各民族迁徙流动、互通往来、定居生存、延续发展的地区，与该地区特殊的自然环境密切相关。

南岭民族走廊所在区位，西接云贵高原，东邻东南沿海，北接长江中游流域，南衔珠江流域，横亘在广西、湖南、江西、广东、福建、贵州、云南等省（区）之间，以南岭为核心，由一系列东北—西南走向的山脉和丘陵为地貌基础，形成一条东西长1000多公里、南北宽300多公里的分割地带。该走廊大体包括赣南山区、湘南山区、粤北山区、桂东北山区、桂北—黔南喀斯特地形区、滇东高原山区、武夷山南麓等地区，由一系列不连续的高山、丘陵、盆地、山谷、河谷等构成，整体地形杂乱零碎，没有完整的统一走向。走廊内山岭蜿蜒逶迤，河川溪涧交错纵横，山冈盆地相间分布，山岭之间有大小不一的山隘、丘陵、盆地和苔地。区域内山岭众多，但平均海拔在 1000～2000 米。在山峰峡谷的交错地带，有为数众多的海拔在 200～400 米的河谷丘陵盆地，土地肥沃，自然环境相对较好，是各民族生存延续的主要聚居地。

险要的地形对南岭民族走廊交通道路尤其是陆路交通的开辟极为不利。南岭是长江以南最大的横向构造带山脉，是阻碍岭南与中原交通联系的天然屏障。这片区域的地势整体海拔不高，地貌以山地、丘陵为主，但是山岭连绵，峡谷交错相间，地势陡峭，多山崖峭壁，水系众多，地形复杂，陆路交通较为不便。但是，南岭民族走廊内水系发达，河流众多，区域中间穿插着众多江河或支流，如湘江、赣江、连江、桂江、北江等，自古以来成为沟通南北的交通要道。南岭民族走廊的广大地区，交通便利的区域较少，大部分地区处于较为封闭的状态。

与复杂的地形特征相适应的是差异明显、气候多样的生态环境。南岭民族走廊总体上属于热带、亚热带季风性湿润气候，是热带向半热带过渡的地带。受南岭阻隔，南北气流在此交汇，南岭南北两侧形成鲜明的气候差异。走廊一带，全年气候较为温热，日照时间与无霜期较长，雨量充沛。适宜的气候条件与独特的地形地貌，使南岭民族走廊植被茂盛，动植物资源十分丰富，拥有较多的国家级与省级自然保护区。

由于南岭民族走廊一带自然条件恶劣，在生产力水平较为落后的古代，生活在这里的人口较少，聚居的主体是少数民族。独特的气候条件与相对恶劣的地理环境，对生活在这里的少数民族的经济活动产生深刻影响。"岭南无山不有瑶"，作为山地民族的典型代表，瑶族的经济生活主要是刀耕火种和迁移"游耕"；而生活在苗岭、大苗山等地的苗族主要以农林和牧业为主；生活在大石山区的毛南族的经济活动主要是耕山和放牧。可见，这些少数民族的经济活动都是其居住的现实生活的真实写照。

## 二、多样民族构成与"插花式"民族分布

南岭民族走廊中的民族，随南岭民族走廊的不同界定范围以及不同的历史时期而有所不同。生活在南岭民族走廊的各个民族，都有各自相对比较集中的聚居区，其生产方式、生活方式、语言以及文化习俗存在明显的差异。即使是同一个民族，因不同的地域、不同的生存环境也存在不同的民族特征。

作为沟通长江流域与珠江流域、中原与岭南的重要地域，南岭民族走廊是历史上两大区域中的各个民族迁徙流动与沟通往来的交通要道，是我国众多少数民族的摇篮。费孝通先生在讲话中也曾多次将南岭民族走廊的民族成分基本划分为苗瑶语族与壮侗语族两个族群。从广义的南岭民族走廊范围来看，该走廊内的民族大致包括苗、瑶、壮、侗、水、毛南、仫佬、布依、畲、汉、回、彝、满、仡佬、高山、满、撒拉、白、黎、佤、土、布朗、京、景颇、白等近40个民族。其中，除一小部分民族在民国以前就住在该地域之外，大部分民族是新中国成立之后逐渐迁移到此地居住的。从狭义的南岭民族走廊范畴，即从粤、桂、湘、赣四省区的交界地区来看，走廊内的民族数量与广义的南岭民族走廊范畴基本差异不大，但是聚居的主体民族存在较大差异。例如，湘、桂、黔三省交界地区聚居的民族较多，有苗族、瑶族、壮族、侗族、毛南族、仫佬族、汉族等；而南岭民族走廊东部的湘、桂、粤和湘、粤、赣交界地的主体民族有汉族、瑶族、壮族，其他民族的人口数量较少，基本都是后来迁移过来的。若从族群角度来看南岭民族走廊内的居民，群体数量则多达数十个。秦汉时期，南岭民族走廊就是骆越人、武陵蛮、西欧人、乌浒人、俚人、僚人等少数民族的聚居地。南岭民族走廊内的族群，既有按照行政区划而分的广西人、贵州人、广东人、湖南人、贺州人、永州人等，又有以族群习惯分类的瑶族群体、壮族群体和汉族群体。其中，仅瑶族群体就又分为过山瑶、平地瑶、盘瑶、红头瑶、土瑶、平头瑶、花蓝瑶等；壮族群体可以分为黑衣壮、蓝色衣壮、生壮、熟壮等；汉族群体又可以分为广府人、客家人、桂柳人、船家人、宝庆人、都人等。

在所有民族中，汉族是南岭民族走廊境内人数最多、分布最广泛的民

族，主要分布于走廊中、西部区域的广大城镇、平原和盆地区域，与其他少数民族一样长久地生活在走廊内。瑶族的聚居地分布比较分散，主要居住在山区，因此有"南岭无山不有瑶"的说法。但是，南岭民族走廊是我国乃至全世界瑶族聚居最为集中的地区，有七个瑶族自治县和数十个瑶族乡，几乎涵盖了所有瑶族族群。瑶族居民主要生活在走廊的山区、丘陵、平地和盆地，以崇山峻岭和高寒山区居民最多，整体呈现出小聚居、大分散的分布特点。壮族总体上分布于汉族、瑶族及其族群之间的结合部，以河谷为主要聚居场所，是沟通汉、瑶两大民族的桥梁。自走廊的西北向东南，壮族人数呈现递减趋势，分布极不平衡，各地分布情况存在较大差异。

尽管民族众多，但是南岭民族走廊内的民族，从西北向东南，民族数量呈现递减状态，民族分布较为分散，整体上呈"插花式"分布。"总之，南岭走廊各民族、各族群的分布，在交错杂处的同时，最明显的特征就是'瑶族住箐头，壮族住水头，汉族住街头'。虽然族群分布还有一定的区别，但并没有离开这一大趋势。"①

### 三、紧密的民族关系与族群关系

南岭民族走廊各民族在历史中形成的大杂居、小聚居的交错式分布格局，对各民族、各族群之间的交往交流、互动融合、相互认同，甚至是碰撞冲突产生了深远影响。各民族为了自身的生存延续，不断与其他民族进行政治、经济、文化等方面的交流联系，形成了各民族之间互利互惠、和谐共生的民族关系。而在南岭民族走廊的民族关系中，汉族与少数民族之间的关系、各少数民族之间的关系是把握这一区域各民族在"中华民族多元一体格局"中的历史贡献的关键。

南岭民族走廊中的各民族，由于居住地域的巨大差异，其生存环境、生产方式、资源占有等状况不尽相同，只有互通有无、相互补充，才能共同生存发展下去。南岭民族走廊独特的自然环境，影响了生活在这里的各

① 韦浩明：《南岭走廊民族认同研究》，中南大学出版社 2015 年版，第 52 页。

少数民族的经济活动。① 构建良好的民族关系、相互进行帮扶，是每个民族意识到的最佳途径与必然选择。历代中原王朝与地方政权为了维护地方社会安定，也不断采取汉化政策，通过促进相互学习、改造习俗等方式不断涵化各少数民族传统文化，逐渐改变其生产方式，加速了少数民族的封建化进程。这些举措，客观上有利于民族之间相互理解、相互认同，促进了"中华民族多元一体格局"的形成。尽管也有矛盾和冲突，但是碰撞中的民族更逐渐认识到互相谅解、和谐共生的重要性。在走廊内的汉、壮、瑶三个主体民族内部的一些族群中，相互通婚现象屡见不鲜，而且宗教信仰较为接近，关系总体上较为和谐融洽。各民族在相互商贸往来中，促进了区域性共通语言的形成，为民族之间进一步交往互动、加强沟通学习奠定了语言基础。

文化上的互相涵化、经济上的互补互利、语言上的互通互化，消除了民族之间的隔阂，进一步促进了民族之间的彼此通婚。族群之间的婚姻关系，是民族关系和谐融洽程度的直接反映，是民族关系的晴雨表。在南岭民族走廊形成的历史过程中，汉族与瑶族的关系较为复杂。民国以前，瑶族与汉族关系较为紧张。历史上，瑶族主要是生瑶，实行族内婚，一般原则上禁止与外族通婚，汉族同样在一定程度上限制与瑶族的婚姻往来。清闵叙在《粤述》中记载，"生瑶在穷谷中，不与华通；熟瑶与州民犬牙交错，或通婚姻。"除生瑶之外，其他瑶族群体如过山瑶、板瑶、坳瑶、熟瑶等，与汉族通婚是十分正常的现象。民国时期，在新桂系的引导下，民族地区实行"化瑶"政策，包括瑶族在内的少数民族开始逐渐改变传统习俗，与汉族加强了各方面往来，汉族与瑶族之间的关系才得以改善，朝着和谐的方向发展。与汉瑶关系相比，汉壮、瑶壮等民族关系却相对和谐得多。壮族在历史上就非常注重学习周边民族的语言和习俗，很早就开始普遍接受汉族文化，主动融入主流文化中。因此，汉壮民族关系比较融洽，而且相互的趋势非常明显。从明朝初年开始，壮族逐渐以"楔入"

---

① 王元林：《费孝通与南岭民族走廊研究》，《广西民族研究》2006 年第 4 期，第 109-116 页。

的方式入居并点缀在南岭走廊各地，杂处于瑶、汉民族之间。① 而在壮族定居早期，由于与汉族之间的文化差异，客观上却强化了壮瑶之间友好的民族关系。这两个经济文化具有较高近似性的民族，尤其是壮族，不断主动调整相互之间的关系，在不断沟通交往的基础上建立了更加互信、友好的民族关系，最终上升到可以相互通婚、相互转化和互相交融的程度。

南岭民族走廊内的各民族在长期的历史发展过程中，相互交流学习、彼此影响，文化上不断相互涵化、经济上不断互惠互利，尽管存在碰撞与冲突，但民族关系的主流依然是和谐相处。这主要表现在以下几个方面：一是民族分布的交错杂居，彼此相互依存共生；二是民族之间的相互通婚现象普遍存在，在往来中形成了区域性共通语言；三是经济上的互补是彼此共同生存发展的前提；四是民族文化不断相互交融，民族认同增强，促进了"中华民族多元一体格局"的形成。新中国成立以后，我国处理民族关系的基本原则是民族平等、民族团结和各民族共通繁荣。各民族在相互平等、相互尊重、相互信任、相互学习、共同发展的基础上，民族关系进入和谐发展的新时期。

**四、多元的民族文化**

在长期历史中，南岭民族走廊中南来北往，东西流动，各民族长期杂居交错，文化交流互动十分频繁，文化样式既有自成一体又有整合创新，留下了丰富多彩的民族文化资源，成为少数民族多元文化聚集、沉淀的"富矿区"。这一地带少数民族的宗教信仰、语言文字以及民族习俗等与藏彝民族走廊、西北民族走廊中的少数民族差异显著。作为沟通岭南与中原两大文化区的南岭民族走廊，在经历了数千年的族群迁徙流动和文化碰撞互动之后，成为各民族多元文化的沉淀区，不断相互融合与发展。"这里既不是纯粹的湘楚文化、岭南粤商文化，也不是单一的苗瑶壮侗等民族文化，而是上述种种文化因子与中原文化、海洋文化等多种文化互动、整合、融合的积累与沉淀。"② 不同的民族、不同的地域，甚至是同一民族

---

① 韦浩明：《南岭走廊民族认同研究》，中南大学出版社 2015 年版，第 56 页。

② 韦浩明：《南岭走廊民族认同研究》，中南大学出版社 2015 年版，第 29 页。

中的不同群体，其文化也不尽相同，使整个南岭民族走廊的民族文化显示出多元化但又有共性的特征。

南岭民族走廊中的各个少数民族尽管大多没有形成本民族的文字，但是基本都有自己的民族语言。这些少数民族基本分属于汉藏语系中的壮侗语族和苗瑶语族。其中，壮族、布依族属壮侗语族中的壮傣语支；侗族、水族、仫佬族、毛南族等民族属壮侗语族中的侗水语支；苗族、瑶族、畲族等民族属苗瑶语族。这些民族的宗教信仰主要以自然图腾和祖先崇拜为主，其中壮族信仰大榕树、木棉树等，多崇拜山、石、树等；侗族信仰银杏树、香樟树、桐树等；仫佬族信仰桐树；水族信仰水杉。以壮族为代表，古代时期主要信奉道教，近代以后，居住于交通便利的壮族居民中，基督教和天主教也有流布。

在漫长的历史长河中，南岭民族走廊的少数民族创造了丰富多彩的文化遗产。在 2006 年 5 月国务院公布的第一批国家级非物质文化遗产名录中，分布在南岭民族走廊这一带的就有 45 项。其中，民间文学包括布洛陀、苗族古歌和刘三姐歌谣；民间音乐包括侗族大歌、靖州苗族歌鼟、侗族琵琶歌和铜鼓十二调；民间舞蹈包括木鼓舞和苗族芦笙舞；传统戏剧包括桂剧、彩调、壮剧、采茶戏、布依戏等；民间美术包括苗绣和水族马尾绣；传统手工技艺包括壮族织锦技艺、侗族木构建筑营造技艺、苗族蜡染技艺等；民俗包括壮族的蚂𧉟节、瑶族盘王节、仫佬族依饭节、水族端节、苗族鼓藏节等。在 2008 年 6 月公布的第二批国家级非物质文化遗产名录中，有十余项文化遗产是由南岭民族走廊中的少数民族所创造的。其中包括布依族盘歌、壮族嘹歌、珠郎娘美、仰阿莎、瑶族猴鼓舞、苗族织锦技艺、广西文场等。

这些珍贵的文化遗产历史久远，具有极高的美学价值和历史价值，是南岭民族走廊少数民族居民智慧的结晶。它们反映了南岭民族走廊中少数民族居民意识世界中朴素的人与自然、人与人和谐相处的理念，是这些族民自然观、道德观和价值观的生动表达。"历史上南岭民族及其文化的演进，历经沧桑，整个文化发展过程既有自成一体的文化根脉，也同汉族文化具有千丝万缕的联系，有些文化事象具有鲜明的时代特征，也有一些文化传统经久不变，流灌在南岭民族文化的历史长河之中。"① 南岭民族走廊内的文化既有地域性和民族性特征，又具有整体性和共同性；既具有原生态和传统性，又不乏创新和融合特点。南岭民族走廊为这些民族多元文化的沉淀和传承提供了庇护所，同时也为各民族之间的文化互动融合提供了温床。

综上所述，南岭民族走廊是历史上各民族在长期迁徙流动和互动融合中所形成的一个重要民族地区。自古以来，南岭民族走廊就是连接中原文明与岭南文化的中间地带，既是连接长江流域与珠江流域的要道，也是串联我国西南与东南地区的纽带，是古代海上丝绸之路的起始点区域。独特的自然地理环境和人文环境，使南岭民族走廊成为我国南方少数民族的摇篮，是多元民族文化的庇护带。走廊内的各民族在长期交往中建构了和谐融洽的民族关系，并创造了丰富多彩的多元民族文化。作为费孝通先生提出的三大民族走廊中的一个，无论是在历史上还是在当今时代背景下，南岭民族走廊在"中华民族多元一体格局"中都具有重要的战略地位。在西部大开发战略与"一带一路"建设持续推进的今天，在国家更加注重区域协调发展的趋势下，南岭民族走廊的发展问题越来越成为学者重点关注的热点和进行研究的重要内容。充分利用南岭民族走廊中的先天优势，将南岭民族走廊视为一个整体性经济区域，将"民族走廊"这个民族学概念向区域经济学领域延伸，开创性地构建一个适合于民族地区经济发展的"民族经济走廊"或"民族经济带"，不但具有深远的理论创新意义，更具有巨大的现实价值。构建南岭民族走廊区域经济合作区，促进南岭民族走廊地区经济共同发展，既是历史的选择，也是当今区域经济协调发展的客观要求。

---

① 覃德清、杨丽萍：《南岭民族走廊文化积淀与审美人类学研究的拓展》，《文化遗产》2009年第3期，第111-117页。

# 第二章

## 南岭民族走廊地区
## 经济发展现状与问题分析

在费孝通先生提出的"中华民族多元一体格局"中，南岭民族走廊是一个较为特殊的历史地理区域。其特殊性表现在：从地理区位来看，它是沟通长江流域和珠江流域、串联西南和东南的通道；从民族构成和文化来看，它是苗瑶和壮侗两大语族民族的主要分布区，带有明显的山地和水文化特征，民族关系紧密且多元民族文化异彩纷呈；从行政区域来看，南岭民族走廊地处粤、湘、桂、赣等的交界地区，但又不完整涵盖任何一个省（自治区）。南岭民族走廊所涉及的各省区，由于自然环境、地理位置、资源状况、交通状况、发展基础、发展路径等方面的差异，其经济发展状况存在明显差异。

### 第一节　南岭民族走廊区域经济发展的现状分析

本书在上一章中对南岭民族走廊空间范围进行了核心区与辐射区的界定。核心区的地理范围涉及广东省、广西壮族自治区、湖南省、江西省四个省区；辐射区的地理范围涉及贵州省、福建省和云南省。尽管行政区划对南岭民族走廊的地理范围具有一定的分割性，但是基于行政区域在参与战略规划与战略实施中的基本单元性质与层级关联性质，因此，本书对南岭民族走廊经济发展现状的分析仍以行政区域为单位。

**一、走廊区域经济发展的总体特征**

南岭民族走廊地区，涉及中心四省区（广东、广西、湖南、江西）和辐射三省区（贵州、福建、云南）共七个行政省区，国土总面积达147.54万平方公里，人口总数达39451万，分别占全国总量的15.37%和28.53%，经济总量占全国总量的1/4以上。可见，南岭民族走廊地区在我国国土空间中占有重要地位，其经济发展状况是关系我国国民经济能否稳定持续发展的重要因素。"十二五"时期以来，南岭民族走廊地区经济总体显示出良好的发展状况。

（一）经济发展稳定增长，综合实力显著提升

进入"十二五"时期后，面对国内外形势的深刻变化，南岭民族走廊经济发展也进入经济发展新常态。针对发展新形势，南岭民族走廊各省区逐渐调整发展思路，坚持科学发展，加快转变发展方式和经济结构调整，整个南岭民族走廊经济实现稳定增长，区域综合经济实力显著提升。

表2-1 2016年南岭民族走廊GDP及人均GDP增长状况

| 类别 | | 2011年 | 2012年 | 2013年 | 2014年 | 2015年 | 2016年 |
|---|---|---|---|---|---|---|---|
| GDP | 总值（万亿元） | 12.85 | 14.21 | 15.77 | 17.24 | 18.53 | 20.25 |
| | 占全国值（%） | 27.8 | 27.9 | 28.5 | 29.6 | 30.4 | 31.8 |
| | 增长速度（%） | 19.4 | 10.6 | 11.0 | 9.3 | 7.5 | 9.3 |
| | 全国平均（%） | 9.5 | 7.9 | 7.8 | 7.3 | 6.9 | 6.7 |
| 人均GDP | 走廊人均值（元） | 33768 | 37092 | 40920 | 44450 | 47385 | 51329 |
| | 走廊增速（%） | 18.8 | 9.8 | 10.3 | 8.6 | 6.6 | 8.3 |
| | 全国人均值（元） | 36403 | 40007 | 43852 | 47203 | 49992 | 53980 |
| | 全国增速（%） | 5.1 | 6.5 | 3.9 | 5.8 | 6.2 | 6.1 |

资料来源：《中国统计年鉴》（2012~2017年）。

根据国家统计，2011~2016年，南岭民族走廊地区经济发展总体趋势良好，国内生产总值逐年增加，经济发展总体保持平稳增长。如表2-1所示，南岭民族走廊地区国内生产总值由2011年的12.85万亿元增加至2016年的20.25万亿元，年均增加1.48万亿元，占全国国内生产总值的比例由2011年的27.8%增加至2016年的31.8%。从GDP增速来看，"十

二五"时期以来，南岭民族走廊地区 GDP 总体保持较快增长，尽管进入新常态时期以来增速有所下降，由 2011 年的 19.4% 降至 2015 年的 7.5%，但是，在经历了供给侧结构性调整之后，整个走廊地区在 2016 年增速开始提升，增至 9.3%。与全国平均水平相比，南岭民族走廊地区经济增长速度明显高于全国平均增速。从人均 GDP 来看，南岭民族地区人均 GDP 由 2011 年的 33769 元增加至 2016 年的 51329 元，人均地区生产总值稍微低于全国平均水平。尽管增速趋缓，但南岭民族走廊人均地区生产总值增长速度仍明显高于全国增速水平。[①] 总体而言，无论是地区生产总值还是人均地区生产总值，南岭民族走廊地区自"二十五"时期以来总体表现良好，是我国发展表现非常活跃的地区之一。

此外，"十二五"时期以来，南岭民族走廊地区在一般公共预算收入、一般公共预算支出、固定资产投资、社会消费品零售总额等方面也取得显著进步。

如表2-2所示，2012~2016 年，南岭民族走廊地区财政预算能力得到显著提升，一般公共预算收入额与一般公共预算支出额均增长迅速。其中，一般公共预算收入由 2012 年的 1.47 万亿元增加至 2016 年的 2.62 万亿元，增长速度均超过两位数；一般公共预算支出由 2012 年的 2.64 万亿元增加至 2016 年的 4.24 万亿元，年均增长 0.4 万亿元。在固定资产投资方面，南岭民族走廊固定资产投资总额由 2012 年的 7.98 万亿元增加至 2016 年的 15.21 万亿元，年均增加 1.81 万亿元，年均增速达 18%。在社会消费品零售总额方面，由 2012 年的 5.28 万亿元增加至 2016 年的 8.29 万亿元，年均增加 0.75 万亿元，年均成两位数增长趋势。由此可见，南岭民族走廊在经济发展中的财政预算能力、投资能力、消费带动力不断提升。

表2-2　南岭民族走廊经济地区在财政、投资消费领域的发展情况

| 类别 | | 2012 年 | 2013 年 | 2014 年 | 2015 年 | 2016 年 |
|---|---|---|---|---|---|---|
| 一般公共预算收入 | 数额（万亿元） | 1.47 | 1.71 | 1.91 | 2.14 | 2.62 |
| | 增速（%） | 18.5 | 16.3 | 11.7 | 12.0 | 22.4 |

①　根据《中国统计年鉴》（2016）相关数据整理所得。

续表

| 类别 | | 2012 年 | 2013 年 | 2014 年 | 2015 年 | 2016 年 |
|---|---|---|---|---|---|---|
| 一般公共预算支出 | 数额（万亿元） | 2.64 | 3.00 | 3.28 | 3.97 | 4.24 |
| | 增速（%） | 16.3 | 13.6 | 9.3 | 21.0 | 6.8 |
| 固定资产投资 | 数额（万亿元） | 7.98 | 9.76 | 11.52 | 13.48 | 15.21 |
| | 增速（%） | 20.2 | 22.3 | 18.0 | 17.0 | 12.8 |
| 社会消费品零售总额 | 数额（万亿元） | 5.28 | 5.98 | 6.72 | 7.47 | 8.29 |
| | 增速（%） | 14.0 | 13.3 | 12.4 | 11.2 | 11.0 |

资料来源：《中国统计年鉴》（2011~2017 年）。

通过以上分析可以得出，南岭民族走廊地区经济发展总体呈现出良好的增长局面，经济综合实力不断提升，在我国国民经济发展中的分量逐渐增加，其经济战略地位不断凸显，为维持民族团结、促进共同繁荣、保持社会稳定等奠定了坚实的物质基础。

（二）经济结构逐渐优化，产业特色十分鲜明

南岭民族走廊地区空间范围跨度较大，走廊内自然环境、资源禀赋、民族文化的区域差异十分明显，在此基础上所形成的产业结构与城乡结构也与其他地区存在较大差别，形成了具有浓厚区域特色与民族特色的经济类型。自"十二五"时期尤其是进入"十三五"时期以来，在着力进行经济结构调整与培育创新驱动能力的影响下，南岭民族走廊地区的经济结构逐渐优化，产业结构与城乡结构明显改善，具有鲜明民族特色的产业发展十分迅速，已经成为该区域经济中的重要构成部分。

如表 2-3 所示，2012~2016 年，南岭民族走廊地区三次产业发展取得显著成就，三次产业增加值均逐年提高，产业结构不断优化。其中，第一产业增加值由 2012 年的 13867.24 亿元增加至 2016 年的 18378.59 亿元，年均增长速度为 8.1%；第二产业增加值由 68682.09 亿元增加至 90007.39 亿元，年均增长速度为 7.8%；第三产业增加值由 59520.25 亿元增加至 96212.87 亿元，年均增长速度达 15.4%，是三次产业中发展最快的经济部门。从三次产业结构来看，2012~2016 年，经过各省区着力调整优化，南岭民族走廊产业结构不断趋于合理，随着第三产业增加值的不

断提高和在地区生产总值中所占比例不断提升，三次产业比例由 2012 年的 9.8：48.3：41.9 调整为 2016 年的 9.0：44.0：47.0，第一产业与第二产业所占比重不断降低，产业结构得到明显改善，经济发展质量越来越高。

表 2-3 南岭民族走廊三次产业增加值及结构比例情况

单位：亿元

| 类别 | 2012 年 | 2013 年 | 2014 年 | 2015 年 | 2016 年 |
|------|---------|---------|---------|---------|---------|
| 第一产业增加值 | 13867.24 | 14580.09 | 15698.05 | 16830.08 | 18378.59 |
| 第二产业增加值 | 68682.09 | 74537.58 | 81129.32 | 84182.22 | 90007.39 |
| 第三产业增加值 | 59520.25 | 68626.54 | 75544.06 | 84330.91 | 96212.87 |
| 三次产业比例 | 9.8：48.3：41.9 | 9.2：47.3：43.5 | 9.1：47.1：43.8 | 9.1：45.4：45.5 | 9.0：44.0：47.0 |

资料来源：根据国家统计局相关统计数据整理所得。

此外，随着整体经济结构的不断优化，在充分利用走廊内丰富的自然资源与文化资源的基础上，南岭民族走廊地区具有民族特色和区域特色的立体农业、生态农业、民族旅游业、有色金属与高新技术制造业、生物制药、水利等产业发展十分迅速，已经成为当地经济发展中的重要产业。2016 年相关统计显示，南岭民族走廊地区林业尤其是用材林产业在第一产业中发展较为突出，尤其是江西省和云南省，林业产值在第一产业中的比重接近 10%；广东省与福建省渔业产业和比重都较高，产值都超过了1000 亿元，福建省的渔业产值在第一产业中的比重更是达到了 29.1%。在优势与特色工业门类中，广东省高技术制造业增加值增长 11.7%，占规模以上工业增加值的比重为 27.6%，其中医药制造业增长 7.6%，先进制造业增加值增长 9.5%；广西高技术制造业增加值增长 8.9%；湖南省高加工度工业和高技术制造业增加值分别增长 10.6% 和 11.4%，占规模以上工业增加值的比重分别为 38.0% 和 11.2%；云南、贵州、江西等省区的高新技术制造业、电力、采矿业、生物产业、加工业等均得到良好发展。① 在旅游业发展方面，2016 年南岭民族走廊七省区共接待游客 32.2 亿人次，国内旅游收入总额达 35902.38 亿元，国际旅游外汇收入超过 320.32 亿美元。各种特色产业的蓬勃发展，有效带动了当地经济的发展与民族地区居民收入的提高，成为走廊地区重要的经济增长点。

（三）增长动力向创新驱动转变、开放带动作用逐渐凸显

"十二五"时期以来，南岭民族走廊地区尤其是处于沿海的广东，率先进入经济发展新常态。针对发生巨变的国内外新形势，南岭民族走廊地区各省区均以加快转变经济发展方式为主线，各区域相继实施创新驱动发展战略，经济增长动力逐渐由要素驱动向创新驱动转变。另外，面对国内经济下行和有效需求增长不足问题，南岭民族走廊地区充分利用其区位优势，主动融入"一带一路"建设，深入拓展对外开放格局，对外开放对走廊地区经济发展的带动作用逐步增强。

R&D 经费投入是反映区域科技创新能力的重要指标。如表 2-4 所示，2012~2015 年，南岭民族走廊地区规模以上工业企业 R&D 经费由 1777.89 亿元增加至 2016 年的 2849.85 亿元，年均增长 15.1%；规模以上工业企业 R&D 经费占 GDP 的比例也不断提升，由 2012 年的 1.25%增加至 2016 年的 1.41%。各省区《国民经济和社会发展统计公报》（2016 年）显示，南岭民族走廊地区专利申请受理数量总计达 872571 件，专利授权数量达 4290005 件，技术合同签订量达 34083 件，技术市场合同成交金额达 1194.89 亿元。此外，科研从业人员、研究机构、研究中心、高新技术企业、工程实验室等数量方面，南岭民族走廊地区也均取得明显提高。在走廊七省区中，广东省创新发展能力最为突出。以 2015 年为例，在全国率先实施创新驱动战略的广东省 R&D 经费支出总额超过千亿元并超过全国平均水平（457.1 亿元），仅次于江苏省（1801.2 亿元），高于山东、北京、上海和浙江，占全国总投入总额的 12.7%，居全国第二位；在投入强度上，广东省高于全国

① 以上数据来自各省区《国民经济和社会发展统计公报》（2016 年）。

平均水平（2.07%），居全国第五位，仅低于北京、上海、天津及江苏。①

表2-4 南岭民族走廊地区规模以上工业企业 R&D 经费情况

| 类别 | 2012 年 | 2013 年 | 2014 年 | 2015 年 | 2016 年 |
|---|---|---|---|---|---|
| R&D 经费（亿元） | 1777.89 | 2059.11 | 2306.73 | 2552.18 | 2849.85 |
| 占 GDP 比例（%） | 1.25 | 1.31 | 1.34 | 1.38 | 1.41 |

资料来源：根据国家统计局相关统计数据整理所得。

南岭民族走廊各省区充分利用"一带一路"倡议带来的战略契机，逐步提升开放程度，积极发展外向型经济，主动融入"一带一路"建设。尤其是处于沿海地区的广东、福建和广西，均出台了海洋经济发展专项规划，充分借助"21世纪海上丝绸之路"建设契机，着力发展海洋经济，参与国际合作和国际竞争。2016年，南岭民族走廊地区进出口总额达8.27万亿元，占全国进出口总额的33.98%。其中出口总额达5.21万亿元，进口总额达3.06万亿元，实际利用外资598.05亿美元。②南岭民族走廊地区的进出口贸易结构也不断优化，贸易对象不断拓展延伸。在主要出口商品中，钢材、纺织品、电子产品、高新技术产品、集装箱、汽车、陶瓷产品、文化产品等占据主导地位；在主要进口商品以粮食、橡胶、精矿石、原油、纸浆、食用油等为主；在对外贸易对象方面，港澳台地区、美国、欧盟、日本、东盟、韩国、澳大利亚、南亚地区以及非洲等区域是南岭民族走廊地区主要外贸区域。此外，南岭民族走廊地区的贸易试验区与保税区建设成就十分显著，对外开放格局不断拓展。广东省深入实施市场多元化战略，继深圳、汕头、广州等多个保税区之后，广东自贸试验区建设已经启动；湖南省相继设立湘潭、衡阳、岳阳综合保税区以及长沙市跨境贸易电子商务服务试点、岳阳城陵矶港启运港退税政策试点等；另外，还有赣州、南昌综合保税区，钦州保税港区，凭祥综合保税区，南宁综合保税区，中国（福建）自由贸易试验区，贵阳综合保税区，贵安综合保税区，遵义综合保税区，红河、昆明综合保税区等。

（四）区域合作持续推进，地区差异较为显著

在区域经济一体化趋势下，南岭民族走廊地区中所涉及省区也通过各

---

① ② 以上数据根据各省区《国民经济和社会发展统计公报》整理所得。

种方式不断加强区域合作，加强区域之间的经济联系，通过优势互补、合作共赢来推进本区域经济发展。南岭民族走廊所涵盖的七省区，在与国内其他地区开展经济合作过程中，参与建设了诸多区域合作平台，其中包括泛珠三角区域合作、珠江—西江经济带、环北部湾经济带、六省七方等区域合作品牌。其中，泛珠三角区域合作是最为重要的合作平台。在"9+2"各方共同努力下，泛珠三角区域合作领域逐步拓展，合作机制日益健全，合作水平不断提高。2014 年 7 月，为促进广东、广西经济一体化，探索我国跨省区流域经济合作发展新模式，国家发展改革委颁布《珠江—西江经济带发展规划》，珠江—西江经济带上升为国家战略。2015 年，首届粤桂黔高铁经济带合作联席会议举办，在 13 个沿线城市的共同推动下，粤桂黔高铁经济带平台建设从倡议走向实践。2016 年 6 月，国家颁布《长江经济带发展规划纲要》，长江经济带上升为国家战略。此外，由于南岭民族走廊具有沿边、沿海区位优势，走廊内的一些省区还参与了多个跨国经济合作，如中国—东盟自由贸易区、环北部湾经济圈、大湄公河次区域经济合作、"两廊一圈"①、中国—中南半岛经济走廊、中巴经济走廊、孟中印缅经济走廊等。

由于地理位置、自然条件、发展基础、发展战略以及经济政策等多方面的原因，南岭民族走廊内部各区域之间在经济发展中存在较大差异，形成了与地势走向截然相反的经济发展走向，而且这种差异性表现在社会经济发展的各个领域。从总体经济发展水平来看，走廊东部沿海地区整体水平较高，而走廊西部地区则相对滞后；从经济结构来看，走廊东部区域第三产业比重较高，已经成为区域经济主导部门，而走廊中西部区域经济结构仍然处于爬坡阶段，第二产业比重最高；从对外开放角度看，处于沿海地区的粤、闽、桂三省区对外开放程度明显高于走廊内陆地区；从贫困状况看，走廊中西部地区无论是贫困范围还是贫困程度都比走廊东部地区要严重得多。这种差异还表现在沿海与内地、城市与农村、山地与丘谷、少

---

① "两廊一圈"，即 2004 年中越两国提出共同建设的"昆明—老街—河内—海防—广宁""南宁—谅山—河内—海防—广宁"两个经济走廊和环北部湾经济圈。

数民族地区与非少数民族地区等不同区域之间。此外，走廊内各省区的资源禀赋与特色、优势产业也存在差别。其中，广东省在技术、资本、人才、组织管理等方面具有相对优势，优势产业以服务业、高新技术制造业、电子信息、船舶制造、建筑材料等为主；广西壮族自治区要素优势体现在土地、劳动力、自然资源、文化等方面，优势产业主要集中在有色金属、制糖、木材加工、民族旅游等方面；湖南省在农业资源、矿产、水资源以及技术、人才等方面具有相对优势，主要以有色金属、农业产品、设备制造、烟草、文化创意产业等为优势产业；江西省要素禀赋优势主要体现在农业资源、旅游资源、矿产等方面，优势产业以农业、旅游产业、有色金属、烤烟、高新技术产业等为主；福建省要素禀赋优势主要体现在水资源、海洋、地热等方面，优势产业集中在纺织、机械制造、制茶、商贸服务业、电子信息、冶金建材等行业；贵州省要素禀赋优势主要体现在煤炭、水能、矿产、旅游等方面，优势产业包括能源、制茶、有色金属、加工工业、生物技术等行业；云南省要素禀赋优势主要体现在药用资源、旅游、生态、民族文化等方面，优势产业包括生物制药、民族旅游、制茶业、烤烟业、文化创意产业等。

**二、走廊内各行政省区经济发展状况**

南岭民族走廊所涉及的七省区中，由于各省区在自然环境、地理位置、资源禀赋、发展基础等方面具有不同特点，各省区在经济发展中探索了不同的发展路径，其发展状况也不尽相同。"十二五"时期以来，走廊内各省区坚持科学发展，以经济结构调整与增长方式转变为主线，尽管仍然存在诸多问题，但是各行政省区经济运行基本保持良好态势。

（一）核心区四省经济发展进步显著

广东省在改革开放以后率先发展，充分利用区位优势和国家优惠政策，在经济体制改革和对外开放方面走在了前列。湖南、广西和江西三省区也充分利用区域优势和发展潜力，科学制定发展规划，取得了巨大成就。

第一，广东省经济发展向创新驱动迈进。面对国际经济深刻调整、国内经济发展"三期叠加"① 的双重影响，广东省仍然坚持科学发展，以加快转变经济发展方式为主线，率先实施推进创新驱动发展战略，推进经济结构战略性调整和基本公共服务均等化。2015 年，广东省 GDP 总量达到 7.28 万亿元（见图 2-1），占全国 GDP 总量的 10.8%，人均 GDP 于 2014 年突破 1 万美元，达到中国收入地区的较高水平，2015 年达到 6.75 万元；产业向中高端水平迈进，初步形成了以战略性新兴产业为先导、以先进制造业和现代服务业为主体的产业结构，三次产业比重为 4.6：44.6：50.8；自主创新能力显著提高，区域城乡协调发展，国际竞争力不断增强。②

**图 2-1 广东省"十二五"时期地区生产总值及增长速度**

资料来源：《广东省国民经济和社会发展统计公报》（2016 年）。

第二，广西壮族自治区经济发展突出"三大定位"。广西壮族自治区在"十二五"期间以实际区情为出发点，因地制宜地贯彻落实各项部署，保持了经济社会持续健康发展，综合实力迈上新台阶。"十二五"末，广西 GDP 总值达到 1.82 万亿元（见图 2-2），年均增长 10.1%；人均地区生产总值 3.5 万元，经济发展总体进入中等收入阶段；产业结构调整取得新突破，三次产业结构调整为 2015 年的 15.3：45.8：38.9，高技术产业增加值增长 3 倍；基础设施建设实现新跨越，区域发展形成新格局；积极

① 所谓"三期叠加"，是指我国经济正处于增长速度换挡期、结构调整面临阵痛期和前期刺激政策消化期的特定阶段。

② 以上数据来自《广东省国民经济和社会发展第十三个五年规划纲要》，2016 年 4 月。

拓展开放合作新空间，明确了国际通道、战略支点、重要门户"三大定位"新使命；生态文明建设以及民生事业等方面取得突出成就，人民生活水平实现总体小康并加快向全面小康迈进。①

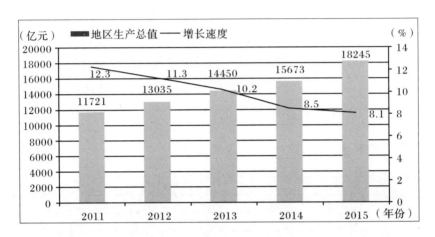

**图2-2 广西壮族自治区"十二五"时期地区生产总值及增长速度**

资料来源：《广西壮族自治区国民经济和社会发展统计公报》（2016年）。

第三，湖南省经济发展呈现"三量齐升"。湖南省在"十二五"时期主动应对经济下行压力，大力实施"四化两型"② 发展战略，以建设"两型社会"为加快转变经济发展方式的目标和着力点，以结构调整、自主创新、节能环保、民生改善和制度建设为着力点，加快经济发展向协调发展转变，经济增长向内涵提升转变。经过五年努力，总体完成了既定目标任务，全省经济社会发展呈现"三量齐升"③ 新态势，为"十三五"规划奠定了坚实的基础。2015年，湖南省全省GDP达3.12万亿元（见图2-3），稳居全国前10位，单位地区生产总值能耗降低21%；人均GDP达42968元，与全国差距进一步缩小；三次产业结构不断优化，新

---

① 以上数据来自《广西壮族自治区2016年政府工作报告》，2016年1月24日。

② "四化两型"战略中，"四化"指新型工业化、农业现代化、新型城镇化、信息化；"两型"是指资源节约型、环境友好型。

③ "三量齐升"是指经济总量提升、发展质量提升、人均均量提升。

型工业化加快推进，现代服务业以年均 11.3% 的速率迅速发展。①

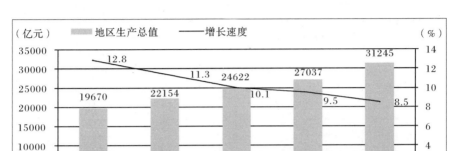

**图 2-3  湖南省"十二五"时期地区生产总值及增长速度**

资料来源：《湖南省国民经济和社会发展统计公报》（2016 年）。

第四，江西省经济发展位次实现平稳前移。"十二五"时期，江西省改革开放和全面建成小康社会取得重大进展。综合实力和区域竞争力明显提高，部分经济指标实现"总量翻番、位次前移"。其中，财政总收入、规模以上工业增加值、外贸出口等指标实现总量翻番；2015 年，生产总值为 1.67 万亿元（见图 2-4）在全国排位前移 1 位，一般公共预算收入由第 21 位上升至第 15 位，城镇居民人均可支配收入由第 22 位上升至第 15 位，农村居民人均可支配收入由第 14 位上升至第 12 位。②

（二）外围三省区经济发展稳步转型

南岭民族走廊外围三省区依据自身优势，选择了不同的经济发展对策。其中，福建省地处我国东部沿海，在国家支持下积极推进海峡西岸经济区、"21 世纪海上丝绸之路"核心区、海峡蓝色经济试验区等建设，其海洋经济特色非常突出；贵州省则牢守发展和生态两条底线，坚持发展为要、民生为本、企业为基、环境为重的基本方针，经济社会也取得显著成就；而云南省以转变经济发展方式为主线，紧紧围绕"两强一堡"战略，

---

① 以上数据来自《湖南省国民经济和社会发展第十三个五年规划纲要》，2016 年 4 月。
② 以上数据来自《江西省 2016 年政府工作报告》，2016 年 5 月 24 日。

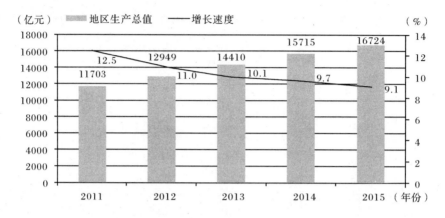

图2-4 江西省"十二五"时期地区生产总值及增长速度

资料来源：《江西省国民经济和社会发展统计公报》(2016年)。

坚持"三个定位"，经济社会发展取得不错的成绩。

第一，贵州省经济发展继续赶超进位。"十二五"时期，贵州省积极推动传统产业调整升级，不断增强创新能力，四化建设加快推进，经济发展持续进位赶超。经济增速连续五年居全国前3位，主要经济指标翻了一番以上，经济总量和人均生产总值实现赶超进位的历史性突破。2015年，贵州省地区生产总值突破1万亿元，达到1.05万亿元（见图2-5），人均GDP水平接近5000美元，占全国平均水平的比重提高了16.1个百分点；基础设施建设突破瓶颈，发展活力显著提升；创新驱动发展新动力加快形成，科技进步贡献率提高到45%；绿色发展与协调发展取得成效，民生事业和社会治理全面发展；全面建成小康社会指数从2011年的64.27%提高到2015年的82%左右。[①]

第二，福建省经济发展以转型为重点。"十二五"时期，福建省在国家支持下积极推进海峡西岸经济区、"21世纪海上丝绸之路"核心区、中国（福建）自由贸易试验区、海峡蓝色经济试验区等建设，实现了经济社会发展的新跨越。综合实力持续增强，经济发展方式加快转变。全省地区生产总值2.598万亿元（见图2-6），人均地区生产总值突破1万美元，达

---

① 以上数据来自《贵州省国民经济和社会发展第十三个五年规划纲要》，2016年2月17日。

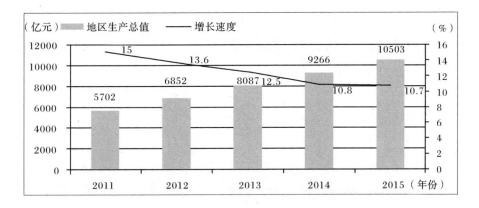

**图 2-5 贵州省"十二五"时期地区生产总值及增长速度**

资料来源:《贵州省国民经济和社会发展统计公报》(2016 年)。

到 10920 美元;高新技术产业增加值占 GDP 比重从 12.5%提高到 15.2%,战略性新兴产业增加值占 GDP 比重从 7.4%提高到 9.2%。基础设施全面提升,人民生活明显改善。城乡居民人均可支配收入年均分别增长 10.9%、12.8%。产业升级力度加大,自主创新能力不断提升,生态建设持续推进。①

**图 2-6 福建省"十二五"时期地区生产总值及增长速度**

资料来源:《福建省国民经济和社会发展统计公报》(2016 年)。

---

① 以上数据来自《福建省国民经济和社会发展第十三个五年规划纲要》,2016 年 4 月 21 日。

第三，云南省经济发展突出"两强一堡"。"十二五"时期，云南省以转变经济发展方式为主线，紧紧围绕"两强一堡"① 战略实施，经济社会发展取得重大成就。全省生产总值跨上万亿元新台阶（见图2-7），年均增长11.1%；结构调整取得新成效，第三产业比重上升为45%；人民生活水平显著提高，城乡居民收入增速高于经济增速。城乡面貌显著改进，生态文明建设扎实推进，单位 GDP 能耗累计下降19.8%；主动服务和融入国家"一带一路"、长江经济带等重大发展战略，积极建设孟中印缅、中国—中南半岛经济走廊，开展了多层次多边、双边对外交流合作。②

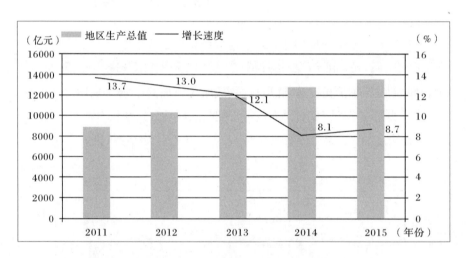

**图 2-7　云南省"十二五"时期地区生产总值及增长速度**

资料来源：《云南省国民经济和社会发展统计公报》。（2016 年）

　　综上所述，单从南岭民族走廊所涉及的七省区中的任何一个省区来看，这些行政省区在"十二五"时期以及"十三五"开局之年，面临经济下行的巨大压力，其经济社会发展均取得了重大成就。无论是从综合经济实力和竞争力，还是从产业结构调整、基础设施建设、对外开放程度、

① "两强一堡"是云南省委八届八次会议上提出的战略目标，即"建设绿色经济强省、民族文化强省和中国面向西南开放的桥头堡"。
② 以上数据来自《云南省 2016 年政府工作报告》，2016 年 1 月 30 日。

人民生活水平、社会公共服务、生态文明建设等方面，各项指标均取得显著进步。但是，以南岭民族走廊为空间区域范畴，对该区域的整体经济发展状况进行剖析，仅仅是对每个独立行政单元进行经济运行分析是不够的，还需要对整个区域内的经济发展进行横向和纵向的对比研究。

## 第二节　走廊内主要省区经济发展对比研究

"十二五"时期以来，受国际形势变化和国内经济下行压力的影响，我国国民经济面临较为严峻的形势，发展速度显著回落，经济结构问题凸显，经济发展整体进入新常态。但是，同样面对供给侧结构调整和发展方式转变的压力，各省区在"十二五"及"十三五"时期中所实施的具体对策是千差万别的，取得的发展成效也不同。南岭民族走廊所涵盖的七省区，由于发展条件、发展基础以及发展战略等方面的差异，各省无论是在经济总量、增长速度，还是在经济结构、基础设施、创新能力、居民收入、对外开放、贫困状况以及少数民族地区经济发展状况等指标方面，都存在较大差异。

### 一、经济总量及增长趋势对比

经济总量与增长速度是反映区域经济发展水平与发展趋势的重要指标。由于南岭民族走廊所涉及的主要省区横跨我国东中西部，各省区的地理区位存在较大差异。自"十二五"时期以来，各省从自己的实际省（区）情出发，面对国内外形势的变化，秉持科学的发展理念，在经济总量、人均量、增长速度，以及固定资产投资、社会消费品零售总额、财政预算、金融存贷等方面，均取得显著成绩。但是，由于所选择发展战略的差异，在上述指标上，各省区存在着较大差异。

（一）经济总量及人均值差异显著

国家统计局发布的《中国统计年鉴》（2016 年）以及各省区年度统计公报显示，2011 ~ 2016 年，南岭民族走廊各省区在地区生产总值（GDP）以及人均 GDP 两个指标上都表现出逐年递增趋势，但增加幅度各不相同。各省区之间，在 GDP 以及人均 GDP 两个指标上的差异十分明显。具体如表 2-5 和表 2-6 所示。

如表 2-5 所示，广东省经济发展水平在南岭民族走廊各省区中一枝独秀，处于绝对的第一梯队；湖南省与福建省处于第二梯队；而广西、江西、贵州和云南四省区则处于第三梯队。根据表 2-5 计算可得出：2011~2016 年，广东省 GDP 总值增加 26301.77 亿元，年均增加 5260.35 亿元；广西壮族自治区 GDP 总值增加 6524.20 亿元，年均增加 1304.84 亿元；湖南省 GDP 总值增加 11575.14 亿元，年均增加 2315.03 亿元；江西省 GDP 总值增加 6661.58 亿元，年均增加 1332.32 亿元；贵州省 GDP 总值增加 6032.59 亿元，年均增加 1206.52 亿元；福建省 GDP 总值增加 10958.97 亿元，年均增加 2191.79 亿元；云南省 GDP 总值增加 5976.83 亿元，年均增加 1195.36 亿元。可见，从增加值来看，各省区尽管显示出逐年递增趋势，但是增加的绝对值存在明显差异。其中，广东 GDP 增加总值和年均增加值最多，两项指标分别是广西的 4.03 倍、湖南的 2.27 倍、江西的 3.95 倍、贵州的 4.36 倍、福建的 2.40 倍、云南的 4.40 倍。此外，根据表 2-5 计算可得：2011 年，广东 GDP 总量是湖南的 2.71 倍、广西的 4.54 倍、贵州的 9.33 倍；2016 年，广东 GDP 总量是湖南的 2.54 倍、广西的 4.36 倍、贵州的 6.78 倍。

表 2-5　南岭民族走廊各省区地区生产总值（GDP）

单位：亿元

| 省区 \ 年份 | | 2011 | 2012 | 2013 | 2014 | 2015 | 2016 |
|---|---|---|---|---|---|---|---|
| 核心区 | 广东 | 53210.28 | 57067.92 | 62474.79 | 67809.85 | 72812.55 | 79512.05 |
| | 广西 | 11720.87 | 13035.10 | 14449.90 | 15672.89 | 16803.12 | 18245.07 |
| | 湖南 | 19669.56 | 22154.23 | 24621.67 | 27037.32 | 28902.21 | 31244.7 |
| | 江西 | 11702.82 | 12948.88 | 14410.19 | 15714.63 | 16723.78 | 18364.4 |
| 辐射区 | 贵州 | 5701.84 | 6852.20 | 8086.86 | 9266.39 | 10502.56 | 11734.43 |
| | 福建 | 17560.18 | 19701.78 | 21868.49 | 24055.76 | 25979.82 | 28519.15 |
| | 云南 | 8893.12 | 10309.47 | 11832.31 | 12814.59 | 13619.17 | 14869.95 |

资料来源：《中国统计年鉴》（2016 年）及各省区年度统计公报。

　　统计学中，差异系数或变异系数、离散系数可以更科学地说明南岭民族走廊各省区在经济发展水平上的差异程度。依据公式 $CV = S/M \times 100\%$[①]，可以得出 2011～2016 年各省区 GDP 总量的差异程度变化趋势（见图 2-8）。

**图 2-8　南岭民族走廊各省区发展差异系数**

　　如图 2-8 所示，2011～2016 年，南岭民族走廊所涉及省区的区域经济发展差异系数从 0.877 逐步降至 0.809，GDP 总量值的离散程度逐渐降低，说明各省区发展差距在逐渐缩小。但是，从整体而言，其区域经济发展差异系数基本维持在 0.8 以上，说明各省区之间的发展差距十分巨大。

　　从人均量来看，如表 2-6 所示，2011～2016 年，各省区的人均 GDP 数值均呈现递增趋势，其中，广东和福建两省的人均 GDP 数值较大，遥遥领先于其他省区，并高于全国平均水平，处于第一梯队；而湖南和江西两省处于中间水平；广西、云南、贵州三省的人均 GDP 处于第三梯队。除广东和福建两省之外，其余五省区的人均 GDP 均低于全国平均水平。南岭民族走廊内各省区在人均 GDP 这个指标上，尽管比 GDP 指标的区域差异程度要低，但是也表现出较大的差异性。以 2016 年为例，广东的人均 GDP 值是云南的 2.33 倍、广西的 1.92 倍、江西的 1.81 倍、贵州的 2.20 倍。根据计算，2016 年，南岭民族走廊各省区在人均 GDP 指标上的差异系数为 0.3774。

---

① 公式中，CV 为差异系数，S 为标准差，M 为平均值。

**表 2-6 南岭民族走廊各省区人均 GDP**

单位：元

| 省区 \ 年份 | | 2011 | 2012 | 2013 | 2014 | 2015 | 2016 |
|---|---|---|---|---|---|---|---|
| 核心区 | 广东 | 50807 | 54095 | 58833 | 63469 | 67503 | 72787 |
| | 广西 | 25326 | 27952 | 30741 | 33090 | 35190 | 37876 |
| | 湖南 | 29880 | 33480 | 36943 | 40271 | 42754 | 45931 |
| | 江西 | 26150 | 28800 | 31930 | 34674 | 36724 | 40106 |
| 辐射区 | 贵州 | 16413 | 19710 | 23151 | 26437 | 29847 | 33127 |
| | 福建 | 47377 | 52763 | 58145 | 63472 | 67966 | 73951 |
| | 云南 | 19265 | 22195 | 25322 | 27264 | 28806 | 31265 |
| 全国 | | 36403 | 40007 | 43852 | 47203 | 49992 | 53980 |

资料来源：《中国统计年鉴》（2016 年）及各省区年度统计公报。

综上所述，尽管发展差距在逐渐缩小，但是南岭民族走廊各省区之间的绝对差距依然十分巨大，尤其是处于第三梯队的广西、江西、贵州和云南四省区，就算与处于第二梯队的湖南和福建两省的发展差距也十分明显。

（二）增长速度整体趋缓且差异缩小

"十二五"时期以来，面对经济下行压力和经济结构调整以及发展方式转变的重任，与全国经济发展趋势相同，南岭民族走廊各省区的经济增长速度都呈现出明显下滑的趋势，但下滑幅度在省（区）际之间存在一定的差异。

如表 2-7 所示，2011～2016 年，尽管南岭民族走廊各省区经济增长速度均超出全国平均水平，但是整体呈现下滑趋势。其中，广东省 GDP 和人均 GDP 增长率分别由 10.0%、8.0%下降到 7.5%、7.8%；广西壮族自治区 GDP 和人均 GDP 增长率分别由 12.3%、12.0%下降至 7.3%、7.6%；湖南省 GDP 和人均 GDP 增长率分别由 12.8%、11.2%下降至 7.9%、7.3%；江西省 GDP 和人均 GDP 增长率分别由 12.5%、11.8%下降至 9.0%、8.4%；贵州省 GDP 和人均 GDP 增长率分别由 15.0%、16.1%下降至 10.5%、11.0%；福建省 GDP 和人均 GDP 增长率分别由 12.3%、11.6%下降至 8.4%、7.5%；云南省 GDP 和人均 GDP 增长率分别由 13.7%、12.9% 下降至 8.7%、8.0%。除了云南省在 2015 年出现 GDP 增长率和人均 GDP 增长率的回升以及在 2016 年的持平现象之外，其余省区在这段时期内，无论是 GDP 增长率还是人均 GDP 增长率，经济增长速度基本呈现下滑趋势。根据计算，2016 年南岭民族走廊各省区在 GDP 及人均 GDP 增长率两项指标上的差异系数分别为 0.1284 和 0.1548。

表 2-7　南岭民族走廊各省区 GDP 及人均 GDP 增长率

单位：%

| 省区 | | 年份 | 2011 | 2012 | 2013 | 2014 | 2015 | 2016 | 平均 |
|---|---|---|---|---|---|---|---|---|---|
| 核心区 | 广东 | GDP | 10.0 | 8.2 | 8.5 | 7.8 | 8.0 | 7.5 | 8.3 |
| | | 人均 GDP | 8.0 | 7.4 | 7.8 | 7.1 | 7.0 | 7.8 | 7.5 |
| | 广西 | GDP | 12.3 | 11.3 | 10.2 | 8.5 | 8.1 | 7.3 | 9.6 |
| | | 人均 GDP | 12.0 | 10.4 | 9.4 | 7.7 | 7.2 | 7.6 | 9.1 |
| | 湖南 | GDP | 12.8 | 11.3 | 10.1 | 9.5 | 8.5 | 7.9 | 10.0 |
| | | 人均 GDP | 11.2 | 10.7 | 9.3 | 8.7 | 7.3 | 7.3 | 9.2 |
| | 江西 | GDP | 12.5 | 11.0 | 10.1 | 9.7 | 9.1 | 9.0 | 10.2 |
| | | 人均 GDP | 11.8 | 10.4 | 9.6 | 9.2 | 8.5 | 8.4 | 9.7 |
| 辐射区 | 贵州 | GDP | 15.0 | 13.6 | 12.5 | 10.8 | 10.7 | 10.5 | 12.2 |
| | | 人均 GDP | 16.1 | 13.5 | 11.9 | 10.4 | 10.3 | 11.0 | 12.2 |
| | 福建 | GDP | 12.3 | 11.4 | 11.0 | 9.9 | 9.0 | 8.4 | 10.3 |
| | | 人均 GDP | 11.6 | 10.5 | 10.2 | 9.1 | 8.0 | 7.5 | 9.5 |
| | 云南 | GDP | 13.7 | 13.0 | 12.1 | 8.1 | 8.7 | 8.7 | 10.7 |
| | | 人均 GDP | 12.9 | 12.3 | 11.5 | 7.5 | 8.0 | 8.0 | 10.0 |
| 全国 | | GDP | 9.5 | 7.9 | 7.8 | 7.3 | 6.9 | 6.7 | 7.7 |
| | | 人均 GDP | 5.1 | 6.5 | 3.9 | 5.8 | 6.2 | 6.1 | 5.6 |

资料来源：根据《中国统计年鉴》（2016 年）及各省区年度统计公报整理。

值得注意的是，各省区的经济增长速度在这段时期内的降幅是存在区别的。其中，广东省 GDP 和人均 GDP 增长率降幅最小，分别下降 2.5 个和 0.2 个百分点；江西和福建两省降幅居中，江西分别为 3.5 个、3.4 个百分点，福建分别为 3.9 个、4.1 个百分点；而广西、湖南、贵州、云南四省区的降幅最大，广西分别为 5.0 个和 4.4 个百分点，湖南分别为 4.9 个和 3.9 个百分点，贵州分别为 4.5 个和 5.1 个百分点，云南分别为 5.0 个和 4.9 个百分点。这充分说明，尽管在"十二五"时期以来，南岭民族走廊内各省区之间，尤其是处于中西部地区的桂、赣、湘、滇、黔五省区与处于东南沿海地区的粤、闽两省之间的发展差距逐渐缩小，但是缩小的幅度越来越小。这充分说明，面对经济转型发展与经济结构调整的压力，处于沿海地区的福建与广东，逐渐遏制住了经济下行趋势，在增长动力转换与发展方式转变方面走在了南岭民族走廊地区甚至是全国的前列。而处于中西部地区的五省区，尽管面对严峻的经济形势，也取得了瞩目的成绩，但是在经济增长方式转变、结构优化调整、加速发展并缩小差距方面，依然任重而道远。甚至是，如果这些省区在经济发展方式转变与经济结构改革方面仍然不能尽快突破旧有桎梏，那么其与广东、福建两省的发展差距将会有逐渐被拉大的潜在趋势。

（三）财政金融与消费投资呈现不均衡

南岭民族走廊各省区在经济发展水平上的差异性不仅体现在 GDP 和人均 GDP 及其增长率等指标上，也体现在财政、金融、投资以及社会消费等领域。

如表 2-8 所示，2016 年，在一般公共预算收入、一般公共预算支出两项财政指标以及在金融机构各项存贷款余额指标方面，广东省处于绝对领先的位置，其一般公共预算收入、一般公共预算支出两项指标分别达到 1.04 万亿元和 1.34 万亿元。通过横向对比，根据计算，广东的一般公共预算收入数值是广西和贵州的 6.5 倍、江西的 4.7 倍、云南的 5.8 倍、湖南和福建的 2.4 倍；其一般公共预算支出数值分别是广西的 2.98 倍、湖南的 2.13 倍、江西的 2.91 倍、贵州和福建的 3.12 倍、云南的 2.68 倍。在金融机构各项存贷款余额指标上，广东省两项数值分别达到了 18.0 万亿元和 11.1 万亿元，分别是广西的 7.06 倍和 5.39 倍、湖南的 4.29 倍和 4.04 倍、江西的 6.23 倍和 5.12 倍、贵州的 7.56 倍和 6.20 倍、福建的 4.44 倍和 2.94 倍、云南的 6.47 倍和 4.81 倍。根据统计计算，2016 年，南岭民族走廊各省区在一般公共预算收入、一般公共预算支出、金融机构各项存款余额以及金融机构各项贷款余额四项指标上的差异系数分别为 0.9128、0.5468、1.0754、0.8962。

**表 2-8　南岭民族走廊各省区 2016 年财政金融状况**

| 省区 | 项目 | 一般公共预算收入 | | 一般公共预算支出 | | 金融机构各项存贷款余额 | |
|---|---|---|---|---|---|---|---|
| | | 数额（万亿元） | 增长率（%） | 数额（万亿元） | 增长率（%） | 存款（万亿元） | 贷款（万亿元） |
| 核心区 | 广东 | 1.04 | 10.3 | 1.34 | 5.0 | 18.0 | 11.1 |
| | 广西 | 0.16 | 2.7 | 0.45 | 10.0 | 2.55 | 2.06 |
| | 湖南 | 0.43 | 6.0 | 0.63 | 10.6 | 4.20 | 2.75 |
| | 江西 | 0.22 | -0.7 | 0.46 | 4.7 | 2.89 | 2.17 |
| 辐射区 | 贵州 | 0.16 | 8.1 | 0.43 | 7.9 | 2.38 | 1.79 |
| | 福建 | 0.43 | 3.7 | 0.43 | 7.1 | 4.05 | 3.78 |
| | 云南 | 0.18 | 5.1 | 0.50 | 6.5 | 2.78 | 2.31 |

资料来源：根据各省区 2016 年统计公报及政府工作报告整理。

这种差距现象也存在于投资与消费领域。如表 2-9 所示，2016 年，在固定资产投资和社会消费品零售总额两个指标方面，广东省也处于绝对优势地位。2016 年，广东实现固定资产投资总额 3.3009 万亿元，是广西的 1.8 倍、湖南的 1.2 倍、江西的 1.7 倍、云南的 2.1 倍、贵州的 2.6 倍。这种差距在社会消费品零售总额方面，就更加突出。2016 年，广东社会消费品零售总额达 3.4739 万亿元，是广西的 4.9 倍、江西的 5.2 倍、云南的 6.1 倍、贵州的 9.4 倍。根据统计计算，2016 年，南岭民族走廊各省区在固定资产投资和社会消费品零售总额两项指标上的差异系数分别为 0.3265 和 0.8990。

**表 2-9　各省区 2016 年固定资产投资及社会消费品零售总额**

| 项目 | 省区 | 核心区 | | | | 辐射区 | | |
|---|---|---|---|---|---|---|---|---|
| | | 广东 | 广西 | 湖南 | 江西 | 贵州 | 福建 | 云南 |
| 固定资产投资 | 数额（万亿元） | 3.3009 | 1.8237 | 2.7689 | 1.9694 | 1.2929 | 2.2928 | 1.5662 |
| | 增长（%） | 10.0 | 12.4 | 13.8 | 13.3 | 21.1 | 9.3 | 19.8 |
| 社会消费品零售总额 | 数额（万亿元） | 3.4739 | 0.7027 | 1.3437 | 0.6635 | 0.3709 | 1.1675 | 0.5723 |
| | 增长（%） | 10.2 | 10.7 | 11.7 | 12.0 | 13.0 | 11.1 | 12.1 |

资料来源：根据各省区《国民经济和社会发展统计公报》（2016 年）整理。

由此可见，在拉动经济增长的投资与消费两个重要动力指标方面，广东省也处于绝对领先的地位，广西、江西、贵州、云南等省区与广东省之间的差距十分巨大。如何更加有效地吸引投资并刺激需求，是这些省区未来经济发展中十分重视的问题。

**二、产业结构与区域结构对比**

产业结构与区域结构是反映经济发展质量的重要指标。对南岭民族走廊各省区的产业结构与区域结构进行对比分析，有利于掌握走廊内各省区内部经济结构状况，有助于发现各省区在经济结构调整中的问题以及相互之间的差异。

（一）各省区产业结构差异显著

根据各省区《国民经济和社会发展统计公报》（2016 年）显示，进入"十三五"的开局之年，各省区在产业结构优化调整方面均取得显著成绩，不但第一、第二、第三产业增加值显著增加，而且三次产业比例得到明显改善。但是，由于各省资源禀赋条件和产业发展路径不同，南岭民族走廊各省区的产业结构存在较大差异，这不仅体现在三次产业比例上，也体现在三次产业内部行业结构上。

1. 三次产业结构比例存在较大差别

根据各省区《国民经济和社会发展统计公报》（2016 年）显示，南岭民族走廊各省区在三次产业增加值、增长率以及对 GDP 贡献率三个指标存在较大区别。如表 2-10 所示，在第一产业发展方面，广东和湖南两省发展水平较高，其增加值处于第一梯队，其余五省区发展水平相当；贵州和云南第一产业增速较快，分别达到 6.0% 和 5.6%，处于第一梯队，其余五省区发展速度相当，基本在 3%~4%；云南第一产业对 GDP 增长的贡献率较大，达到了 12.1%，处于最高水平，其次是广西和贵州，分别为 7.2% 和 6.0%，而广东在这个指标上的表现仅为 1.9%。在第二产业发展方面，广东的第二产业增加值达 3.4372 亿万元，处于绝对领先的地位，湖南和福建的第二产业增加值也超过了亿万元，分别达到 1.3181 亿万元和 1.3913 亿万元，在这项指标上，广东是广西的 4.18 倍、云南的 5.93 倍、贵州的 7.41 倍；贵州的第二产业增长率是唯一超过两位数的省份，增速最快，达 11.1%，其余五省区在 6%~9%，广东最低；广西、江西、贵州和福建的第二产业贡献率最高，均超过了 40%，云南最低，仅有26.6%，广东和湖南居中。在第三产业发展方面，广东省第三产业增加值最高，达到了 4.1446 亿万元，远远超过其他省区并处于第一梯队，湖南与福建也超过了 1 亿万元，其余四省区第三产业增加值均没有达到 1 亿万元，第三产业发展的绝对数与广东相比，差距十分巨大；各省区第三产业增长速度都非常快，基本在 10% 左右，广西增速略低一点；广东、湖南、福建和云南第三产业对 GDP 增长的贡献率非常明显，均达到 50% 以上，广东和云南甚至超过了 60%，其余三省区也都在 45% 以上。

表 2-10　各省区 2016 年三次产业增加值、增长率以及对 GDP 贡献率

| 省区 | 产业 | 第一产业 | | | 第二产业 | | | 第三产业 | | |
|---|---|---|---|---|---|---|---|---|---|---|
| | | 增加值（亿万元） | 增长率（%） | 贡献率（%） | 增加值（亿万元） | 增长率（%） | 贡献率（%） | 增加值（亿万元） | 增长率（%） | 贡献率（%） |
| 核心区 | 广东 | 0.3694 | 3.1 | 1.9 | 3.4372 | 6.2 | 36.8 | 4.1446 | 9.1 | 61.3 |
| | 广西 | 0.2799 | 3.4 | 7.2 | 0.8220 | 7.4 | 47.0 | 0.7227 | 8.6 | 45.8 |
| | 湖南 | 0.3578 | 3.3 | 4.8 | 1.3181 | 6.6 | 37.0 | 1.4485 | 10.5 | 58.2 |
| | 江西 | 0.1905 | 4.1 | 4.8 | 0.9032 | 8.5 | 47.4 | 0.7428 | 11.0 | 47.8 |
| 辐射区 | 贵州 | 0.1847 | 6.0 | 6.0 | 0.4637 | 11.1 | 45.0 | 0.5251 | 11.5 | 49.0 |
| | 福建 | 0.2364 | 3.6 | 3.5 | 1.3913 | 7.3 | 40.5 | 1.2242 | 10.7 | 56.0 |
| | 云南 | 0.2195 | 5.6 | 12.1 | 0.5799 | 8.9 | 26.6 | 0.6876 | 9.5 | 61.3 |

资料来源：根据各省区《国民经济和社会发展统计公报》（2016 年）整理。

通过表 2-10 数据统计，2016 年，南岭民族走廊各省区在三次产业增加值上的差异系数分别为 0.2890、0.7966、0.9381。由此可见，南岭民族走廊各省区在第二产业与第三产业发展上的差异系数较大，发展差距较大，而在第一产业发展水平上的差别并不是特别突出。

除了三次产业发展水平上的差异，各省区在三次产业比例方面也有所不同。如表 2-11 所示，2014~2016 年，南岭民族走廊各省区的三次产业结构均发生显著变化，第一产业和第二产业在地区生产总值中的比重逐渐降低，第三产业比重明显增加。这说明，各省区在经济结构调整中均取得

较好成绩，产业结构逐渐优化。通过横向对比来看，2014～2016年，广东省、贵州省、云南省的第三产业比重最高，均高于第一、第二产业，是地区经济的主要经济部门，而湖南省在2016年也实现了产业结构跨越，第三产业首次超过第二产业；其余的广西、江西、福建三省区，其区域经济仍然以第二产业为主要经济部门，比重最高。与全国平均水平相比，以2016年为例，只有广东省第三产业比重（52.1%）超过全国水平（51.6%），其余六省区均低于全国水平。至2016年，以第三产业为主要经济部门的省份包括广东、贵州、云南和湖南四省；广西、江西和福建三省区的国民经济以第二产业为主要部门。由此可见，广东省在经济结构调整和产业结构优化方面，不但在南岭民族走廊地区处于领先地位，甚至在全国范围内也处于前列水平，其他省区必须加快结构改革步伐，尽快实现经济结构的优化。

表2-11　各省区三次产业比重变化趋势

| 省区 | | 2014年 | 2015年 | 2016年 |
|---|---|---|---|---|
| 核心区 | 广东 | 4.7：46.3：49.0 | 4.6：44.8：50.6 | 4.7：43.2：52.1 |
| | 广西 | 15.4：46.8：37.8 | 15.3：45.8：38.9 | 15.3：45.1：39.6 |
| | 湖南 | 11.6：46.2：42.2 | 11.5：44.3：44.2 | 11.5：42.2：46.3 |
| | 江西 | 10.7：52.5：43.6 | 10.6：50.3：39.1 | 10.4：49.2：40.4 |
| 辐射区 | 贵州 | 13.8：41.6：44.6 | 15.6：39.5：44.9 | 15.8：39.5：44.7 |
| | 福建 | 8.4：52.0：39.6 | 8.2：50.3：41.5 | 8.3：48.5：43.2 |
| | 云南 | 15.5：41.2：43.3 | 15.1：39.8：45.1 | 14.8：39.0：46.2 |
| 全国水平 | | 9.1：43.1：47.8 | 8.8：40.9：50.2 | 8.6：39.8：51.6 |

资料来源：根据《中国统计年鉴》（2016年）与各省区统计公报整理。

2. 第一产业内部行业结构各不相同

对南岭民族走廊各省区三次产业增加值和三次产业比例结构进行对比分析，只能在基本层面说明其经济结构的状况，并不能完全揭示区域内各省区产业结构的详细状况。因此，还必须对三次产业内部行业情况进行更加详细的对比分析。

第一产业方面，2015年，在农林牧渔总产值方面，南岭民族走廊各省区中，广东和湖南产值最高，产值都超过了5000亿元，处于第一梯队；

广西、云南和福建处于第二梯队，分别为4197.1亿元、3383.1亿元和3717.9亿元；江西和贵州则处于第三梯队，都没有超过3000亿元。从第一产业内部构成来说，经过统计计算，除江西和福建之外，其余各省区的农业产值占农林牧渔总产值的比重均超过了50%。广东、湖南和贵州的林业产值比重较轻，仅为5%左右，江西与云南的林业产业比重较高，可以达到9%~10%。牧业产业比重方面，除了福建较低（仅为15.4%）外，其余各省区比重大部分在20%~30%，云南达到30.5%。广东和福建由于处于沿海地区，渔业产值和比重都较高，产值都超过了1000亿元，福建的渔业产值比重更是达到了29.1%，而其余各省区由于大部分处于内地，渔业产值和比重都不高，尤其是云南和贵州，渔业产值和比重非常低。具体数据如表2-12所示。

表2-12　各省区2015年农业总产值及其结构状况

单位：亿元

| 省区 | 类别 | 农林牧渔总产值 | 农业 | 林业 | 牧业 | 渔业 |
|---|---|---|---|---|---|---|
| 核心区 | 广东 | 5520.0 | 2793.8 | 296.7 | 1117.1 | 1117.2 |
| | 广西 | 4197.1 | 2146.4 | 313.9 | 1140.3 | 429.8 |
| | 湖南 | 5630.7 | 3043.5 | 317.4 | 1601.7 | 366.9 |
| | 江西 | 2859.1 | 1326.9 | 293.7 | 719.8 | 420.0 |
| 辐射区 | 贵州 | 2738.7 | 1772.6 | 137.7 | 665.2 | 55.9 |
| | 福建 | 3717.9 | 1618.6 | 314.3 | 571.3 | 1082.3 |
| | 云南 | 3383.1 | 1841.5 | 317.1 | 1031.0 | 81.7 |

资料来源：《中国统计年鉴》（2016年）。

3. 各省区工业内部结构差异明显

2016年，南岭民族走廊各省区工业发展取得显著成绩。根据各省区《国民经济和社会发展统计公报》显示：广东省规模以上工业企业完成工业增加值31917.39亿元，同比增长6.7%，增速比全国（6.0%）高出0.7个百分点，比浙江（6.2%）高0.5个百分点，但是比江苏省（7.7%）和山东省（6.8%）略低；广西全区全部工业增加值达6764.13亿元，比上年增长7.3%，规模以上工业增加值增长7.5%；湖南省全部工业增加值达 11177.3 亿元，增长 6.6%，规模以上工业增加值增长 6.9%；江西省全年规模以上工业增加值达 7803 亿元，增长 9.0%；福建省全年全部工业增加值 11517.21 亿元，增长 7.4%，规模以上工业增加值增长 7.6%；云南省全部工业增加值 4000.30 亿元，增长 6.5%，规模以上工业增加值 3668.28 亿元，增长 6.5%；贵州省全年规模以上工业增加值 4032.11 亿元，比上年增长 9.9%。[①] 通过统计对比，在工业增加值指标方面，广东省远远领先于南岭民族走廊内部其他省区，其规模以上工业增加值绝对数是云南的 8.7 倍、江西的 4.1 倍、贵州的 7.9 倍。由此可见，在工业总量上，南岭民族走廊各省区差异显著。

对南岭民族走廊各省区三次产业结构对比分析显示，截至 2016 年底，广西、江西和福建三省区第二产业仍然居于主导地位，在国民经济构成中比重最高。具体到工业内部，由于资源禀赋不同和工业发展水平上的差异，南岭民族走廊各省区的工业行业结构状况也存在显著差异。根据 2016 年各省区《国民经济和社会发展统计公报》以及《政府工作报告》显示，南岭民族走廊各省区的工业结构，在经济类型、轻重工业、工业门类等层面都显示出较大区别。

按照经济类型来看，国有及国有控股企业增长较快的是广西和贵州，云南只有 0.8%，而江西和福建甚至出现负增长；股份制企业增长较为突出的是广东、广西、江西、云南和福建；集体企业增长最为突出的是云南，增速达 33.2%；民营企业增长最快的是广东、江西、福建和云南，其中云南增速达 25.4%；外商投资企业增速较快的是广西和江西。整体而言，广东各种类型的工业发展劲头依然强劲；云南除国有及国有控股企业外，其余经济类型发展速度十分突出；江西除国有及国有控股企业、股份合作企业外，其余工业经济发展也十分迅速；福建的私有经济发展则最为突出；云南集体企业和民营企业均发展迅速；广西则是全面发展，各种经济类型发展速度较为均衡。

按照轻重工业和企业规模来看，广东轻工业增长 3.3%，重工业增长

---

① 以上数据来自各省区《国民经济和社会发展统计公报》（2016 年）。

8.7%，大型企业增长 7.0%，中型企业增长 4.8%，小型企业增长 8.4%；广西轻工业增长 3.8%，重工业增长 9.1%；江西轻工业增加值 2964.1 亿元，增长 7.4%，重工业增加值 4839.4 亿元，增长 10.0%；福建轻工业增长 7.2%，重工业增长 8.0%；贵州轻、重工业增加值分别为 1559.37 亿元和 2472.74 亿元，分别增长 10.1% 和 9.8%，占规模以上工业增加值的比重分别为 38.7% 和 61.3%。①

按照工业门类来看，广东的高新技术制造业与先进制造业发展迅速，增加值增长 11.7%，占规模以上工业增加值的 27.6%，其中医药、电子及通信设备、信息化学品、航空航天、医疗设备、电子计算机等行业发展较为突出。广西工业门类构成以采矿业、制造业、电力热力燃气及水生产和供应业、高技术制造业、装备制造业为主。湖南工业以高加工度工业、高技术制造业为主，分别占规模以上工业增加值的比重为 38.0% 和 11.2%。江西规模以上工业中，高新技术产业、装备制造业和战略性新兴产业增加值占比分别达 30.1%、24.7% 和 14.9%，电子、电气机械、汽车、化工、农副产品等重点行业表现突出，占到规模以上工业增加值的 1/3 以上。福建规模以上工业以机械装备产业、电子信息产业和石油化工产业为主，其中高技术制造业、装备制造业的增加值占比超过 30%。云南规模以上工业构成中，烟草制品业、电力热力生产和供应业、采矿业等占据主要比例。贵州规模以上工业中，煤炭开采和洗选业、电力热力生产和供应业、烟草制品业、酒饮和精制茶业等占比达 54.4%。②各省区主要工业产品产量及增长情况如表 2-13 至表 2-16 所示。

在云南省 2016 年主要工业产品中，除铁矿石、硫酸、成品糖、平板玻璃、变压器等产品之外，其余主要工业产品产量均有所增长，其中增速较快的工业产品包括机制纸、水泥、化肥、烧碱、汽车、中成药等。

---

①② 以上数据来自各省区《国民经济和社会发展统计公报》（2016 年）。

表 2-13 云南省 2016 年主要工业产品及增长速度

| 工业产品 | 单位 | 产量 | 增长（%） | 工业产品 | 单位 | 产量 | 增长（%） |
|---|---|---|---|---|---|---|---|
| 发电量 | 亿千瓦时 | 2469.50 | 7.3 | 精制茶叶 | 万吨 | 15.00 | 5.4 |
| 铁矿石 | 万吨 | 2335.05 | -11.9 | 中成药 | 万吨 | 5.62 | 12.7 |
| 粗钢 | 万吨 | 1417.33 | 0.1 | 自来水 | 亿立方米 | 6.58 | 10.1 |
| 钢材 | 万吨 | 1654.65 | 2.4 | 机制纸 | 万吨 | 78.46 | 33.2 |
| 有色金属 | 万吨 | 355.48 | 6.8 | 水泥 | 万吨 | 10963.53 | 17.8 |
| 硫酸 | 万吨 | 1298.53 | -8.4 | 平板玻璃 | 万重量箱 | 364.77 | -39.8 |
| 烧碱 | 万吨 | 24.71 | 16.8 | 人造板 | 万立方米 | 312.02 | -8.8 |
| 化肥 | 万吨 | 271.70 | 18.8 | 发电设备 | 万千瓦 | 59.19 | -37.0 |
| 卷烟 | 万箱 | 747.38 | 4.3 | 变压器 | 万千伏安 | 1786.95 | -2.7 |
| 成品糖 | 万吨 | 220.77 | -11.5 | 汽车 | 万辆 | 15.15 | 13.1 |

资料来源：云南省《国民经济和社会发展统计公报》（2016 年）。

表 2-14 广东省、福建省 2016 年主要工业产品及增长速度

| 广东省 | | | | 福建省 | | | |
|---|---|---|---|---|---|---|---|
| 工业产品 | 单位 | 产量 | 增长 | 工业产品 | 单位 | 产量 | 增长 |
| 发电量 | 亿千瓦时 | 4081.97 | 4.3 | 纱 | 万吨 | 484.67 | 10.4 |
| 纱 | 万吨 | 33.42 | -4.2 | 布 | 亿米 | 81.60 | 8.2 |
| 化学纤维 | 万吨 | 58.98 | -0.2 | 化学纤维 | 万吨 | 685.21 | 19.1 |
| 卷烟 | 万箱 | 270.82 | -3.5 | 成品糖 | 万吨 | 0.56 | -73.4 |
| 人造板 | 万立方米 | 1294.94 | 2.2 | 卷烟 | 亿支 | 832.16 | -11.6 |
| 彩色电视 | 万台 | 8106.94 | 17.4 | 彩色电视 | 万台 | 1015.57 | -28.9 |
| 电冰箱 | 万台 | 2135.51 | 8.3 | 原煤 | 万吨 | 1346.68 | -10.2 |
| 房间空调器 | 万台 | 5641.96 | 1.6 | 发电量 | 亿千瓦时 | 2004.60 | 6.5 |
| 交换机 | 万线 | 1103.12 | -11.5 | 粗钢 | 万吨 | 1516.80 | -4.4 |
| 通信手机 | 万台 | 96395.55 | 9.0 | 钢材 | 万吨 | 2859.58 | 0.5 |
| 传真机 | 万部 | 174.59 | 8.1 | 有色金属 | 万吨 | 45.59 | 11.4 |
| 计算机设备 | 万台 | 3344.93 | -9.4 | 水泥 | 万吨 | 8091.20 | 5.0 |
| 集成电路 | 亿块 | 218.83 | 29.3 | 硫酸 | 万吨 | 187.46 | 8.4 |
| LED | 亿只 | 5007.52 | 74.8 | 纯碱 | 万吨 | 16.24 | 1577.5 |
| 天然原油 | 万吨 | 1556.29 | -1.0 | 烧碱 | 万吨 | 36.65 | 10.9 |
| 硫酸 | 万吨 | 244.52 | -12.7 | 化肥 | 万吨 | 51.83 | -14.9 |
| 乙烯 | 万吨 | 241.84 | 12.4 | 发电设备 | 万千瓦 | 20.20 | -13.8 |

续表

| 广东省 | | | | 福建省 | | | |
|---|---|---|---|---|---|---|---|
| 工业产品 | 单位 | 产量 | 增长 | 工业产品 | 单位 | 产量 | 增长 |
| 化肥 | 万吨 | 68.62 | -3.5 | 汽车 | 万辆 | 22.02 | 15.2 |
| 钢材 | 万吨 | 4113.34 | 22.2 | 集成电路 | 亿块 | 1.63 | 16.9 |
| 有色金属 | 万吨 | 36.29 | 1.9 | 移动手机 | 万台 | 2568.63 | 20.3 |
| 水泥 | 万吨 | 15078.64 | 1.7 | 计算机设备 | 万台 | 847.36 | 3.5 |
| 发电设备 | 万千瓦 | 349.74 | 2.5 | | | | |
| 汽车 | 万辆 | 280.25 | 15.6 | | | | |
| 钢质船舶 | 万载重吨 | 256.19 | 38.0 | | | | |

资料来源：广东省与福建省《国民经济和社会发展统计公报》（2016年）。

**表2-15 湖南省、江西省2016年主要工业产品及增长速度**

| 湖南省 | | | | 江西省 | | | |
|---|---|---|---|---|---|---|---|
| 工业产品 | 单位 | 产量 | 增长 | 工业产品 | 单位 | 产量 | 增长 |
| 原盐 | 万吨 | 282.6 | 7.4 | 发电量 | 亿千瓦时 | 929.9 | 9.4 |
| 大米 | 万吨 | 1451.5 | 5.8 | 白酒 | 万千升 | 16.0 | -12.2 |
| 饲料 | 万吨 | 1819.7 | 6.0 | 啤酒 | 万千升 | 125.5 | -3.1 |
| 食用植物油 | 万吨 | 388.2 | 6.0 | 卷烟 | 亿支 | 646.1 | -4.7 |
| 卷烟 | 亿支 | 1694.6 | -3.6 | 布 | 万米 | 134572.4 | 2.0 |
| 机制纸 | 万吨 | 422.1 | -4.9 | 服装 | 万件 | 143187.7 | 0.5 |
| 原油加工量 | 万吨 | 840.6 | -4.2 | 农用化肥 | 万吨 | 148.2 | 5.2 |
| 硫酸 | 万吨 | 240.7 | 1.1 | 化学农药 | 吨 | 55742.5 | 9.6 |
| 烧碱 | 万吨 | 43.0 | -10.7 | 化学原料药 | 吨 | 73138.3 | 12.5 |
| 合成氨 | 万吨 | 74.4 | -29.4 | 水泥 | 万吨 | 9513.0 | 0.3 |
| 化肥 | 万吨 | 102.8 | 1.0 | 瓷质砖 | 万平方米 | 129434.8 | 4.3 |
| 水泥 | 万吨 | 12177.7 | 3.9 | 粗钢 | 万吨 | 2241.5 | 1.8 |
| 平板玻璃 | 万重量箱 | 2739.1 | 25.3 | 钢材 | 万吨 | 2585.0 | 0.3 |
| 钢材 | 万吨 | 1998.7 | 3.6 | 有色金属 | 万吨 | 161.1 | -4.1 |
| 有色金属 | 万吨 | 226.7 | -14.5 | 多晶硅 | 吨 | 13667.3 | -16.8 |
| 白银 | 吨 | 9328.3 | 9.4 | 单晶硅 | 吨 | 1730.9 | 7.2 |
| 起重机 | 万吨 | 56.9 | -18.9 | 铜材 | 万吨 | 354.4 | 15.3 |
| 混凝土机械 | 万台 | 4.0 | -9.3 | 汽车 | 万辆 | 53.7 | 27.4 |

续表

| 湖南省 | | | | 江西省 | | | |
|---|---|---|---|---|---|---|---|
| 工业产品 | 单位 | 产量 | 增长 | 工业产品 | 单位 | 产量 | 增长 |
| 汽车 | 万辆 | 74.1 | 30.8 | 新能源汽车 | 万辆 | 1.8 | 196.1 |
| SUV | 万辆 | 33.1 | 193.8 | 彩色电视 | 万台 | 20.1 | -14.9 |
| 发电设备 | 万千瓦 | 156.6 | -17.8 | 太阳能电池 | 万千瓦 | 726 | 29.5 |
| 交流电动机 | 万千瓦 | 1412.2 | -1.6 | 家用电冰箱 | 万台 | 98.1 | 14.3 |
| 变压器 | 万千伏安 | 10958.2 | 1.7 | 移动手机 | 万台 | 7413.9 | 51.7 |
| 发电量 | 亿千瓦时 | 1284.7 | 4.5 | 房间空调器 | 万台 | 349.5 | -6.3 |

资料来源：湖南省与江西省《国民经济和社会发展统计公报》(2016年)。

**表2-16 广西壮族自治区、贵州省2016年主要工业产品及增长速度**

| 广西壮族自治区 | | | | 贵州省 | | | |
|---|---|---|---|---|---|---|---|
| 工业产品 | 单位 | 产量 | 增长 | 工业产品 | 单位 | 产量 | 增长 |
| 成品糖 | 万吨 | 914.29 | -0.7 | 发电量 | 亿千瓦时 | 1839.71 | 5.1 |
| 发酵酒精 | 千升 | 739861 | -14.1 | 磷矿石 | 万吨 | 5256 | 18.7 |
| 卷烟 | 亿支 | 738.67 | -5.8 | 饮料酒 | 万千升 | 152.79 | 6.9 |
| 机制纸 | 万吨 | 288.71 | 0.7 | 卷烟 | 亿支 | 1160.63 | -8.0 |
| 原煤 | 万吨 | 399.59 | 1.1 | 中成药 | 万吨 | 10.52 | 4.2 |
| 发电量 | 亿千瓦时 | 1281.41 | 3.9 | 多色印刷品 | 万对开色令 | 1606.26 | 9.3 |
| 粗钢 | 万吨 | 2109.57 | 0.3 | 焦炭 | 万吨 | 658.73 | -9.7 |
| 钢材 | 万吨 | 3644.70 | 2.8 | 农用化肥 | 万吨 | 610.37 | 2.4 |
| 有色金属 | 万吨 | 180.26 | 14.8 | 橡胶轮胎 | 万条 | 494.19 | 1.9 |
| 氧化铝 | 万吨 | 906.00 | 7.1 | 水泥 | 万吨 | 10748.76 | 8.1 |
| 水泥 | 万吨 | 11970.65 | 7.3 | 生铁 | 万吨 | 371.36 | -8.9 |
| 显示器 | 万台 | 2022.52 | 29.3 | 钢材 | 万吨 | 526.18 | 13.2 |
| 电子元件 | 亿只 | 198.45 | 48.2 | 钛合金 | 万吨 | 311.71 | -4.0 |
| 化肥 | 万吨 | 85.60 | -22.5 | 有色金属 | 万吨 | 96.75 | 5.8 |
| 发动机 | 万千瓦 | 19657.61 | 6.0 | 原铝 | 万吨 | 86.48 | 1.1 |
| 汽车 | 万辆 | 245.45 | 7.0 | 家用电冰箱 | 万台 | 146.99 | -15.6 |
| 钛合金 | 万吨 | 521.08 | -3.2 | 集成电路 | 万块 | 12050.77 | 291.3 |
| | | | | 彩色电视 | 万台 | 191.24 | 43.0 |

资料来源：广西壮族自治区与贵州省《国民经济和社会发展统计公报》(2016年)。

广东省主要工业产品中，除纱、化学纤维、卷烟、程控交换机、微型计算机设备、天然原油、硫酸、化肥等产品产量有所下降外，其余都表现出不同幅度的增长趋势。其中，产量增速较快的有钢质船舶、钢材、LED、集成电路、彩色电视、汽车、乙烯等。这说明，广东省的工业经济正在迅速转型，高技术制造业和先进制造业正在迅速扩张，传统制造业和高能耗产业比重逐渐下降。

福建省主要工业成品中，产量增加较快的有纯碱、移动通信设备、集成电路、汽车、有色金属、化学纤维等，增速均超过10%，尤其是纯碱生产，增速达1577.5%。产量下降较为明显的工业产品有卷烟、成品糖、彩色电视、原煤、粗钢、化肥和发电设备等。这充分表明，福建省也正在逐渐改造传统低端产业，积极发展绿色产业和低碳工业，在经济结构改革和产业结构调整中，越来越重视生态效益和社会效益，努力建设资源节约型和环境友好型工业化路径，着力提高产业附加值和工业企业效益。

湖南省主要工业产品中，产量增长较快的有SUV、汽车、平板玻璃、白银等，尤其是汽车工业，发展速度非常快；产量出现下降的有发电设备、机械设备、有色金属、合成氨、烧碱、原油、卷烟、机制纸等。江西省主要工业产品中，产量增速较快的有移动通信设备、太阳能电池、汽车、新能源汽车、化学原料药、家用电冰箱等，尤其是新能源产业发展十分迅速，其新能源汽车产量增速达196.1%；产量出现下降的工业产品包括空调、彩色电视、多晶硅、有色金属、卷烟以及白酒等。

广西壮族自治区主要工业产品中，产量增长较快的有显示器、电子元件、有色金属等，产量出现下降的有酒精、卷烟、化肥和钛合金等。整体而言，广西工业化水平还不高，传统产业比重较高，高新技术产业发展较为滞后。贵州省主要工业产品中，集成电路、彩色电视、钢材和磷矿石等产品产量增长幅度较高，尤其是集成电路和彩色电视产量，增速分别达到291.3%和43.0%。而卷烟、焦炭、生铁、钛合金以及家用电冰箱等产品的产量则出现下降趋势。

综上所述，在国家供给侧经济结构改革与去产能、去库存、去杠杆的整体要求下，南岭民族走廊各省区在工业经济发展中，对传统产能过剩产业不断进行淘汰、调整、改造、提升，并着力发展战略性新兴产业，不断培育新的经济增长点。各省区对工业结构调整的速度不一、方式多样，工业结构变化趋势表现出较大的差异。

4. 各省区第三产业内部结构差异显著

积极发展第三产业是优化产业结构和提升经济发展质量的重要内容。"十二五"时期至今，南岭民族走廊各省区都非常重视第三产业发展，其产业增加值在地区生产总值中的比重不断提高，不但增速突出，而且内部行业结构也不断优化。2016 年，南岭民族走廊各省区中，湖南、江西、贵州和福建的第三产业增速都达到 10% 以上，其余三省区增速也都在 8% 以上，对地区经济增长的贡献率逐渐提升。尽管各省区都十分着力发展第三产业，但是由于产业发展条件和固有产业结构不同，各省区发展第三产业的侧重点存在差异，第三产业内部行业结构及发展情况在不同省区之间具有不同的表现。

如表 2-17 所示，根据各省区《国民经济和社会发展统计公报》（2016年)，南岭民族走廊各省区第三产业中的交通运输业、邮电业、旅游业、批发和零售业、住宿和餐饮业、金融业、房地产业等行业的发展情况存在显著差异。

表 2-17　各省区 2016 年第三产业中部分行业发展状况

| 行业 | 省区 | 核心区 | | | | 辐射区 | | |
|---|---|---|---|---|---|---|---|---|
| | | 广东 | 广西 | 湖南 | 江西 | 贵州 | 福建 | 云南 |
| 交通运输业 | 货物运输量（亿吨） | 37.63 | 15.82 | 20.74 | 13.81 | 8.77 | 12.04 | 12.19 |
| | 旅客运输量（亿人次） | 14.41 | 5.08 | 12.26 | 6.29 | 8.90 | 5.42 | 4.76 |
| 邮电业 | 邮政业（亿元） | 1879.98 | 63.70 | 143.4 | 100.3 | 42.69 | 300.69 | 50.05 |
| | 电信业（亿元） | 5006.16 | 936.87 | 1204.5 | 883.8 | 796.58 | 1259.59 | 1236.35 |
| | 邮电业务总量（亿元） | 6886.15 | 1000.57 | 1347.9 | 984.1 | 839.27 | 1560.28 | 1286.4 |
| 旅游业 | 游客（亿人次） | 3.97 | 4.09 | 5.62 | 4.71 | 4.15 | 4.37 | 5.31 |
| | 国内旅游收入（亿元） | 9200.24 | 4047.65 | 4640.7 | 4954.5 | 3495.21 | 4536.54 | 5027.54（亿元） |
| | 国际旅游外汇收入（亿美元） | 185.77 | 21.64 | 10.1 | 5.8 | 66.26 | 30.75 | |

| 行业 | 省区 | 核心区 | | | | 辐射区 | | |
|---|---|---|---|---|---|---|---|---|
| | | 广东 | 广西 | 湖南 | 江西 | 贵州 | 福建 | 云南 |
| 批发和零售业 | 社会消费品零售总额（亿元） | 34739.0 | 7027.3 | 13436.5 | 6634.6 | 3709.0 | 11674.5 | 5722.9 |
| 住宿和餐饮业 | 餐饮收入额（亿元） | 3496.6 | — | — | 743.2 | 318.17 | 1221.14 | 836.5 |
| 金融业 | 存款余额（万亿元） | 18.0 | 2.6 | 4.2 | 2.9 | 2.4 | 4.1 | 2.8 |
| | 贷款余额（万亿元） | 11.1 | 2.1 | 2.8 | 2.2 | 1.8 | 3.8 | 2.3 |
| 房地产业 | 房地产开发投资（亿元） | 10307.8 | 2398.0 | 2957.0 | 1770.9 | 2149.0 | 4588.8 | 2688.3 |

注：广西壮族自治区与湖南省在住宿和餐饮业收入指标上暂没有统计信息，云南省在国内旅游收入和国际旅游外汇收入上暂无详细统计信息，表2-17为估值。

资料来源：根据各省区《国民经济和社会发展统计公报》（2016年）整理。

在交通运输业方面，2016年，货物运输量最高的是广东，达37.63亿吨，往下依次是湖南、广西、江西、云南、福建、贵州；旅客运输量最高的也是广东，达14.41亿人次，其次是湖南、贵州、江西、福建、广西、云南。这两项指标直接反映了南岭民族走廊各省区在交通运输基础设施建设水平以及交通运输能力上的差别。显然，广东和湖南在交通运输业发展上处于较高水平。2016年，广东公路通车里程达21.81万公里，高速公路里程7682.75公里，高铁客运量占到铁路客运量的50.8%，港口货物吞吐量完成179924万吨，增长5.2%；湖南公路通车里程23.8万公里，高速公路里程6080公里，铁路营运里程4716公里。其余五省区无论是有海岸线的广西、福建，还是深处内陆的贵州、江西和云南，其交通基础设施建设与广东、湖南均存在不小差距，交通运输业发展水平相对较为滞后，这与整个省区的经济发展水平具有重要关系。江西公路通车里程16.19万公里，高速公路里程5894公里，铁路营运里程3909.3公里，货物和旅客运输量仅有13.81亿吨、6.29亿人次；福建公路通车里程10.68

万公里，铁路营运里程 3196.5 公里，货物和旅客运输量仅有 12.04 亿吨、5.42 亿人次。①

在邮电业方面，2016 年，邮电业务总量最高的是广东，达 6886.15 亿元，其次是福建、湖南、云南、广西、贵州和江西，广东在这项指标上远高于其余省区。根据统计计算，广东邮电业务总量是广西的 6.88 倍、贵州的 8.2 倍、江西的 7.0 倍、福建的 4.41 倍。在邮电业务总量这项指标上，南岭民族走廊各省区的差异系数为 1.09。这种差距在邮电业内部的邮政业和电信业上同样存在。尤其是邮政业务总量上，差距更为突出。广东邮政业务总量是广西的 29.5 倍、贵州的 44.0 倍、湖南的 13.1 倍。

在旅游业方面，南岭民族走廊各省区之间的差距就相对小一些。在游客接待人次上，湖南和云南最高，分别为 5.62 亿人次和 5.31 亿人次；广东这项数值却最低，为 3.97 亿人次。在国内旅游收入和国际旅游外汇收入指标上，广东均最高，分别达 9200.24 亿元和 185.77 亿美元；贵州的国内旅游收入最低，只有 3495.21 亿元；江西和湖南的国际旅游外汇收入最低，分别为 5.8 亿美元和 10.1 亿美元。在国内旅游收入上，除广东外，其余各省区之间的相对差距较小，与广东的差距也并不悬殊；在国际旅游外汇收入上，这种差距会稍微大一些。

在批发零售业和住宿餐饮业两个行业方面，发展差距依然存在于南岭民族走廊各省区之间。2016 年，广东社会消费品零售总额达到 34739.0 亿元，超过亿元的还有湖南和福建，分别为 13436.5 亿元和 11674.5 亿元，云南最低，只有 5722.9 亿元。在餐饮收入上，广东为 3496.6 亿元，远高于其余六省区。② 根据计算，2016 年，广东社会消费品零售总额是广西的 4.9 倍、江西的 5.2 倍、云南的 6.1 倍、贵州的 9.4 倍。2016 年，南岭民族走廊各省区在社会消费品零售总额指标上的差

---

① 资料来源于各省区《国民经济和社会发展统计公报》（2016 年）。
② 广西和湖南暂无餐饮业收入统计信息。

异系数为 0.8990。

在金融业和房地产业方面，在金融机构各项存贷款余额指标上，广东两项数值分别达到了 18.0 万亿元和 11.1 万亿元，分别是广西的 7.06 倍和 5.39 倍、湖南的 4.29 倍和 4.04 倍、江西的 6.23 倍和 5.12 倍、贵州的 7.56 倍和 6.20 倍、福建的 4.44 倍和 2.94 倍、云南的 6.47 倍和 4.81 倍。根据统计计算，2016 年，南岭民族走廊各省区在金融机构各项存款余额以及金融机构各项贷款余额两项指标上的差异系数分别为 1.0754 和 0.8962。在房地产业方面，2016 年，广东房地产开发投资额达 10307.8 亿元，江西在房地产开发上的投资额最低，只有 1770.9 亿元，广东遥遥领先于其他省区。根据统计，2016 年，南岭民族走廊各省区在房地产开发投资上的差异系数为 0.7798。

另外，在科学、教育、文化以及卫生等行业上，南岭民族走廊各省区也存在十分明显的发展差距。综上所述，南岭民族走廊各省区之间，不但在第三产业总体发展水平上存在较大差异，在第三产业内部各行业发展上也存在不同程度的差异。通过对比得出，广东第三产业各行业发展水平均处于南岭民族走廊中的较高水平，其余六省区第三产业发展与广东省之间的差距是全方面的，在不同行业上的差距程度有所不同。

（二）省区内区域结构及城乡结构表现迥异

除了产业结构指标外，经济发展中的区域结构和城乡结构也是反映区域经济发展质量的重要指标。对区域结构和城乡结构进行对比研究，可以准确分析出南岭民族走廊各省区经济发展在空间纬度上的表现形式与结构特征。

在区域结构方面，南岭民族走廊各省区的区域发展水平和生产能力空间布局不尽相同。例如，在广东省 2016 年地区经济构成中，珠三角地区、粤东西北地区、东翼、西翼、山区的生产总值比重差异十分巨大。

如表 2-18 所示，2016 年，广东省在地区经济发展中，珠三角、粤东西北、东翼、西翼、山区的发展差距十分明显。在 GDP 总量、GDP 比重、第三产业增加值比重、地方一般公共预算收入、固定资产投资等方面，珠三角地区经济发展水平远高于广东省其他地区。其中，珠三角地区

GDP 总量占到广东省 GDP 总量的 79.3%，是粤东西北地区的 3.82 倍、山区的 12.74 倍、东翼的 11.47 倍。根据统计，广东省分区域经济发展的差异系数为 1.30，地区经济发展的不平衡性问题十分严重。

表 2-18　广东省 2016 年经济发展分区域主要指标

| 类别<br>区域 | GDP<br>（亿元） | GDP<br>增长（%） | GDP 占<br>全省比重<br>（%） | 第三产业<br>增加值占<br>GDP 比重<br>（%） | 地方一般<br>公共预算<br>收入<br>（亿元） | 地方一般<br>公共预算<br>收入增长<br>（%） | 固定资<br>产投资<br>（亿元） |
|---|---|---|---|---|---|---|---|
| 珠三角 | 67905.33 | 8.3 | 79.3 | 56.0 | 6923.90 | 10.7 | 22321.24 |
| 粤东<br>西北 | 17788.37 | 7.4 | 20.7 | 42.1 | 990.78 | 0.4 | —— |
| 东翼 | 5918.47 | 7.4 | 6.9 | 38.8 | 285.92 | 2.6 | 4172.14 |
| 西翼 | 6540.85 | 7.3 | 7.6 | 42.5 | 292.40 | -2.0 | 3298.27 |
| 山区 | 5329.05 | 7.5 | 6.2 | 45.2 | 412.47 | 0.6 | 3217.21 |

资料来源：广东省《国民经济和社会发展统计公报》（2016 年）。

　　同样的情况也出现在南岭民族走廊其他省区的地区经济结构中。例如，2016 年，湖南全省地区生产总值达 31244.7 亿元，比上年增长 7.9%。分区域看，长株潭地区生产总值 13681.9 亿元，比上年增长 9.0%；湘南地区生产总值 6609.6 亿元，增长 8.0%；大湘西地区生产总值 5345.6 亿元，增长 7.8%；洞庭湖地区生产总值 7540.6 亿元，增长 7.8%。可见，长株潭地区的经济发展水平明显高于湖南其他地区。经过统计计算，湖南省地区经济发展的差异系数为 0.45。因此，湖南的区域经济发展差异程度虽然没有广东高，但是区域发展差距也十分明显，经济发展的不平衡性问题也较为突出。

　　广西壮族自治区的地区差异也十分巨大。如图 2-9 所示，2016 年，在广西各地（市）中，南宁市 GDP 总量达 3703.39 亿元，经济总量处于所有地市中的最高水平。其次是柳州和桂林，GDP 总量均超过 2000 亿元，其余 11 个地（市）的 GDP 总量都低于 2000 亿元。其中，来宾市、贵港市、贺州市、崇左市、河池市以及防城港市的 GDP 总量甚至低于 1000 亿元，贺州市 GDP 总量最低，只有 518.22 亿元。按照同样方式统计计算，广西2016年14个地市经济发展的差异系数为0.68，仅次于广东省的地区差异系数。

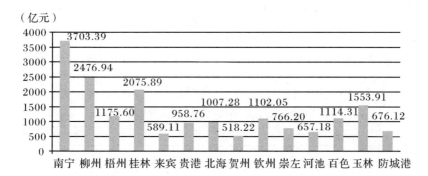

**图2-9 广西壮族自治区各地（市）2016年地区生产总值状况**

资料来源：根据《广西壮族自治区各地（市）统计公报》（2016年）整理。

此外，2016年福建省地区生产总值为28519.15亿元，其中，福州市地区生产总值为6197.64亿元，厦门市为3784.27亿元，莆田市为1823.43亿元，三明市为1860.82亿元，泉州市为6646.63亿元，漳州市为3125.35亿元，南平市为1457.74亿元，龙岩市为1895.67亿元，宁德市为1623.11亿元。根据统计计算，福建省地区经济发展的差异系数达0.63，低于广东省的地区差异系数，高于湖南省的地区差异系数。

在城乡结构方面，南岭民族走廊各省区在城镇化水平上的差异也十分明显。如表2-19所示，2011～2016年，南岭民族走廊各省区城镇化率不断提高。其中，广东省由2011年的66.50%提升至2016年的69.20%，是七省区中城镇化水平最高的省份；其次是福建省，由58.10%提高至63.60%；后面依次是江西、湖南、广西、云南和贵州，贵州省城镇化率处于最低水平，2016年仅为44.15%。截至2016年，南岭民族走廊各省区中，只有广东和福建两省高于全国平均水平（57.35%），并超过60%，其余全部低于全国平均水平。与同时期的东部沿海其他省份相比，广东省高于江苏省的67.7%、浙江省的67.0%、山东省的59.2%；与中西部地区一些省区相比，2016年，湖北省城镇化率为58.1%、四川省为49.21%、甘肃省为44.69%、

内蒙古自治区为 61.2%、青海省为 51.63%、新疆维吾尔自治区为
48.35%、西藏自治区为 29.56%。通过对比可以得出，广西壮族自治区高
于甘肃省和西藏自治区，但是低于大部分中西部省区；湖南省低于湖北省
和内蒙古自治区，高于大多数中西部省区；贵州省仅高于西藏自治区；云
南省高于甘肃省和西藏自治区，低于多数中西部地区；江西省低于湖北省
和内蒙古自治区，高于其他大部分中西部地区。

**表 2-19　各省区 2011~2015 年城镇化率状况**

单位:%

| 省区 \ 年份 | | 2011 | 2012 | 2013 | 2014 | 2015 | 2016 |
|---|---|---|---|---|---|---|---|
| 核心区 | 广东 | 66.50 | 67.40 | 67.76 | 68.00 | 68.71 | 69.20 |
| | 广西 | 41.80 | 43.53 | 44.81 | 46.01 | 47.06 | 48.08 |
| | 湖南 | 45.10 | 46.65 | 47.96 | 49.28 | 50.89 | 52.75 |
| | 江西 | 45.70 | 47.51 | 48.87 | 50.22 | 51.62 | 53.10 |
| 辐射区 | 贵州 | 34.96 | 36.41 | 37.83 | 40.01 | 42.01 | 44.15 |
| | 福建 | 58.10 | 59.60 | 60.77 | 61.80 | 62.60 | 63.60 |
| | 云南 | 36.80 | 39.31 | 40.48 | 41.73 | 43.33 | 45.03 |
| 全国 | | 51.27 | 52.57 | 53.73 | 54.77 | 56.10 | 57.35 |

资料来源:《中国统计年鉴》(2016 年) 及各省区 2016 年统计公报。

综上所述，尽管南岭民族走廊各省区在"十二五"时期以来，在经济
总量和经济增速方面均取得重大成就，但是各省区在内部经济结构上表现
出较大的差异性。这种差异性不仅体现在三次产业比例和省内地区经济发
展水平上，更体现在三次产业内各行业的构成情况与发展趋势上。另外，
在城乡结构上，各省区的城镇化趋势与城镇化水平也显现出较大的差异。

**三、创新能力与对外开放对比**

创新是一个民族进步的灵魂，是国家兴旺发达的不竭动力。当前
我国整体进入经济发展新常态时期，创新发展能力的提升是关系到我
国经济能否摆脱旧有增长方式的束缚，跨越中等收入陷阱并进入更高
经济发展阶段的关键因素之一。这对于南岭民族走廊内各省区的经济

发展来说，同样至关重要。随着"一带一路"建设的深入实施，南岭民族走廊各省区充分利用自身区位优势，将地区经济发展逐渐融入"一带一路"建设中，发展外向型经济。在培育创新发展能力和扩大对外开放程度的过程中，南岭民族走廊各省区的步伐并非一致，效果也存在较大差别。

（一）各省区创新发展能力参差不齐

面对经济下行压力，在国家供给侧结构性改革和建设创新驱动型经济的总体要求下，南岭民族走廊各省区同全国其他省区一样，开始了经济发展动力转换与发展方式转变的探索。尤其是广东省，在2015年首次明确了创新驱动发展战略，走在了全国前列。在创新能力培育上，尽管南岭民族走廊各省区都进步显著，但是创新能力整体表现出参差不齐的情况。

第一，各省区在科学研究和技术服务业上的固定资产投资力度存在显著差异。如表2-20所示，2016年，南岭民族走廊各省区中，湖南省在科学研究和技术服务业上的固定资产投资额最高，达358.2亿元，比上年增长16.9%；其次是广东省，投资额和增长率分别为225.01亿元和3.1%；云南省最低，仅为18.13亿元，而且呈现负增长；贵州省也略高于云南省，固定资产投资额为42.24亿元，但是增长率非常高，达47.5%。在科学研究和技术服务业固定资产投资增长率上，江西省表现最高，为59.7%。科学研究和技术服务业的发展，对地区创新能力的培育具有重要意义。各省区在这个指标上的差异程度，从一定程度上说明了各省区在发展科学研究和技术服务业上的重视程度。在这项指标上，湖南、广东的投资额绝对数较高，而江西、贵州和福建的增长率十分突出，云南在这两项指标上均表现不佳。

表2-20 2016年各省区科学研究和技术服务业固定资产投资情况

| 类别　　省区 | 广东 | 广西 | 湖南 | 江西 | 贵州 | 福建 | 云南 |
|---|---|---|---|---|---|---|---|
| 投资额（亿元） | 225.01 | 153.43 | 358.2 | 153.3 | 42.24 | 115.96 | 18.13 |
| 增长率（%） | 3.1 | 31.3 | 16.9 | 59.7 | 47.5 | 39.7 | -18.0 |

资料来源：各省区《国民经济和社会发展统计公报》（2016年）。

第二，各省区在研究与试验发展（R&D）经费投入上存在明显差别。最能体现各省区对技术创新能力提升重视程度和地区科技实力的是研究与试验发展（R&D）经费投入，国际上通常采用 R&D 活动的规模和强度指标反映一国的科技实力和核心竞争力。如表 2-21 所示，2015 年，南岭民族走廊各省区在 R&D 经费支出与经费投入强度方面差别巨大。其中，广东省在 R&D 经费支出与支出占 GDP 比重上分别为 1798.2 亿元和 2.47%，两项指标均远超过其他省区；湖南省两项指标分别为 412.7 亿元和 1.43%；福建省为 392.9 亿元和 1.51%；江西省为 173.2 亿元和 1.04%；贵州省两项指标均最低，仅为 62.3 亿元和 0.59%。与全国其他省区对比来看，南岭民族走廊各省区中，只有广东省 R&D 经费支出总额超过千亿元并超过全国平均水平（457.1 亿元），仅次于江苏省（1801.2 亿元），高于山东、北京、上海和浙江，占全国投入总额的 12.7%，居全国第二位；在投入强度上，也只有广东省高于全国平均水平（2.07%），居全国第五位，仅低于北京、上海、天津以及江苏。由此可见，在南岭民族走廊七省区中，广东省对科学研究与试验发展的投入力度远高于其他省区，其对培育科技创新能力的重视程度在全国范围内都处于较高水平，在科技实力、核心竞争力与创新驱动发展能力培育上走在了全国前列。

表 2-21　2015 年各省区 R&D 经费支出与投入强度情况

| 类别＼省区 | 广东 | 广西 | 湖南 | 江西 | 贵州 | 福建 | 云南 |
|---|---|---|---|---|---|---|---|
| R&D 经费支出（亿元） | 1798.2 | 105.9 | 412.7 | 173.2 | 62.3 | 392.9 | 109.4 |
| 占 GDP 比重（%） | 2.47 | 0.63 | 1.43 | 1.04 | 0.59 | 1.51 | 0.80 |

注：研究与试验发展（R&D）经费是指统计年度内全社会实际用于基础研究、应用研究和试验发展的经费支出。

资料来源：《全国科技经费投入统计公报》（2015 年）。

第三，各省区在科技成果与专利申请数量方面差异悬殊。如表 2-22 所示，根据各省区《国民经济和社会发展统计公报》（2016 年）显示，广东全年科学领域取得突出发展成绩，其中，专利申请受理 505667 件、专利授权259032件、科技成果1963项、技术合同签订17480项、技术市场合同成交金额789.68亿元,各项数值都远超南岭民族走廊其他省区,其中专利申请量、专利授权量、技术合同签订数量、技术市场合同成交金额占七省区总额的58.0%、60.4%、51.3%、66.1%,仅在科技成果方面低于广西(3364项)。除广东外,科技成果、专利授权、技术市场交易情况较为突出的是福建,其专利授权数量达67142件,技术市场合同成交金额也超过100亿元。其余四省区,广西、江西、贵州和云南在这几项指标上,整体水平都远低于以上三省。

表2-22  2016年各省区科技成果与专利申请数量、技术市场合同成交额情况

| | 省区 | 专利申请受理(件) | 专利授权(件) | 科技成果(项) | 技术合同签订(项) | 技术市场合同成交金额(亿元) |
|---|---|---|---|---|---|---|
| 核心区 | 广东 | 505667 | 259032 | 1963 | 17480 | 789.68 |
| | 广西 | 59231 | 14852 | 3364 | 1832 | 34.14 |
| | 湖南 | 67779 | 34050 | 694 | 3976 | 105.6 |
| | 江西 | 60494 | 31472 | — | 1985 | 79.0 |
| 辐射区 | 贵州 | 25315 | 10425 | 120 | 980 | 22.39 |
| | 福建 | 130376 | 67142 | | 5220 | 105.71 |
| | 云南 | 23709 | 12032 | 1209 | 2610 | 58.37 |
| 总计 | | 872571 | 429005 | — | 34083 | 1194.89 |

资料来源:根据各省区《国民经济和社会发展统计公报》(2016年)整理。

第四,各省区在科研机构数量上的差距十分突出。科研机构与科研从业人员数量是地区科技创新能力的重要标志,是科技研发与孕育创新成果的重要因素。截至2016年,南岭民族走廊各省区在研究机构、研究中心、工程实验室、高新技术企业、创新平台、质量监督检验中心、科研从业人员等方面也存在较大差异。其中,广东省规模以上工业企业拥有技术开发机构5920个、全省高新技术企业19857家、国家工程实验室12个、国家地方联合创新平台61家、国家工程(技术)研究中心23个、国家认定企业技术中心87个;广西壮族自治区共有国家级质检中心11个、自治区级质检中心38个、法定计量技术机构87个;湖南省共有国家工程研究中

心 4 个、省级工程研究中心 67 个、国家认定企业技术中心 45 个、国家工程技术研究中心 14 个、国家级重点实验室 16 个;江西省共有国家工程(技术)研究中心 8 个、国家级重点实验室 4 个、省级重点实验室 138 个;福建省已布局建设 26 个省级产业技术重大研发平台和 28 个省级产业技术创新战略联盟,拥有国家重点实验室 10 个、国家级工程技术研究中心 7 个、省级工程技术研究中心 472 个、新认定高新技术企业 906 家(总数 2535 家)、国家级企业技术中心 2 个;云南省共有国家批准组建的工程技术研究中心 4 个、省级工程技术研究中心 118 个;贵州省通过资质认定的检验检测机构 825 个、国家产品质量监督检验中心 6 个、法定计量技术机构 114 个。综合来看,在科研机构数量方面,广东处于绝对领先的第一梯队,湖南与福建处于第二梯队,其余四省区则处于第三梯队。

通过以上几方面的对比分析可以得知,"十二五"时期以来,南岭民族走廊诸省区在创新发展能力方面都取得明显成就,但是省区之间仍然呈现出明显的梯度差异,创新发展水平存在较大差距。其中,广东省较早确定创新驱动发展战略,其创新能力在走廊内甚至在全国范围内都处于前列;福建省与湖南省也较早意识到创新在转变经济发展方式中的作用,其创新发展能力处于走廊内的中等水平;其余四省区受制于经济发展阶段的制约,创新发展能力远远落后于走廊内的上述三省区。

(二)各省区对外开放程度不尽相同

国家"一带一路"建设的提出与实施,为全国尤其是处于内陆的中西部地区的对外开放提供了前所未有的契机。"一带一路"的实施,让西部民族地区的地理区位在全球视野内得以重新定位,由原本处于欠佳开放位置的地区成为对外开放的第一线。南岭民族走廊各省区也意识到"一带一路"带来的契机,逐步提升开放程度,积极发展外向型经济,主动融入"一带一路"建设。尤其是处于沿海地区的广东、福建和广西,均出台了海洋经济发展专项规划,充分借助"21 世纪海上丝绸之路"建设契机,逐步扩大对外开放程度,参与国际合作和国际竞争。

2016 年,南岭民族走廊各省区在进出口总额和实际利用外资额方面的表现呈现出较大差异。如表 2-23 所示,2016 年,受国内经济发展形势和国际市场形势的影响，南岭民族走廊各省区在进出口贸易和引进外资方面出现较大起伏。在进出口总额方面，广东全年进出口总额达 6.30 万亿元，约占全国进出口总额的 25.9%，高于上海和江苏，比 2015 年降低 0.8%，处于绝对领先水平。除广东外，只有福建的进出口总额超过万亿元水平，其余五省区都远远落后于广东和福建。尤其是贵州，其进出口总额只有 0.04 万亿元，而且比 2015 年降低 50.5%。在实际利用外资方面，广东、湖南和江西是超过百亿美元的三个省区，其余四省区均在百亿美元以下，广西和云南最低，仅有 8.88 亿美元和 8.67 亿美元。根据统计计算，广东省在这个指标上的数值是广西的 19.69 倍、湖南的 35 倍、江西的 24.23 倍、贵州的 157.5 倍、云南的 48.46 倍。在进出口总额方面，南岭民族走廊各省区之间的差异系数达 1.93，差异悬殊非常巨大。各省区在对外开放程度上的差异，不仅与各省区的地理区位和开放条件有直接关系，也与其产业结构上的差异有密切关系。

表 2-23　2016 年各省区对外经济发展情况

| 省区 | 项目 | 进出口总额 | | 出口总额 | | 进口总额 | | 实际利用外资 | |
|---|---|---|---|---|---|---|---|---|---|
| | | 总额（万亿元） | 增长（%） | 总额（万亿元） | 增长（%） | 总额（万亿元） | 增长（%） | 总额（亿美元） | 增长（%） |
| 核心区 | 广东 | 6.30 | -0.8 | 3.95 | -1.3 | 2.36 | 0.01 | 233.49 | -13.1 |
| | 广西 | 0.32 | -0.5 | 0.15 | -12.4 | 0.16 | 13.9 | 8.88 | -48.4 |
| | 湖南 | 0.18 | -2.1 | 0.12 | 1.5 | 0.06 | -8.9 | 128.5 | 11.1 |
| | 江西 | 0.26 | 0.6 | 0.20 | -4.1 | 0.07 | 17.3 | 104.4 | 10.2 |
| 辐射区 | 贵州 | 0.04 | -50.5 | 0.03 | -49.2 | 0.006 | 55.7 | 32.16 | 27.4 |
| | 福建 | 1.04 | -1.2 | 0.68 | -2.2 | 0.35 | 0.7 | 81.95 | 6.7 |
| | 云南 | 0.13 | -18.4 | 0.08 | -30.3 | 0.06 | 6.7 | 8.67 | -71.0 |

资料来源：各省区《国民经济和社会发展统计公报》（2016 年）。

此外，在进出口贸易结构中，各省区也存在显著区别。广东省主要出口商品包括钢材、纺织品、家具、自动数据处理设备、无线电话、集装箱、集成电路、液晶显示板以及汽车等，主要进口商品包括谷物、食用植物油、橡胶、铁矿砂及精矿、原油及成品油、纸浆、钢材等；湖南省主要出口商品为服装、钢材、金属银、家用陶瓷等；江西省主要出口商品为机电产品、高新技术产品、服装、文化产品、纺织品、太阳能电池、照明设备、陶瓷产品等，主要进口商品为机电产品、集成电路、铜矿砂及其精矿、铁矿砂及其精矿等；福建省贸易结构逐步优化，一般贸易进出口占外贸总值的71.9%，民营企业出口占比继续保持首位，对部分"一带一路"沿线国家的出口呈现增长趋势，机电产品和传统劳动密集型产品为主要出口商品类型，进口商品主要为机电产品、农产品、铁矿石等。

从贸易试验区或保税区建设方面看，各省区目前的对外开放格局也存在差异。广东省深入实施市场多元化战略，率先基本实现粤港澳服务贸易自由化，继深圳、汕头、广州等多个保税区之后，广东省启动广东自贸试验区建设，强化基础设施互联互通，与海上丝绸之路沿线重点14国进出口额达8504亿元。此外，广东省正在积极争取设立珠海高栏港、中山、深圳坪山新区、东莞虎门港、梅州五个综合保税区。湖南省也加快开放步伐，相继设立湘潭、衡阳、岳阳综合保税区以及长沙市跨境贸易电子商务服务试点、岳阳城陵矶港启运港退税政策试点等，对内对外开放格局逐渐形成。江西省也着力建设开放性经济，设立赣州综合保税区、南昌综合保税区。广西壮族自治区逐渐成为中国与东盟开放合作的前沿和窗口，国家明确赋予了广西"三大定位"① 新使命，继钦州保税港区和凭祥综合保税区后，南宁综合保税区已经获得国家批准成立。作为东南沿海省份，福建省也积极拓展对外开放格局，继福州保税港区之后，中国（福建）自由贸易试验区正式设立。贵州省目前已经拥有贵阳综合保税区、贵安综合保税区和遵义综合保税区。云南省目前已有红河和昆明两个综合保税区。由此可见，广东省目前在保税区建设和自贸区建设方面在全国范围内处于领先水平，福建省虽然开放步伐加快但整体仍远远落后于广东省，其余处于内陆中西部地区的五省区对外开放格局就更加落后于处于东部沿海地区的广东和福建两省。

---

① "三大定位"，即构建面向东盟的国际大通道、打造西南中南地区开放发展新的战略支点、形成21世纪海上丝绸之路与丝绸之路经济带有机衔接的重要门户。

### 四、居民收入与贫困问题对比

居民收入与贫困状况是反映地区经济发展质量尤其是贫富差距状况的重要因素。南岭民族走廊各省区由于人口构成、城乡结构和经济发展水平的差异，造成各省区在居民收入和贫困问题上的表现也存在显著差异。

（一）居民可支配收入水平高低有别

"十二五"时期以来，南岭民族走廊各省区在居民人均可支配收入的提高上均进步显著，但是省区之间总体水平上存在不小差距。如表2-24所示，2016年，广东省全年居民人均可支配收入达30296元，比2015年增长8.7%，在走廊内是唯一一个居民人均可支配收入超过3万元的省份，在各省区中居于最高水平；其次是福建、湖南、江西，这三个省份的居民人均可支配收入均高于2万元；广西、云南和贵州三省区的居民人均可支配收入均低于2万元，云南省最低，只有16720元。在全国范围内看，2016年，走廊中只有广东和福建两省的居民人均可支配收入高于全国平均水平（23821元），其余五省区均低于全国平均水平。

表2-24 2016年各省区人均可支配收入及增长状况

| 省区 | | 居民人均可支配收入 | | 城镇居民人均可支配收入 | | 农村居民人均可支配收入 | |
|---|---|---|---|---|---|---|---|
| | | 总额（元） | 比上年增长（%） | 总额（元） | 比上年增长（%） | 总额（元） | 比上年增长（%） |
| 核心区 | 广东 | 30296 | 8.7 | 37684 | 8.4 | 14512 | 8.6 |
| | 广西 | 18305 | 8.5 | 28324 | 7.2 | 10359 | 9.4 |
| | 湖南 | 21115 | 9.3 | 31284 | 8.5 | 11930 | 8.5 |
| | 江西 | 20110 | 9.1 | 28637 | 8.2 | 12138 | 9.0 |
| 辐射区 | 贵州 | 15121 | 10.4 | 26743 | 8.8 | 8090 | 9.5 |
| | 福建 | 27608 | 8.7 | 36014 | 8.2 | 14999 | 8.7 |
| | 云南 | 16720 | 9.8 | 28611 | 8.2 | 9020 | 9.4 |
| 全国 | | 23821 | 8.4 | 33616 | 7.8 | 12363 | 8.2 |

注：表中增长率按照名义增长率计算，未扣除价格因素。
资料来源：国家统计局和各省区《国民经济和社会发展统计公报》（2016年）。

从城乡居民的人均可支配收入来看，其梯度差异状况与上述差异状况类似。在城镇居民人均可支配收入中，广东也居于最高水平，之后依次是福建、湖南、江西、云南、广西和贵州，只有广东和福建两省高于全国平均水平（33616元）；从农村居民人均可支配收入看，福建超过广东，在走廊内居于最高水平，之后依次是江西、湖南、广西、云南和贵州，超过全国平均水平的只有福建和广东两省。

在人均可支配收入的城乡比例中，差距最大的是贵州，数值达到3.31，其次是云南（3.17）、广西（2.73）、湖南（2.62）、广东（2.60）、福建（2.40）、江西（2.36），城乡居民收入差距最小的是江西省。根据统计计算，南岭民族走廊各省区在居民人均可支配收入、城镇居民人均可支配收入、农村居民人均可支配收入三项指标上的差异系数分别为0.26、0.14、0.23。

（二）贫困程度因区域而深浅不一

在国务院扶贫开发领导小组于2012年3月公布的《国家扶贫开发工作重点县名单》中，依据人均国内生产总值、人均财政一般预算收入、农民人均纯收入等指标，全国共有592个县市被列入其中，南岭民族走廊所涉及的七省区中，除广东和福建外，其余五省区均有不少县市被划入《国家扶贫开发工作重点县名单》中。

如表2-25所示，在南岭民族走廊各省区中，云南省的扶贫开发重点县数量最多，达到73个，贵州有50个、广西有28个、江西有21个、湖南有20个。南岭民族走廊各省区扶贫开发重点县总量为192个，占全国总数的32.4%。由此可见，深处西部内陆地区的云南和贵州，其贫困县数量众多，贫困地区所涉及范围面积较大；江西与湖南处于中部地区，贫困县数量和贫困程度居中；位于东南沿海地区的广东和福建，贫困程度相对较轻。整体来看，在南岭民族走廊内部，随着地势由沿海向内地延伸，贫困程度越发严重。

表2-25　南岭民族走廊各省区国家扶贫开发工作重点县名单

| 省区 | 数量（个） | 国家扶贫开发工作重点县名单 |
|---|---|---|
| 江西 | 21 | 莲花县、修水县、赣县、上犹县、安远县、宁都县、于都县、兴国县、会昌县、寻乌县、吉安县、遂川县、万安县、永新县、井冈山市、乐安县、广昌县、上饶县、横峰县、余干县、鄱阳县 |

续表

| 省区 | 数量(个) | 国家扶贫开发工作重点县名单 |
|---|---|---|
| 湖南 | 20 | 邵阳县、隆回县、城步县、平江县、桑植县、安化县、汝城县、桂东县、新田县、江华县、沅陵县、通道县、新化县、泸溪县、凤凰县、花垣县、保靖县、古丈县、永顺县、龙山县 |
| 广西 | 28 | 隆安县、马山县、上林县、融水县、三江县、龙胜县、田东县、德保县、靖西县、那坡县、凌云县、乐业县、田林县、西林县、隆林县、昭平县、富川县、凤山县、东兰县、罗城县、环江县、巴马县、都安县、大化县、忻城县、金秀县、龙州县、天等县 |
| 贵州 | 50 | 六枝特区、水城县、盘县、正安县、道真县、务川县、习水县、普定县、镇宁县、关岭县、紫云县、江口县、石阡县、思南县、印江县、德江县、沿河县、松桃县、兴仁县、普安县、晴隆县、贞丰县、望谟县、册亨县、安龙县、大方县、织金县、纳雍县等 |
| 云南 | 73 | 东川区、禄劝县、寻甸县、富源县、会泽县、施甸县、龙陵县、昌宁县、昭阳区、鲁甸县、巧家县、盐津县、大关县、永善县、绥江县、镇雄县、彝良县、威信县、永胜县、宁蒗县、宁洱县、墨江县、景东县、镇沅县、江城县、孟连县、澜沧县等 |

资料来源：国务院扶贫开发领导小组办公室。

2012 年 6 月，国务院扶贫办又公布了《六盘山区等 11 个集中连片特殊困难地区分县名单》，加上已经明确实施特殊扶持政策的西藏、四省藏区、新疆南疆三地州，共 14 个片区、680 个县，作为新阶段扶贫攻坚的主战场。在这 14 个集中连片特殊困难地区分县名单中，南岭民族走廊各省区共涉及武陵山区、乌蒙山区、滇桂黔石漠化区、滇西边境山区、罗霄山区以及四省藏区 6 个集中连片特殊困难地区，共涵盖 233 个县市，占全国集中连片特殊困难地区县市总量的 34.3%。在分县名单中，除广东省和福建省没有县市被划入其中外，其余五省区均有被划入。其中，湖南省共有 37 个、贵州省有 65 个、广西壮族自治区有 29 个、云南省有 85 个、江西省有 17 个。具体如表 2-26 所示。

表2-26 南岭民族走廊各省区所属集中连片特殊困难地区分县名单

| 分区 | 省份 | 地市名 | 分县名单 |
|---|---|---|---|
| 武陵山区 | 湖南 (31) | 邵阳市、常德市、张家界市、益阳市、怀化市、娄底市、湘西土家族苗族自治州 | 新邵县、邵阳县、隆回县、绥宁县、新宁县、城步苗族自治县、石门县、安化县、麻阳苗族自治县、新晃侗族自治县、芷江侗族自治县、靖州苗族侗族自治县、通道侗族自治县、凤凰县等 |
| | 贵州 (15) | 遵义市、铜仁地区 | 正安县、道真仡佬族苗族自治县、务川仡佬族苗族自治县、印江土家族苗族自治县、铜仁市、沿河土家族自治县、松桃苗族自治县等 |
| 乌蒙山区 | 贵州 (10) | 遵义市、毕节地区 | 桐梓县、习水县、赤水市、毕节市、大方县、威宁彝族回族苗族自治县、黔西县、赫章县等 |
| | 云南 (15) | 昆明市、曲靖市、昭通市等 | 会泽县、宣威市、禄劝彝族苗族自治县、昭阳区、绥江县、盐津县、永善县、镇雄县、武定县等 |
| 滇桂黔石漠化区 | 广西 (29) | 柳州市、桂林市、南宁市、百色市、河池市、来宾市、崇左市 | 融安县、融水苗族自治县、三江侗族自治县、龙胜各族自治县、隆安县、隆林各族自治县、罗城仫佬族自治县、环江毛南族自治县、巴马瑶族自治县、都安瑶族自治县、大化瑶族自治县等 |
| | 贵州 (40) | 六盘水市、黔东南苗族侗族自治州、黔南布依族苗族自治州、黔西南布依族苗族自治州、安顺市 | 水城县、镇宁布依族苗族自治县、关岭布依族苗族自治县、紫云苗族布依族自治县、兴仁县、普安县、黄平县、黎平县、榕江县、台江县、荔波县、罗甸县、三都水族自治县、龙里县等 |
| | 云南 (11) | 曲靖市、文山壮族苗族自治州等 | 师宗县、罗平县、西畴县、麻栗坡县、马关县、丘北县、广南县、富宁县等 |
| 滇西边境山区 | 云南 (56) | 保山市、丽江市、普洱市、临沧市等 | 隆阳区、施甸县、龙陵县、昌宁县、永胜县、临翔区、凤庆县、云县、永德县、镇康县、双柏县、牟定县、姚安县、大姚县、永仁县等 |
| 罗霄山区 | 江西 (17) | 萍乡市、赣州市、吉安市、抚州市 | 莲花县、赣县、宁都县、会昌县、瑞金市、井冈山市、乐安县、遂川县等 |
| | 湖南 (6) | 株洲市、郴州市 | 茶陵县、炎陵县、宜章县、汝城县、桂东县、安仁县 |

| 分区 | 省份 | 地市名 | 分县名单 |
|------|------|--------|----------|
| 四省藏区 | 云南(3) | 迪庆藏族自治州 | 香格里拉县、德钦县、维西傈僳族自治县 |

资料来源：国务院扶贫开发领导小组办公室，http://www.cpad.gov.cn。

由此可见，在全国 14 个集中连片特殊困难地区中，南岭民族走廊各省区的贫困县市众多，贫困范围非常广泛。随着地势由东向西延伸，贫困面越来越大，贫困程度越来越深。另外，在国务院扶贫办、国家发展和改革委员会、农业部等多部门于 2013 年 2 月制定的《扶贫开发整村推进"十二五"规划》中，国家共将 30000 个贫困村列入规划中。南岭民族走廊各省区中，除广东省与福建省外，其余五省区均有大量贫困村被划入。其中，江西省有 1120 个、湖南省有 1200 个、广西壮族自治区有 2220 个、贵州省有 3800 个、云南省有 2800 个，南岭民族走廊各省区共计贫困村 11140 个，占全国贫困村总量的 37.1%。[①] 从以上数据可以看出，南岭民族走廊各省区贫困县、贫困村分布非常密集，贫困比例大，贫困发生率高，贫困差异程度悬殊。

通过多方面对比研究可以得出，南岭民族走廊各省区之间在经济发展中存在十分明显的差距，这种差距是全方位的，表现在经济总量、经济增速、产业结构、城乡结构、创新发展能力、对外开放程度、居民收入、贫困程度等各个方面，具体表现为：随着地势由东南沿海地区向中西部内陆地区延伸，经济发展水平逐渐降低，东中西部省区之间的发展差距非常悬殊。值得重视的是，随着经济结构调整和经济增长方式转变问题的日益突出，南岭民族走廊内的这种发展差距有进一步被拉大的趋势和风险。

## 第三节　南岭民族走廊地区经济发展中的突出问题

通过对南岭民族走廊各省区经济发展状况的分析与对比可以得知，尽

---

[①]　资料来源于国家扶贫办《扶贫开发整村推进"十二五"规划》，2012 年 10 月。

管从"十二五"时期至今，在经济综合实力提升、经济结构调整、基础设施建设、对外开放深化、人民生活水平提高等方面，各省区均取得显著进步，但是从南岭民族走廊这个整体性区域来看，其在经济发展中存在着诸多问题，表现在发展差距、经济结构、创新能力、对外开放、贫困状况等多个方面。这些问题的存在，严重阻碍着南岭民族走廊地区经济发展的整体进步以及地区之间的协调发展。

**一、发展失衡与发展差距是最为突出的核心问题**

在南岭民族走廊地区整体经济发展存在的突出问题中，发展失衡与发展差距无疑是最为突出的核心问题。南岭民族走廊所涉及省区的地理范围跨越我国三个地势阶梯和东中西三个经济带，其中，广东和福建地处于东南部沿海地区，湖南、江西位于中部内陆地区，广西、贵州和云南位于我国西部地区。由于地理位置、自然条件、发展基础、发展理念、发展战略以及经济政策等多方面的原因，南岭民族走廊地区形成了与地势走向截然相反的经济发展走势。表现为：在地势较低的东南部沿海地区的广东和福建两省，整体经济发展水平较高；居于地势较高的广西、贵州、云南等地区，经济发展水平较为落后；处于中部地区的湖南与江西两省，经济发展水平居中。随着地势由东向西延伸，地势逐渐升高，而经济发展水平却逐渐降低，区域经济发展存在较为严重的失衡现象，且发展差距有进一步被拉大的趋势。另外，南岭民族走廊内各区域之间在经济发展水平上的差距，并不局限于某一个领域或行业，而是全方位的，表现在国民经济发展的各个方面。

南岭民族走廊各省区在经济综合实力上的差距表现在 GDP 总量、人均 GDP、一般公共预算、金融存贷款量、固定资产投资以及社会消费品零售总额等多个方面。2016 年，在 GDP 总量指标上，广东 GDP 总量是福建的 2.79 倍、湖南的 2.54 倍、江西的 4.33 倍、广西的 4.36 倍、贵州的 6.78 倍、云南的 5.35 倍，其区域差异系数达 0.809，区域发展差距悬殊。在人均 GDP 上，广东 2016 年人均 GDP 值是福建的 0.98 倍、湖南的 1.58 倍、江西的 1.81 倍、云南的 2.33 倍、广西的 1.92 倍、贵州的 2.20 倍，差异系数为 0.38。其中，只有广东、福建两省的人均 GDP 超过全国平均水平，其余五省区都低于全国平均水平。在财政金融领域，2016 年，广东省一般公共预算收入数值是广西和贵州的 6.5 倍、江西的 4.7 倍、云南的 5.8 倍、湖南和福建的 2.4 倍；一般公共预算支出数值是广西的 2.98 倍、湖南的 2.13 倍、江西的 2.91 倍、贵州和福建的 3.12 倍、云南的 2.68 倍。在金融机构各项存贷款余额指标上，广东省两项数值分别是广西的 7.06 倍和 5.39 倍、湖南的 4.29 倍和 4.04 倍、江西的 6.23 倍和 5.12 倍、贵州的 7.56 倍和 6.20 倍、福建的 4.44 倍和 2.94 倍、云南的 6.47 倍和 4.81 倍。根据统计计算，南岭民族走廊各省区在一般公共预算收入、一般公共预算支出、金融机构各项存款余额以及金融机构各项贷款余额四项指标上的差异系数分别为 0.9128、0.5468、1.0754、0.8962。此外，2016 年，南岭民族走廊各省区在固定资产投资和社会消费品零售总额两项指标上的差异系数分别为 0.3265 和 0.8990。由此可见，南岭民族走廊中，位于东南部沿海的广东和福建两省的经济综合实力较高，位于我国西部地区的广西、贵州和云南三省区的经济综合实力较低，位于中部地区的湖南和江西两省的经济综合实力居中。

此外，各省区内部的发展失衡、发展不协调问题也十分突出。以广东省为例，"十二五"时期结束之时，其区域发展不协调问题未得到根本缓解，2015 年广东省地区发展差异系数高达 0.660，并呈现出城乡与城市内部"双二元"结构。2016 年，广东省地区经济发展，在 GDP 总量、GDP 比重、第三产业增加值比重、地方一般公共预算收入、固定资产投资等方面，珠三角地区经济发展水平远高于广东省其他地区，地区经济发展的不平衡性问题十分严重。同样的情况也出现在南岭民族走廊其他省区的地区经济结构中。湖南省长株潭地区的经济发展水平明显高于湖南其他地区，经过统计计算，湖南省地区经济发展的差异系数为 0.45。按照同样方式统计计算，2016 年，广西壮族自治区 14 个地市经济发展的差异系数为 0.68，仅次于广东省的地区差异系数；福建省地区经济发展的差异系数达 0.63。

**二、经济结构与发展方式桎梏制约经济持续发展**

经济结构欠优与发展方式落后是目前制约南岭民族走廊整体经济发展

的关键问题之一，也是造成南岭民族走廊区域发展失衡的重要原因。总体来看，目前南岭民族走廊各省区在经济结构调整和发展方式转变上所面临的压力和形势不尽相同。

从经济结构来看，南岭民族走廊各省区在产业结构与城乡结构优化调整上面临着严峻的形势。在三次产业结构方面，广东与福建两省表现尚可，而处于西部地区的广西、云南和贵州三省区的产业结构距离全国平均水平还存在较大距离。2014~2016年，广东、贵州、云南的第三产业比重最高，均高于第一、第二产业，是地区经济的主要经济部门，而湖南省在2016年也实现了产业结构跨越，第三产业首次超过第二产业；其余的广西、江西、福建三省区，其区域经济仍然以第二产业为主要经济部门，比重最高。与全国平均水平相比，只有广东第三产业比重（52.1%）超过全国水平（51.6%），其余六省区均低于全国水平。但是，广东第三产业比重低于北京、上海、天津等地。由此可见，南岭民族走廊各省区实现产业结构优化的任务还十分艰巨。在城乡结构方面，南岭民族走廊各省区在城镇化水平上的差距十分巨大。2016年，南岭民族走廊各省区城镇化率分别是：广东为69.2%、福建为63.6%、湖南为52.75%、江西为53.1%、广西为48.08%、贵州为44.15%、云南为45.03%。通过与全国其他地区对比可以得出：截至2016年，南岭民族走廊各省区中，只有广东和福建两省高于全国平均水平（57.35%），并超过60%，其余全部低于全国平均水平；广西高于甘肃和西藏，但是低于大部分中西部省区；湖南低于湖北和内蒙古，高于大多数中西部省区；贵州仅高于西藏；云南高于甘肃和西藏，低于多数中西部地区；江西低于湖北和内蒙古，高于其他大部分中西部地区。由此可见，南岭民族走廊各省区的城乡结构也存在较大差距，其中，广东与福建城镇化率水平最高，广西、贵州和云南三省区最低，湖南和江西处于中间水平。

从发展方式来看，南岭民族走廊各省区都面临着极为严峻的发展方式转变压力。在南岭民族走廊各省区中，以经济增长方式转变走在全国前列水平的广东为例，尽管其经济增长方式向集约型转变的趋势非常明显，但是其经济增长方式目前仍然处于粗放型。米运生和易秋霖（2008）认为，

"从全球化和全要素生产率角度来看，从资本可获得性而产生的数量效应在珠三角经济增长中为主要贡献因素，技术外溢所产生的质量效应尚未成为影响珠三角区域经济发展的主要因素"。[①] 尽管人力资本和技术创新在广东省经济增长中的贡献率已经居全国领先水平，但是资本投入仍然是拉动广东省经济增长的主要动力。孙晓琴、刘锋（2010）通过实证研究指出，目前广东省经济发展中的要素贡献率大于TFP[②]贡献率，资本存量和一般劳动力是促进经济增长的主要贡献因素，广东省整体经济增长属于粗放型增长方式。他们认为，"出现这一现象的原因可以从广东省的对外贸易方式方面来解释。广东省毗邻港澳台，面向东南亚，外贸依存度很高，对外贸易在经济发展中所占份额大，而加工贸易是主要的对外贸易方式。这需要投入大量的一般劳动力以及与之匹配的厂房、设备及相应配套设施，这就使得资本和一般劳动力在经济增长中的比重占较大份额"。[③] 根据广东省在"十三五"发展规划中对其国民经济发展中存在问题的概括，广东省经济发展方式总体粗放，资源环境约束依然趋紧，经济结构调整仍在爬坡越坎，相当部分制造业和服务业处于产业链低端环节，能源资源节约集约利用程度与国际先进水平相比还存在较大差距。[④] 粗放型经济发展方式对经济可持续发展的制约在南岭民族走廊其他省区的表现更为明显。根据各省区在"十三五"发展规划中的归纳，落后的经济发展方式是各省区经济发展中的突出问题。

产业结构的不合理、区域经济结构的失调，再加上粗放型经济方式的长期存在以及经济增长方式转变的巨大压力，造成南岭民族走廊各省区经济可持续发展受到影响，使各省区在"十二五"时期至2016年底的经济增速明显放缓。其中，广东省GDP和人均GDP增长率分别由10.0%、

---

① 米运生、易秋霖：《全球化、全要素生产率与区域发展差异——基于珠三角、长三角和环渤海的面板数据分析》，《国际贸易问题》2008年第5期，第17-23页。

② TFP，即全要素生产率对经济增长的贡献份额。以TFP/TIP（要素投入对经济增长的贡献份额）数值的大小来判断经济增长方式：若TFP/TIP>1为集约增长型，若TFP/TIP<1为粗放增长型。

③ 孙晓琴、刘锋：《广东省经济增长方式转变的实证研究》，《广东外语外贸大学学报》2010年第3期，第62-66页。

④ 摘自《广东省国民经济和社会发展第十三个五年规划纲要》，2016年4月。

8.0%下降到7.5%、7.8%；广西壮族自治区GDP和人均GDP增长率分别由12.3%、12.0%下降至7.3%、7.6%；湖南省GDP和人均GDP增长率分别由12.8%、11.2%下降为7.9%、7.3%；江西省GDP和人均GDP增长率分别由12.5%、11.8%下降至9.0%、8.4%；贵州省GDP和人均GDP增长率分别由15.0%、16.1%下降至10.5%、11.0%；福建省GDP和人均GDP增长率分别由12.3%、11.6%下降至8.4%、7.5%；云南省GDP和人均GDP增长率分别由13.7%、12.9%下降为8.7%、8.0%。① 除了云南省在2015年出现GDP增长率和人均GDP增长率的回升以及在2016年的持平现象之外，其余省区在这段时期内，无论是GDP增长率还是人均GDP增长率、经济增长速度均基本呈现下滑趋势。另外，经济结构和发展方式问题所带来的产业低端、低附加值、资源约束、生态恶化等问题，都成为制约南岭民族走廊各省区可持续发展的重要因素。

**三、创新发展能力不足造成经济增长的动力缺失**

创新发展能力是培育经济内生增长动力并实现经济跨越式、可持续发展的关键因素。尤其是在我国当前经济发展进入新常态时期，实现由投资驱动与要素驱动型经济向创新驱动型经济的转变，是我国整体跨越"中等收入陷阱"并进入更高经济发展层次的关键内容之一。创新发展能力的培育对于南岭民族走廊地区的经济发展同样至关重要。尽管"十二五"时期以来，南岭民族走廊各省区在创新发展能力培育上十分重视，但是从全国甚至是全球范围来看，其区域创新发展能力仍然不足，区域经济增长的内在动力十分缺失。2015年，南岭民族走廊各省区在R&D经费支出与经费投入强度方面整体水平不高。其中，广东R&D经费支出与支出占GDP比重分别为1798.2亿元和2.47%，两项指标在走廊内居于最高水平；广西为105.9亿元和0.63%；湖南为412.7亿元和1.43%；福建为392.9亿元和1.51%；江西为173.2亿元和1.04%；云南为109.4亿元和0.80%；贵州省两项指标均最低，仅为62.3亿元和0.59%。由此可见，

① 根据《国家统计年鉴》（2016年）与各省区《国民经济和社会发展统计公报》（2016年）整理。

在南岭民族走廊七省区中，广东省对科学研究与试验发展的投入力度远高于其他省区，其对培育科技创新能力的重视程度在全国范围内都处于较高水平，在科技实力、核心竞争力与创新驱动发展能力培育上走在了全国前列。

以发展动力转换在全国范围内居于前列水平的广东为例，其创新发展能力依旧十分不足。广东省政府在"十三五"发展规划中也明确提出，广东省目前自主创新能力还不够强，能源资源节约集约利用程度与国际先进水平相比还存在较大差距。目前，广东省在创新驱动发展战略中存在以下问题：第一，创新环境不够完善。在 2012 年、2013 年两年的城市创新创业环境评分中，广东省的深圳与广东分别位列第三、第四名，但是与北京、上海的差距越来越大，并且对天津的优势越来越小。根据《中国区域创新能力报告 2014》，广东省的创新环境排名由第一下滑至第三，创业环境仅列第九，与位列第一的江苏省之间的差距非常巨大。第二，创新投入仍需提高。2014 年 6 月，广东省在全国范围内首次确立创新驱动发展战略。至 2016 年，广东全省研发经费支出占比提高到 2.58%，有效发明专利量和 PCT 国际专利申请受理量分别增长 21% 和 55%，技术自给率达 71%，科技进步贡献率超过 57%，基本达到创新型国家和地区水平。[①] 但是，与全国其他省区 2015 年 R&D 经费支出与经费投入强度方面的对比来看，南岭民族走廊各省区中，只有广东 R&D 经费支出总额超过千亿元并超过全国平均水平（457.1 亿元），仅次于江苏（1801.2 亿元），高于山东、北京、上海和浙江，占全国总投入总额的 12.7%，居全国第二位；在投入强度上，也只有广东高于全国平均水平（2.07%），居全国第五位，仅低于北京、上海、天津以及江苏。[②] 与京津冀地区、长三角地区的创新能力相比，位于珠三角地区的广东，其创新发展能力仍然稍落后于上述地区。第三，创新资源分配不均。"广东省实施创新驱动战略，尽管取得了不少的成就，但是在以广州和深圳为两个创新极的进程中，出现了创

---

① 资料来源于《2017 年广东省政府工作报告》，2017 年 1 月 19 日。
② 资料来源于《全国科技经费投入统计公报》（2015 年）。

新发展在地区上的不平衡。全省科技资源约70%在广州，30%的科技企业集中在深圳。"① 另外，从创新资源在企业间的分配来看，少数大型企业占据着绝大部分创新资源，大部分中小企业创新能力并不突出。除了上述问题外，在知识产权保护、人才自我培养方面，与北京、上海以及江苏三省相比，广东也十分薄弱。

发展动力转变走在全国前列的广东尚且与北京、上海、江苏等地区存在不小差距，那么，南岭民族走廊其他省区在创新发展能力上就更加落后于全国平均水平。除广东外，其余六省区2015年在R&D经费支出与经费投入强度方面均低于全国平均水平。各省区在其"十三五"发展规划中，也都十分明确地指出了在创新能力方面的不足。南岭民族走廊各省区在创新发展能力上的不足，使其整体经济可持续发展的动力不足，造成其整体经济增长速度趋缓，增速下滑十分明显。

**四、对外合作开放格局不开阔致使发展空间受限**

在"一带一路"建设深入推进的契机下，南岭民族走廊各省区积极开拓对外开放合作，主动实施"走出去"战略，并融入"一带一路"建设，在开放型经济建设方面取得显著成就。但是，从整体来看，南岭民族走廊地区的对外开放格局还不够开阔，尤其是走廊内居于我国中西部地区的广西、江西、湖南、贵州以及云南五省区，受制于地理区位、开放意识、开放策略等诸多因素，其对外开放程度依然处于较低的水平。

2016年，南岭民族走廊各省区在进出口贸易和引进外资方面的表现差异巨大。在进出口总额方面，广东全年进出口总额达6.30万亿元，约占全国进出口总额的25.9%，高于上海和江苏，比2015年降低0.8%。除广东外，只有福建的进出口总额超过万亿元水平，其余五省区都远远落后于广东和福建。尤其是贵州，其进出口总额只有不到0.04万亿元，而且比2015年降低50.5%。在实际利用外资方面，广东、湖南和江西是超过百亿美元的三个省区，其余四省区均在百亿美元以下，广西和云南最低，

① 廖晓东、郑秋生：《广东省实施创新驱动发展战略的路径选择与对策研究》，《决策咨询》2015年第3期，第79-84页。

仅有 8.88 亿美元和 8.67 亿美元。在出口结构中，广东主要出口商品包括钢材、纺织品、家具、自动数据处理设备、无线电话、集装箱、集成电路、液晶显示板以及汽车等；湖南主要出口商品为服装、钢材、金属银、家用陶瓷等；江西主要出口商品为机电产品、高新技术产品、服装、文化产品、半导体器件、纺织品、太阳能电池、照明设备、陶瓷产品等；福建主要出口商品为机电产品和传统劳动密集型产品。由此可见，在南岭民族走廊各省区的进出口贸易结构中，比重较大的是附加值较低的原材料、初级加工产品、半成品等商品，而拥有自主知识产权的高新技术产品比重较少。在进出口贸易对象方面，各省区也存在显著区别。广东的贸易对象主要包括中国香港、美国、欧盟、日本、东盟、中国台湾等；湖南的主要贸易对象主要包括中国香港、美国、欧盟、日本等；广西的主要贸易对象包括东盟、中国香港、日本、韩国等；江西的主要贸易对象包括中国香港、日本、韩国、中国台湾、南非等；福建的主要贸易对象为美国、东盟和欧盟，对部分"一带一路"沿线国家的出口呈现增长趋势；贵州货物出口前三位市场为中国香港、东盟和美国，货物进口前三位市场为东盟、美国和澳大利亚。

由此可见，无论在进出口贸易总额，还是在外资引进、进出口贸易结构、贸易对象等方面，南岭民族走廊地区的整体对外开放格局还不够开阔，尤其是在国内消费需求动力不足的情况下，其限制了南岭民族走廊地区经济发展的市场空间，对外贸易对地区经济增长的贡献能力不能得到充分发挥。南岭民族走廊是衔接丝绸之路经济带与 21 世纪海上丝绸之路的重要地区，如何充分利用"一带一路"建设对南岭民族走廊各省区在对外开放方面所带来的契机并逐步拓展对外开放格局，是关系着该地区经济能够实现加速发展的重要问题。

**五、贫困问题始终束缚民族地区经济的加速发展**

南岭民族走廊各省区所涵盖的地理范围跨越我国东中西部，尤其是处于我国中西部地区的广西、贵州、江西、湖南以及云南五省区，其贫困问题也是束缚区域经济发展尤其是民族地区经济发展的重要问题。根据国务院扶贫办于 2012 年公布的《国家扶贫开发工作重点县名单》《六盘山区等 11 个集中连片特殊困难地区分县名单》，以及国务院扶贫办、国家发展和改革委员会、农业部等多部门于 2013 年 2 月制定的《扶贫开发整村推进"十二五"规划》等重要文件显示，南岭民族走廊各省区中，有为数众多的市、县、村被划入贫困地区范围。其中，在《国家扶贫开发工作重点县名单》中，南岭民族走廊各省区扶贫开发重点县总量为 192 个，占全国总数的 32.4%；在《六盘山区等 11 个集中连片特殊困难地区分县名单》中，南岭民族走廊各省区共涉及武陵山区、乌蒙山区、滇桂黔石漠化区、滇西边境山区、罗霄山区以及四省藏区 6 个集中连片特殊困难地区，共涵盖 233 个县市，占全国集中连片特殊困难地区县市总量的 34.3%；在《扶贫开发整村推进"十二五"规划》中，南岭民族走廊各省区共计贫困村 11140 个，占全国贫困村总量的 37.1%。由此可见，南岭民族走廊地区贫困县、贫困村分布非常密集，贫困范围大，贫困比例大，贫困发生率高，贫困程度十分严重。

以经济发展水平最高和扶贫攻坚工作最好的广东为例，其贫困问题也依然存在。根据广东省政府 2015 年公布的数据，按农村居民年人均可支配收入 4000 元（2014 年不变价）的标准，全省 70.8 万户共计 176.5 万人为相对贫困人口。以全省经济排位靠后的梅州市五华县为例，该县制定的 2016 年、2017 年、2018 年目标，脱贫人口在 3 万~5 万人。根据广东省于 2016 年发布的《关于新时期精准扶贫精准脱贫三年攻坚的实施意见》，其攻坚任务分别为 2016 年脱贫 50 万人，2017 年脱贫 60 万人，2018 年脱贫 66.5 万人。① 也就是说，目前全省剩余的相对贫困人口在 126 万人左右。福建省的贫困问题也同样存在。根据福建省扶贫开发工作会议公布的数据显示，按照全国以人均年收入低于 2736 元的农村扶贫标准计算，福建省大约还有农村贫困人口 50 万人。福建将争取到 2020 年实现省定扶贫标准的 122.7 万农村贫困人口全部脱贫、23 个省级扶贫开发工作重点县全部摘帽。由于贫困人口分布较散，而且多处于地理位置偏远、交通和经济发展条件较差的山区、革命老区，福建省脱贫攻坚任务仍然十分

① 资料来源于广东省《关于新时期精准扶贫精准脱贫三年攻坚的实施意见》，2016 年 6 月。

艰巨。

　　贫困问题直接反映了居民收入差距状况和区域经济发展质量，是关系着南岭民族走廊地区保持社会稳定、经济健康发展的重要问题。南岭民族走廊各省区贫困问题的普遍存在，严重束缚着该地区尤其是少数民族地区经济的加速发展。消除贫困，实现各民族共同发展、繁荣发展，是我国民族政策的重要内容和国民经济发展的重要目的。因此，如何实现扶贫目的，解决南岭民族地区的贫困问题，是关系着该地区能否实现长久发展的重要问题。

　　综合以上论述，在南岭民族走廊地区在经济发展中存在的众多问题中，地区间的发展失衡与发展差距是最为突出的重大核心问题。如何缩小南岭民族走廊地区内的发展差距，实现各区域协调发展，是该地区经济实现可持续发展、社会保持稳定、增进民族团结和促进各民族繁荣发展的关键。

# 第四节　整体构建南岭民族经济发展战略的现实意义

　　南岭民族走廊不但是我国苗瑶语族和壮侗语族民族的主要聚居地和文化沉积带，从国内和国际地理区位来说，它连接我国珠江流域和长江流域，也是串联丝绸之路经济带和"21世纪海上丝绸之路"的战略通道，是中国内陆地区面向我国港澳台地区、东盟地区以及更远海洋地区的窗口和门户。南岭民族走廊各省区目前经济发展中存在的诸多问题，也在客观上要求将南岭民族走廊作为一个整体性区域进行战略规划。可以说，整体构建南岭民族走廊经济发展战略既是解决该区域经济发展中的问题与实现该区域经济可持续发展的内在要求，也是积极应对当前国内外形势变化的必然选择。

**一、缩小差距并实现区域协调发展的内在要求**

　　在中国共产党第十九次全国代表大会上，习近平同志强调中国特色社会主义进入新时代，我国社会主要矛盾已经转化为人民日益增长的美好生活需要和不平衡不充分的发展之间的矛盾。这个主要矛盾的解决是我国实现全面建成小康社会百年目标以及更远发展的关键。如何提高西部民族地区经济发展速度，缩小东西部发展差距是目前我国面临的重要任务，更是民族经济学这个学科及其从事民族经济研究的学者的重大责任。从空间范围看，在费孝通先生提出的"中华民族多元一体格局"中，南岭民族走廊是唯一一个同时横跨我国东中西地区的历史地理区域；在新中国成立以来的各种经济区划中，南岭民族走廊也是少有的一个同时跨越我国东中西部三个经济带的整体性经济区域；从南方地理区位看，南岭民族走廊又是连接长江流域和珠江流域的重要地理通道和经济过渡带。如此大的空间跨度，使南岭民族走廊内区域之间的经济发展差距悬殊。

发展失衡与发展差距是南岭民族走廊经济发展中面临的最为突出的核心问题。这个核心问题的出现，除了各省区在地理区位、自然环境、要素禀赋、发展基础、发展路径、政策差异等方面的原因外，根本原因在于走廊内各区域之间，由行政区划带来的区域相对独立性，割断了在走廊历史形成过程中建立的天然民族联系，各区域之间的利益竞争性大过其合作性，阻碍了要素在各区域之间的自由流动，使各区域间本来具有的优势互补效应与要素扩散效应不能充分发挥，最终形成反地势阶梯规律走向的经济发展差距。因此可以这样说，南岭民族走廊内经济发展差距这个核心问题的解决，单靠每个省区各自的力量是难以实现的，单靠区域外部力量（如国家的宏观调控）的影响也是难以实现的。它必须依赖走廊内部各省区之间的相互配合、相互协调，通过整体规划、系统协同、优势互补、利益共享，充分借助走廊内历史中形成的天然民族联系来强化区域经济联系，通过实现要素自由流动而使区域间的互补效应与扩散效应充分发挥，才能逐步实现协调发展。而实现各省区之间相互协调发展的目的，最佳途径是将南岭民族走廊视为一个整体性经济区域，并整体规划、科学构建该区域的经济发展战略，通过各省区之间的战略协同，实现该地区的协调发展。另外，南岭民族走廊在经济发展中存在的经济结构不合理、发展方式粗放、创新发展能力不足、对外开放不开阔以及贫困等问题的解决，也必须依赖该地区的整体协作。因此，整体构建南岭民族走廊的经济发展战略，是解决该地区经济发展中存在问题的根本选择。

## 二、深入推进西部大开发战略的有效途径

西部大开发战略是国家在世纪之交做出的重大决策，是指导西部地区经济发展的重要性纲领，旨在不断缩小东西部差距，促进西部地区发展，缩小东西部地区发展差距，努力建成一个经济、社会和生态全面发展的西部地区是西部大开发的总体战略目标。西部大开发战略实施以来，对促进西部地区经济增长发挥了重要作用，取得了重大成就，但是也存在诸多问题。根据国家发展和改革委员会于 2017 年 1 月发布的《西部大开发"十三五"规划》（以下简称《规划》），"十二五"时期，西部地区经济实力稳步提升，主要指标增速高于全国和东部地区平均水平，城乡居民收入年均增长超过 10%。2015 年，地区生产总值占全国比重达到 20.1%，常住人口城镇化率达到 48.7%；基础设施保障能力全面增强，综合交通运输网络初步构建；经济结构调整取得积极进展，内生发展动力和抗风险能力得到加强；生态文明建设加快推进，国家生态安全屏障初步形成；基本公共服务体系不断完善；积极参与和融入"一带一路"建设等三大战略实施，重点经济区、国家级新区、沿边重点开发开放试验区引领效应逐步显现。[①]《规划》同时指出，西部地区目前经济结构仍不合理，内生增长动力不足的问题依然突出，抵御经济波动与系统性经济风险的能力不强，基础设施薄弱、生态环境脆弱依然是制约西部地区经济发展的瓶颈，城乡差距、区域差距依然较大，协调发展任务十分艰巨。[②]

西部大开发战略实施中存在的这些问题的产生以及长期存在，与西部地区长期以来所固有的粗放型经济增长方式和落后的发展理念具有紧密联系。包括南岭民族走廊内的中西部地区省区在内，其经济增长方式转变缓慢，经济结构调整仍处于爬坡阶段。以高投入、高能耗、高污染、低产出为主要特征的粗放型经济增长方式，在西部地区各省区中长期存在，严重降低了西部地区资源开发效率和经济效益，可持续发展以来的资本和技术积累长期处于较低水平，资本与技术的外部依赖性十分强烈。第三产业发展不足，传统产业比重过大，三次产业结构不合理，经济结构优化的任务

---

① ② 资料来源于国家发展和改革委员会《西部大开发"十三五"规划》，2017 年 1 月。

十分艰巨。南岭民族走廊中的广西、贵州、云南三省区都属于西部大开发战略中所涉及的重要地区。这些地区深居我国西南边陲，是我国少数民族的主要聚居区之一。这些地区能否繁荣发展，关系到民族团结和国家边疆安全。西部大开发战略目标的实现，既需要西部地区内部自我发展，也离不开东部地区的帮助和国家的整体调控。构建南岭民族走廊经济发展战略，对于西部大开发战略在该地区的深入推进具有重要意义。首先，将南岭民族走廊作为整体性经济区域进行战略构建，有利于整合区域资源，形成优势合力。其次，有利于通过民族关系强化各区域间的经济联系，实现东中西部地区之间的要素自由流动，充分发挥东部地区的技术与资本优势，同时发挥西部地区的资源优势，实现技术的扩散效应和资源的整合效应，加速推动中西部地区内生经济增长动力的培育和增长方式的转变。最后，有利于提升整个地区的对外开放格局，拓展经济发展所需要的国内市场和国际市场空间。

### 三、积极融入"一带一路"建设的最佳选择

当今世界，经济全球化与区域一体化趋势愈演愈烈，全球经济缓慢发展、不断分化，国际金融危机深层次影响继续显现，各国面临的发展问题依然严峻。而我国整体经济也进入新常态时期，经济增长速度下滑，经济结构调整进入关键时期。面对国内外形势的变化，我国审时度势地提出了与国际社会共建"丝绸之路经济带"和"21世纪海上丝绸之路"的重大倡议，得到了世界各国的高度关注和认可。"一带一路"建设是顺应世界多极化、经济全球化、文化多样化、社会信息化等发展趋势的睿智选择，它秉持开放的区域合作精神，致力于维护全球自由贸易体系和开放型世界经济，是国际合作以及全球治理新模式的积极探索。"共建'一带一路'倡议致力于亚欧非大陆及附近海洋的互联互通，建立和加强沿线各国互联互通伙伴关系，构建全方位、多层次、复合型的互联互通网络，实现沿线各国多元、自主、平衡、可持续发展，旨在促进经济要素有序自由流动、资源高效配置和市场深度融合，推动沿线各国实现经济政策协调，开展更大范围、更高水平、更深层次的区域合作，共同打造开放、包容、均衡、

普惠的区域经济合作架构。"① "一带一路"建设为我国和沿线国家带来重大发展机遇，它将有效促进中国和沿线国家在各领域的全方位合作，推动各国发展战略的对接与耦合，充分挖掘区域内市场的发展潜力，增进沿线各国之间的文化交流。

同样，"一带一路"建设将会为南岭民族走廊地区带来难得的历史发展机遇。南岭民族走廊与海上丝绸之路具有天然的历史联系。海上丝绸之路是南岭民族走廊向海洋方向的延伸，南岭民族走廊是海上丝绸之路的重要组成部分。借助于南岭民族走廊的地理交通要道优势，古代海上丝绸之路将中国、东南亚、南亚直至地中海地区的国家紧密联系起来，形成了一张庞大的国际海上贸易网络。由此可见，南岭民族走廊是"21世纪海上丝绸之路"建设的关键区域。"一带一路"建设为南岭民族走廊各省区进一步优化调整经济结构、转变经济增长方式、完善基础设施建设、拓展对外开放格局、加强对外经济合作、发展海洋经济等方面带来了前所未有的历史机遇。

将南岭民族走廊作为一个整体性经济区域进行经济发展战略规划，对于该地区主动融入"一带一路"建设具有积极意义。首先，构建南岭民族走廊经济发展战略，对各省区经济发展进行战略协同，有利于打破行政区划界限，形成整体合力，整体提升其参与国际市场竞争的综合竞争力，并整体提升单个省区所无法实现的国内外市场中系统性经济风险的抵御能力。其次，将南岭民族走廊作为一个区域整体，通过实现要素与商品的自由有序流动，有利于克服走廊内处于中西部内陆地区的省区因地理区位劣势而带来的对外开放障碍，极大地促进这些内陆地区发展海洋经济的积极性。最后，从国际区位看，南岭民族走廊是我国面向港澳台地区、东盟国家以及其他海上沿线国家的重要门户和战略支点，是连接丝绸之路经济带与"21世纪海上丝绸之路"的重要国际大通道，具有极高的战略地位。其中，广西已经被国家明确赋予国际通道、战略支点、重要门户"三大

---

① 根据国家发展改革委、外交部、商务部联合发布的《推动共建丝绸之路经济带和21世纪海上丝绸之路的愿景与行动》整理。

定位"的新使命。整体构建南岭民族走廊的经济发展战略尤其是对外开放战略,将有效强化走廊内各地区经济发展与"一带一路"建设之间的有机联系,整体提升该地区的对外开放格局。

### 四、有利于培育区域增长极与强化区域合作

南岭民族走廊地区以南岭山区为中心地带,是长江与珠江两大水系的分水岭。在走廊广阔的空间范围内,因特殊的地质构造和地理环境而蕴含着丰富的自然资源与文化资源。在南岭民族走廊内,矿产资源、水资源、旅游资源等异常丰富,而且由于苗瑶语族与壮侗语族中的少数民族长期在该区域内聚居,是多元少数民族文化的沉淀区。丰富的自然资源与文化资源,却与经济发展中的贫困问题相伴存在。南岭民族走廊地区尤其是各少数民族聚居区,经济发展非常落后,资源开发程度与效率十分低下,资源优势并没有转化为经济优势。整体规划南岭民族走廊经济发展战略,有利于集中资金和先进技术,对走廊内自然资源和文化资源进行统一规划,实现资源整合开发,对重要产业和民族特色产业进行合理布局和重点扶持,对具有增长潜力的城市进行着重规划扶持,将资源优势转化为经济优势,以增长极的培育来带动周边区域整体发展,提升民族地区的城镇化率和居民的生活水平,实现繁荣发展。此外,从经济区划角度看,南岭民族走廊是长江经济带和珠江经济带的衔接地区,南北各自毗邻或交集于"泛珠三角"经济协作区和长江中下游经济区,是内陆省区紧靠港澳台地区的前沿阵地和重要廊道,与周边经济区域之间具有极佳的地缘关系。整体构建南岭民族走廊经济发展战略,打造南岭民族走廊经济带,可以有效促进该区域与周边各经济区的协作共赢,加强内陆地区与沿海地区之间的经济对接。这样不仅可以更好地实现走廊内的协调发展,还可以促进更大范围内区域之间的协调发展。

总之,对南岭民族走廊经济发展中所存在的突出问题的最佳解决途径就是将南岭民族走廊视为一个整体性经济区域,并整体规划、科学构建该区域的经济发展战略,通过各省区之间的战略协同,实现该地区的协调发展。此外,在国家深入实施西部大开发战略和"一带一路"建设的时代背景下,客观上也要求南岭民族走廊要以更为广阔的视野来重新审视自己

的经济区位，积极主动地利用国内外环境中蕴含的发展契机，并通过加强区域间的经济联系以抵御国内外经济下行压力。可以说，构建南岭民族走廊经济发展战略，是形势所致、问题所逼的有效选择。

综合本章所述，南岭民族走廊各省区在"十二五"时期以来，其社会经济发展都取得了显著成就，各自也存在着诸多亟须解决的问题。但是，从整体角度来看，通过对各省区进行经济对比分析发现，南岭民族走廊地区存在着发展差距大、经济结构不合理、增长方式粗放、创新能力不足、对外开放不开阔、贫困问题严重等一系列整体性问题。其中，发展失衡与发展差距是该地区经济发展中存在的最为突出的重大核心问题。这些问题的解决，必须依赖各省区之间的相互协调、相互合作。在西部大开发战略和"一带一路"建设深入实施的时代背景下，面对经济下行和经济结构调整的双重压力，如何积极有效地推进西部大开发战略，积极融入"一带一路"建设，对于南岭民族走廊各省区来说，都是必须深刻思考的重大课题。将南岭民族走廊视为一个整体性经济区域，科学规划其整体经济发展战略，既是形势所迫，也是问题所逼。构建南岭民族走廊经济发展战略，是该地区解决经济发展中的问题以及面对形势所迫的根本选择。但是，构建南岭民族走廊经济发展战略是一个系统性工程，必须经过科学严谨的可行性论证，既包括理论可行性论证，也包括现实可行性论证。

# 第三章

## 构建南岭民族走廊经济发展
## 战略的理论依据

西部大开发战略的深入实施与"一带一路"建设的持续推进，为南岭民族走廊所涉及区域的经济发展带来良好的契机。区域内部发展差距巨大是目前南岭民族走廊地区经济发展中存在的核心问题。解决这个问题的关键在于必须将南岭民族走廊视为一个整体性经济区域，从长远、全局的角度科学地规划其经济发展战略，以强化区域内部的经济协作关系，有效促进该区域协调发展。但是，民族走廊是费孝通先生基于民族学、人类学角度提出的一个"历史—地理"区域概念，对于这个特殊的区域范畴，从区域经济学角度构建其经济发展战略，首先必须具备充分的理论支撑。

### 第一节　以民族走廊为角度进行区域
### 经济研究的理论依据

区域是地理学中的一个核心概念，它既是客观存在的地理单元，又是一种主观建构。将南岭民族走廊作为本书的研究对象，首先面对的是学术界形成的作为研究单位的种种区域概念。无论是从地理区域、经济区、行政区还是从文化区来看，南岭民族走廊都处于这些区域的交叠之处。对南岭民族走廊进行经济战略发展规划的首要问题是解释南岭民族走廊能否作为一个整体性区域进行经济战略研究。

**一、南岭民族走廊作为整体性经济区域的理论依据**

费老先生依据民族分布、地理架构、文化互动关系等因素，将中华民族的基本空间格局划分为六个板块和三个走廊，并鼓励研究者打破区域限制，以更加宏观的视野进行民族研究。在社会学、历史学、人类学、人文地理学、人口统计学等领域，对我国区域划分影响较为深远的理论思想是施坚雅基于市场层级体系创立的区域划分模型。

（一）"施坚雅模式"及其对中国经济区域的划分

施坚雅（G. William Skinner，1925～2008 年），美国人类学家，将多种社会科学理论与方法引入中国学研究。他独创的施坚雅模式，提出了以市场为基础的区域研究理论，用以解剖中国区域社会结构与变迁，是 20 世纪 80 年代以来对我国经济史研究影响最大的理论之一。施坚雅的理论源自多种社会科学理论与方法，主要包括克里斯塔勒的中心地理论、人类学家弗里德曼的"宗族模式""等级—规模"理论与城市空间网络说。其中，德国地理学家克里斯塔勒的"中心地理论"是"施坚雅模式"理论渊源的关键部分。

"完整的地理区域概念是客观的物质环境与人们主观建构相结合的产物。"[1] 施坚雅从经济体系与空间体系的关系角度对中国的市场体系进行了分析，认为集市贸易体系由基层市场、中间市场、中心市场三个依次向上递进的层级构成。正是这个市场层级体系将中国整合为一体。他以市场贸易体系理论为基础，依据中心地理论基本思想，构建了区域的经济等级结构体系。"这个区域等级体系由基层城镇、中间集镇、中心集镇、地方性城市、中等城市、区域性城市、区域性大都会等层次组成。这样一个以市场关系为中心的等级结构，构成一个经济区域，并最终整合成为

---

[1]　刘招成：《美国中国学研究：以施坚雅模式社会科学化取向为中心的考察》，上海人民出版社 2009 年版，第 116 页。

中国。"①

　　施坚雅认为，区域形成必须具备两个基本原则之一：事物的同质性和事物的内在联系，前者产生一系列的均匀区域，后者产生功能性的节点地区。他从四个具体的标准对上述原则进行了探讨：其一，从自然地理特征出发，以江河水系为参考要素，按照分水岭划分区域；② 其二，按照经济资源（主要以人口密度为参考要素）的分布状况进行区域划分，以最低人口密度线为经济区域分界线；③ 其三，根据城市间的贸易量大小，将中心城市所辐射的最大范围经济腹地视为区域；其四，构建功能综合的城市体系，以此为基础进行区域划分，即一些高级中心地功能所能覆盖的最大范围的腹地就可视为腹地。在这四条区域划分标准中，以水系标准为主，其余为辅助参考标准。根据这四条标准，施坚雅在其主编的《中华帝国晚期的城市》一书中，将晚期的中华帝国划分为九大区域：华北区域、东南沿海区域、西北区域、长江上游区域、长江中游区域、长江下游区域、云贵区域、岭南区域、满洲区域。"在施坚雅看来，采用这四种方法划分的区域，不仅范围上大体吻合，而且在很大程度上，四种要素互相联系互为补充，使每个大区自成一个多种功能交错综合的、独立的城乡一体化体系。"④ 从区域经济学的角度来看，这九大宏观区域可以视为中国的九大经济区。这九大经济区都有自己的区域经济体系。尽管区域之间因为交通条件有限而处于隔绝状态，但是每个经济区域各自具备完整的功能和结构，区域内部虽有发展差异，但内部联系十分紧密，不可分割。

　　施坚雅创立的区域划分体系是一种基于市场层级体系的区域模型，打

---

① 黄国信：《区与界：清代湘粤赣界邻地区食盐专卖研究》，生活·读书·新知三联书店2006年版，第6页。

② 施坚雅认为19世纪以前的中国是农业国家，水运在交通体系中占主要地位，因此，水系及其周围的山岭是划分区域的天然界标。以江河水系为划分标准，就可以划分出各具特点的若干区域。

③ 施坚雅将人口密度作为经济资源的主要决定因素，主要是基于人口密度的高低反映了单位面积土地的农业生产力水平，人口密度较高的地带一般就是各区域的中心地带。这符合农业经济时代中劳动力与土地是最重要的生产要素或经济资源的基本规律。

④ 刘招成：《美国中国学研究：以施坚雅模式社会科学化取向为中心的考察》，上海人民出版社，2009年版，第117页。

破了以政治边界划分中国的传统，避免了行政区域划分对区域整体性的割裂。它的理论思想自 20 世纪 80 年代初传入中国之始，对中国的人类学、历史学、民族学、人文地理学、经济学等产生了深远影响，尤其是他的宏观区域理论体现了中心地理论、系统论、"等级—规模"理论等思想，对中国的社会学发展影响巨大。尽管他的理论思想也引起一些争议，但是他的市场体系理论和宏观区域理论被中外学者所采纳，成为他们进行相关研究的理论基础。

（二）民族走廊学说与"施坚雅模式"的逻辑契合

施坚雅对中国九大经济区域的划分，建立在由人的集市交易活动所形成的市场层级体系的基础上，每一个大区域以市场层级体系中高层次中心城市所在的江河流域或盆地为核心，区域周边则以江河流域的分水岭为边缘。按照这种逻辑，如果将南岭民族走廊视为一个整体性"区域"，在概念上则与施坚雅基于市场层级体系下的"区域"截然不同。学术界对"施坚雅模式"的应用与评判，主要在他的市场层级体系和区域模型的抽象结构形式上，却忽视了施坚雅构建中国区域体系在认识论上的价值和启示。"施坚雅模式"对于区域研究方法的价值，不在于他划分出的九大区域在形式上有多少适用性和合理性，而主要在于其在区域划分中所创立的方法在认识论上的意义。

施坚雅将他的区域模型的依据解释为"人之互动的空间结构"，即以具有经济理性的人为出发点。施雅坚建立的中国区域体系的构建方法，舍弃了行政区划的界线，从具有经济理性的人的行为出发来定义区域的含义。"施坚雅建立的分析模型对我们的启发，不应该只局限在从市场行为出发去建立区域层级体系的方法，无须生硬地把他所建立的区域模型直接套用到所有的研究之中，施坚雅建立中国区域体系的方法，舍弃了从王朝国家政治版图或行政辖区出发的逻辑，提供了一个从人的行为出发去解释和定义区域的范例。"① 从这个层面延续施坚雅的逻辑，以人互动的空间结构为角度来看待区域，从人的经济理性行为与非经济理性行为所交织的

---

① 吴滔、于薇、谢湜：《南岭历史地理研究》，广东人民出版社 2016 年版，丛书总序第 7 页。

历史活动着眼，可以得出这样一个结论：中心文明的扩张、边缘文明的抗争或融合、族群的迁徙流动、族间关系的复杂变化、民族间的文化互动、生态的适应与改造等历史过程，也可以形构出不同的网状交叠的区域层级结构体系。如果按照人的互动空间结构这种逻辑来看待民族走廊，那么包括南岭民族走廊在内的三大民族走廊都可以视为一种整体性的区域概念。

南岭民族走廊是费孝通在"中华民族多元一体格局"下提出的一个区域概念。费孝通先生提出的"六板块三走廊"式中华民族空间格局，是他对自古至今所形成的我国民族分布格局的高度凝练。可以说，费孝通先生对中华民族基本空间格局的划分，体现出一种基于人或族群的互动关系角度进行区域划分的方法。而且他曾多次强调，这个民族分布格局是"由许许多多分散孤立存在的民族单位，经过接触、混杂、联结和融合，同时也有分裂和消亡，形成一个你来我去、我来你去，我中有你、你中有我，而又各具个性的多元统一体"。① 刘志伟认为，"从表面上看，民族走廊的空间模式与施坚雅的区域模式截然不同，但这样一种从人群的互动形成空间认知的取向，从人的行为出发去建构区域范畴，与施坚雅的区域模型在认识论上其实也可以相通，只是施坚雅主要从人的经济理性行为出发，而费孝通则主要从人的文化认同出发。我们可视为中国社会与历史的区域研究的两种可以互补的区域空间认知范式"。②

不管是从人的经济理性行为（市场交易）的角度出发，还是从人的非经济理性行为（文化认同）的角度出发，施坚雅与费孝通对中国区域格局的划分，都体现了同一种认识论，即从人的行为、人群的互动空间角度来看待区域的建构。从这个角度来说，施坚雅的区域建构模型与费孝通的民族走廊学说是相通的。此外，两位学者的区域划分体系有一个同样的出发点，即反对鼓励封闭的研究范式，提倡跨区域研究方法，打破行政区划的局限与分割，以更为广阔的视野来看待区域，注重系统内外联系在区域研究中的重要作用。

---

① 费孝通：《中华民族多元一体格局》，中央民族大学出版社1999年版，第3-4页。
② 吴滔、于薇、谢湜：《南岭历史地理研究》，广东人民出版社2016年版，丛书总序第8页。

（三）南岭民族走廊作为整体性经济区域的合理性

从行政区域角度来看，广义的南岭民族走廊的空间范围涉及湘、粤、赣、桂、黔、闽、滇七个行政省区。从"施坚雅模式"对中国九大经济区域的划分来看，南岭民族走廊的东西两侧分别连接着东南沿海区域和云贵高原区域，南北两侧分别连接着岭南区域和长江中游区域，整体上位于这几个经济大区的边缘交界地。而且走廊内没有形成真正的处于高层级的中心城市。单从"施坚雅模式"来看，南岭民族走廊的空间范围与施雅坚基于市场体系模型下的经济区域有所区别，并不构成一个区域。但是"施坚雅模式"存在固有缺陷。作为"施坚雅模式"的出发点，"理性经济人"确实具有一定客观性和合理性，也是西方经济学诸多理论中的一般假设前提。在民族走廊的形成过程中，各民族为了获取更大的经济利益以谋求族群延续，在生产、交易、迁徙等历史活动中确实具有趋利倾向。但是人的行为并不都是基于理性的趋利目的，还受到多种动机因素影响。民族走廊的形成，除了互利互惠的交换经济关系之外，文化上的相互认同与互动融合是更为重要的因素。

但是，施坚雅的区域分析模型与费孝通的民族走廊学说在认识论上的相通，为解释南岭民族走廊作为一个整体性经济区域提供了坚实的理论基础。两者在认识论上都体现了同一种取向：从人的行为、人群的互动空间角度去建构区域范畴。人或人群的社会互动包括多种形式，有政治互动、经济互动、文化互动、军事互动等。民族间的互动总是多种互动形式的综合体，从任何一个单一角度来看待民族互动均是片面的。因此，由人群的互动空间所建构的区域范畴，是一个基于子系统之间多种互动关系而形成的整体空间。"在这样的认识下，南岭虽然在施坚雅模式中处于几个经济大区的边缘，区域内几乎没有真正的区域中心城市，套用不了施坚雅的市场网络的层级结构，但在这个边缘地带的山岭中生活的人群，在山地生存和族群交往中长期持续的文化互动，令南岭整合为一个具有某种地理和文化上的整体性的区域。"① 南岭民族走廊以南岭地区为主体，既是一个多

① 吴滔、于薇、谢湜：《南岭历史地理研究》，广东人民出版社2016年版，丛书总序第7页。

民族之间的文化互动空间，也是一个相互依存的经济互动空间。基于这样的观点来看南岭民族走廊，其作为一个整体性经济区域的特质就异常明显：四周接邻几个经济大区，南北沟通海陆华夷，东西串联汉壮瑶畲，既有局部的封闭性又不失整体上的开放性。历史充分证明，南岭民族走廊除了是各民族进行文化互动并相互融合的文化通道之外，也是一条谋求民族发展延续的经济大通道。各民族在这条经济大通道中，形成了相互依存、互补共生的经济关系。因此，将南岭民族走廊视为一个完整的经济区域，既具有科学的区域理论依据，又符合客观的历史发展事实。

**二、民族经济学中对经济与民族辩证关系的论证**

南岭民族走廊作为一个整体性区域，既是一个文化互动空间，又是一个经济互动空间，或者说两种互动形态同时相互交融于民族走廊这种特殊的历史地理区域中。经济上的相互依赖与文化上的相互认同、相互促进，是走廊内外各民族不断延续发展的重要原因。可以说，民族发展中的经济因素与经济发展中的民族因素之间的互动关系，民族文化与民族经济之间的互动关系，良好地体现于民族走廊这种区域形态中。

（一）经济因素与民族因素的辩证关系

民族并不是随着人类的出现而产生的，是人类社会发展到一定历史阶段而形成的。在民族的形成过程中，地理环境、经济生活、语言文字、文化习俗、心理认同等因素起着重要作用。中国共产党在深刻总结中外民族理论及其实践经验的基础上，对民族做了如下定义："民族是在一定的历史发展阶段形成的稳定的人们共同体。一般来说，民族在历史渊源、生产方式、语言、文化、风俗习惯以及心理认同等方面具有共同的特征。有的民族在形成和发展的过程中，宗教起着重要作用。"① 民族概念的六个共同要素中，共同的生产方式反映了一个民族内部基于生产力水平，由生产分工、产品分配以及交换关系发展而形成的人与人之间、地区与地区之间在经济上的相互依存关系。共同的生产方式是把民族组成一个统一整体的

---

① 《中共中央、国务院关于进一步加强民族工作加快少数民族和民族地区经济社会发展的决定》（中发［2005］10号文件）。

客观物质基础，是民族形成和发展的决定性条件。但是，民族的形成与发展对社会经济发展具有重大影响。这主要表现在：民族是经济活动的主体，民族因素对社会经济发展具有巨大的反作用。民族因素对经济发展的反作用主要通过民族的主要特征尤其是共同的心理素质表现出来。"所谓民族心理素质亦称'民族性格'，是在长期历史发展中形成的为本民族所特有的心理状态。"① 民族心理素质具有相对稳定性，是促进本民族团结的重要精神纽带，对民族的生存发展具有护卫作用，对经济发展具有促进或延缓作用。

由此可见，民族因素与经济因素之间是一种辩证互动的关系，经济因素是决定民族形成与发展的根本条件，民族因素又反过来影响经济的发展。基于这种辩证互动关系，经济发展与民族关系也存在一种互动关系。民族关系是不同民族之间在政治、经济、文化等方面的相互联系，是一种特殊的社会关系，它整体上受到社会经济发展水平的制约。但是，民族关系的状态反过来对社会经济发展产生重大影响，和谐的民族关系会极大地促进社会经济发展，而民族关系的恶化会对社会经济发展带来负面影响。

（二）民族文化与民族经济的互动关系

民族因素与经济因素之间的关系，从另一个角度来看，也展现为民族经济与民族文化之间的关系。民族文化是"各民族在其历史发展过程中创造和发展起来的具有民族特点的文化。饮食、服饰、住宅、生产工具属于物质文化的内容；语言、文字、科学、艺术、哲学、宗教、风俗、节庆和传统等属于精神文化的内容。"② 民族经济与民族文化相互联系、相互作用，两者是共生互动关系，从物质和精神两个层面共同促进民族的发展繁荣。民族经济是民族文化形成与发展的物质基础，民族文化是民族经济发展的动力源泉，它影响劳动者的素质技能，为民族经济提供适宜的社会组织制度等软环境，提供不可缺少的动力源泉和智力支持。但是民族文化对民族经济的关系也有冲突的一面。传统民族文化既有与现代化要求相一致的一面，也有相悖的一面。如果民族文化的发展滞后于经济发展，那么民族文化就会成为民族经济发展

---

① 施正一：《民族经济学教程（第二次修订本）》，中央民族大学出版社 2016 年版，第 57 页。
② 中国大百科全书总编委会：《中国大百科全书·民族卷》，大百科全书出版社 1986 年版，第 313 页。

的阻碍。因此，对于传统民族文化，应该积极保留和传承其合理的内核与精华，充分发挥其对民族经济发展的精神内涵与动力源泉作用。

在创立民族经济学之时，施正一先生就提出，在中国进入"以经济建设为中心"的现代化建设时期，发展少数民族及民族地区经济与社会的现代化具有特殊性，是一个特殊的研究领域，需要一门专门的学科来进行研究，所以民族经济学是一门具有中国特色的新学科。他认为，"民族经济学的研究对象就是'民族经济'，是由民族和经济两个要素结合而成的一个特殊有机体或研究领域"。[①] 他同时指出，"民族与经济交叉、结合、相融在一起，是一个独立实在的矛盾统一体，一种具有特殊矛盾性的社会现象，有自己独特的内在规律性。民族发展受经济规律所制约，经济发展又是由民族主体所支配"。施正一先生对民族与经济关系的科学概括，为民族走廊的经济研究奠定了理论基础。民族走廊是典型的民族地区，在形成过程中形成了特殊的民族关系，沉淀了独特的多元民族文化。以民族走廊作为区域经济研究对象，必须正确处理民族文化、民族关系等民族因素与民族经济之间的关系。

（三）民族走廊是民族文化关系与区域经济关系的耦合

作为我国少数民族的摇篮和少数民族文化的庇护带，民族走廊是在走廊内外各民族依托特殊的自然地理环境，在长期历史迁徙流动和互动融合中不断形成的。在这个历史进程中，民族走廊内外各民族进行了多种形式的互动，形成了紧密的民族关系。按照"施坚雅模式"在认识论上的逻辑，南岭民族走廊就是基于人和民族间的互动空间形成的一个特殊区域形式。这种人和民族间的互动，既包括经济上的互通有无，也包括文化上的相互交流学习，从而导致经济上的共生依存关系和文化上的相互认同关系的形成。通过各种紧密联系最终将以南岭山区为核心、以周边区域为边缘的各民族活动区域联结成一个整体性区域——南岭民族走廊。从人或民族的互动关系来说，南岭民族走廊可谓民族文化关系与区域经济关系的耦合。

南岭民族走廊是区域经济互通往来的通道。南岭民族走廊独特的自然

---

① 施正一：《施正一文集》，中央民族大学出版社 2015 年版，第 291 页。

环境，影响了生活在这里的各少数民族的经济活动。① 王元林（2006）曾经这样概括生活在南岭民族走廊内少数民族的生产方式："岭南无山不有瑶。"作为山地民族的典型代表，瑶族的经济生活主要是刀耕火种和迁移"游耕"；而生活在苗岭、大苗山等地的苗族主要以农林和牧业为主；生活在大石山区的毛南族的经济活动主要是耕山和放牧。南岭民族走廊中的各民族，由于居住地域的巨大差异，其生存环境、生产方式、资源占有等状况不尽相同，生产方式都以传统粗放的游耕、畜牧、林业等为主。只有互通有无、相互补充，才能共同生存发展下去。因此，构建良好的经济关系、相互进行帮扶，是每个民族意识到的最佳途径与必然选择。南岭民族走廊就成为走廊内外的民族之间进行经济交换、互通有无的重要通道，甚至可以说关系到民族生存的"生命线"。

南岭民族走廊是民族文化互动融合的场域。在商品互通往来的基础上，基于经济上形成的互补互利、共生依存关系，南岭民族走廊内外的各民族文化领域也进行了频繁交流。历代中原王朝与地方政权为了维护地方社会安定，也不断采取汉化政策，通过促进相互学习、改造习俗等方式不断汉化各少数民族传统文化，逐渐改变其生产方式，促进了少数民族的文明进步。各民族在商贸往来中，促进了区域性共通语言的形成，为民族之间进一步交往互动、加强沟通学习奠定了语言基础。经济上的互补互利、语言上的互通互化、宗教信仰上的接近、通婚现象的屡见不鲜，这些因素相互涵用、相互促进，强化了南岭民族走廊中民族之间在文化上的相互涵化和相互认同。

南岭民族走廊是民族文化关系与区域经济关系的耦合。南岭民族走廊内的各民族在长期的历史发展过程中，相互交流学习、彼此影响，形成了互利互惠、和谐共生的民族关系。南岭民族走廊的形成过程，体现了民族文化联系与区域经济联系的辩证互动关系。各民族基于各自生活地域的自然环境形成了差异巨大但又互为补充的生产方式，这从根本上决定了各民族在经济生活上的相互依赖和共生依存关系。经济上的相互依存，促进了

---

① 王元林：《费孝通与南岭民族走廊研究》，《广西民族研究》2006 年第 4 期，第 109-116 页。

民族间的跨区域经济往来。而经济上的互通往来，不但促进了生产方式的进步，也促进了各民族在语言、文字、宗教信仰、耕作技术、风俗习惯等文化领域的沟通与交流。随着文化交流的深入，各民族之间在文化上逐渐相互汉化、相互认同。文化上的相互认同，又反过来强化各民族间的经济往来，使经济上的这种相互依存关系更为紧密。经济上的互补共生与文化上的互相认同，两者之间相互作用，既保证了各民族在各自生存地域的稳定性，又促进了各民族之间不断进行跨地域流动。正是民族文化关系与区域经济关系的辩证互动，才将各民族所赖以生存发展的以南岭山区为核心、以周边地区为边缘的广大地区，联结为关系紧密的一个整体性区域——南岭民族走廊。

综上所述，南岭民族走廊是一个整体性区域、是一个兼具经济互动空间与文化互动空间两种形态的综合性区域。将南岭民族走廊视为一个整体性经济区域，并以此为角度进行区域经济发展研究，具有科学的理论依据。

**三、与走廊内区域相关的经济区域划分及利弊分析**

以南岭民族走廊为视角，对其进行区域经济发展研究，这必定会产生与其他经济区域划分的对比。作为一个兼具文化互动空间和经济互动空间的整体性区域，南岭民族走廊在空间范围、地理区位、资源禀赋、民族成分、内部关系等方面都不同于其他经济区域。

（一）不同时期我国经济区划及依据

经济区域是经济发展中以地域分工和产业分工为基础的一种空间组织结构。经济区域划分，就是以促进区域经济协作和共同发展为目的，根据区域分工和区位原理，对要素空间分布状况进行科学划分，以实现区域内部趋同、区间差异明显的地域分割。经济区域划分是对区域经济进行深入研究的基础，对制定适宜区域发展的经济政策、促进区域经济增长具有重要意义。新中国成立之后，我国的经济区域划分经历了复杂演变，反映了我国由计划经济向市场经济的转变历程。

新中国成立以后尤其是三大改造完成以后，随着社会主义经济制度的建立，国家开始注重对区域经济关系的正确处理。1956 年，毛泽东同志就提出沿海与内地的区域划分，这种划分方法在"五五"计划之前被采用，甚至一直沿用至 20 世纪 90 年代初。20 世纪 60 年代初，中共中央为了解决沿海与内地在工业布局上的不均衡问题，将全国划分为华北、东北、华东、中南、西北和西南六大经济区域。20 世纪 60 年代中期至 70 年代中期，国家为了打破西方对我国的经济封锁和加强国防建设，按照各省区的战略位置，将全国划分为一、二、三线地区。1970 年，全国计划会议将全国划分为华北、中原、西北、西南、华东、华南、东北、山东、闽赣和新疆十大经济协作区。① 可以看出，新中国成立之后至改革开放以前，我国的经济区域划分体现了计划经济体制的特征，反映了政治、军事、外交等因素对经济发展的影响。

改革开放以后，在市场经济体制下，各地区之间的经济联系发生了巨大变化，引起经济区域的重新划分。1985 年，刘再兴根据全国生产力布局情况，以区内近似和区间差异为原则，将全国划分为八大综合经济区。② 而 1986 年陈栋生基于横向经济联合角度提出的"六大经济区"③ 划分方式则标志着对经济地带的划分进入区域经济研究时代。1987 年，国家在"七五"计划中首次按照东部、中部、西部的划分方法将我国经济区划分为三大经济地带。这种划分方法一直被沿用至今。1990 年，杨树珍基于地区差异、人口、民族、中心城市、经济地位等因素，将全国划分为九大经济区。④ 同年，徐逢贤等依据江河流域布局将我国划分为七大流域经济区。1992 年，邹家华基于区域协调发展的考虑，提出七大经济区的战略构想。2003 年，李善同、侯永志按照区位毗邻、自然条件和资源禀赋结构相近等九大原则，将中国大陆划分为八大经济区。⑤ 此外，国家

---

① 张子珍：《中国经济区域划分演变及评价》，《山西财经大学学报·高等教育版》2010 年第 2 期，第 89-92 页。
② 刘再兴：《综合经济区划的若干问题》，《经济理论与经济管理》1985 年第 6 期，第 45-49 页。
③ 陈栋生从横向经济联合的角度，将全国划分为东北区、长江流域区、黄河流域区、南方区、西藏区和新疆区。
④ 杨树珍：《中国经济区划研究》，中国展望出版社 1990 年版，第 36-48 页。
⑤ 国务院发展研究中心发展战略和区域经济研究部著、李善同等执笔：《中国大陆：划分八大社会经济区域》，《上海证券报》2003 年第 2 期，第 7 页。

在"十一五"规划中还划分了四个层级区域，其中在第二层级中将我国划分为八个跨省经济综合区。2007年，李忠民根据区位分析和资源禀赋原理而提出"蝴蝶模型"① 经济区域划分方法。2010年12月，国务院发布《全国主体功能区规划》，秉持根据自然条件适宜性开发、区分主体功能、根据资源环境承载能力开发、控制开发强度、调整空间结构、提供生态产品等新的开发理念，将我国国土空间划分为多种"主体功能区"。此外，还有顾朝林依据城市综合实力划分的九大城市经济区；王建基于中心城市划分的九大都市圈；杨吾扬基于动态角度划分的十大经济区；魏后凯基于开放格局划分的沿海、沿边和内陆腹地三大经济带；谷书堂基于地理同质性和经济发展水平划分的核心区与边缘区；马庆林按照区域协调发展要求，采用外部扰动一致性标准划分的五个经济区。

（二）各经济区域划分方式的特点与利弊

新中国成立以来的我国经济区域划分的演变，反映了由计划经济体制向市场经济体制转变过程中我国在经济管理指导方针上的变化。各种经济区域划分都是基于不同的标准、不同的角度、不同的需要而对我国空间区域进行划分的，每一种经济区划都具有不同的利弊之处。综合来看，我国的区域划分可以分为两个基本阶段：计划经济体制下的经济区划和市场经济体制下的经济区划。

计划经济体制影响下的经济区划主要出现在1985年以前，其目的是加强中央对地方的计划指导，逐步形成各具特点和水平的协调发展的经济体系，以恢复和调整国民经济。这个时期的经济区划，沿袭了苏联模式，服务于国家的工业体系和国民经济体系建设，具有典型的计划经济色彩。经济区划要服从国家政治和国防需要，"贯彻了经济区划与行政区划相一致的原则，有利于经济政策的贯彻和经济区目标的实现"②，在特定历史

---

① 所谓"蝴蝶模型"，即以新亚欧大陆桥中国经济区为蝴蝶躯干，以泛珠三角经济区和大东北经济区为左右前翅，以泛长三角经济区和环渤海经济区为左右后翅，以此构成蝴蝶式的经济区域划分方法。

② 张子珍：《中国经济区域划分演变及评价》，《山西财经大学学报·高等教育版》2010年第2期，第89-92页。

条件下为区域经济的恢复、协调发展发挥了重要作用。但是，这种区域划分方法主要依据经济区划与行政区划相一致的原则，强调中央对地方的集中控制和计划指导，忽视了区域内部的特点和区域之间的差异与联系，忽略了对地方区域经济发展积极性的调动。因此，这个历史时期的经济区划，以区域均衡发展为目的，忽略了区域内部的发展特色，割裂了区域之间的经济联系，忽视了区域经济发展的客观规律，导致整体经济发展速度较为缓慢。

1985 年以后，我国的经济区划主要是在市场经济体制下提出的，以1992 年为界前后可以分为两个不同阶段。

1985~1992 年，国家已经意识到均衡发展的难以实现以及区域发展条件上的差异性，在经济发展中提出了鼓励部分地区优先发展，然后带动落后地区发展，最终实现共同发展的基本国策。这在东中西三大经济地带的划分中得到了明显体现。"三大地带划分的实质是一种把经济建设的中心或生产力布局的重点由经济技术水平高的地区向技术水平低、资源禀赋具有优势地区的滚动式转移。"[1] 这种经济区划，尽管对我国科学客观的认识生产力布局和经济发展差异具有积极作用，对调动地区经济发展的积极性具有积极意义，但是整体来看还非常粗略，并不能对我国的宏观布局进行细致剖析，而且带来了日益严重的地区发展差距问题。出现这种结果的原因在于，"同质性划分使东部发达地区资金技术等优势与中西部地区资源优势的联系与互利被割断，发达地区对落后地区扩散效应或涓滴效应的发挥被阻碍，使地区间更具有竞争性而不是互补合作性。"[2]这个时期内的六大综合经济区、十大经济区、六大经济区、九大城市经济区等经济区划，基本都是在市场经济体制下，通过构建新型区域经济关系，调动地方经济发展的积极性，而形成的各具发展特色的经济区域。

1992 年以后，我国经济区划的主要特点表现在对地区发展差距的关注以及区域间经济合作的重视。这个时期的经济区划又分为两类：基于全

---

① ②　张子珍：《中国经济区域划分演变及评价》，《山西财经大学学报·高等教育版》2010 年第
　　2 期，第 89~92 页。

国大分工区域布局模式上经济区划和基于胡佛关于经济区划标准的经济区划。第一类经济区划包括七大经济区、十大经济区、沿海沿边与内陆三大经济带、八大社会经济区域等，它们以区域协调发展和可持续发展为指导思想，注重区域内部的关联性和协作性，充分考虑了区域比较优势、竞争优势、地理环境、资源禀赋等因素，实现了区域内部、区域间的经济要素自由流动。尤其是国家对国土空间进行的主体功能区划分，体现了区域分工与区域协作思想，凸显了协调发展、共同发展、可持续发展、科学发展等理念。第二类经济区划则改变了全国大分工区划模式，运用胡佛的同质性和异质性划分准则，是对传统经济区划方法的突破。如李忠民的"蝴蝶模型"是采用同质性与异质性相结合的区划方法；谷书堂对核心区与边缘区的划分就是采用同质性原则的一种区划方法。这类经济区划方法旨在发挥中心城市这个经济增长极的辐射带动效应，实现整个区域的经济发展。1992年以来的经济区划方法，确实比之前的经济区划更为科学合理，更为关注区域发展差距问题，更加符合区域经济发展的一般规律。但是，这个时期的经济区划，仍然以同质性为主要划分标准，大多数没有冲破行政区划对经济区域的分割，割断了经济区域之间在技术、资源、区位、制度、人才等方面的互补关系。各省区为了追求各自经济利益，使区域之间的竞争性大过其合作互补性，再加上高效合作机制与利益分享机制的缺失，从而阻碍了扩散效应或涓滴效应的发挥，使东中西部在经济发展水平上的"马太效应"越来越明显。国家为了消除区域发展差距，实施了"西部大开发战略"、"中部崛起"战略、"振兴东北老工业基地战略"等，但是中西部地区与东部地区的发展差距不但没有缩小，反而呈逐渐拉大的趋势。

（三）南岭民族走廊比其他经济区划所具有的优势

南岭民族走廊的空间范围，从行政区划上涉及桂、湘、赣、粤、黔、闽、滇等省区，与上述我国各种经济区划既有交叉交叠，又有很大差异。按照其他经济区划，南岭民族走廊的区域空间范围具有以下特点：其一，从东中西三大经济带划分看，南岭民族走廊同时跨越东部、中部和西部三大经济地带。南岭民族走廊的主体部分属于中部地区，但边缘地区同时延伸至东部和西部地区。其二，地处华中地区、华南地区、华东地区、西南地区的交界地带，既是南北交通要道，又是东西串联通道。其三，毗邻长江中下游、东南沿海、泛珠三角、西南等经济区，是各经济区互通往来的重要陆上枢纽。其四，从主体功能区角度看，南岭民族走廊所涵盖的区域分属于不同的主体功能区。例如，桂黔滇喀斯特石漠化防治生态功能区和南岭山地森林及生物多样性生态功能区属于禁止开发区域；走廊南侧毗邻的珠江三角洲属于优化开发区域；北侧毗邻的长江中游地区属于重点开发区域；走廊内还有部分地区属于农产品主产区和重点生态功能区等限制开发区域。其五，从国际区位来看，南岭民族走廊是海上丝绸之路的起点区域，是连接我国各经济区域与东南亚国家地区之间商贸往来的重要国际大通道。

作为一个整体性经济区域，南岭民族走廊与其他经济区划的区别，决定了以其为视角进行区域经济研究具有显著差异，具有其他经济区划无可比拟的优势。

第一，南岭民族走廊的划分体现了同质性与集聚性（异质性）两种区划标准的结合。费孝通先生关于中华民族多元一体格局的建构，是他依据中华民族各因子在长期历史中形成的民族分布和民族关系，结合我国特殊的自然地理环境而划分的。中华民族的主流就是许多分散的民族单位，经过长期接触融合，"形成一个你来我去、我来你去，我中有你、你中有我，而又各具个性的多元统一体"。① 因此，基于中华民族多元一体格局下的各个板块与走廊都是兼具区内同质性与区间集聚性（异质性）的相对独立却又有密切关系的地区。南岭民族走廊所涵盖的民族地区，其在地理环境、地质特征、民族构成、历史渊源、资源条件、民族文化等方面具有同质性，而与其他走廊和板块相比，在这些方面又表现出明显的异质性。这样既有利于区内发展战略与经济政策的统一制定与实施，又有利于同周边地区开展经济合作。

第二，南岭民族走廊是一个兼具文化互动空间和经济互动空间的综合性空间形态，是民族文化关系与区域经济关系的耦合空间。从施坚雅和费孝通的区域划分方法的一般认识论来看，南岭民族走廊的存在，充分体现

① 费孝通：《中华民族多元一体格局》，中央民族大学出版社1999年版，第3-4页。

了文化互动空间与经济互动空间两种空间形态特征，既是人或民族之间进行文化互动的场域，又是人或民族间进行经济交往的通道。在这两种互动过程中，形成了紧密的民族关系和区域间的联系。可以说，南岭民族走廊，是民族文化关系与区域经济关系耦合而成的区域空间。这种历史上形成的民族间的紧密联系，是留给当代人的宝贵精神遗产，是强化区域经济关系和实现深度协作、协调发展的重要纽带。

第三，南岭民族走廊的空间范围不但涉及粤湘桂赣黔等多个省区，而且横跨东中西三大经济地带，区域内部具有较强的关联性与协作性，是探索东中西部协调发展机制并实现共同发展的首选之地。这是南岭民族走廊区别于其他经济区划的重要方面，其异质性表现在地理环境、地质特征、民族构成、历史渊源、资源条件、民族文化等多个方面。根据这个特点统一规划南岭民族走廊的经济发展战略与经济政策，就可以消除同质性带来的对东部资金技术优势与中西部资源优势之间联系的隔阂，充分发挥东部对中西部地区的扩散效应或涓滴效应，弱化走廊内各子区域间的竞争性而提高互补合作性，最终实现东中西部协调发展。

第四，南岭民族走廊在国内区位和国际区位具有得天独厚的优势，既有国内西南地区、华中地区、东南地区作为发展支撑的广大经济腹地，又有南接的"21世纪海上丝绸之路"，具有进行双向开发开放和发展海洋经济的有利条件。从国内区位看，南岭民族走廊是沟通长江流域与珠江流域的通道，是串联西南地区和东南沿海地区的中间地带。将南岭民族走廊作为一个整体性经济区域，西南地区、华中地区、东南地区就是其经济进行对内开放开发的广大腹地。从国际区位来看，广义的南岭民族走廊是连接"21世纪海上丝绸之路"的国际大通道，是我国内陆面向港澳台地区、东盟国家以及海上丝绸之路沿线其他国家的窗口。从这个角度来说，南岭民族走廊又具有进行对外开放，发展海洋经济的先天条件。

第五，南岭民族走廊更为关注少数民族地区的经济发展。南岭民族走廊本身就是走廊内各民族尤其是少数民族在历史迁徙中为了种族延续发展而与其他民族进行经济、文化交流的通道，是少数民族居民的重要聚居带。费孝通先生自提出民族走廊学说起，就十分重视对走廊内少数民族地区经济发展。各民族团结平等、互动互助、共同发展是中华民族多元一体格局下民族走廊学说中所蕴含的重要人文精神。与其他经济区划相比，南岭民族更加注重少数民族及其居住地区在经济社会发展中的平等性和紧迫性，更加关注少数民族地区的均衡问题、开发问题、贫困问题、生态问题、开放问题等。当然，传统经济区域划分中也有针对西部民族地区经济发展而提出的区域类型，如西部地区、西南地区、大西北地区等，但是南岭民族走廊所涵盖的民族地区更加具有指向性、针对性，内部同质性和外部异质性更加鲜明，更有利于掌握民族地区的共同性和特殊性，更加有利于制定科学合理的经济发展战略和经济发展政策。

### 四、与走廊地区相关的区域经济合作及缺陷分析

南岭民族走廊各区域在经济发展中也十分注重与其他区域开展各种区域合作，参与了各种形式的合作发展平台。尽管各省区所参与的区域经济合作对促进走廊区域经济发展起到了积极作用，但是仍然没有从根本上改观区域发展差距与发展失衡这个核心问题。加强区域合作，促进区域协调发展，打造南岭民族走廊区域合作经济带，塑造一条各民族、各区域之间相互协调发展的民族经济走廊，是构建南岭民族走廊经济发展战略的出发点和落脚点。因此，南岭民族走廊内的区域合作，既要充分借鉴其他区域合作的先进经验，也要克服其存在的弊端和缺陷。

（一）以泛珠三角为代表的众多区域合作发展平台

南岭民族走廊所涵盖的七省区，在与国内其他地区开展经济合作的过程中，参与建设了诸多区域合作平台，其中包括泛珠三角区域合作、珠江—西江经济带、环北部湾经济带、六省七方等区域合作品牌。这些合作平台所涉及的地理范围、行政省区、合作领域、合作方式等内容不尽相同。

泛珠三角区域包括福建、江西、湖南、广东等内地九省区和香港特别行政区、澳门特别行政区，按照"一国两制"方针，各成员在CEPA① 框

---

① CEPA，英文全称为"Closer Economic Partnership Arrangement"，即"关于建立更紧密经贸关系的安排"的英文简称，包括中央政府与香港特别行政区政府签署的《内地与香港关于建立更紧密经贸关系的安排》和中央政府与澳门特别行政区政府签署的《内地与澳门关于建立更紧密经贸关系的安排》。

架内开展合作。泛珠三角区域合作以区域协调和可持续发展为宗旨，充分发挥各方的优势和特色，按照互相尊重、自愿互利的原则，在基础设施、产业投资、商务贸易、金融等方面开展合作。珠江—西江经济带横贯两广，上联云贵，下通港澳，是西南地区重要的出海大通道，是珠江三角洲地区转型发展的战略腹地。经济带规划范围包括广东四市和广西七市，其战略定位是西南中南开放发展战略的支撑带、流域生态文明建设的试验区和海上丝绸之路的桥头堡、东西部合作发展的示范区，为区域协调发展和流域生态文明建设提供示范。环北部湾经济圈是一个跨省区、跨国际的经济区域，是东盟"十加一"框架下次区域和合作的典范，它以中国—东盟全面合作的重要桥梁和战略枢纽——北部湾经济区为依托，充分发挥广西其西南出海通道和华南通向西南的战略通道作用，促进中国—东盟自由贸易区建设，拓展我国与东盟各国的经贸往来。六省七方，即"六省区市七方经济协调会"，始于"四省区五方经济协调会"，后更名为"六省区市经济协调会"。它是我国改革开放以来创建最早的、持续发展的跨省区、开放性、区域性、高层次横向经济协调组织。协调会在联合进行资源开发和能源建设、重大基础设施建设、协调开展扶贫开发和对口支援等方面取得重大成效，有效促进了西南地区经济可持续发展。粤桂黔高铁经济带借助通道经济模式，依托高铁线路对区域之间经济联系的强化，促进了三省区在经济发展中的优势互补、互利共赢。长江经济带覆盖 11 个省市，其战略定位坚持生态优先、绿色发展，走绿色低碳循环发展的道路，提出了"一轴、两翼、三极、多点"的格局。

以上诸区域经济合作形态，尽管在合作内容上具有相同之处，但是在地理范围、参与省区、战略定位、合作机制、核心目标、合作平台、合作领域等方面也存在很大差别。南岭民族走廊协同发展战略的规划需充分借鉴这些区域合作的经验，同时要避免它们在区域经济合作发展中的缺陷。

（二）现有平台下区域合作的缺陷

各区域经济合作组织或平台在加强区域之间经济联系、推进区域经济一体化过程中都发挥了积极的促进作用，对探索区域经济协调发展模式也起到了一定的积极意义。但是，由于各方面原因，各区域合作在组织体系、协调机制、共享程度、管理体制等方面存在一定的不足，造成区域内要素流动受阻、区域主体利益多元、行政区划分割明显、发展差距逐步拉大、区域合作效率不高等问题。这主要表现在以下几个方面：

第一，区域合作缺乏权威性，组织体系相对松散。由于各区域经济合作的成员都是在自愿平等、互利共赢等原则的基础上参与区域合作的，各成员在合作中的地位是相互平等的，相关合作框架、合作内容、相关制度等都是经过各方协商制定的。在跨区域尤其是跨行政区域的合作中，由于缺乏一个权威机构或组织机构来对各地方的重大问题有效协调不同成员的行为趋向，导致区域合作的组织体系相对松散。以上区域合作中，除了长江经济带和北部湾经济区外，其余都没有上升为国家战略。"尽管泛珠三角区域合作得到中央政府一定程度的重视和认同，但由于没能进入国家'十二五'规划而成为国家战略，因而在国家实施主体功能区战略的背景下，泛珠三角区域合作组织体系更加显现出'俱乐部'式相对松散的特征。"① 这种相对松散的组织形式在解决跨区域合作中的深层次问题时面临诸多困难。

第二，区域主体目标多极化，利益协调难度增加。在区域经济合作发展中，通过发挥本地优势以实现利益最大化是参与区域合作的各成员的共同愿望。但是，各成员的自身情况不同，其参与合作的直接目的往往具有不一致性。目标的多极化也就造成各区域合作主体的利益呈现多元化态势。以泛珠三角区域合作为例，广东参与泛珠三角区域合作的目的是为了转移落后产业，实现产业结构的升级；福建以海峡西岸经济区构筑两岸交流合作的前沿，借助泛珠三角区域合作着力发展对台经济和先进制造业；湖南主要借助泛珠三角区域合作构建集约化、开放式和错位发展的空间格局；江西、贵州、四川等省主要是为了扩大对外开放；云南和广西主要是加速自身发展和积极参与与东盟的经济合作。各区域主体在目标和利益上的多极化，造成各方利益既存在冲突，也致使协调难度非常大。"泛珠三

---

① 姚兵、刘俊：《主体功能区规划框架下深化泛珠三角区域合作研究》，《改革与战略》2012年第1期，第118-122页。

角区域各省区在深化合作中所追求的利益无可厚非，但目标的差异增加了区域合作的难度，难以形成统一稳定的合作机制。"①

第三，利益协调机制不到位，发展差距逐步拉大。尽管各区域合作组织在合作框架中都明确规定了合作宗旨、合作原则、合作领域等内容，但是由于各区域主体在目标上的多极化，造成各主体的利益协调难度非常大，再加上组织体系相对松散，在消除地方保护主义、跨省区重大基础设施建设、资源开发、环境保护、扶贫攻坚、区域统筹等方面，各区域合作并没有建立完善的利益协调机制。利益协调机制的不到位，造成各区域在合作中存在诸多利益冲突难以解决。各区域又同时参与了多个区域合作，分属于不同的国家发展战略，整合协调各区域发展战略的难度极大。各区域在经济合作实践中由于没有制定协同发展所必需的统一的目标和规划，没有建立高效的组织运作体系和协调机制，致使区域内各单元并没有形成高度的协调性和整合度。利益协调机制的欠缺，导致区域合作中各区域无法实现互联互动、协调发展的目的，反而使发展差距越来越大。

第四，行政区划造成分割性，管理体制创新滞后。行政区划对各区域空间范围的分割，是造成区域发展失衡的重要原因，也是区域经济一体化成为重要趋势所针对并解决的主要问题。打破行政区划界线分割，促进区域统一市场的形成和区域一体化，促进区域间要素实现自由规范、合理有序流动，促进优势互补、互利共赢、共同发展，是区域经济合作的主要目的。但是，区域经济发展战略的规划和实施，又必须依托一定层级的行政区。如何在两者之间进行有效权衡，是务实推进区域合作的重大问题。解决上述问题的关键在于政府职能的转变和政府管理体制的创新。上述各区域合作，基本属于政府主导型和政府推动型合作模式，在区域合作中，固有的政府管理体制和管理理念对区域合作的束缚越来越凸显。以自上而下单一经济指标为内容的政府绩效考核机制、自上而下高度同构的政府管理机构，以经济开发为核心的政府管理方式、各行政区域对利益成果的争夺

---

① 程永林：《区域合作、利益冲突与制度分析——以泛珠三角区域经济合作为例》，《改革与战略》2008 年第 10 期，第 147-151 页。

等，都给区域合作内成员之间的协调发展带来了负面影响。

南岭民族走廊在规划和实施协调发展战略中，一定要积极借鉴其他区域经济合作的先进经验和模式，避免其存在的不足，以统一的目标将各区域成员的利益紧紧捆绑在一起，以统一的发展规划、高效的组织体系和有效的利益协调机制提升走廊区域的协调性和整合度。既要充分发挥行政区域在战略实施中的积极作用，又要有效消除各行政区间的界线分割，实现要素在走廊区域内的自由规范、合理有序流动。充分发挥各区域比较优势，拓宽各区域协同发展的领域，创新协同发展平台，努力打造具有浓厚民族特色的区域合作品牌，实现走廊协调发展的目标。

综合本节所述，作为本书的研究对象，将南岭民族走廊视为一个整体性区域进行区域经济研究，具有理论逻辑上的合理性与科学性。施坚雅基于市场层级体系的区域模式与费孝通基于民族文化关系的格局划分，在认识论上具有一致性与相通性。施正一先生对民族因素与经济因素、民族文化与民族经济辩证关系的论述，为南岭民族走廊作为一个兼具文化互动空间与经济互动空间两种形式的整体性空间奠定了理论基础。通过对新中国成立以来的其他经济区域划分的利弊分析与对比研究可以看出，南岭民族走廊比其他经济区划具有多方面优势。分析走廊内区域相关的各种区域合作中存在的缺陷与不足，为打造南岭民族走廊区域合作经济带提供了宝贵经验。

## 第二节　民族地区经济发展战略理论

经济发展战略是一个国家或地区在较长时期内，基于全局考虑而制定的关于经济发展的总体规划。作为民族地区，南岭民族走廊经济发展战略的构建也必须遵循民族地区经济发展的客观规律。作为一个横跨东中西部的民族地区，南岭民族走廊经济发展战略的构建，既要遵循民族地区经济发展的一般规律，又要创新经济发展战略，探索一条能够有效促进区域协调发展的战略模式。

**一、影响民族地区经济发展战略的主要理论**

新中国成立以来，国家就十分重视少数民族地区的经济发展问题，多次强调要"切实帮助少数民族地区发展经济"。改革开放以来，民族地区经济发展进入改革开放新时期，经济建设取得重大成就，但是东西部之间的经济发展差距不断扩大。纵观民族地区经济发展的历程，能否制定适宜的经济发展战略，关系着民族地区乃至整个国家的繁荣。

（一）影响民族地区经济发展战略的西方理论

西方发展经济学中关于发展战略的理论思想基本分为两类：平衡增长理论和不平衡增长理论。平衡增长理论包括"大推进"理论和"贫困恶性循环"理论；不平衡增长理论分为非均衡增长理论、增长极理论和主导产业论。

"大推进"理论认为，实现工业化是推动经济发展的关键，必须对国民经济的各个工业部门进行大规模投资。它为发展中国家提出了理论依据，但是却没有充分考虑发展中国家在资金问题上存在的瓶颈，也忽视了市场的作用。"贫困恶性循环"理论认为，缺乏资本是阻碍发展中国家发展的关键因素，因为贫困而导致发展中国家存在需求和供给两个方面的恶性循环，对国民经济各部门进行大量投资是克服这一恶性循环的途径。它的主要缺陷在于错误地将储蓄水平作为经济增长的动力来源。

非均衡增长理论认为，优先发展引致决策最大化项目的不平衡增长战略是发展中国家取得经济增长最有效的途径。增长极理论指出，"增长极"是由主导部门和有创新能力的企业在某些地区的聚集而形成的经济中心，这个中心因为具有资本、技术高度集中和规模经济效应等特征，对周边地区和部门具有巨大的辐射作用。主导产业论认为，近代经济增长本质上是一个产业的过程，经济增长阶段的更替表现为主导产业部门的次序变化，现代经济成长过程实际上就是主导产业部门的成长过程。

除此之外，国外还有很多增长理论或思想值得借鉴。内生增长理论认为，经济增长的动因不是外部力量而是经济体系内部的力量，技术进步既是经济增长之源，又是"知识"内生积累的结果。新制度主义则认为，经济能否发展取决于制度安排和经济组织的有效性。可持续发展理论认为，经济增长必须是在保障自然资本可持续性的前提下，提高物质和能源的使用率，通过绿色方式和途径，实现经济和环境的协调发展。国家竞争优势理论认为，决定一国竞争优势的不是某一个比较优势的要素，而是取决于一组相互依赖的要素，包括生产要素、需求条件、企业战略、结构与竞争、机遇和政府作用等。

（二）国内几种不同的宏观经济发展战略理论

改革开放以来，国内对西部民族地区经济发展问题的研究产生了很多卓有价值的理论思想，有一些理论成果甚至被国家采纳并付诸实践。其中比较具有代表性的有：梯度战略、反梯度战略、两步战略、超越战略、加速发展战略等。

"国内技术转移的梯度推移规律理论"认为，我国经济发展在经济、技术水平上自然呈现出一种梯度，国家应该按照东部、中部、西部的顺序安排发展布局。这种理论观点反映了我国客观上存在的三级经济势能梯度差，反对齐头并进的错误发展理念。但是，它片面强调梯度开发，会造成经济发展趋向更加不平衡的状态。反梯度战略是在梯度战略提出后而提出的反面观点，其基本观点是：只要遵守节约社会必要劳动时间规律，技术的反梯度运作是可以成功的。反梯度战略的实施具有特殊性，对实施条件有着极高要求，不能成为西部民族地区的主流战略。两步战略认为，国家应当集中力量首先发展东部沿海地带，随后再依靠东部的资金和技术，带动西部地区的繁荣发展。这一战略思想在我国经济发展中得到积极实施。但是，它导致国家投资和优惠政策严重向东部地区倾斜，西部地区却因投资不足和条件限制等原因而使经济缓慢发展，东西部地区的发展差距越来越大。超越战略认为，以实现工业生产总值的最快增长为主要目的，西部民族地区的国民生产总值必须每年以高过东部沿海地带的速度增长。这种战略思想忽略了西部经济发展的客观环境和现实条件，也没有认识到国家在财政投入上的困难，因此实施难度非常大。加速发展战略的基本构想是，西部少数民族地区要在现代化建设过程中加快前进的步伐，尽可能在短时期内缩小与东部地区的经济发展差距。加速发展战略的实施重点是转变增长方式，注重经济效益的增长而非单纯数量的增长。

此外，中国共产党和国家为了推进经济结构调整和科学优化经济开发的空间格局，先后提出了西部大开发战略、"一带一路"建设与主体功能区战略，中国共产党在第十八届中央委员会第五次全体会议中明确提出要牢固树立创新、协调、绿色、开放、共享的发展理念，这些规划和思想对我国西部民族地区的经济发展战略都产生了深远影响。

**二、少数民族地区经济加速发展战略理论**

少数民族地区经济发展战略问题是民族经济学家施正一先生在学术研究中非常重视的内容，并针对这个问题发表了多篇专门文章。施正一先生对少数民族地区经济发展战略的论述具有严谨的思维逻辑。他首先从战略地位角度阐述了民族问题尤其是少数民族地区经济发展问题的重要性，其次深入分析了少数民族地区经济发展中存在的主要问题尤其是发展差距问题，最后着重论述了加速发展少数民族地区经济的战略构想与内容。

（一）加速发展战略的提出与内容

施正一先生认为，加快少数民族地区经济发展是一个极其重要的问题。中国是一个多民族国家，民族因素在社会生活的各个领域中发挥着重要作用，民族问题早已成为社会总问题中的一部分。积极帮助民族地区推进现代化建设，逐步实现各民族共同发展等是民族工作的主要任务，是关系到中华民族伟大复兴远大目标的重大问题。施正一先生通过对民族地区经济发展过程的分析，总结出我国少数民族地区经济发展的三个特点：起点过低、不平衡性和起步太晚，并通过翔实数据说明了西部民族地区经济发展的差距与差距扩大问题。[①] 他把发展少数民族地区经济问题提高到战略地位的高度上进行看待，并提出在制定少数民族地区经济发展战略规划时要注意对国情和区情的客观分析。他认为，我国少数民族地区具有以下五个主要特点或特殊性：民族性、地域性、落后性、复杂性和国际性。[②]

基于对这些问题的分析、归纳和总结，施正一先生于1986年正式提出了"加速发展战略"的主张。施正一先生这样界定加速发展战略："我

---

① 施正一：《施正一文集》，中央民族大学出版社2015年版，第413–422页。
② 施正一：《施正一文集》，中央民族大学出版社2015年版，第431–433页。

们所说的'加速发展战略'方针，与西方经济学中的'加速原理'（说明由于收入或消费的增加，会对投资产生连锁效应）不同，它有特殊的含义。简单说来，就是：少数民族地区进行现代化建设应当采取加速的步伐前进，争取在尽可能短一些的时间内缩小和先进地区之间的差距，最后完全摆脱落后的困境，进入先进民族的行列。"[1] 按照施先生的论述，加速发展战略包括以下主要内容：第一，以"加速发展"作为指导西部民族地区经济发展的战略思想；第二，加速发展战略的根本任务是加快发展民族地区的社会生产力，而不是片面追求速度；第三，必须全面发展西部民族地区的各项社会主义事业；第四，要因地制宜地改革民族地区经济体制；第五，加速的目的是要消除差距，要充分考虑民族地区的实际条件。[2]

同时，施正一先生提出，"怎样才能做到民族地区经济的加速发展，最根本的一点，就是要真正做到从各个民族地区的实际情况与具体特点出发，最充分地利用本地区的一切优势、最广泛地调动各族人民的积极性、最切合实际地加快改革开放的进程、最有效地利用民族区域自治法所给予的自主权，从而最坚决地推进社会主义商品经济或社会主义市场经济的发展。这当然是一个长期的历史发展过程"。[3]

（二）加速理念对民族地区经济发展战略规划的指导意义

施正一先生对少数民族地区经济加速发展战略的论述，既符合我国西部民族地区经济发展的客观实际，又符合区域经济发展的一般规律。他客观描述了我国西部民族地区在经济发展过程中的差距性与不平衡性，并科学分析了西部民族地区的特殊性，以科学的思维方法，创见性地提出了"加速发展战略"，对我国西部少数民族地区的经济发展提供了理论上的科学指导。在东中西部地区发展差距进一步扩大的趋势下，施正一先生提出的加速发展战略依然具有深远的指导意义。这主要表现以下几个方面：

第一，加速发展战略符合少数民族地区经济发展的客观实际。在我国特色社会主义现代化建设过程中，西部民族地区由于地理环境、发展基

---

①②③　施正一：《施正一文集》，中央民族大学出版社2015年版，第418页。

础、政策导向、基础设施等多方面原因，在我国经济格局中长期处于发展滞后的地区，经济发展水平整体偏低，发展不够充分，贫困问题十分突出。只有加速发展，才能实现脱贫和繁荣发展的目的。

第二，加速发展符合区域经济发展的一般规律。我国西部民族地区空间范围广阔、自然资源丰富、民族文化多样、民族团结稳定，具有加速发展经济的优厚条件，只要在技术、人才、资金、政策等方面加以扶持，必定会有效促进西部民族地区经济发展，而且在当前西部大开发战略深入实施和"一带一路"建设持续推进的背景下，我国少数民族地区迎来了前所未有的发展契机，充分利用这些有利因素，将会开创西部民族地区新的经济发展前景。

第三，加速发展是解决我国当前社会主要矛盾的有效途径。习近平同志在中国共产党第十九次全国代表大会上明确提出，"中国特色社会主义进入新时代，我国社会主要矛盾已经转化为人民日益增长的美好生活需要和不平衡不充分的发展之间的矛盾"。[①] 在区域格局中，这个主要矛盾突出表现在我国东中西部地区之间的发展差距悬殊。加速发展少数民族地区经济对于解决这个主要矛盾具有深远的意义。

第四，加速发展是实现"两个一百年"目标的有效方略。中共十八大描绘了全面建成小康社会、加快推进社会主义现代化的宏伟蓝图，提出了"两个一百年"奋斗目标。宏伟目标的实现，离不开全国各族人民的共同奋斗。加速发展西部民族地区经济，有利于提高西部地区人民群众的收入水平和生活水平，有利于改变西部地区落后的发展面貌，增强发展动力和持续发展能力，最终有利于实现"两个一百年"奋斗目标。

第五，加速发展与五大发展理念的基本内涵是一致的。中国共产党在第十八届五中全会上确立的创新、协调、绿色、开放、共享的发展理念，已经成为全国各个地区经济发展规划中必须牢固树立并切实贯彻的基本发展理念，对全国破除发展难题，厚植发展优势具有深远的意义。加速发展

---

① 《决胜全面建成小康社会　夺取新时代中国特色社会主义伟大胜利——在中国共产党第十九次全国代表大会上的报告》，2017 年 10 月 18 日。

与五大发展理念的内涵具有一致性。五大发展理念的根本目标就是实现经济社会更好更快的发展，在提升发展速度的同时，更加注重发展质量和效益。而加速发展西部民族地区经济，是贯彻五大发展理念的优良途径。可以说，五大发展理念是加速发展思想的指导，加速发展是践行五大发展理念的良好方略。

**三、南岭民族走廊经济发展战略的主要思考**

少数民族地区在加速发展本地区经济过程中，必须要从本地区的实际条件出发，制定更为科学适宜的具体战略模式。南岭民族走廊的空间范围横跨东中西部地区，区内经济发展的不平衡性异常明显，区域之间的发展差距问题十分突出。构建南岭民族走廊的经济发展战略，也必须以其特殊区情为出发点，探索更为适宜的经济发展战略模式。根据南岭民族走廊的特征，本书提出两种可供借鉴的发展战略理论：区域协同发展理论与双向开发开放理论。

（一）以区域协同发展理论引领走廊内部协同发展

协同发展理论源自德国著名理论物理学家赫尔曼·哈肯提出的协同学，协同学属于组织理论的重要组成部分，主要研究开放系统通过内部子系统之间的协同合作而形成一种有序结构的机理和规律。他认为，通过内部子系统之间的协同合作，整个系统可以形成一种新型结构或整体效应，这种新型结构会具备某种在子系统层次所不具有的全新性质。马世骏认为，"协同发展不仅把生态经济系统内部各组成成分协调起来，而且是生态、经济、科技、教育、社会各个环节的大协调，'区域联合、协同发展'八个字作为处理更大范围的不同系统之间的关系，与协调发展共同组成经济持久发展的基本内容和原则"。① 协同学被应用于经济学领域，产生了区域经济协同发展理论。

"区域经济协同发展，就是指区域内各地域单元（子区域）和经济组分之间协和共生，自成一体，形成高效和高度有序化的整合，实现区域内各地域单元和经济组分的'一体化'运作与共同发展的区域（或区域合

---

① 苗建军：《城市发展路径：区域性中心城市发展研究》，东南大学出版社2004年版，第220页。

作组织) 经济发展方式。"① 协同发展的区域体系, 要有统一的发展目标和规划, 各自区域之间在统一的区域市场下具有高度协调性和整合度。另外, 在协同区域内, 具有高效的组织运作与协调机制, 商品与生产要素可以优化组合、自由流动。各自区域之间具有平等的地位, 相互之间进行开放, 系统整体向外部开放。区域协同发展理念的产生, 与我国区域经济发展中存在的突出问题息息相关。例如, 由行政区划分割所带来的地方保护主义, 造成区域经济封闭式发展, 导致区域市场难以建立, 商品与要素流通受到阻碍; 区域产业结构趋同, 区域比较优势丧失, 难以形成区域外部规模经济; 地区发展失衡, 差距逐渐扩大等。

协同发展与协调发展虽然都有增强区域联系、共同发展的含义, 但是两者在发展思路、发展理念上有所差别。协同和协调的概念本身就存在区别。协调一般是通过系统外部的作用力使组织结构发生改变, 而协同是无外力情况下通过系统内部结构的相互作用 (即哈肯所谓的 "系统协调作用") 而使系统呈现出有序状态。"协调发展强调以系统论的方法用全局性的视角来处理发展中的问题, 并以自组织理论为核心、以实现人的全面发展为目的, 通过区内的经济、科技、人口、资源等系统及各系统内部各元素间的相互协作、相互配合和相互促进而形成的一种发展态势。协同发展也是以'可持续发展'为最终目标, 但是协同发展理念主要是基于协同理论。"② 因此, 协同发展理论更加注重区域内部各子系统之间的互动, 强调区域自身对内部结构调整和强化内部联系的主动性和自觉性, 而不是主要借助外部推力的强行调整。因此, 协同发展可以更好地实现要素在区域间的自由有序流动, 更加注重各子区域在协作和竞争中的平等性, 以合理的利益协调机制来共享发展成果, 有利于调动各子区域经济发展的积极性和培育其经济发展的内生增长力。

(二) 以双向开放开发理论促进走廊向外开放发展

中国共产党第十八届五中全会强调, 必须牢固树立并切实贯彻创新、

---

① 黎鹏:《区域经济协同发展研究》, 经济管理出版社 2003 年版, 引言第 1 页。
② 徐从才:《江苏产业发展报告 2013——江苏区域产业协同发展分析》, 中国经济出版社 2014 年版, 第 30 页。

协调、绿色、开放、共享的发展理念。全会提出，坚持开放发展，必须奉行互利共赢的开放战略，构建广泛的利益共同体。要完善对外开放战略布局，推进双向开放，推进"一带一路"建设，打造陆海内外联动，东西双向开放的全面开放新格局。[①] "完善对外开放战略布局，推进双向开放"与"打造陆海内外联动，东西双向开放的全面开放新格局"已经成为当前我国改革开放战略中的新思路。改革开放以来，我国所奉行的"单车道"式开放模式或思路已经远远不能满足我国与世界经济交流合作的需求，我国经济的可持续发展要求我们必须更加深度地融入世界经济体系、参与全球治理、谋求互利共赢，迫切需要在更高层次上开创更加多元的对外开放新通道。

双向开放思想可以追溯到 20 世纪 80 年代兴起的双向大循环理论。双向大循环理论是基于加快和扩大少数民族地区的对外开放程度而提出的一种开放战略。该理论认为，我国少数民族地区的对外开放具有特定含义与内容，不仅包括对外开放，也包括对国内其他地区的开放，还包括民族地区之间的相互开放，是一种"双向性的开放"，从运行方向上来说是一种双向性的循环，即国际国内双向大循环。基于这种开放理论，我国西部少数民族地区一方面要通过横向联合积极吸取东部沿海地区的技术、资金、人才等，同时又可将本地区的资源和初级加工产品输送到东部地区，此为国内循环；另一方面要通过建设边境经济开发特区、自由贸易区、民族经济特区等积极参与国际市场，加强与国外的经济技术交流与合作，此为国际循环。

"双向开放"蕴含着丰富的内涵。"开放"是对市场拓展的指代，"双向"则是对市场拓展方向的概括。"双向开放"思想在不同的区域层级具有不同的含义。从国家"一带一路"建设层面，双向开放是指"打造陆海内外联动，东西双向开放的全面开放新格局"，即以我国所处的全球区位为基点，向西开放以拓展丝绸之路经济带沿线国家陆路市场，向东开放以拓展 21 世纪海上丝绸之路沿线国家海路市场。从我国内陆区域尤其是

① 节选自《中共十八届五中全会公报》（全文），2015 年 10 月 29 日。

西部少数民族地区来看，双向开放是指对中东部国内市场与国际市场两个市场的开拓。开放以区域资源的开发为前提内容，反过来又可以促进区域资源的开发，两者联系紧密、不可分割。双向开放的模式也催生了双向开发的产生。双向开发即资源与市场的同时开发，"就是以资源为基础，以市场为导向，融顺向开发（资源—产品—市场）和逆向开发（市场—产品—资源）为一体，既充分发挥资源优势，又敢于超越自由资源约束的一种经济开发形式"。①

双向开放开发理论是一种基于增长极理论与梯度转移理论的重要发展理论。对其内涵与战略应用的理性探索，国内一些学者早已经付诸研究。民族经济学学者李澜、谭朴妮（2005）曾在《环北部湾地区发展中心——广西双向开放开发的理性思考》一文中，探讨了广西实施双向开放开发战略的重要性、可行性、运行机制、支持系统等内容。他们提出，"在经济发展日益全球化的国际背景之下……要实现民族经济的加速发展，就必须大力实施对内和对外的双向开放开发战略，才能达到兴业、富民、强区的发展目的"。② 他们认为，区域发展中心的开放，应当是对外与对内全方位的开放，同时以开放促进开发，从周边经济腹地集聚发展的能量。

区域协同发展理念与双向开放开发思想对我国西部民族地区以及南岭民族走廊的经济发展具有重大的指导意义。在西部大开发战略与"一带一路"建设深入推进的形势下，实施区域系统发展与双向开放开发战略是加速民族地区经济发展、缩小区域发展差距的有效路径。尤其是对于南岭民族走廊来说，其具有实施区域协同发展与双向开放开发战略的必要性，也具有实施这两种战略模式的天然条件。

---

① 卢维美：《双向开发：加速山区经济发展的战略探讨》，《农村发展论丛》1995 年第 2 期，第 51-53 页。
② 李澜、谭朴妮：《环北部湾地区发展中心——广西双向开放开发的理性思考》，《学术论坛》2005 年第 8 期，第 112-118 页。

## 第三节　通道（走廊）经济理论对南岭民族 走廊经济发展的启示

民族走廊是历史上形成的各民族为了生存发展而进行迁徙流动和交流互动的通道。类似于民族走廊，我国历史上还形成了陆上丝绸之路、海上丝绸之路、茶马古道以及京杭大运河等历史通道。尽管各种通道的形成原因与主要用途有所差异，但是强化区域经济联系却是各个通道的共同效用。通道沿线所路经的地区，因经济交往的频繁而形成更为紧密的经济联系，或形成一种更为协作的经济地带。这些历史通道可以视作现代通道经济的雏形。随着世界经济全球化和区域经济一体化趋势不断加强，通道经济模式孕育而生，成为区域经济发展领域中的一种新兴模式。

**一、通道经济理论溯源**

作为一种区域经济发展理论，通道经济的思想可以溯源到传统区位理论和区域分工理论。可以说，通道经济是区位与分工思想在全球化与区域化两极发展趋势下的新应用。而经济增长理论中的均衡增长理论与非均衡增长理论则是通道经济理论得以形成的基础。此外，区域经济开发模式中从点、线、面到体的开发思路演变，使通道经济理论不断完善。

（一）区域发展理论

区域发展理论可以追溯到早期区位理论，如杜能的农业区位论、韦伯的工业区位论以及廖什的中心地理论等。它是宏观经济思想在区域经济发展中的应用，主要涵盖区域分工理论、传统区位理论、非平衡区域发展理论等。

古典区位理论，主要指成本决定论和利润决定论，以完全竞争市场结构下的价格理论为基础来研究最优区位决策，主要包括四个学说：杜能的农业区位论、韦伯的工业区位论、克里斯塔勒的中心地理论以及廖什的市场区位论。农业区位论认为，以城市为中心，由于与中心城市的距离远近不同而引起生产基础和利润的地区差异，由内向外形成呈同心圆状的六个农业地带。工业区位论认为，工业的地区布局应遵循生产费用最小、节约费用最大的基本原则，区位因子是决定生产场所的主要因素，必须将企业吸引到生产费用最小、节约费用最大的地点。中心地理论揭示了城市、中心居民点发展的区域基础及"等级—规模"的空间关系，为区域规划和城市规划提供了重要的方法论依据。[①] 市场区位论认为，生产行为和消费行为均在市场内进行，正确的区位选择应该是谋求最大市场区域。廖什的市场区位理论"不仅使区位分析由单纯的生产扩展到了市场，而且开始从单个厂商为主扩展到了整个产业。"[②] 古典区位理论为通道经济或走廊经济的产生奠定了理论基础。古典区位理论开拓了区位分析的先河，其对区位影响因子的分析对通道经济或走廊经济的形成与发展具有重要的借鉴意义。其提出的空间距离、运输成本、市场规模、市场需求等影响区位的因子，是通道经济或走廊经济发展中影响空间布局、产业布局、开发方式等内容的重要因素。

区域分工也可以称为地理分工，是社会分工的空间形式。它是社会生产体系在地理空间上发生的分异，表现为区域生产的专门化。区域分工理论包括亚当·斯密的绝对优势理论、大卫·李嘉图的比较优势理论，以及赫克歇尔—俄林的生产要素禀赋理论。区域分工理论为通道经济或走廊经济中的区域分工、产业分工奠定了理论基础。通道经济或走廊经济中的各个地区，其区位优势、资源优势、技术优势均存在差异，必须按照效益原则和互补原则对生产体系进行科学的空间布局，才能实现区域的协同发展。

（二）不平衡增长理论

发展经济学中关于经济增长的理论思想可以分为平衡和不平衡两大增长理论。通道经济或走廊经济的产生是不平衡增长理论的现实体现。循环累积因果理论认为，发达地区与欠发达地区在自由贸易中会分别成为增长区域和滞后区域，两者之间的空间相互作用，产生两种相反的效应：回流效应和扩散效应。增长极理论认为，现实世界中经济要素的作用完全是在

---

① 杨鹏：《通道经济：区域经济发展的新兴模式》，中国经济出版社 2012 年版，第 25 页。
② 安虎森：《区域经济学通论：区域经济理论与政策》，经济科学出版社 2004 年版，第 10 页。

非均衡的条件下发生的，经济增长通常是从一个或数个增长极逐渐向其他部门或地区传导。梯度推移理论认为，生产力布局要依据实际梯度状况，首先让高梯度地区引进先进技术，然后依次向二级、三级梯度转移，最终实现区域经济的均衡发展。

区域经济发展水平的差异是人类社会发展过程中客观存在的现象。随着经济技术的不断进步，区域之间在资源禀赋、区位条件、自然环境等方面的差异逐渐发挥作用，在城乡、内陆与沿海、资源富集区与贫乏区、交通便利地区与偏远地区等之间，经济发展必然会出现不平衡现象。若要消除这种发展差异，必须加强区域之间的经济协作关系，通过优势互补和要素共享，才能最终实现区域协调发展。这正是通道经济或走廊经济产生的原因所在。通道经济既是不平衡增长现象的体现，也是为了消除不平衡现象而衍生出来的发展模式。

(三) 区域经济开发模式

按照点、线、面、体四个要素来划分，区域经济开发模式可以分为增长极开发模式、轴线开发模式、环圈开发模式和超行政区域开发模式。这四种开发模式的表现形式从中心城市到交通经济、板块经济、区域合作体，开发范围逐渐扩大，开发方式逐渐丰富，开发难度逐渐提高。

从学科角度看，通道经济的理论基础可以追溯到佩鲁的增长极理论和松巴特的"点—轴"开发理论。增长极开发模式是增长极理论的应用。增长极理论是一种典型的非均衡增长理论，主张将有限的资源集中到少数产业部门或区位，形成集聚效应和规模经济，以中心城市带动周边地区发展。根据增长极扩散效应的发挥方式，可以分为四种要素组合模式：生长点论（点—点模式）、中心辐射论（点—线模式）、都市圈论（点—面模式）、菱形开发论（点—线—面模式）。轴线开发模式主要以交通通道为轴线，将交通运输作为区域经济开发、增强区域经济联系的基础条件。依据交通运输方式的不同，轴线开发模式可以分为以水路交通为轴的流域经济模式和以陆路交通为轴的交通经济模式。这两种模式都是通道经济的典型模式。环圈经济适用于城市较为密集的地区，它通过多条点轴线的相互交织，从而形成一个城市网络。长三角经济圈、珠三角经济圈、环渤海湾经济圈、环北部湾经济圈等经济合作区都属于这种开发模式。超行政区域开发模式是一种特殊的区域经济开发模式，是区域经济走向全国化和国际化的表现。

（四）区域梯度与要素流动

区域梯度是不平衡增长理论的必然结果和现实体现。在经济发展中，任何国家或地区，因资源禀赋、区位条件、交通状况、技术水平等因素的差异，最终会出现梯度的差距。这种梯度差距，一方面表现为区域内部发展中存在的梯度差距；另一方面表现为本区域与外部区域的差距。梯度的形成源自各区域要素的积累和流动，而这种梯度的存在，形成了不同区域之间的不同区位"势能"，这也正是通道及通道经济出现和形成的重要原因之一。[①] 根据物质内容及其性质，区域梯度包括六种形式：自然梯度、经济梯度、技术梯度、人口梯度、信息梯度和市场梯度。区域势能的存在，形成区域场及其场效应，是区域之间要素流动的推动力，即区域梯度力。区域梯度力的大小与要素梯度力具有直接关系。区域梯度力和要素梯度力是通道经济产生并发展的重要力量。在区域梯度力的作用下，各种要素沿着交通线、通信网络等通道体系在各区域之间进行流动，形成了要素流，如劳动力流、资金流、技术流、信息流、商品流、产业流、制度流等。

## 二、通道经济的定义与内涵

古代丝绸之路、京杭大运河、茶马古道等都是历史上不同区域的居民进行商贸往来和文化交流的大通道，是历史上区域经济关系的一种空间表现形式或经济发展模式。从某种角度上来说，这些古代交通要道中所形成的区域经济联系，尽管还没有形成系统的管理体系和协作关系，但可以算是通道经济的雏形。而随着经济全球化和区域一体化趋势的加强，通道经济逐渐成为区域经济发展的重要模式。

（一）通道经济的定义

作为区域经济发展的新兴模式，通道经济以交通要道为载体，以产业

---

① 杨鹏：《通道经济：区域经济发展的新兴模式》，中国经济出版社 2012 年版，第 42 页。

链为纽带，实现区域经济一体化，以促进区域之间的互补协调发展，是一种市场化、开放型的区域发展模式。对于通道经济，学者们给出了诸多定义，都十分强调交通通道、中心城市、加强合作、区域条件等因素。例如，莫晨宇（2012）认为，"通道经济是指以区位和自然资源优势为前提，以提升交通、信息、制度、经济合作等通道建设为基础，增强龙头企业、优势产业和中心城市的辐射带动作用，最终形成促进区域经济发展的新型经济发展方式"。① 而曾鹏、蒋团标（2006）认为，"通道经济就是以地理环境相联结为前提，构建中心城市经济走廊，以发展城市经济为中心，以交通干线为依托，以经济合作为纽带的省际之间、城乡之间、各产业之间建立密切联系的经济，通道经济区中实行城乡分工、地区分工，形成一个主干线贯通、支线流畅、纵横不断延伸的工业、农业、商贸、旅游等产业全面发展的新的经济网络"。②

"所谓通道经济，就是在经济全球化和区域经济一体化背景下，依托良好的（或潜在的）区位条件、自然资源和人文条件，以交通通道、产业链纽带为基础，以接受区域核心经济区经济辐射和产业转移为途径，以参与区域经济合作和分工为手段，依托通道的优势，并通过市场手段，构建城市走廊、产业走廊，实现产业向通道的集聚和扩散，从而实现通道区域的跨越式发展的一种区域经济发展模式。"③

通道经济并不局限于某一狭小区域，它是一个大通道的概念，是一个地理经济的概念。通道经济是一种开放经济，它将空间距离较远的几个经济区域连接起来，实现区域与海外、内陆与沿海、沿边与境外的贯通，打造一个要素自由流动的开放经济体系。通道经济也是一种流通经济，它的目的在于实现资源、资金、技术、信息、制度等要素的流通，达到优势互补、经济合作的效果。通道经济也是一种服务经济和产业经济。通道经济

① 莫晨宇：《基于通道经济的钦州保税港区产业发展研究》，《广西民族大学学报（哲学社会科学版）》2012 年第 4 期，第 89-93 页。
② 曾鹏、蒋团标：《基于通道经济下的广西中心城市经济走廊构建反思》，《城市发展研究》2006 年第 1 期，第 80-83 页。
③ 杨鹏：《通道经济：区域经济发展的新兴模式》，中国经济出版社 2012 年版，第 57 页。

中要素的自由、有序流动需要坚实的基础设施建设和各种配套服务。发展通道经济，必须通过产业分工、区域分工以发展具有竞争优势的特色产业，最终打造产业链体系。

（二）通道经济的内涵

在经济地理学中，"通道"与"交通线"的概念较为接近，泛指各种交通运输通道。"通道"虽然具有"道路"的功能，但是并不等同于它。经济地理学中的"通道"，是指连接两个较大区域之间的狭窄地带，其概念外延要比"道路"宽泛。从这个界定出发，"通道"与"走廊"的概念内涵基本相同，特指两个区域之间的具有连接作用的狭长地带。以通道或走廊为基础形成的通道经济，其基本目的就是借助通道的连接作用，实现资源或要素在区域间的自由有序流动，通过强化区域经济联系以实现区域间的协调发展。

通道经济的出现和发展，与经济地域运动和区域经济发展中的不平衡现象密切相关。根据增长极理论，通道作为参与生产要素配置的重要元素，通道密集之地往往成为要素流向之地，并出现经济增长现象，故而成为经济增长极。通道经济的产生正是区域经济发展差距的直接体现。"通道经济处于一个非平衡非线性的开放性经济地域系统。"① 非平衡是指经济地区内各子系统的功能、作用是分层次的，相互之间存在互补与协作关系；非线性是指各子系统的增长是不成比例的；开放性是子系统之间、经济地域与外部之间不是孤立封闭的，而是相互联系的。所以，通道经济是一种以市场为导向，以合作为基础的外向型经济模式。

区域经济发展中的不平衡是通道经济产生的根源，发展通道经济的目的在于通过通道体系建设以消除区域壁垒，连接经济发达地区与欠发达地区，提高整个区域经济开发并扩大对外开放程度，最终缩小发展差距，实现区域经济协调发展。因此，通道经济既是一种开放经济，又是一种开发经济。开放与开发是通道经济的本质内涵。开放是通道经济的核心。通过通道体系建设以实现区域之间的连接，其目的在于打破各区域之间相对孤

---

① 杨鹏：《通道经济：区域经济发展的新兴模式》，中国经济出版社 2012 年版，第 55 页。

立和封闭的状态，实现区域内部开放和区域整体对外开放，发展外向型经济。这里所说的"外向型经济"不仅指发展出口贸易和海洋经济，而且还指以本经济区域为立足点，将本区域外的经济地区都视为合作对象，实现最大程度的要素整合和资源配置。通道经济也是一种资源开发型经济。通道经济就是充分利用各区域在区位优势和资源优势上的不同，通过合理分工以实现区位与资源的互补，通过资源整合开发以达到更大的经济效益。通道经济发展至今，已经成为实现区域性或全球性资源优化配置的重要经济发展模式，在经济发展战略规划中受到各国重视。当前我国与相关国家共建的丝绸之路经济带和 21 世纪海上丝绸之路，正是充分发挥基于地缘格局下的国际大通道的功能，旨在促进经济要素的有序自由流动、资源的高效配置和市场的深度融合，这体现了通道经济的本质内涵，是我国对通道经济理论的着力实践。

**三、通道经济的基本类型**

依据不同的划分标准，通道经济可以分为多种类型。传统角度上的通道主要是指各种交通干线和运输网络，即交通通道。交通通道是发展通道经济的基本载体，一般包括公路通道、水运通道、铁路通道以及航运通道等。随着现代经济的发展，通道经济的形式已经突破了传统的通道概念，而逐渐延伸至各种生产要素流通的通道范畴，如人才通道、技术通道、资本通道、信息通道以及制度通道等。这些要素通道，超越了传统的有形的通道概念，是现代区域经济协作发展的重要"经脉"。

从区域经济合作的层面来看，通道经济可以分为区域性通道经济和国际性通道经济。区域性通道经济是建立在一个国家范围内不同区域之间的经济合作形式，如泛珠三角区域经济合作、环北部湾经济区、京津冀城市群、长三角经济区等。国际性通道经济是指不同国家之间基于区位毗邻关系而进行深度经济合作的通道经济模式。这种通道经济既有基于国家层面的通道合作形式，也有基于区域层面的通道合作形式。前者如北美自由贸易区、中巴经济走廊、孟中印缅经济走廊、中蒙俄经济走廊、新亚欧大陆桥等；后者如南宁—新加坡通道经济带，"昆明—河内—海防"经济走廊，广西、云南与越南构建的"两廊一圈"等。

依据交通通道的形式，通道经济还可以分为陆上通道经济和海上通道经济。前者基于陆路交通开展经济合作，如大湄公河次区域经济走廊、中蒙俄经济走廊、新亚欧大陆桥、泛珠三角区域经济合作等；后者基于海路交通开展经济合作，如泛北部湾经济合作区、中国—东盟自由贸易区、21世纪海上丝绸之路等。

从要素的形式来看，通道经济可以分为实体通道经济和虚拟通道经济。交通通道、资本通道、人才通道属于实体通道，而技术通道、信息通道、制度通道则属于虚拟通道。当然，在现代经济合作中，几乎不存在单一的通道形式，都是几种通道形式的复合或融合。此外，通道经济一般是一种综合性通道，既是产业通道，也是文化通道。加强区域间的产业合作通道与产业转移通道是通道经济建设的重要内容，但是任何经济通道的形成都伴随着文化通道的形成与发展，两者之间是一种相互促进、相辅相成的关系。

通道经济的类型多种多样，但都是随着通道的变化而发展演化的。一般来说，通道经济遵循这样的发展轨迹：从简单的地理通道，首先发展为封闭性的经济空间，其次发展为开放性的要素自由流动的通道，最后发展为运行较为系统规范的制度通道。按照通道的基本类型和通道经济的发展历程，可将通道经济发展划分为五个典型阶段，即陆上通道经济、海上通道经济、交通通道经济、产业通道经济和制度通道经济。[①] 通道经济的发展演化，既是人们对经济利益不断追求的表现，也是资源优化配置的必然选择。

### 四、通道经济与民族走廊经济发展

尽管对于民族走廊的概念争议颇多，但是学者们基本都认为民族走廊是历史上各民族的迁徙流动通道和经济文化交流通道。可以这样说，通道既是民族走廊形成的重要原因，也是民族走廊的外在特征。既然在内涵上是相通的，那么民族走廊地区的经济发展就完全可以借鉴通道经济模式。

（一）通道经济与走廊经济的关系

"走廊"原是一个建筑学概念，用以指代连接邻近而又不接触的建筑

---

① 杨鹏：《通道经济：区域经济发展的新兴模式》，中国经济出版社 2012 年版，第 76 页。

物之间的过道或水平交通空间。由于具有"连接"的含义，后被应用于地理学领域，特指存在于两大区域之间起连接作用的狭长地带。费孝通先生首次将"走廊"概念引入民族学领域，提出了"民族走廊"概念，用以指代历史上形成的特殊民族地区。"走廊"一词还被广泛应用于经济学领域，产生了"经济走廊"的概念。"走廊"概念最早由托马斯·泰勒（1949）在其专著《城市地理学》中提出，他认为走廊是经济要素在一定的地理区域内不断集聚和扩散而形成的一种特殊的经济空间形态。① 之后，卫贝尔（1969）提出城市系统走廊理论，将走廊定义为通过交通媒介联系城市区域的一种线状系统。② 20 世纪 70 年代以后，走廊规划逐渐成为城市经济与区域经济研究的热点之一。努尔斯（Richard Knowles）曾提出"发展走廊"的概念。1996 年，欧盟委员会将"欧洲走廊"定义为由公路、铁路、通信线路等在相邻城市和地区间跨界流动所形成的"轴线"。③ 随后，欧盟委员会发布《欧洲空间发展战略》，肯定了基础设施在"欧洲走廊"概念中重要的特征元素，同时首次提出"发展"是"欧洲走廊"的核心元素。我国国内对经济走廊的理解，主要是根据亚洲开发银行于 1998 年在大湄公河次区域第八次部长会议上的定义："经济走廊"是在次区域范围内，将生产、投资、贸易和基础设施建设等有机地联系为一体的经济合作机制。④ 也有学者认为，经济走廊是以交通干线为主轴而形成的对周边地区具有辐射作用的经济带。学者杨鹏认为，"跨境经济走廊是相邻国家和地区间，以跨境交通干线为主轴，以次区域经济合作区为腹地，开展产业对接、物流商贸等形成的带状空间地域综合体"。⑤ 按照他的观点，建设经济走廊的实质就是发展通道经济。

由此可见，国内外对于经济走廊的论述并不十分一致。国外对经济走

---

① Thomas G. Taylor, "Urban Geography", London: Methuen Publishing Ltd, 1949, pp. 278-300.

② Charles F. J. Whebell, "Corridors: A Theory of Urban System," Annals of the Association of American Geography, Vol. 59, No. 1, 1969, pp. 1-26.

③ 赵亮：《欧洲空间规划中的"走廊"概念及相关研究》，《国外城市规划》2006 年第 1 期，第 59-61 页。

④ "8th Ministerial Conference on GMS Subregional Cooperation," ASEAN-China Free Trade Area, May 23, 2009.

⑤ 杨鹏：《通道经济：区域经济发展的新兴模式》，中国经济出版社 2012 年版，第 181 页。

廊的理解往往采用"城市走廊""都市走廊""轴线"等称谓，比较侧重城市节点和狭长地带的特征，并不关注经济走廊的基本逻辑和文化联系，可以说其局限于经济走廊的雏形。国内则侧重交通干线、交通通道的载体作用，重视其产业联系、辐射效应和合作机制。综合国内外对经济走廊的理解可以看出，经济走廊的内涵应该包括以下两方面内容：其一，交通通道是经济走廊形成的重要载体，是形成轴线形狭长地带的重要原因。但是，交通通道只是经济走廊的外在特征，实现跨区域之间的经济合作机制才是经济走廊的本质内涵。其二，跨区域间的要素自由有序流动是经济走廊运行机制中的基本动力，互联互通和互补共享是经济走廊建设的重要依托，以人文交流促进跨区域全方位发展合作是经济走廊建设的重要途径。在此基础上，经济走廊可以这样理解：两个或两个以上的区域，以自然地理条件、区位条件、交通条件、人文联系等为基础，以促进经济合作和实现区域协调发展为目的，以区域分工、产业分工、全方位开发为手段，以基础设施建设、制度建设、资源整合、深化对外开放等为基本内容，通过要素自由有序流动、产业互补发展、技术信息共享、发展利益共享等而形成的具有紧密联系的狭长经济发展带。

从这样的理解出发，以打造经济走廊而形成的经济发展模式则可以称为"走廊经济"。从上文对经济走廊的论述中可以看出，走廊经济与通道经济在内涵上是一致的。其一，经济地理学中的"走廊"与"通道"的概念内涵是一致的。两者均指存在于两地之间起连接作用的狭长地带，走廊本身就是通道。其二，走廊经济与通道经济的本质内涵是相通的，即打破区域之间的孤立封闭，强化区域间的经济联系，实现区域之间的深度开放合作。两者均是以打造一条特殊的经济合作发展带为根本宗旨。其三，两者的理论依据也是一致的，都是以传统区位理论、区域分工原理、不平衡发展理论尤其是增长极理论、点—轴开发理论等为理论基础。这也是有些学者将两者视为同一种经济发展理论或发展模式的原因所在。但是，这两种经济发展模式还是存在差异的。"走廊"的概念外延与"通道"并非一致。学者对"通道"的理解，更加偏重其交通干线、交通运输方式。这些交通通道中，不否认也有因自然地理原因而形成的通道，如海运、河运等，但是更多的是后天人为形成的通道。因此，通道经济的形成更加依赖交通线路在加强区域经济联系中的基础载体作用。而走廊经济中的"走廊"，不仅指因交通道路联系而形成的区域间的狭长地带，更多的是指因地理环境上的邻近、地质构造上的相近、区位关系上的毗邻、文化关系上的紧密等因素而形成的一种区域间的连接地带。走廊经济与通道经济既有本质内涵上的相通，也有概念外延上的差异。因此，通道经济理论对经济走廊的发展与建设具有一定的指导意义。

（二）通道经济对民族走廊经济发展的意义

在经济全球化和区域经济一体化趋势下，我国正在同世界其他国家积极共建"丝绸之路经济带"和"21世纪海上丝绸之路"。"一带一路"建设，既是对古代丝绸之路这个国际地理、经济、文化大通道的充分利用，也是对在古代丝绸之路中所积淀下来的积极合作意识、睦邻友好关系、和平共同发展等精神遗产在现代国际背景下的再次弘扬。可以说，这是我国在尊重历史发展规律和敏锐审视当代国际形势的基础上，对通道经济理论的创新式应用与发展。

民族走廊是我国少数民族在历史迁徙流动中所形成的特殊民族地区。这些民族地区自古以来就是我国少数民族的摇篮和多元民族文化的孕育之地，是各民族进行经济往来和文化互动的场所。民族走廊在中华民族多元一体格局的形成过程中具有重大意义，既是连接我国不同地理区域和文化单元的国内通道，又是连接外域地区并向世界传播中华文明的国际大通道。藏彝民族走廊、西北民族走廊以及南岭民族走廊所涵盖的地区，也是我国少数民族的主要聚居地。随着我国中西部地区经济发展差距逐渐拉大，这些民族地区能否加速发展并逐步缩小与东部地区的发展差距，关系着我国整体经济发展目标的实现和社会的稳定。本书在前面论述了民族走廊与丝绸之路的内在联系，可以说，古代丝绸之路就是三大民族走廊的向外延伸。从这个意义上来说，民族走廊是参与"一带一路"建设的天然基础。那么，通道经济理论对民族走廊地区的经济发展具有重大的指导意义。

民族走廊具有发展通道经济或走廊经济的天然条件。民族走廊具有特殊的自然地理环境，各民族在历史迁徙移动中，在艰难的自然环境下贯通了多条交通要道，将众多孤立封闭的区域联系起来，这为民族走廊发展走廊经济或通道经济奠定了基本的交通条件。各民族在历史迁徙和交往中形成了彼此相互依存、共生发展的经济联系，也沉淀了互动融合的族群关系和文化关系，这为民族走廊发展走廊经济奠定了人文条件。此外，民族走廊地区地质构造类似、地理区位毗邻、资源禀赋突出、民族文化浓厚，具有发展通道经济或走廊经济的良好基础。通道经济或走廊经济是民族走廊经济发展可以借鉴的模式。以打造民族走廊经济合作区为目的，在通道基础设施建设、要素流动网络、产业分工与链条打造、利益共享与全方位合作机制创新、资源开发方式、对内对外开放、制度政策扶持等方面，通道经济理论或走廊经济理论可为民族走廊经济的发展提供科学的指导。

综合本章所述，南岭民族走廊经济发展战略研究是一个涉及民族学、人类学、区域经济学、发展经济学、历史学、自然地理学等学科及其多种理论的交叉性课题。经过充分论证，该课题具有坚实的理论依据和较高的理论可行性，主要表现在以下几个方面：第一，从施坚雅与费孝通的区域划分方法的对比研究中得出结论：以南岭民族走廊作为一个整体性经济区域进行发展战略研究具有一定的科学性与合理性。第二，从民族走廊与其他经济区划形式的对比研究中得出结论：作为一个特殊区域形态，以南岭民族走廊为角度进行区域经济发展战略研究，要比其他经济区划形式更具备优势。第三，根据南岭民族走廊的一般性与特殊性，可以得出：加速发展战略对南岭民族走廊经济发展仍然具有深远的指导意义，区域协同发展理念与双向开放开发思想对南岭民族走廊在经济发展战略模式上的创新具有巨大价值。第四，通道经济或走廊经济是南岭民族走廊经济发展中可以借鉴的模式。从理论层面上的论证过程中可以提炼出笔者对南岭民族走廊经济发展战略进行研究的基本理论逻辑：以南岭民族走廊作为构建区域经济发展战略的新视角，以民族联系作为强化南岭民族走廊经济联系的重要纽带，以区域协同发展战略与双向开放开发战略为南岭民族走廊经济发展的基本战略选择，以通道经济或走廊经济作为南岭民族走廊经济发展的基本模式。理论上的论证只是打通了本书可行性分析的第一个环节，南岭民族走廊经济发展战略研究不仅是理论研究，也是应用研究，还需要对其现实可行性进行详细分析。

# 第四章

## 构建南岭民族走廊经济发展
## 战略的现实依据

以南岭民族走廊作为一个整体性经济区域，并对其经济发展战略进行系统构建，除了必须具备科学的理论依据之外，还必须具备坚实的现实依据。构建南岭民族走廊经济发展战略，从学术角度上来说，是将"民族走廊"这个民族学概念应用到区域经济学领域或社会实践领域，其中一个重要目的抑或是重要途径就是将"民族走廊"向"民族经济走廊"延伸。从这个角度来说，国家于 2014 年 3 月发布并实施的《藏羌彝文化产业走廊总体规划》是将这种学术概念延伸的一次创举。尽管《藏羌彝文化产业走廊总体规划》还只是一个区域产业发展规划，但是却为本书进行更为系统全面的民族走廊经济发展战略规划提供了思路方向，奠定了重要基础。

## 第一节　构建南岭民族走廊经济区的可能性

费孝通先生在考察南岭地区时，就提出构建南岭瑶族经济协作区的设想。构建南岭民族走廊经济区，打造一条具有浓厚民族特征又适合于民族地区的经济走廊，是构建该地区经济发展战略的重要目的。从构建经济协作区角度来说，南岭民族走廊具有得天独厚的条件，这不仅体现在地理区位毗邻、自然环境一致以及自然资源同构等这些基本条件上，更体现在民族文化同源、民族关系紧密、历史进程同步以及经济互动频繁等方面。

**一、地缘关系的紧密性**

与其他经济区域一样，南岭民族走廊各区域之间具有十分紧密的空间地缘关系。南岭民族走廊所在地理区位，"扼湘、赣、两广之咽喉，五岭横贯东西，是华中、华南两大区域的分界线，是南部沿海地区沟通内陆腹地的桥梁，是'沿海的内地、内地的前沿'，具有南接北承的地理位置，区位优势明显"。① 整个走廊西接云贵高原，东邻东南沿海，北接长江中游流域，南衔珠江流域，横亘在广西、湖南、江西、广东、福建、贵州、云南等省（区）区域之间。其中，作为南岭民族走廊的中心，"南岭地区是中国东、中、西部地区的结合部，自古便是华中、华东地区通往广东、广西、海南及西南地区的交通要塞，素有'楚粤通衢'之称"。② 陈宪忠（2007）提出，"南岭的神韵集中体现在湘江和漓江，体现在湘江流域和漓江流域"。③ 发源于南岭的这两条江河，流向相反，分别从属于长江水系和珠江水系。漓江与湘江，再加上其他众多河流，将南岭民族走廊各地区相互交织在一起，形成了一个较为独立的生态系统，有着不可分割的地缘关系，使走廊内各地区之间密切联系在一起。与地缘关系的紧密性相伴而生的是南岭民族走廊地理环境的一致性。走廊内，以南岭为核心，由一系列东北—西南走向的山脉和丘陵为地貌基础，形成一条东西长1000多公里、南北宽300多公里的分割地带。总体而言，南岭地区内地形地貌一致，"地势中间高，南北低，中部高山纵横，雄亘东西，南北两向为连绵起伏的山地丘陵，为典型的'喀斯特'岩溶地貌，地貌类型俱全，山地、丘陵、

---

① 周生来：《关于建立南岭经济协作区的战略思考》，《广西民族学院学报（哲学社会科学版）》2005年第A1期，第96-99页。

② 王明生：《地缘民族关系研究：以南岭地区为例》，《民族论坛》2012年第2期，第73-75页。

③ 陈宪忠：《论南岭地区和湘漓流域在"泛珠三角"的经济合作——关于建立南岭湘漓次区域经济合作区的构想》，《中共桂林市委党校学报》2007年第4期，第22-25页。

平岗、盆地相间分布，河流众多"。① 空间关系是构建区域经济合作区的基本条件之一，紧密的地缘关系以及自此基础上所产生的地理环境的一致性为构建南岭民族走廊区域经济合作区奠定了良好的自然地理基础。

## 二、民族文化的同源性

南岭民族走廊中，民族文化显示出多元化但又有共性的特征。尽管南岭民族走廊是多元民族文化的沉淀区，但是，从历史渊源上来说，走廊内的多元文化具有明显的同源性。

从民族由来上说，南岭民族走廊的形成与苗瑶语族和壮侗语族两个族群的历史迁徙活动具有紧密联系。潘光旦先生曾经根据徐偃王记载和盘瓠传说认为，先秦时期，活动在东夷中靠西南的徐族人，曾不断南下并进入长江流域。其中，一部分从南岭向东与汉族不断结合成为畲；一部分进入湖南西部和贵州南部成为苗；一部分则定居于南岭山脉成为瑶。苗族自古就是一个经常流动的族群，其祖先"顺着日落的方向走，跋山涉水来西方"。② 壮侗语族中的水、侗等民族历来生活在南岭山脉周边的民族，甚至比苗族定居在黔湘桂边区的时间还要早。南岭民族走廊的形成除了与苗族、瑶族和畲族的历史迁徙有密切关系之外，还与一直生活在我国南方的原住居民——百越的历史活动有密切关系。秦汉时期，中央王朝征服南越族之后，开凿灵渠并实行移民屯边政策，促进了南越族的北上迁徙活动。

从文化习俗、语言和宗教信仰等方面来说，南岭民族走廊中各民族文化具有同根同源性。南岭地区瑶族人口占全国瑶族人口的 2/3 以上，而且在文化上具有同根同源性，"信奉盘王，说'勉语'，有过盘王节、唱瑶歌、跳长鼓的传统习俗，有独具特色的瑶族服饰，有盘瓠文化、女书文化、采集文化、酒文化以及婚恋节庆民俗文化等，民族向心力强、凝聚力强"。③ 尽管各少数民族大多没有形成本民族的文字，但是基本都有自己的民族语言。这些少数民族基本分属于汉藏语系中的壮侗语族和苗瑶语

---

① 周生来：《关于建立南岭经济协作区的战略思考》，《广西民族学院学报（哲学社会科学版）》2005年第A1期，第96—99页。
② 国家民委民族问题五种丛书编辑委员会：《中国少数民族》，人民出版社1981年版，第445页。
③ 王明生：《地缘民族关系研究：以南岭地区为例》，《民族论坛》2012年第2期，第73—75页。

族。其中，壮族、布依族属壮侗语族中的壮傣语支；侗族、水族、仫佬族、毛南等民族属壮侗语族中的侗水语支；苗族、瑶族、畲族等民族属苗瑶语族。此外，这些少数民族的宗教信仰主要以自然图腾和祖先崇拜为主，其中侗族信仰银杏树、香樟树、桐树等；仫佬族信仰桐树；壮族信仰大榕树、木棉树等，多崇拜山、石、树等；水族信仰水杉。这些民族反映了南岭民族走廊中少数民族居民意识世界中朴素的人与自然、人与人和谐相处的理念，是这些族民自然观、道德观和价值观的生动表达。"可以这样说，在南岭这块古老的土地上，积淀了先民古老的舜文化、造纸文化、女书文化、稻作文化、茶文化、酒文化等，南岭的瑶、壮、畲族和客家人在生殖、婚恋、丧葬、节庆、利益、法度、语言、文字、宗教、审美等方面都有鲜明独特的特征。"①

"这里既不是纯粹的湘楚文化、岭南粤商文化，也不是单一的苗瑶壮侗等民族文化，而是上述种种文化因子与中原文化、海洋文化等多种文化互动、整合、融合的积累与沉淀。"② 可以说，南岭地区是中原文化、湘楚文化、百越文化等多种文化的交汇地。南岭民族走廊内的文化，既具有地域性和民族性，又具有整体性和共同性；既具有原生态和传统性，又不乏创新和融合特点。实现区域协调发展的目的，离不开区域之间文化上的相互认同。民族文化的同源性为构建南岭民族走廊区域经济合作区奠定了坚实的文化认同基础。它有利于拉近走廊内各地区之间的文化距离，有利于消除由于行政区划分割所带来的区域之间的合作障碍，基于文化上的相互认同而达到彼此在经济合作中的互信、互助与共生、共赢目的。此外，民族文化的同源性，可以在构建南岭民族走廊区域经济合作区的过程中，在经济合作框架之外，构建一个民族文化交流促进机制，通过文化交流与经济合作的相互促进，实现南岭民族地区经济发展与文化发展的双重目的。

### 三、民族关系的和谐性

南岭民族走廊内的民族分布较为分散，整体上呈"插花式"分布。

---

① 周生来：《关于建立南岭经济协作区的战略思考》，《广西民族学院学报（哲学社会科学版）》2005 年第 A1 期，第 96~99 页。

② 韦浩明：《南岭走廊民族认同研究》，中南大学出版社 2015 年版，第 29 页。

这种在历史中形成的大杂居、小聚居的交错式分布格局，对各民族、各族群之间的交往交流、互动融合、相互认同，甚至是碰撞冲突产生了深远影响。各民族为了自身的生存延续，不断与其他民族进行政治、经济、文化等方面的交流联系，形成了各民族之间互利互惠、和谐共生的民族关系。南岭民族走廊中的各民族，由于居住地域的巨大差异，其生存环境、生产方式、资源占有等状况不尽相同，只有互通有无、相互补充，才能共同生存发展下去。历代中原王朝与地方政权为了维护地方社会安定，也不断采取汉化政策，通过促进相互学习、改造习俗等方式不断汉化各少数民族传统文化，逐渐改变其生产方式。这些举措，客观上有利于民族之间相互理解、相互认同，促进了中华民族多元一体格局的形成。各民族在相互商贸往来中，促进了区域性共通语言的形成，为民族之间进一步交往互动、加强沟通学习奠定了语言基础。文化上的互相涵化、经济上的互补互利、语言上的互通互化，消除了民族之间的隔阂，进一步促进了民族之间的彼此通婚。族群之间的婚姻关系，是民族关系和谐融洽程度的直接反映，是民族关系的晴雨表。

南岭民族走廊内的各民族在长期的历史发展过程中，相互交流学习、彼此影响，文化上不断相互涵化、经济上不断互惠互利，尽管也有冲突和碰撞，但是和谐相处是民族关系的主流。这种和谐的民族关系是留给当代人的宝贵的精神遗产，为构建南岭民族走廊区域经济合作区奠定了坚实的人文基础，具体表现在以下几个方面：其一，和谐的民族关系有利于保持走廊内各民族团结稳定，为协同发展营造良好的社会环境；其二，和谐的民族关系有利于构建统一的战略目标和合作机制，提升协同发展的效率和战略执行效果；其三，密切的民族关系有利于使各民族地区在经济合作中消除隔阂，降低谈判成本，达成合作共识；其四，和谐的民族关系有利于打破行政区划所带来的区域分割，保持民族之间互惠互利、和谐共生的优良传统，构建更为有效的协调发展机制。因此可以说，民族文化的同源性和民族关系的和谐性是南岭民族走廊地区比其他经济区划所不具备的独特优势，在区域经济协调发展中具有巨大的潜在价值。

## 四、历史进程的同步性

南岭地区战略价值十分重要，历来是各中原王朝极为重视的控制之地，具有悠久的开发历史。根据考古资料，粤北曲江县马坝区狮子山洞穴中旧石器时代中期的原始人类——马坝人头骨化石的发现，说明早在10万多年以前，人类的祖先就在这一带进行穴居。旧石器时代晚期，生活在这个区域的远古人类就已经学会制造各种石器和陶器，从事着采集、狩猎、捕鱼等经济活动，不断繁衍生息。根据西汉《史记·五帝本纪》记载："舜南巡狩，崩于苍梧之野，葬于江南九嶷，是为零陵，宁远县南舜源峰下有舜庙。"葬于九嶷，说明南岭地区已经置于中原疆土范围内。春秋战国时期，岭南属百越，岭北为吴、楚之地。至秦朝统一六国之前，南岭地区由于地广人稀、山区居多，生产力水平十分落后，属于"南蛮之地"。秦统一中国以后，南岭分属于长沙、南海、桂林、象、九江等郡。秦始皇为了打通南北阻隔并加强对南越地区的征伐，于公元前217年至前214年开凿了灵渠，并沿着五岭开辟了多条"峤道"。灵渠的开凿以及峤道的开辟，贯通了南北沟通的道路，为各民族进行迁徙奠定了前提基础。汉人开始移居岭南，与百越杂处，加速了南岭的开发过程。秦汉时期，秦始皇还打通了"梅岭古道"，加强了该地区与我国南北的联系，促进了经济、文化的发展。公元前112年，汉武帝派遣军队沿"五岭"分五路攻击南越，于公元前111年在南越设立桂林郡、苍梧郡，管辖五岭西部包括今永州、贺州、桂林、梧州等在内的广大地区。至此，南岭地区已经完全与中原地区连通，成为沟通中原王朝与岭南地区的重要廊道，整个南岭地区已经完全纳入中原文明的辐射范围，两个文明体已经紧密联系在一起。唐初设岭南道，包括今两广地区，后又分为岭南东道和西道。武则天后长寿元年即公元692年，开凿"胡思埭"运河，联结漓江与柳江，因其位于灵渠以南，又称为"南渠"，对南岭山区的交通运输起到了巨大作用。北宋时期在岭南设置广南东路与西路。

历代中原王朝与地方政权为了维护地方社会安定，也不断采取汉化政策，通过促进相互学习、改造习俗等方式不断汉化各少数民族传统文化，逐渐改变其生产方式，加速了少数民族的封建化进程，促进其文明程度不断进步。南岭民族走廊逐渐成为中原地区控制南岭周边地区的中心区域，也成为走廊内外各民族不断进行文化、经济交流的重要通道。整个南岭民族走廊地区状如唇齿、一脉相依，各民族之间互惠互利、和谐共生、共同进步，历史进程显现出同步性。南岭民族走廊历史发展进程中的同步性，与各区域和各民族之间在长期历史活动中所形成的相互依存、和谐共生的关系是分不开的，显示出该地区具有强烈的有机统一性和不可分割的整体性。这种基于历史同步性所带来的有机整体性，对于在该区域构建一个利益相关、成果共享、有机协调、共同发展的区域经济合作区具有巨大的积极意义。它不但有利于消除由于行政区划所带来的协作障碍，而且有利于基于共同的发展愿望而实现整体合力，更好地促进资源整合，将独立的区域整合为一个有机的统一整体。

**五、自然资源的同构性**

南岭民族走廊地区，以南岭山区为中心，地处中亚热带气候区，地貌多山地丘陵，境内河流交错，盆地、平岗相间，自然资源十分丰富，且具有同构性。

从自然环境与气候条件来看，南岭地区内地形复杂，"地势中间高，南北低，中部高山纵横，雄亘东西，南北两向为连绵起伏的山地丘陵，为典型的'喀斯特'岩溶地貌，地貌类型俱全，山地、丘陵、平岗、盆地相间分布，河流众多"。① 走廊内，以五岭山区为中心，属于典型的亚热带湿润季风气候，气候温和，热量充足，雨量充分。南岭南北气候差异较大，岭南以雨量充沛、空气湿润的海洋性气候为主，岭北以光照丰富的大陆性季风气候为主。走廊内地势陡峭、河床落差大，水能资源丰富。这样的地形特征和气候环境，使走廊内自然资源十分丰富，且呈现出明显的中亚热带特征和山地特征。

从地质角度看，南岭山区多为花岗岩构造，在长期风化中形成了典型的"喀斯特"地形。南岭山区为东西向构造，在地形上由走向不同和久

---

① 周生来：《关于建立南岭经济协作区的战略思考》，《广西民族学院学报（哲学社会科学版）》2005 年第 A1 期，第 96—99 页。

经流水冲蚀的山地群构成，中间夹杂着大小不等、由红色岩层和石灰岩组成的盆地，多山隘和谷地，地形较为破碎。在漫长的地质活动过程中，南岭山区经历过多次造山运动和岩浆运动、断裂发育，其地质构造复杂，是世界上罕见的有色金属、稀土金属和稀有金属成矿区。在地质上，南岭成矿带延伸范围较广，东起福建，经南岭山区，到贵州、云南，全长千余公里，是我国最大的构造矿带，属环太平洋钨锡成矿带的重要组成部分。[①]南岭山区地处这一成矿带的中间地段，矿产资源十分丰富。

资源的同构性为构建南岭民族走廊区域经济合作区奠定了有利的资源整合条件。这种同构性有效降低了资源的开发难度，能够有效提升自然资源的开发效率，有利于实现同类型资源整合的价值最大化目标。而且，资源的同构性有利于利用有限的技术和资本，实现区域和产业统一重点规划，有利于形成区域增长极和支柱性产业，有效提升南岭民族走廊的整体开发程度和经济发展水平。

**六、协调发展的互补性**

通过对产业结构进行对比分析得出，南岭民族走廊各省区在产业结构上具有互补性，为加强走廊内区域经济协调发展提供了良好的合作前景。

2014~2016年，南岭民族走廊各省区的三次产业结构均发生显著变化，第一产业和第二产业在地区生产总值中的比重逐渐降低，第三产业比重明显增加。其中，广东、贵州、云南的第三产业比重最高，均高于第一、第二产业，是地区经济的主要经济部门，而湖南省在2016年也实现了产业结构跨越，第三产业首次超过第二产业；广西、江西、福建三省区，其区域经济仍然以第二产业为主要经济部门，比重最高。至2016年，以第三产业为主要经济部门的省份包括广东、贵州、云南和湖南四省；广西、江西和福建三省区的国民经济以第二产业为主要部门。南岭民族走廊各省区横跨我国东中西部，区域资源禀赋和产业结构差异显著。这为各省区之间进行协调发展提供了良好的合作前景。其中，广东在第二、第三产

---

① 中国科学院、国家计划委员会自然资源综合考察委员会南岭山区科学考察组：《南岭山区自然资源开发利用》，科学出版社1992年版，第9页。

业上具有优势，在技术创新、科技研发、高新设备制造、基础设施建设、生态建设等方面可以为其他省区提供支持。而中西部省区既可以作为广东省进行技术和产业梯度转移的承接目的地，又可以依据其在资源、劳动力等方面的优势，成为沿海省区发展的广阔经济腹地。这种产业互补性，为南岭民族走廊区域经济合作区的构建奠定了基本前提。

综上所述，与其他经济区划相比，南岭民族走廊更加具备构建区域经济合作区的条件和优势。其中，除了具有地缘关系紧密、经济结构互补、自然环境一致等条件外，南岭民族走廊还具备民族文化同源、民族关系密切、历史进程同步等独特的优势。此外，构建南岭民族走廊经济区还符合我国目前区域经济发展的基本趋势。在全球积极推进"一带一路"建设的同时，国家在国内也积极鼓励区域经济一体化，京津冀协同发展、长江经济带等新型区域发展模式的实施得到了国家强有力的政策支持。

## 第二节　协同走廊各子区域经济发展战略的可行性

将南岭民族走廊作为一个整体区域并构建一个新型的民族走廊经济合作区，是构建该区域经济发展战略的首要环节。但是，在走廊内部，各省区在经济发展实际状况上存在显著差异，在经济发展战略上存在较大差别。要实现整体系统的聚合效应，必须首先使各子系统实现有机结合、相互配合。走廊内各省区在经济发展战略模式选择上的不同，并不一定就是阻碍走廊内整体实现协调发展的充分必要条件，只要各子区域在经济发展战略上存在相互补足、相互支持的可能性，就具备进行战略协同的可能性。

### 一、各省区现行经济发展战略各具特点

整体构建南岭民族走廊的经济发展战略，首先必须分析各子系统在经济发展战略的选择上是否具有有机配合、相互协同的可能性。在走廊内，由于各省区的地理区位和经济发展水平不同，各省区战略规划所依据的条件也不同，其经济发展战略的内容也不同。在对各子区域进行发展战略的对比时，要对其战略内容进行研究，以分析其进行战略协同的可能性。

（一）走廊内东部沿海省区的经济发展战略

作为南岭民族走廊内地处东部沿海地区的两个省份，广东和福建在经济发展战略规划中具有类似的地方，但是由于经济结构和要素禀赋的差异，两者在战略目的、战略定位、战略举措等方面存在较大差异。在当前两省区所秉持的经济发展战略中，广东更加突出"创新驱动"这个战略核心，而福建经济发展战略则突出了"稳定快速"特征。

第一，广东逐步确立创新驱动发展战略。广东是我国经济体制改革的试点区域，是对外开放的前沿阵地之一。2008 年全球金融危机爆发后，在国家指导下，广东积极调整其经济发展战略，在全国范围内率先推动经济社会发展模式转型。根据国家规划要求，广东在"十二五"期间确立了"加快转型升级、建设幸福广东"这个战略核心。随着全国经济发展步入新常态，广东又根据经济发展形势对其经济发展战略进行了进一步调整，于 2014 年 6 月在全国范围内首次确立创新驱动发展战略，强化自主创新对加快转型升级、建设幸福广东的核心推动作用，以培育自主创新发展能力作为应对经济新常态的主要战略举措。较之前的发展战略，广东当前经济发展战略更加注重自主创新发展能力的培育。

第二，福建由转变、跨越发展向高质高效的稳定较快增长战略进行转变。"十二五"时期，福建以加快转变、跨越发展为主线，在国家支持下积极推进海峡西岸经济区、21 世纪海上丝绸之路核心区等建设，实现经济社会发展的新跨越。经济发展战略突出体现出"转变"和"跨越"这两个核心要点。面对新形势，福建在"十三五"规划中对其经济发展方略进行了调整：以转型升级为主线，以提高发展质量和效益为中心……努力建设机制活、产业优、百姓富、生态美的新福建。[①] 福建现行经济发展战略不再以追求跨越式发展为目的，而是以高质高效的稳定快速增长为基本方向，并在贯彻五大发展理念的过程中，更加突出了创新驱动、质量强省、山海协调、生态省示范、以人为本等特征。

第三，广西由"富民强桂"向"两个建成"战略进行调整。面对国

---

① 摘自《福建省国民经济和社会发展第十三个五年规划纲要》。

际局势变化和国内发展失衡问题，广西在"十二五"时期基于科学发展观提出了"富民强桂"战略。在实现"富民强桂"新跨越中，广西坚持把科学发展的主题和加快经济发展方式的转变结合起来。在全国经济发展进入新常态后，面对增速下降和创新不足问题，广西在"十三五"规划中逐渐调整了其经济发展战略：以提高发展质量和效益为中心，紧紧围绕"三大定位"[①]，深入实施创新驱动、开放带动、双核驱动、绿色发展四大战略……确保如期实现"两个建成"[②] 目标。[③] 这个战略的规划，深刻体现了广西在新的形势下对之前发展战略的科学调整，不仅重新进行了战略定位，而且适时调整了战略目标，并科学规划了实现目标的战略举措。

（二）走廊内中部地区省区的现行战略

作为南岭民族走廊中处于中部地区的两个省份，湖南和江西也在其经济发展过程中不断调整经济发展战略，以应对国内外环境和本省经济发展的新变化、新问题。其中，湖南经济发展战略经历了由"四化两型"向"五化同步"和"一带一部"战略的调整，江西经济发展战略经历了由进位赶超战略向提质增效升级战略的转变。

第一，湖南由"四化两型"向"五化同步"和"一带一部"的战略调整。基于对国内外发展环境和本省经济发展基础的把握，湖南在"十二五"时期确立了以"四化两型"[④] 为核心的经济发展战略。这个战略以建设"两型社会"为基本战略目标，"四化"为基本战略举措，优化发展、创新发展、人本发展、绿色发展、改革开放为基本发展理念。进入"十三五"时期，湖南整体经济发展进入经济转型爬坡过坎的关键时期。

---

① "三大定位"，即2015年3月习近平同志视察广西时提出的"构建面向东盟的国际大通道、打造西南中南地区开放发展新的战略支点、形成21世纪海上丝绸之路与丝绸之路经济带有机衔接的重要门户"的新定位与新使命。

② "两个建成"，即奋力实现与全国同步全面建成小康社会，基本建成面向东盟的国际大通道、西南中南地区开放发展新的战略支点、21世纪海上丝绸之路与丝绸之路经济带有机衔接的重要门户。

③ 摘自《广西壮族自治区国民经济和社会发展第十三个五年规划纲要》。

④ "四化两型"战略中，"四化"指新型工业化、农业现代化、新型城镇化、信息化；"两型"是指资源节约型、环境友好型。

湖南适时调整了其经济发展战略：实施"一带一部"① 战略，促进"三量齐升"②，推进"五化同步"③ 发展，建设富饶美丽幸福新湖南。由此可见，湖南在"十三五"时期的经济发展战略突出了"一带一部"这个战略定位，发展路径由"十二五"时期的"四化两型"转为"五化同步"。

第二，江西由进位赶超战略向提质增效升级战略转变。江西在"十二五"时期不断加快转变发展方式，创新发展模式。其在"十二五"时期的经济发展战略，尤为突出科学发展、进位赶超、绿色崛起，改变欠发达地区的地位并提升其在国内省份中的层次排名是江西的现实目标。进入"十三五"时期，面对有效需求不足、传统动力减弱、资源约束增强等问题以及"六期融合"④ 的阶段性特征，江西调整了经济发展战略：紧紧围绕"提前翻番、同步小康"的总目标，以提质、增效、升级为中心，以创新、改革、开放为动力……奋力开创"发展升级、小康提速、绿色崛起、实干兴赣"新境界。⑤ 可以看出，江西在经济发展战略规划中，由较为重视数量指标转为较为重视质量指标，由进位赶超战略逐渐向提质增效升级战略转变。而且，在贯彻国家整体战略中，江西越来越重视国家总体战略与江西实际省情的有机结合，不断创新发展理念，拓展发展思路。

(三) 走廊内西部地区省区的现行战略

作为南岭民族走廊中处于西部地区的三个省区，广西、贵州和云南是我国少数民族的主要聚居区和西南重要边疆地区。长期以来，经济发展滞后、发展失衡、贫困等始终是三省区面临的重要问题。在经济发展过程中，三省区不断根据世情、国情和省（区）情以及国家的总体要求逐渐调整其经济发展战略，努力克服其经济发展中存在的瓶颈和主要矛盾。总

---

① "一带一部"是基于 2013 年 11 月习近平同志视察湖南时对湖南区位优势和经济发展的新定位，即东部沿海地区和中西部地区过渡带、长江开放经济带和沿海开放经济带结合部。

② "三量齐升"，即 2011 年 11 月湖南省委经济工作会议上提出的"经济总量、人均均量和运行质量的同步提升"发展思路。

③ "五化同步"，是指新型工业化、信息化、城镇化、农业现代化和绿色化协同推进。在湖南省在"十三五"规划中，"五化"是有机整体，本质是互动，核心是融合，关键在同步。

④ "六期融合"，即迈向全面小康的决胜期、经济转型升级的关键期、区域开放融合的深化期、生态文明建设的提升期、全面深化改革的攻坚期、法治江西建设的推进期。

⑤ 摘自《江西省国民经济和社会发展第十三个五年规划纲要》。

体而言，三省区的经济发展战略在调整中体现了追赶、转型、跨越等内容。

第一，贵州由加速发展向"赶""转"结合战略调整。贵州在跨越了工业化初期阶段后，在"十二五"时期的经济发展战略突出体现了"加速发展"的特征，并以工业强省战略和城镇化带动战略为主要战略举措。进入"十三五"时期后，贵州同时面临"赶"与"转"的双重任务。鉴于此，贵州明确了"赶""转"结合的经济发展战略。这个经济发展战略，依然没有改变加速发展在贵州省总体战略中的重要地位，脱贫攻坚并改变经济落后面貌是其当前要解决的主要矛盾和所要克服的突出问题，提升工业化水平和城镇化水平仍是主要战略举措。但是较之前的战略，贵州已经更为重视发展质量和发展方式的转变，促进经济加速发展的路径也更为丰富。

第二，云南由"两强一堡"战略向跨越式发展战略的转变。云南集"山区、民族、边疆和贫困"四位一体，经济水平较低且发展不平衡不持续，基础设施是制约经济发展的重要瓶颈。"十二五"时期，云南经济发展战略突出了"两强一堡"这个核心内容，转变经济发展方式是主线。云南在"十三五"时期调整了其经济发展战略，更为注重解决经济发展滞后和发展不平衡的根本问题，采取了"跨越式"发展战略。在这个战略中，云南改变了之前的"两强一堡"战略定位，而调整为"民族团结进步示范区、生态文明建设排头兵、面向南亚东南亚辐射中心"的"三个定位"目标。这个新的定位，是站在全国和世界的视野下对云南区位优势的重新界定，更加注重经济发展的协调性和生态性，更加注重对南亚和东南亚的开放性。

**二、各省区经济发展战略的异同分析**

从上述对各省区现行经济发展战略的分析可知，面对相同的发展环境，各省区均依据国家的总体战略布局和自身省（区）情而选择了适宜的发展战略。其中，在战略目标、战略定位、战略举措、发展理念等内容上，各省区既有相同之处，也存在显著差别。对各省区经济发展战略的异同之处进行分析，有利于进一步探讨协同各省区经济发展战略的可能性。其战略相同之处，有利于拉近各省区之间的经济关系，扩大各省区之间的合作面；其战略迥异之处，只要存在互补空间并配合得当，不但不会成为各省区协调发展的障碍，而且可以成为各省区进行深度合作的有利因素。

（一）各省区经济发展战略的相通之处

各省区在经济发展战略规划中，所面临的国内外形势是一样的，因此，经济发展所处的环境是一致的。尤其是国内形势，我国整体经济进入新常态，经济结构面临深刻调整，发展动力面临巨大转换，转变经济增长方式和推进经济结构转型升级是全国所面临的重大任务。而且，各省区尽管发展差异显著，但是在经济发展过程中却存在着一些共同的问题。这些因素导致各省区在经济发展战略规划中必然存在一些相通之处，主要表现在以下几个方面：

第一，全面建成小康社会是走廊各区域的共同目标。南岭民族走廊横跨我国东中西部，尽管发展差距较大，但是全面建成小康社会是各省区在"十三五"规划中明确提出必须实现的战略目标。南岭民族走廊地区，尤其是处于西部地区的广西、云南和贵州三省区，集贫困、山区、边疆和民族于一体，全面建成小康社会的任务十分艰巨。共同的战略目标，为各省区协调发展、共享发展和共同发展奠定了坚实的基础，是各省区进行经济合作的前提。

第二，五大发展理念是共同秉持的理念。落实并贯彻这五大发展理念，是关系到我国发展全局的一场深刻变革，攸关"十三五"乃至更长时期我国发展思路、发展方式和发展着力点，是中国共产党把握发展规律的再深化和新飞跃，是实现"两个一百年"奋斗目标的思想指引。各省区在"十三五"规划中均将五大发展理念作为本省区经济社会发展中必须贯彻的基本理念。发展理念的一致，在强化南岭民族走廊各区域经济协作中，可以有效减少矛盾摩擦并拓宽经济合作领域，为南岭民族走廊各省区加强经济合作和共同发展奠定了良好的基础。

第三，加快转型升级和提升创新能力是共同的战略方法。发展方式粗放、有效需求不足、产业结构不合理、城乡结构失调、创新能力不足、资源环境约束趋紧等是南岭民族走廊各省区当前经济发展中所存在的共同问题。为了解决这些问题，各省区在"十三五"规划中都十分重视推进经济结构转型升级、发展方式转变和创新能力培养，将加快转型升级和提升创新能力作为实现全面建成小康社会战略目标的重要战略举措。各省区在加快转型升级和创新能力培育战略举措方面的一致性，为各省区在资源、技术、资本、信息、人才、管理等方面实现优势互补提供了前提和广泛的合作空间。

（二）各省区经济发展战略的迥异之处

由于各省区经济发展所依赖的地理区位、自然环境、资源禀赋、发展基础、经济结构、要素条件等存在较大差异，其经济发展战略必然存在差异之处。各省区现行经济发展战略的迥异之处主要体现在以下几个方面：

第一，战略目标具体内容上有所差异。尽管各省区在"十三五"规划中都将全面建成小康社会作为战略目标，但是基于经济发展水平存在显著差异，各省区在实现这个战略目标进程安排和具体内容上存在显著区别。其中，经济发展水平较高的广东则明确了"率先全面建成小康社会，迈上率先基本实现社会主义现代化新征程"的战略目标，其更加突出在全国范围内实现"率先"，体现了在进程上的领先特征；福建则以建设机制活、产业优、百姓富、生态美的新福建为长远愿景；湖南明确提出要促进"三量齐升"，建设富饶美丽幸福新湖南；江西的战略目标是"提前翻番、同步小康"，即地区生产总值和城乡居民人均收入比 2010 年提前实现翻一番，全面建成小康社会；广西则提出"两个建成"奋斗目标；云南与贵州提出要确保与全国同步全面建成小康社会。由此可见，在南岭民族走廊内，广东是明确要率先实现全面建成小康社会的战略目标，广西、云南、贵州三个发展水平较为滞后的省区则是确保与全国同步全面建成小康社会，福建、湖南和江西三省在实现这个战略目标的同时，还附加了本省区所要达到的其他目标。

第二，各省区在战略定位上迥然不同。战略定位是经济发展战略中的重要内容，是形成适合区域发展的差异化战略的关键。南岭民族走廊各省区由于地理区位、生态环境、民族分布、对外开放、主体功能等存在较大差异，因此其在经济发展中的战略定位也存在显著不同。广东根据国家要求明确提出"三个定位"战略；福建在经济发展战略中则明确了"海峡西岸经济区、21世纪海上丝绸之路核心区、生态文明先行示范区"的战略定位；湖南的战略定位为"一带一部"；江西明确了"一点、四区、五个江西、五个强省"① 的战略定位；广西也明确了不同于广东的"三大定位"；贵州在国家指导下明确了全国重要的能源基地、西南重要陆路交通枢纽、文化旅游发展创新区等战略定位；云南的战略定位为"民族团结进步示范区、生态文明建设排头兵、面向南亚东南亚辐射中心"。

第三，各省区经济发展战略的核心并不同。战略核心是经济发展战略中最为突出的中心内容和关键内核，南岭民族走廊各省区在经济发展战略核心上也存在一定差异。广东经济发展战略的核心为创新驱动发展；福建、广西、云南则以提高发展质量和效益为中心；湖南经济发展战略的核心为"三量齐升"；江西则明确了以提质、增效、升级为中心；贵州则以脱贫攻坚统揽经济社会发展全局。战略核心的不同反映出各省区在经济发展中所面临的主要矛盾和问题有所差别，着力解决这个核心问题就成为其经济发展战略的中心内容。

第四，实现战略目标的具体举措存在差别。各省区在经济发展战略中不但明确了战略目标和战略定位，还规划了实现战略目标的具体举措。广东在"十二五"时期就提出了扩大内需战略、自主创新战略、人才强省战略、区域协调发展战略等六个子战略，在"十三五"时期更加强化自主创新对加快转型升级、建设幸福广东的核心推动作用；福建将实施创新驱动战略、人才优先战略和质量强省战略作为推进创新发展的基本方略，具体体现在统筹山海协调发展、实施生态省战略、以制度创新为核心、营造以人为本的社会氛围等方面；湖南提出"五化同步"作为实现战略目

---

① "一点"为建设"一带一路"内陆腹地重要战略支点和长江经济带战略支撑；"四区"为建设全国生态文明先行示范区、全国改革创新试验区、全国内陆双向开放示范区、全国扶贫攻坚样板区；"五个江西"为推进美丽江西、健康江西、信息江西、信用江西、法治江西建设；"五个强省"为深入实施工业强省战略、深入实施旅游强省战略、建设现代农业强省、基本建成文化强省、迈向创新型省份行列。

标的新路径；江西主要通过协同推进新型工业化、农业现代化和现代服务业，全面提升新型城镇化、信息化和绿色化水平来实现其战略目标；广西提出了创新驱动、开放带动、双核驱动、绿色发展四大战略举措；贵州主要深入推进工业强省和城镇化带动主战略；云南以主动服务和融入"一带一路"建设、长江经济带建设等国家发展战略为措施。

### 三、协同各省区经济发展战略具有较高可能性

将南岭民族走廊视为一个整体区域并构建其总体经济发展战略，必须建构在各子区域、子系统相互协调、相互配合、相互合作的基础上，才能实现优势整合，将系统合力发挥到最大限度。经济发展战略是区域经济发展的指导方针和长远规划，而各省区在经济发展战略规划上的协同则是各子系统相互协调、相互配合的前提和重要环节。只有各自区域在经济发展战略上进行相互配合、互为补充、互为腹地，才能实现具体方略上的深度合作和长远共赢。通过对各省区经济发展战略的异同分析可以得出，南岭民族走廊各区域的经济发展战略在战略目标和发展理念上具有相通之处，在促进转型升级和培养创新能力等举措上也具有一致性，而在一些具体目标设定、战略定位、战略核心以及举措方法上则存在显著差别。综合来看，南岭民族走廊各省区在经济发展战略的相互协同上具有较高的可能性，这主要表现在以下几个方面：

第一，战略目标的相同为进行战略协同奠定了方向基础。战略目标是所要达到的最终目的、是一切行动的指引方向。战略目标的一致，是各省区进行战略协同的首要条件和先决前提。全面建成小康社会是国家提出的第一个百年奋斗目标，是全国各族人民和各个地区的共同愿景。南岭民族走廊各省区均在"十三五"规划中明确将其作为本省区必须实现的战略目标，并系统规划了多种保障措施。各省区在战略目标上的一致为协同南岭民族走廊各子区域经济发展战略奠定了坚实的方向基础。

第二，发展理念的一致为强化战略协同奠定了原则基础。发展理念是为了实现战略目标而所必须秉持的基本原则，是发展行动的先导。中国共产党所提出的"五大发展理念"，是对现代社会发展规律的高度揭示，充分体现了社会主义本质要求和发展方向，是全面建成小康社会决胜纲领的

灵魂。"五大发展理念"是南岭民族走廊各省区在"十三五"规划中所共同坚持的基本理念和发展原则。发展理念的一致性为强化南岭民族走廊各子区域进行战略协同奠定了原则基础，在强化南岭民族走廊各区域经济协作中，可以有效减少矛盾并拓宽经济合作领域，为各自区域加强经济合作和共同发展奠定了良好的基础。

第三，战略定位的差异为深化战略协同提供了互补空间。战略定位是差异化发展战略得以形成的关键所在，是制定适合于本地经济发展战略的重要内容。南岭民族走廊各省区域由于地理区位、生态环境、民族分布、对外开放、主体功能等因素上的差异，导致其在经济发展中的战略定位也存在差异。但是，各省区战略定位的差异，不但没有使各省区产生战略冲突，而且为深化战略协同提供了广阔的互补空间。从边疆与内陆发展定位角度看，南岭民族走廊内的广东、广西、福建、云南这四个处于边疆地区的省区，其发展定位突出了面向全球的极为重要的开放重地、战略支点、重要门户、辐射地等特点；而处于内陆的湖南、江西和贵州这三个省区，其战略定位都突出了广阔经济腹地的特征。从沿海与内地发展定位角度看，处于沿海地区的广东、福建和广西三省区突出了海洋经济发展战略；而处于内地的其余五省区则突出了双向开放战略。从东中西部发展定位来看，处于东部地区的广东和福建突出了改革开放先行地、试验区等特征；处于中西部地区的其余五省区则突出了过渡带、结合部、衔接带、大通道等特征。从主体功能定位角度来看，广东和福建处于优化开发区域和重点开发区域，而广西、湖南、江西、贵州、云南则具有多种主体功能区。各省区在战略定位上都突出了本省所具有的优势，并具有较强的地域分工和互补性特征。战略定位的差异为深化各省区战略协同提供了广阔的互补空间。

第四，战略举措的趋同为丰富战略方法提供了多种可能。尽管走廊内各省区在战略举措上存在差异，但是总体上具有趋同的特征，都以加快经济转型升级和培育自主创新能力为中心，以推进五化建设为基本思路，以改革开放为基本动力，以科学发展为基本主线，以创新驱动、开放带动、协调发展、绿色发展为基本要求。战略举措的趋同为丰富各省区战略协同提供了多种可能和多样化的合作途径。各省区可以彼此相互借鉴经验，发展成果共享，共同推进发展方式的转型和经济结构的升级。

综上所述，南岭民族走廊地区在我国总体战略布局中具有至关重要的地位，其经济发展战略的规划关系着全国战略目标的实现。南岭民族走廊各省区在经济规划中制定了适合于本身的经济发展战略，在发展目标、战略定位、战略举措等内容上既存在相通之处，也存在差别之处。但是，通过对各省区经济发展战略的异同分析可以得出，南岭民族走廊各区域的经济发展战略在战略目标和发展理念上具有相通之处，在促进转型升级和培养创新能力等举措上也具有一致性，而在一些具体目标设定、战略定位、战略核心以及举措方法上则存在显著差别。综合来看，南岭民族走廊各省区在经济发展战略的相互协同上具有较高的可能性。

# 第三节　南岭民族走廊经济发展
# 战略构建的现实条件

区域经济发展战略的规划离不开对区域内部区位条件、要素条件、区域文化、政策环境等因素的分析，这是构建科学适宜的区域经济发展战略的前提和基础环节。通过上文所述，构建南岭民族走廊区域经济合作区和协同各子区域经济发展战略均具有深厚的现实基础和较高的可行性。但是，构建南岭民族走廊经济发展的整体战略还必须充分考量走廊内的区位条件、要素禀赋、发展环境等。与其他经济区划相比，南岭民族走廊不但具有独特的地理区位和优异的要素禀赋，还具有丰富的民族文化优势和紧密的民族联系优势。这些为构建南岭民族走廊经济发展战略奠定了坚实的现实条件。

## 一、国际国内双重视角下独有的地理区位

区位一方面指事物在空间上所处的位置，另一方面也指与周边事物的空间联系。任何区域的形成和发展，都是自然环境和社会经济两大要素综

合作用的结果。依据本书对南岭民族走廊空间范围的界定，南岭民族走廊区域在国内和国际两个视角下分别具有独特的区位，而且在我国整体战略布局中具有举足轻重的地位。

（一）国内视角：衔接西南东南、长江珠江的重要廊道

南岭民族走廊核心区，以南岭为主体，南北宽 320 余公里，东西绵延640 公里。核心区所涉及的行政区域分为粤北、桂东北、湘南和赣南四部分，包括广东的韶关、清远；广西的桂林、贺州；湖南的永州、郴州以及江西的赣州地区。南岭民族走廊是我国东中西部地区的结合部，自古就是串联南北、衔接东西的交通要塞，素有"楚粤通衢"之称。① 它"北镇衡岳，南峙百越，西控雪峰，东接武夷，形势险要，自古以来，是兵家必争之地，也是粤、桂、湘、赣四省（区）通商要衢"。② 可见，南岭民族走廊核心区所在地理区位，"扼湘、赣、两广之咽喉，五岭横贯东西，是华中、华南两大区域的分界线，是南部沿海地区沟通内陆腹地的桥梁，是'沿海的内地、内地的前沿'，具有南接北承的地理位置，区位优势明显"③。此外，南岭民族走廊外围辐射区所涉及的地理区域包括武夷山南端、岭南地区、滇东高原山区、黔南地区等。

总体来看，整个南岭民族走廊西接云贵高原，东邻东南沿海，北接长江中游流域，南衔珠江流域，横亘在广西、湖南、江西、广东、福建、贵州、云南等省（区）区域之间。从国内视角看，南岭民族走廊所涉及区域既是连接我国长江流域和珠江流域，长江开放经济带和珠三角经济区、泛珠江三角洲区域合作的重要通道；又是串联我国西南内陆经济带和沿海开放经济带的过渡带和结合部。因此可以说，南岭民族走廊具有衔接走廊各方位经济区的"十字路口"地位，具有双向开发开放的天然区位优势。

---

① 王明生：《地缘民族关系研究：以南岭地区为例》，《民族论坛》2012 年第 2 期，第 73-75 页。

② 中国科学院、国家计划委员会自然资源综合考察委员会南岭山区科学考察组：《南岭山区自然资源开发利用》，科学出版社 1992 年版，第 4 页。

③ 周生来：《关于建立南岭经济协作区的战略思考》，《广西民族学院学报（哲学社会科学版）》2005 年第 A1 期，第 96-99 页。

（二）国际视角：21 世纪海上丝绸之路建设的起始区域

南岭民族走廊经济发展战略的构建不仅需要准确分析其在国内的区位条件，还必须以更为开阔的视野来审视它所具有的国际区位。随着"一带一路"建设尤其是"21 世纪海上丝绸之路"的深入推进，我国许多处于内陆边疆的民族地区的发展均被纳入"一带一路"建设中。在从国内视野向国际视野转变的过程中，很多地区的区位定位发生了深刻变化。例如，处于西北民族走廊地区的几个省区，直接从内陆边疆地区的国内区位变为了亚洲中心腹地和开放前沿的国际区位。

在国际视角下，从南岭民族走廊的整体来看，其区位可以直接被定义为"21 世纪海上丝绸之路建设的起始区域"。其一，古代海上丝绸之路是南岭民族走廊向海洋方向的不断延伸，南岭民族走廊是古代海上丝绸之路的重要组成部分。其二，南岭民族走廊是三大民族走廊中唯一一条连接海洋的大通道，随着海上丝绸之路的扩展，它很早就已经参与到全球海上贸易格局之中。其三，南岭民族走廊在"21 世纪海上丝绸之路"建设中具有战略起始地位。其中，福建是 21 世纪海上丝绸之路核心区，云南是我国面向南亚东南亚辐射中心，广西是面向东盟的国际大通道、21 世纪海上丝绸之路与丝绸之路经济带有机衔接的重要门户，广东是深化改革开放的先行地和我国对外开放的最前沿阵地，而贵州、湖南、江西等省在连接我国内陆深处与沿海地区中也具有关键的过渡带和结合带作用。因此，在国际视野下，南岭民族走廊在我国深入推进"一带一路"建设中具有战略地位，是"21 世纪海上丝绸之路"建设的起始区域，是新的时代背景和国际形势下我国深化对港澳台地区、东盟国家地区以及海上丝绸之路沿线国家地区开放的战略主阵地。

**二、丰裕优质的要素禀赋结构**

要素禀赋是一个国家或地区所拥有的各种生产资源的数量和结构状况。要素禀赋结构是区域经济发展战略制定的基本依据，一个区域的自然资源、土地、劳动力、科学技术、资金等状况的丰裕程度直接影响着区域经济发展的商品生产结构和外贸状况。根据要素禀赋原理，一个国家或地区应该生产和发展生产要素相对丰裕的具有比较优势的产品。要素禀赋论广泛应用于国际贸易战略和区域经济发展战略规划尤其是产业发展规划中。南岭民族走廊在要素禀赋上的优势主要体现在自然资源、人口、技术、资金等方面。

（一）中亚热带山区特征明显的自然资源

南岭民族走廊以南岭山区为中心，总体东西横亘，构成了我国南方山区东部丘陵山地的"脊梁骨"，其地域范围宽阔，共涉及湘、赣、粤、桂、黔、闽、滇等多个省区，开发历史悠久，地貌类型齐全，生态地位突出，自然资源十分丰富。

第一，矿产资源种类多、储量大、分布广。以南岭山区为中心的南岭民族走廊，在漫长的地质历史过程中，经历过多次造山运动和岩浆活动，断裂发育，地质构造复杂，是世界上罕见的有色金属、稀土金属和稀有金属成矿区。根据莫柱孙等的多年研究，这些矿产的成矿母岩是花岗岩，尤其与燕山期花岗岩关系最为密切。此期花岗岩不仅本身含有多种有色金属，有利于多种热液矿床的形成，而且围岩是多裂隙的大片页岩和石灰岩，为热液矿床的积聚提供了成矿空间。此外，穿插于花岗岩中的伟晶岩脉也多，使稀有元素得以富集，从而形成种类多、分布广、储量大、独具特色的矿产资源。在地质上，南岭成矿带延伸范围较广，东起福建，经南岭山区，到贵州、云南，全长千余公里，是我最大的构造成矿带，属环太平洋钨锡成矿带的重要组成部分。[①] 南岭山区地处这一成矿带的中间地段，矿产资源十分丰富。根据科学考察，至今已经发现矿种 85 种，占全国的 54%，已经探明储量矿种 55 种，占全国的 40%，拥有矿产地 5000 多处，大、中型矿床约占 25%。[②] 南岭民族走廊矿产资源具有以下特征：一是储量大。其中，钨矿、萤石矿的储量均相当于世界总储量的一半；重稀土矿的蕴藏量达 1500 万吨，超过世界其余国家总储量的 2 倍；铋矿储量也为世界第一；石墨矿储量全国第一；铅矿、锌矿、银矿全国第二；滑石

① 中国科学院、国家计划委员会自然资源综合考察委员会南岭山区科学考察组编著：《南岭山区自然资源开发利用》，科学出版社 1992 年版，第 8—9 页。
② 中国科学院、国家计划委员会自然资源综合考察委员会南岭山区科学考察组编著：《南岭山区自然资源开发利用》，科学出版社 1992 年版，第 9 页。

矿全国第三。此外，南岭民族走廊山区重矿产资源远景储量巨大，如汝城县白云仙钨矿、宜章县瑶岗钨矿、桂阳县黄沙坪铅锌矿等，不但开采多年，而且又发现了新的金属矿。二是分布广泛而相对集中，便于开发。走廊内几乎每个县市都拥有多种矿产，小型矿床分布普遍，开采简易且投资少、见效快，大部分储量小而富集，埋藏浅，开采条件好，适合于以县、市、乡镇、集体等为单位进行开采，有利于增加地方财政收入。大、中型矿十分集中，有利于集中先进技术、设备、资金等，进行统一规划开采，提升矿产资源的开发效率。三是多伴生、共生矿。有色金属矿伴生、共生矿床多，综合利用价值十分巨大。例如，桂阳县宝山铜矿，伴生有钨矿、钼矿等10余种稀有金属和贵金属；柿竹园矿是一个集钨、铅、锌、铜、锡等矿床组成的综合矿床，此外黄沙坪、大宝山等矿床都属于多种矿产资源伴生、共生矿床。

第二，地貌复杂多样，自然景观丰富。南岭民族走廊为东西向构造，受华夏式、山字形等构造的穿插干扰致使在地形上不是一条东西相互衔接的山脉，而是走向不同和久经河流侵蚀的一片山地，中间夹杂着大小不等、由红色岩层或石灰岩组成的盆地，并有多处地平山隘或谷地，地形较为破碎，地貌复杂多样。走廊内地势西高东低，海拔一般在1000米以下，山岭众多，其主峰岭为越城岭，海拔2142米，再加上都庞岭、萌渚岭、骑田岭和大庾岭，即为俗称的"五岭"。较大的盆地有南康、信丰、宁都、瑞金、韶关、英德、桂阳、桂林等。低平谷地或山隘自古就是跨越南岭的交通干道，包括大余、梅岭、折岭、龙虎关等，也是目前主要交通线路的必经之地。南岭民族走廊分隔了长江与珠江两大水系，对气候起到一定的屏障作用，以南岭为界，南北地理环境差异较大。南岭山区地貌类型多样，其中，海拔较低山地面积为34707.3平方公里，约占总面积的20.91%；海拔中等山地面积为47489.8平方公里，约占总面积的28.61%；丘陵面积为47977.3平方公里，约占28.91%；平原、岗地面积为35803.2平方公里，约占21.57%。丘陵、山地面积总和约占78.4%，是南岭民族走廊内为主体的地貌类型。多样的地貌与自然景观为南岭民族走廊进行多样经济开发奠定了基础。其中，盆地、低谷等是重要的农业生产区；山地是发展经济林的重要区域；丘陵地势缓和，是发展果树种植的良好区域。此外，南岭民族走廊内的矿产、水能、动植物资源等基本集中于丘陵山地，丰富的地貌类型还为发展旅游产业奠定了自然景观基础。总之，南岭民族走廊适合发展多种经营，积极培育多种产业类型对于振兴山区经济具有积极意义。

第三，气候资源多样，水能资源丰富。南岭民族走廊地处中亚热带季风气候区，光能、热能、水能等气候资源丰富。以南岭山区为中心，南岭民族走廊全年太阳辐射总量 364250~473108 焦耳/平方厘米，集中于 4~10 月，秋冬辐射能量多，非常有利于各类秋收果实的成熟和糖分转化。全年日照时数达 1639 小时，7 月最高，年内变化与太阳辐射变化一致。光能的月季变化与温度变化基本温和，利用潜力十分巨大。整个中亚热带区域中，南岭山区的热量最为优越，年平均气温为 15.4~20.3℃，岭南平均气温高于岭北，东坡高于西坡。7 月平均气温最高，在 24.0~29.0℃；1 月平均气温最低，在 4.7~10.0℃，日最低气温小于 0℃ 的时间为 3~18 天，持续时间短，有利于各种中亚热带作物和经济果木种植。多年平均稳定通过 10℃ 的积温 4677.0~7600.0℃，无霜期长达 280~311 天，整体热量水平较高。[①] 由此可见，南岭民族走廊内的热量状况适合发展粮食作物和多种亚热带经济作物。年降水量以南部最多，西北部次之，东北部较少，平均值为 1601.7 毫米，是全国平均值的 2.5 倍，年降水率平均为 16%，降水的可靠程度和利用价值较高。光、热、水基本匹配，为林木生长和作物栽种提供了丰富的气候条件。此外，充沛的降水量带来了丰富的地表径流，全区水资源总量约有 1580.67 亿立方米，人均占有量为 5529 立方米，是全国人均占有量的 2 倍，耕地亩均水资源 6588 立方米，是全国平均值的 4 倍，对工农业生产、城市供水和航运十分有利。走廊内山区地势陡峭，河床落差较大，水能资源十分丰富。据估算，南岭民族走廊水能理论蕴藏量为 1182.11 万千瓦，平均每平方公里 71.2 千瓦，高于全国

---

① 中国科学院、国家计划委员会自然资源综合考察委员会南岭山区科学考察组：《南岭山区自然资源开发利用》，科学出版社 1992 年版，第 11 页。

平均水平。①

第四，动植物区系组成丰富，种类繁多。受益于适宜的地理环境和气候条件，不同于多为荒漠景观的同纬度其他区域，南岭民族走廊是我国南方山区中的一块绿色明珠，动植物资源十分丰富。据统计，南岭山区包括蕨类以上的维管束植物约有 271 个科、1206 个属、3262 个种，分别占全国植物科、属、种总数的 83.6%、36.5% 和 12.3%。在植被地理分布上，南岭山区北缘正好处于华南和华东植物地理区的分解，使走廊内的植物区系成分复杂，植被种类多样。南岭民族走廊是中亚热带典型植被类型——常绿阔叶林的分布中心之一，树种繁多，珍贵稀有树种就多达 110 余种，属于国家重点保护的一、二类植物就有 20 多种。② 丰富的植被物种资源，使南岭民族走廊成为我国南方的重要林业生产基地，适宜种植的林地面积十分广阔。南岭民族走廊内动物种类非常多样，其生态和区系多具有亚热带和热带特色，列入国家珍稀保护动物的就多达几百种。走廊内经济鱼种类也十分丰富，非常适合渔业发展。

另外，南岭民族走廊由于山地丘陵面积较大，地貌类型多样，海拔高差较大，引起水、热状况的垂直分配差异较大，因此其气候资源、水资源、动植物资源的垂直变化十分明显。这种垂直差异，使南岭民族走廊立体农业分层开发的特征十分明显，例如，海拔在 400~500 米以下，为双季稻和果木的种植带；500~700 米，为水稻、经济林、用材林的种植带；700~900 米，适合于用材林、水土保持林的培育；900~1700 米，适合于水源涵养林、用材林的培育；1700 米以上，则以保护原有植被为主地带。

综上所述，南岭民族走廊独特的地理区位和适宜的自然环境，使走廊内所蕴含的自然资源十分丰富，非常适合多种产业立体开发。由于其重要通道性质，南岭民族走廊具有悠久的开发历史。但是由于基础设施建设滞后、发展理念落后、开发措施不当、过度追求经济效益等原因，不但造成

---

① 中国科学院、国家计划委员会自然资源综合考察委员会南岭山区科学考察组：《南岭山区自然资源开发利用》，科学出版社 1992 年版，第 12 页。

② 中国科学院、国家计划委员会自然资源综合考察委员会南岭山区科学考察组：《南岭山区自然资源开发利用》，科学出版社 1992 年版，第 14 页。

了开发过程中效率低下、资源浪费等情况的出现，还致使走廊内生态环境遭到严重破坏。南岭民族走廊内丰富的自然资源具有巨大的经济效益、社会效益和生态效益，在构建其经济发展战略中，必须以科学的开发理念进行统一规划，做到资源整合和高效开发，变资源优势为经济优势和生态优势，促进民族地区经济发展水平的提高和自然生态环境的优化。

（二）少数民族居民比重较高的人口要素条件

南岭民族走廊是我国分属于苗瑶语族和壮侗语族的众多少数民族居民的主要聚居地，生活在走廊内的民族多达40余个，少数民族居民数量众多。以南岭民族走廊的中心——南岭山区为例，按照中国科学院于20世纪90年代初的统计，南岭山区人口约3200多万人，是我国苗族、瑶族、壮族、畲族等少数民族居民的重要聚居地区。而在整个南岭湘漓区域的144个县、3058个乡镇中，人口共计8500万人，其中包括27个少数民族自治县、170个少数民族乡。[①]

从构建南岭民族走廊经济合作区所涉及的七个省区来看，如表4-1所示，2015年该区域人口总数达39563.1万人，约占全国的28.78%。根据各省区2015年人口统计显示，走廊内各地区人口自然增长率均超过全国平均水平，广西人口自然增长率最高，达7.9‰，处于最低水平的贵州其人口自然增长率也达5.8‰，人口红利的可持续性较强。由此可见，南岭民族走廊经济发展所依赖的劳动力基础十分厚实。

表4-1 南岭民族走廊各省区2015年常住人口总量及自然增长率

| 类别 | 广东 | 广西 | 湖南 | 江西 | 贵州 | 福建 | 云南 | 全国 |
|---|---|---|---|---|---|---|---|---|
| 常住人口总量（万人） | 10849 | 4796 | 7242 | 4565.6 | 3529.5 | 3839 | 4742 | 137462 |
| 自然增长率（‰） | 6.80 | 7.9 | 6.72 | 6.96 | 5.8 | 7.8 | 6.4 | 4.96 |

资料来源：各省区《国民经济和社会发展统计公报》（2015年）。

从人口结构来看，南岭民族走廊的劳动力素质也较为良好。根据《2015年全国各省区1%人口抽样调查主要数据公报》显示，南岭民族走

① 陈宪忠：《论南岭地区和湘漓流域在"泛珠三角"的经济合作——关于建立南岭湘漓次区域经济合作区的构想》，《中共桂林市委党校学报》2007年第4期，第22-25页。

廊各省区的人口在年龄和教育水平两方面都呈现出较好的结构特征，经济发展所依赖的劳动力质量越来越高。如表 4-2 所示，从年龄结构看，南岭民族走廊各省区处于劳动年龄组的人口比例在 67.61%~75.3%，比例平均为 71.25%，除广东、福建和云南高于全国平均水平外（73.01%），其余四省区略低于全国平均水平。走廊内的老年人口比例在 8.48%~11.4%，除湖南省（11.4%）外，其余六省区均低于全国平均水平（10.47%），走廊内各省区的老龄化程度并不是很严重。从教育水平结构来看，走廊内各省区具有大专及以上学历的人口所占比例在 7.22%~11.87%，具有高中学历（包括中专）的人口比例在 9.64%~21.4%，具有初中学历人口比例在 29.29%~39.30%，小学学历人口比例在 23.79%~42.36%，尽管有些省区在整体教育结构上与全国平均水平存在一定的差距，但是差距并不悬殊。随着各省区对教育事业的重视程度逐年加深，走廊内人口的整体素质水平越来越高，为经济的持续发展奠定了良好的劳动力基础。

表 4-2　南岭民族走廊各省区 2015 年人口结构状况

单位:%

| 省区 | | 年龄结构 | | | 教育水平结构 | | | |
|---|---|---|---|---|---|---|---|---|
| | | 少年儿童组 | 劳动年龄组 | 老年组 | 小学 | 初中 | 高中 | 大专及以上 |
| 核心区 | 广东 | 17.37 | 74.15 | 8.48 | 23.79 | 39.30 | 21.40 | 11.87 |
| | 广西 | 22.09 | 67.94 | 9.97 | 29.20 | 37.36 | 12.25 | 7.25 |
| | 湖南 | 18.49 | 70.10 | 11.40 | 27.11 | 38.25 | 20.32 | 10.53 |
| | 江西 | 20.33 | 70.23 | 9.44 | 27.41 | 38.58 | 14.46 | 8.14 |
| 辐射区 | 贵州 | 22.19 | 67.61 | 10.20 | 34.73 | 35.23 | 10.66 | 8.45 |
| | 福建 | 16.20 | 75.30 | 8.50 | 27.40 | 38.70 | 15.00 | 9.80 |
| | 云南 | 17.79 | 73.45 | 8.76 | 42.36 | 29.29 | 9.64 | 7.22 |
| 全国平均 | | 16.52 | 73.01 | 10.47 | 24.34 | 35.60 | 15.34 | 12.43 |

资料来源：各省区《2015 年全国 1%人口抽样调查主要数据公报》。

另外，从各省区人口的民族构成来看，南岭民族走廊内各省区的少数民族人口数量较为庞大，比例较高。如表 4-3 所示，根据各省区《2015

年1%人口抽样调查主要数据公报》显示，南岭民族走廊所涉及七省区的少数民族人口共5628.48万人，占全国少数民族人口总数的47.96%，尤其是广西、贵州和云南三省区，其少数民族人口比重十分高。南岭民族走廊内的少数民族居民是实现区域经济发展的重要劳动力来源，尤其是在民族地区经济发展中具有举足轻重的作用。

表4-3　南岭民族走廊各省区2015年人口的民族构成结构

| 结构 | | 广东 | 广西 | 湖南 | 江西 | 贵州 | 福建 | 云南 | 全国 |
|---|---|---|---|---|---|---|---|---|---|
| 汉族人口 | 数量（万人） | 10623.7 | 3014.8 | 5686.4 | 4545.1 | 2247.2 | 3742 | 3146.7 | 125614 |
| | 比例（%） | 97.92 | 62.86 | 89.90 | 99.64 | 63.67 | 97.60 | 66.43 | 91.46 |
| 少数民族人口 | 数量（万人） | 225.30 | 1781.20 | 641.10 | 16.58 | 1282.20 | 92 | 1590.10 | 11735 |
| | 比重（%） | 2.08 | 37.14 | 10.10 | 0.36 | 36.33 | 2.40 | 33.57 | 8.54 |

资料来源：各省区《2015年全国1%人口抽样调查主要数据公报》。

总体来看，南岭民族走廊内的人口要素具有以下基本特征：一是人口数量众多，以构建南岭民族走廊经济发展战略所依赖的重要劳动力基础，可以为该区域未来经济发展提供源源不断的劳动力要素；二是人口综合素质较好，处于劳动年龄的人口比例和具有较高文化水平的人口比例较高；三是少数民族人口众多，在推进民族地区开发和发展特色民族产业中具有突出的价值意义。因此，数量众多的劳动力资源为南岭民族走廊经济发展带来了坚实的劳动力红利，随着民族地区教育水平的提升，其又可以为实现经济转型发展和创新驱动战略的实施奠定优良的人才基础。

（三）创新能力不断提升的技术要素条件

面对经济下行压力，在国家供给侧结构性改革和建设创新驱动型经济的总体要求下，南岭民族走廊各省区同全国其他省区一样，开始了经济发展动力转换与发展方式转变的探索。各省区在科技经费投入量和投入强度上都比之前有了显著提升，创新能力提升所依赖的技术水平不断提高。尤其是广东省，在 2015 年首次明确了创新驱动发展战略后，尤为重视技术创新在转变增长方式中的重要作用，在创新能力培育上走在了全国前列。综合来看，南岭民族走廊经济发展战略构建所依赖的技术要素不断优化提升。主要表现在以下几个方面：

第一，科学研究和技术服务业固定资产投资不断提高。科学研究和技术服务业的发展，对地区创新能力的培育具有重要意义。2016 年，南岭民族走廊各省区中，湖南在科学研究和技术服务业上的固定资产投资额最高，达 358.2 亿元，比上年增长 16.9%；其次是广东，投资额和增长率分别为 225.01 亿元和 3.1%；云南为 18.13 亿元；贵州为 42.24 亿元，增长率高达 47.5%。在科学研究和技术服务业固定资产投资增长率上，江西表现最高，为 59.7%。由此可见，南岭民族走廊各省区十分重视科学研究与技术服务业的发展，逐年加强其固定资产投资力度，促进了科学技术的不断创新与进步。

第二，R&D 经费支出与科技成果逐年增加。最能体现各省区对技术创新能力提升重视程度和地区科技实力的是研究与试验发展（R&D）经费投入，国际上通常采用 R&D 活动的规模和强度指标反映一国的科技实力和核心竞争力。南岭民族走廊各省区在 R&D 经费支出与投入强度上不断提高，科技竞争力不断增强。2015 年，南岭民族走廊各省区在 R&D 经费支出与投入强度上不断提升。其中，广东在 R&D 经费支出与支出占GDP 比重上分别为 1798.2 亿元和 2.47%；湖南省为 412.7 亿元和 1.43%；福建为 392.9 亿元和 1.51%；江西为 173.2 亿元和 1.04%；贵州为 62.3 亿元和 0.59%。与全国其他省区对比来看，广东 R&D 经费支出总额超过千亿元并超过全国平均水平（457.1 亿元），仅次于江苏（1801.2亿元），高于山东、北京、上海和浙江，占全国投入总额的 12.7%，居全国第二位；在投入强度上，广东高于全国平均水平（2.07%），居全国第五位，仅低于北京、上海、天津以及江苏。

在不断加大对科学技术创新的培育力度下，南岭民族走廊各省区的科技成果和技术专利数量取得了明显进步。根据各省区《国民经济和社会发展统计公报》（2016年）显示，广东全年科学领域取得突出发展成绩，其中，专利申请受理505667件、专利授权259032件、科技成果1963项、技术合同签订17480项、技术市场合同成交金额789.68亿元。除广东外，科技成果、专利授权、技术市场交易情况较为突出的是福建，其专利授权数量达67142件，技术市场合同成交金额也超过100亿元。广西、湖南、江西、云南、贵州五省区在科技成果方面也进步明显。

第三，科研机构数量逐年增加。科研机构是地区科技创新能力的重要标志，是科技研发与孕育创新成果的重要因素。截至2016年，南岭民族走廊各省区在研究机构、研究中心、工程实验室、高新技术企业、创新平台、质量监督检验中心、科研从业人员等方面取得显著进步。根据2016年各省统计显示，广东拥有国家工程实验室12个、国家工程（技术）研究中心23个、国家地方联合创新平台61家、国家认定企业技术中心87个；广西共有产品检测实验室1016个、国家级质检中心11个；湖南共有国家工程研究中心4个、国家认定企业技术中心45个、国家工程技术研究中心14个、国家级重点实验室16个；江西共有国家工程（技术）研究中心8个、国家级重点实验室4个；福建拥有国家重点实验室10个、国家级工程技术研究中心7个、国家级企业技术中心2个；云南共有国家批准组建的工程技术研究中心4个、新认定省级重点实验室1个；贵州通过资质认定的检验检测机构825个、国家产品质量监督检验中心6个、法定计量技术机构114个。此外，走廊内的省级工程技术研究中心、实验室、技术机构等更是数不胜数。可见，整个南岭民族走廊的技术条件已经十分优良，在技术创新环境、技术研发平台、技术创新激励机制等方面都为构建其经济发展战略奠定了坚实的基础。

（四）保障能力明显增强的资金要素条件

自"十二五"时期以来，南岭民族走廊各省区在公共预算能力、金融存贷款能力以及吸引外资方面均取得显著进步，经济发展所依赖的资金要素逐步优化。2016年，在一般公共预算收入、一般公共预算支出两项财政指标以及在金融机构各项存贷款余额指标方面，各省区均显著增长。

广东一般公共预算收入、一般公共预算支出两项指标分别达到1.04

万亿元和1.34万亿元；福建为0.43万亿元和0.43万亿元；广西为0.16万亿元和0.45万亿元；湖南为0.43万亿元和0.63万亿元；江西为0.22万亿元和0.46万亿元；贵州为0.16万亿元和0.43万亿元；云南为0.18万亿元和0.50万亿元。

在金融机构各项存贷款余额上，广东为18.0万亿元和11.1万亿元；广西为2.55万亿元和2.06万亿元；湖南为4.20万亿元和2.75万亿元；江西为2.89万亿元和2.17万亿元；贵州为2.38万亿元和1.79万亿元；福建为4.05万亿元和3.78万亿元；云南为2.78万亿元和2.31万亿元。

在实际利用外资方面，广东、湖南和江西都是超百亿美元的三个省区，其实际利用外资分别达到233.49亿美元、128.5亿美元、104.4亿美元。其余四省区均在百亿美元以下，贵州为32.16亿美元，比2015年增长27.4%，福建实际利用外资达81.95亿美元，比上年增长6.7%，广西和云南分别为8.88亿美元和8.67亿美元。

资金要素是区域经济发展所必需的基础条件，资金短缺也是欠发达地区在经济发展中所面临的重要瓶颈。在国家和地方的共同努力下，南岭民族走廊各省区在一般公共预算能力、金融存贷款能力以及吸引外资方面都取得了显著进步，为促进经济稳定增长提供了充足的资金保障。在国家深入推进西部大开发战略和"一带一路"建设的形势下，南岭民族走廊地区的经济发展还会获得国家更多的财政支持和海外投资的青睐，资金要素的充裕为构建南岭民族走廊经济发展战略奠定了坚实的基础和保障。

**三、民族文化与民族关系所带来的纽带优势**

民族文化与民族关系对区域经济发展具有巨大的影响，丰富的民族文化与和谐的民族关系对于促进经济发展具有积极的意义。除了具有独特的区位条件和优异的要素禀赋之外，与其他经济区划相比，南岭民族走廊还具有多元的民族文化优势和紧密的民族关系优势。

（一）多元的民族文化是重要资源

生活在南岭民族走廊的各个民族都有各自相对比较集中的聚居区，其生产方式、生活方式、语言以及文化习俗都存在明显的差异。即使是同一个民族，因不同的地域、不同的生存环境也存在不同的民族特征。历史中，南岭民族走廊中南来北往、东西流动，各民族长期杂居交错，文化交流互动十分频繁，文化样式既有自成一体又有整合创新，留下了丰富多彩的民族文化资源，成为少数民族多元文化聚集、沉淀的"富矿区"。作为沟通岭南与中原两大文化区的南岭民族走廊，在历经了数千年的族群迁徙流动和文化碰撞互动之后，成为各民族多元文化的沉淀区，不断相互融合与发展。"这里既不是纯粹的湘楚文化、岭南粤商文化，也不是单一的苗瑶壮侗等民族文化，而是上述种种文化因子与中原文化、海洋文化等多种文化互动、整合、融合的积累与沉淀。"① 在漫长的历史长河中，南岭民族走廊中的少数民族创造了丰富多彩的文化遗产。在 2006 年 5 月国务院公布的第一批国家级非物质文化遗产名录中，分布在南岭民族走廊这一带的就有 45 项。以布洛陀、苗族古歌和刘三姐歌谣为代表的民间文学，以侗族大歌、靖州苗族歌鼟等为代表的民间音乐，以木鼓舞和苗族芦笙舞为代表的民间舞蹈，以桂剧、彩调、布依戏等为代表的传统戏剧，以苗绣和水族马尾绣为代表的民间美术，以壮族织锦技艺、侗族木构建筑营造技艺、苗族蜡染技艺等为代表的传统手工技艺，以壮族的蚂𧊫节、瑶族盘王节、仫佬族依饭节、水族端节、苗族鼓藏节等为代表的节庆习俗等，都是走廊中少数民族在长期历史延续中留给当代人的宝贵的精神财产。在 2008 年 6 月公布的第二批国家级非物质文化遗产名录中，有超过十多项文化遗产是由南岭民族走廊中的少数民族所创造的。其中包括布依族盘歌、壮族嘹歌、珠郎娘美、仰阿莎、瑶族猴鼓舞、苗族织锦技艺、广西文场等。

这些珍贵的文化遗产，历时久远，具有极高的美学价值和历史价值，是南岭民族走廊少数民族居民智慧的结晶。它们反映了南岭民族走廊中少数民族居民意识世界中朴素的人与自然、人与人和谐相处的理念，是这些族民自然观、道德观和价值观的生动表达。南岭民族走廊内的文化，既有地域性和民族性，又具有整体性和共同性；既具有原生态和传统性，又不乏创新和融合特点。这些宝贵的文化遗产还具有极高的社会价值和经济价值，是推进西部大开发战略和促进民族地区经济加速发展的重要资源。传

---

① 韦浩明：《南岭走廊民族认同研究》，中南大学出版社 2015 年版，第 29 页。

承和弘扬民族文化有利于进一步保持民族特性，提升其文化延续力，有利于维护民族团结和维护民族地区社会稳定，促进和谐民族关系的继续保持。此外，合理规划并开发民族文化资源，在保护中努力挖掘其存在的经济价值，可以培育民族地区新的经济增长点和增长极，优化区域产业结构，变资源优势为经济优势，提升民族地区居民的收入水平和文化素质，改变民族地区贫穷落后的面貌。

（二）和谐的民族关系是天然纽带

南岭民族走廊是历史上两大区域中各个民族迁徙流动与沟通往来的交通要道，是我国众多少数民族的摇篮。走廊内民族众多，包括苗、瑶、壮、侗、水、毛南、仫佬、布依、畲等近40个民族。南岭民族走廊各民族在历史中形成的大杂居、小聚居的交错式分布格局，对各民族、各族群之间的交往交流、互动融合、相互认同，甚至是碰撞冲突产生了深远影响。尽管民族众多，但是各民族为了自身的生存延续，不断与其他民族进行政治、经济、文化等方面的交流联系，形成了各民族之间互利互惠、和谐共生的民族关系。

南岭民族走廊中的各民族，由于居住地域的巨大差异，其生存环境、生产方式、资源占有等状况不尽相同，只有互通有无、相互补充，才能共同生存发展下去。构建良好的民族关系、相互进行帮扶，是每个民族意识到的最佳途径与必然选择。历代中原王朝与地方政权为了维护地方社会安定，也不断采取汉化政策，通过促进相互学习、改造习俗等方式不断汉化各少数民族传统文化，逐渐改变其生产方式，加速了少数民族的封建化进程。这些举措，客观上有利于民族之间相互理解、相互认同，促进了中华民族多元一体格局的形成。南岭民族走廊内的各民族在长期的历史发展过程中，相互交流学习、彼此影响，文化上不断相互涵化、经济上不断互惠互利，尽管存在碰撞与冲突，但民族关系的主流依然是和谐相处。新中国成立以后，我国处理民族关系的基本原则是民族平等、民族团结和各民族共通繁荣。各民族在相互平等、相互尊重、相互学习的基础上，民族关系进入和谐发展的新时期。

历史中所形成的南岭民族走廊内各民族之间的这种紧密且和谐的民族

关系是构建该区域经济发展战略的重要保障。首先，和谐的民族关系为构建南岭民族走廊经济发展战略提供了优良的合作环境。没有团结、和谐的民族关系就没有稳定的社会环境，实现区域经济共同发展的愿望就无从谈起。其次，紧密的民族关系为构建南岭民族走廊经济发展战略并促进各区域协调发展提供了天然的合作纽带。紧密的民族关系有利于拉近并强化各区域之间的经济关系，消除经济合作中的障碍隔阂，降低经济合作中的谈判成本，并有效达成一致的合作机制，提升各种协作机制的执行力和协同发展的效率。最后，和谐民族关系的保持也是构建南岭民族走廊经济发展战略的归宿。区域发展的不平衡、不协调是目前南岭民族走廊经济发展中突出的核心问题和主要矛盾，这个核心问题如果不能解决，将对走廊内长期以来所形成的和谐、紧密、团结的民族关系的保持产生不利影响。增进中华民族的凝聚力、实现各民族共同发展既是费孝通先生提出"中华民族多元一体格局"的初衷，也是我国民族政策的内在宗旨。促进民族地区加速发展，实现各区域协调发展，最终实现各民族共同繁荣、各民族不断团结进步，是对南岭民族走廊经济发展战略进行构建的出发点和最终归宿。

**四、经济转型与对外开放奠定的良好基础**

"十二五"时期以来，面对严峻的经济形势和艰巨的供给侧结构性改革任务，南岭民族走廊各省区在经济发展中取得了显著成就，为以后经济的转型发展奠定了良好基础。构建南岭民族走廊经济发展战略必须建立在该区域现有经济发展基础之上，才可以科学统筹全局。

（一）经济实力显著提升

截至2015年，南岭民族走廊各省区经济综合实力逐步增强。其中，广东地区生产总值达到7.28万亿元，占全国GDP总量的10.8%，五年年均增长8.5%，对全国经济增长的贡献率超过10%，人均GDP达到6.75万元，五年年均增长7.5%；广西GDP总值达到1.68万亿元，年均增长10.1%，人均地区生产总值3.5万元，经济发展总体进入中等收入阶段；湖南全省GDP达到2.9万亿元，稳居全国前10位，五年年均增长10.5%，高于全国平均水平，人均GDP达42968元，与全国差距进一步缩小；江西生产总值由 2010 年的 9451 亿元提高到 2015 年的 1.67 万亿元，年均增长 10.5%；贵州地区生产总值突破 1 万亿元，达到 10502.56亿元，年均增长 12.5%，人均 GDP 水平接近 5000 美元，占全国平均水平的比重提高了 16.1 个百分点；福建全省地区生产总值 2.598 万亿元，年均增长 10.7%，人均地区生产总值突破 1 万美元，达到 10920 美元；云南全省生产总值跨上万亿元新台阶，年均增长 11.1%。[①] 经济综合实力的提升为南岭民族走廊整体的进一步优化协调发展奠定了坚实的发展基础。

（二）产业结构不断优化

根据各省区《国民经济和社会发展统计公报》（2016 年）显示，进入"十三五"的开局之年，各省区在产业结构优化调整方面均取得了显著成绩，不但第一、第二、第三产业增加值显著增加，而且三次产业比例得到明显改善。

在第一产业发展方面，广东和湖南两省发展水平较高，其增加值处于第一梯队；贵州和云南第一产业增速较快，分别达到 6.0% 和 5.6%，其余五省区发展速度在 3%~4%；云南第一产业对 GDP 增长的贡献率较大，达到了 12.1%，处于最高水平，其次是广西和贵州，分别为 7.2% 和6.0%。在第二产业发展方面，广东的第二产业增加值达 3.4372 万亿元；湖南和福建的第二产业增加值也超过了 1 万亿元，分别达到 1.3181 万亿元和 1.3913 万亿元；贵州第二产业增长率是唯一超过两位数的省份，增速最快，达 11.1%，其余五省区在 6%~9%；广西、江西、贵州和福建的第二产业贡献率最高，均超过了 40%。在第三产业发展方面，广东第三产业增加值最高，达到了 4.1446 万亿元，湖南与福建也超过了 1 万亿元，其余四省区第三产业增加值均没有达到 1 万亿元；各省区第三产业增长速度都非常快，基本在 10% 左右；广东、湖南、福建和云南第三产业对GDP 增长的贡献率非常明显，均达到 50% 以上，广东和云南甚至超过了60%，其余三省区也都在 45% 以上。[②]

在产业结构方面，南岭民族走廊各省区的三次产业结构也得到明显改善。

---

①② 资料来源于各省区《国民经济和社会发展统计公报》（2015 年）。

2014~2016 年，南岭民族走廊各省区的三次产业结构均发生显著变化，第一产业和第二产业在地区生产总值中的比重逐渐降低，第三产业比重明显增加。各省区在经济结构调整中均取得较好成绩，产业结构逐渐优化。根据各省区《国民经济和社会发展统计公报》（2016 年）显示，在南岭民族走廊各省区中，广东三次产业结构调整为 4.7：43.2：52.1；广西三次产业结构调整为 15.3：45.1：39.6；湖南三次产业结构调整为 11.5：42.2：46.3；江西三次产业结构调整为 10.4：49.2：40.4；贵州三次产业结构调整为 15.8：39.5：44.7；福建三次产业结构调整为 8.3：48.5：43.2；云南三次产业结构调整为 14.8：39.0：46.2。① 截至 2016 年，以第三产业为主要经济部门的省份包括广东、贵州、云南和湖南四省；广西、江西和福建三省区的国民经济以第二产业为主要部门，但是第二产业的比重逐年下降，第三产业发展十分迅速。

（三）对外开放不断深化

国家"一带一路"建设的提出与实施，为全国尤其是处于内陆的中西部地区的对外开放提供了前所未有的契机。"一带一路"的实施，让西部民族地区由原本处于欠佳开放位置的地区成为对外开放的第一线。南岭民族走廊各省区也意识到"一带一路"带来的战略契机，逐步提升开放程度，积极发展外向型经济，主动融入"一带一路"建设。尤其是处于沿海地区的广东、福建和广西，均出台了海洋经济发展专项规划，充分借助"21 世纪海上丝绸之路"建设契机，逐步扩大对外开放程度，参与国际合作和国际竞争。

截至 2016 年，南岭民族走廊各省区在进出口总额方面取得明显提高。在进出口总额方面，广东全年进出口总额达 6.30 万亿元，约占全国进出口总额的 25.9%，高于上海和江苏。除广东外，福建进出口总额也超过 1 万亿元水平，其余五省区尽管都落后于广东和福建，但是对外开放程度逐渐提升。从贸易试验区或保税区建设方面看，各省区对外开放格局逐渐拓展。广东深入实施市场多元化战略，继深圳、广州等多个保税区之后，启动广东自贸试验区建设，也在积极争取设立珠海高栏港、中山、深圳坪山

---

① 资料来源于各省区《国民经济和社会发展统计公报》（2015 年）。

新区等综合保税区。湖南也加快开放步伐，相继设立湘潭、衡阳、岳阳综合保税区，对内对外开放格局逐渐形成。江西着力建设开放性经济，设立了赣州综合保税区、南昌综合保税区。广西继钦州保税港区和凭祥综合保税区后，南宁综合保税区已经获得国家批准成立。作为东南沿海省份，福建也积极拓展对外开放格局，继福州保税港区之后，中国（福建）自由贸易试验区正式设立。贵州目前已经拥有贵阳综合保税区、贵安综合保税区和遵义综合保税区。云南省目前已经具有红河和昆明两个综合保税区。

由此可见，南岭民族走廊各省区正在积极主动融入"一带一路"建设，积极发展开放型经济，参与全球市场竞争，逐渐深化与丝路沿线国家的经济合作和经贸往来，对外开放格局得到进一步拓展。

**五、灵活优惠且全方位的政策条件**

为了支持和促进少数民族以及民族地区经济社会发展，国家长期以来制定并实施了多项灵活优惠的民族经济政策，涉及财政税收、对外贸易、扶贫开发、兴边富民等多个领域。这些政策具有较强的针对性，对促进我国民族地区经济发展发挥了积极作用。新时期下，国家在扶贫开发、西部大开发战略以及"一带一路"建设中又出台了众多有利于南岭民族走廊地区经济发展的相关政策文件。这些政策为南岭民族走廊经济发展战略的构建奠定了良好的制度基础。

（一）民族经济发展政策

长期以来，中国共产党和国家都十分重视少数民族及民族地区的经济发展问题，将实现各民族共同繁荣作为建设中国特色社会主义，实现社会主义现代化的重要条件。自新中国成立以来，各级政府通过一般性、专项、民族优惠政策财政转移支付以及国家规定的其他方式，逐渐增加对民族地区的资金投入，改革开放以来，中央财政进一步加大对少数民族聚居区的财政补贴力度，对民族地区实行更为优惠的财政政策（见表4-4）和税收政策。《中华人民共和国民族区域自治法》的颁布，给予了民族自治地区在财政、税收等方面更多的自治权。除了按照相关规定拨付一般性转移支付和专项转移支付外，国家还设立了民族地区转移支付和许多专项补助资金。在税收政策方面，国家依据各民族地区特征以及不同的行业部门特点、社会经济发展阶段，对民族地区采取不同的税收优惠政策，以减轻民族地区经济负担。自 2000 年以来，中央对民族地区的转移支付金额逐年增加，从 2000 年的 25.2 亿元增加到 2014 年的 52. 亿元，增长了近 20 倍。

表 4-4 我国少数民族地区财政优惠政策[①]

| 实施起止时间 | 具体政策内容 |
| --- | --- |
| 1955 年至今 | 国家设置少数民族地区补助费 |
| 1964 年至今 | 国家实施少数民族地区财政"三照顾"政策 |
| 1964～1988 年 | 国家规定民族自治地方财政超收分成全额留用 |
| 1972～1975 年 | 国家对边疆民族地区设置补助专款 |
| 1977 年至今 | 国家设立边疆建设事业补助费 |
| 1980 年至今 | 国家设立支援不发达地区发展资金 |
| 1980～1988 年 | 国家规定对民族自治区补助数额每年递增 10% |
| 1995 年至今 | 国家对少数民族聚居地区实施政策性财政转移支付 |
| 2000 年至今 | 国家设立民族地区转移支付[②] |

此外，我国还非常重视民族贸易的发展，出台了诸多政策文件（见表 4-5）。1991 年，国务院发布《国务院批转国家民委等部门关于加强民族贸易和民族用品生产供应工作意见的通知》；1997 年，国务院又颁布《国务院关于"九五"期间民族贸易和民族用品生产有关问题的批复》等文件，以促进市场经济体制下民族地区贸易的发展。

---

① 温军：《民族与发展：新的现代化追赶战略》，清华大学出版社 2004 年版，第 125 页。
② 民族地区转移支付是指中央政府对民族地区安排的财政性转移支付，其资金来源一是中央财政安排的资金，二是民族地区增值税环比增量的 80%。民族地区转移支付的对象为民族省区和非民族省区的民族自治州。

表4-5 我国民族贸易和民族特需用品生产企业政策①

| 实施起止时间 | 具体政策内容 |
|---|---|
| 1951~1970 年 | 国家实行民族贸易政策 |
| 1951~1970 年 | 国家对民族贸易企业实行价格补贴照顾 |
| 1952~1983 年 | 国家对民族贸易企业自有资金给予照顾，对民族贸易企业利润留成给予照顾 |
| 1981~1995 年 | 国家对民族贸易企业实行优惠贷款 |
| 1991 年至今 | 国家对民贸边销茶生产加工定点企业实行信贷贴息照顾 |
| 1991~1995 年 | 国家对民族用品定点生产企业流动资金贷款实行优惠，对民族贸易县商业企业流动资金贷款实行优惠 |
| 1997 年至今 | 国家出台民族贸易和民族用品生产优惠政策 |

总体而言，我国对民族地区经济发展十分重视，其出台的政策文件带有明显的针对性、适时性和灵活性等特征，有一些财政政策、税收政策和促进民族贸易发展的政策至今仍然发挥着重要作用。

（二）扶贫开发推进政策

为了改变我国民族地区贫穷落后的面貌，解决少数民族突出存在的贫困问题，我国自新中国成立以来尤其是改革开放以来就十分重视民族地区的扶贫攻坚问题。《国家"八七"扶贫攻坚计划（1994—2000 年）》的颁布，成为我国农村扶贫开发工作的纲领性文件。此外，国家还将"兴边富民行动"纳入专项规划中，并出台了扶持人口较少民族发展的若干政策。《国家"八七"扶贫攻坚计划（1994—2000 年）》不但放宽了少数民族贫困县的扶持标准，在扶贫资金、物资、税收、"以工代赈"资金、"温饱基金"等方面，都将中西部民族地区作为投放重点。2011 年，国家颁布《兴边富民行动规划（2011—2015 年）》和《扶持人口较少民族发展规划（2011—2015 年）》，出台了包括加大对边疆地区的资金投资力度、加大民生保障力度、实行积极的产业扶持政策、加大扶贫开发支持力度、加大对口帮扶支援力度等在内的多项系统性政策。

2011 年，国家颁布《中国农村扶贫开发纲要（2011—2020 年）》，

---

① 温军：《中国民族经济政策的形成、演变与评价》，《民族研究》1998 年第 6 期，第 13~27 页。

将 14 个集中连片特困地区作为扶贫攻坚的主战场，提出了专项扶贫、行业扶贫、社会扶贫、国际合作等多种举措，在政策体系、财税支持、投资倾斜、金融服务、产业扶持、土地使用、生态建设、人才保障、重点群体等方面确立了系统性政策体系。[①] 2012 年 8 月，国务院多部门联合颁布《扶贫开发整村推进"十二五"规划》，在集中连片特困地区中确立了 30000 个贫困村，将促进贫困村经济、社会、生态全面发展作为目标，整体推进改善这些贫困村的基本生产生活条件，努力提高农民人均纯收入。在保障措施上，国家在组织机制、投入力度、工作机制、管理监督、考核评估等方面给予了多项政策扶持。[②] 此外，国家在"十二五"发展规划以及"十三五"发展规划中也提出了多项扶贫规划和政策措施。

贫困问题是南岭民族走廊各省区经济发展中所面临的重要问题，各省区扶贫攻坚任务仍然十分艰巨。在国家确定的 14 个集中连片特困地区重点县和重点村名单中，南岭民族走廊地区尤其是广西、云南、贵州、江西、湖南等省区的贫困点所占比重较高，贫困范围较大、贫困程度较深。国家在扶贫开发方面所出台的一系列政策文件都为南岭民族走廊完成扶贫攻坚任务提供了有力保障。

(三) 西部大开发战略所带来的优惠政策

西部大开发战略是中国共产党和国家高瞻远瞩、总揽全局、面向 21 世纪做出的重大决策，具有重大的经济和政治意义。国家为了体现对西部地区的重点支持，国务院制定并实施了若干政策措施。南岭民族走廊横跨我国东中西部，东西部区域发展差距悬殊。随着西部大开发战略的深入实施，南岭民族走廊中的中西部地区将面临更为优惠的发展政策。西部大开发战略中的政策措施包括增加资金投入政策、改善投资环境政策、扩大对外对内开放政策、吸引人才和发展科技教育政策等。

2017 年 1 月，国家发展和改革委员会印发了《西部大开发"十三五"

---

① 摘自《中国农村扶贫开发纲要（2011—2020 年）》，2011 年。

② 摘自《扶贫开发整村推进"十二五"规划》，2012 年。

规划》，将西部地区上升到了打赢脱贫攻坚战、全面建成小康社会的重点和难点，是我国发展重要回旋余地和提升全国平均发展水平的巨大潜力所在，是推进东西双向开放、构建全方位对外开放新格局的前沿，在区域发展总体战略汇总中具有优先地位①。按照国家主体功能区战略，《西部大开发"十三五"规划》在经济发展、资源环境、社会发展和创新能力方面提出了新的目标，并在加大资金投入力度、创新完善投融资体制、优先布局建设比较优势项目、实施差别化用地政策、加强西部地区人才培养培训、加强智库建设、重大人才工程适度向西部倾斜等方面给予了更为优惠的政策。规划中还在贵州、云南、广西等南岭民族走廊地区确立了多个西部大开发重点项目储备。

（四）"一带一路"建设所带来的开放政策

共建"丝绸之路经济带"和"21世纪海上丝绸之路"的重大倡议，得到国际高度关注和认同。为了加快"一带一路"建设，促进沿线各国经济繁荣与区域经济合作，国家发布了《推动共建丝绸之路经济带和21世纪海上丝绸之路的愿景与行动》，在共建原则、框架思路、合作重点、合作机制等方面进行了科学规划。"一带一路"建设为我国国内各地区发挥比较优势，实行更加积极主动的开放战略，加强东中西互动合作，全面提升开放型经济水平带来了前所未有的历史机遇。

为了推进"一带一路"建设，国家出台了多项政策支持，包括"推动亚洲基础设施投资银行筹建，发起设立丝路基金，强化中国—欧亚经济合作基金投资功能。推动银行卡清算机构，开展跨境清算业务和支付机构开展跨境支付业务。积极推进投资贸易便利化，推进区域通关一体化改革"。② 在愿景与行动中，对我国西北及东北地区、西南地区、沿海和港澳台地区、内陆地区等进行了战略定位，其中涉及南岭民族走廊的有云南、广西、福建、广东等省区。南岭民族走廊各省区正在积极主动融入"一带一路"建设，以更加积极的姿态，充分利用国家相关政策，努力拓

---

① 《西部大开发"十三五"规划》，2017年1月。
② 《推动共建丝绸之路经济带和21世纪海上丝绸之路的愿景与行动》，2015年3月。

展对内对外开放格局，深化对外开放合作。

## 第四节　构建南岭民族走廊经济发展战略的障碍性因素

　　尽管构建南岭民族走廊整体经济发展战略在建设走廊经济带、协同各子区域经济战略方面具有现实可行性，构建整体经济战略的现实条件也十分优良，但是也存在许多障碍性和制约性因素需要逐步解决。从自然环境来说，南岭民族走廊尤其是南岭山区的自然环境相对恶劣，造成基础设施建设难度较大，在资源开发和对外开放中将会面临一定的困难。更大的障碍则来自走廊内长期形成的社会环境因素，突出表现在行政分割、发展失衡、科教滞后以及观念落后等方面，其中行政区划对走廊的分割所造成的各区域发展的相对孤立是所有问题中最为关键的因素。科学分析这些因素形成的原因并提出有效的解决途径本身也是南岭民族走廊经济发展战略构建的重要内容。

### 一、行政分割导致的协同难度

　　南岭民族走廊的空间地理范围横跨我国东中西部，涉及的行政区域分为粤北、桂东北、湘南和赣南四部分，包括广东省的韶关、清远；广西壮族自治区的桂林、贺州；湖南省的永州、郴州以及江西省的赣州地区。其辐射区所涉及的地理区域包括武夷山南端、岭南地区、滇东高原山区、黔南地区等。从本书对构建走廊经济战略的角度来看，整个民族走廊经济带内共涉及湘、赣、粤、桂四个核心区和黔、闽、滇三个辐射区。行政区域跨度大所带来的直接问题就是行政区划边界对南岭民族走廊整体性的割裂以及对区域之间协调难度的增加。南岭民族走廊本身是民族学、文化人类学中的一个历史——地理区域概念，其形成的依据侧重于其内在的民族文化联系和历史联系，可以说是一个较为独立且具有一定整体性的特殊文化圈。长期以来的行政区划边界与历史上所形成的民族文化边界并不一致，从而在一定程度上割裂了这种民族文化圈的联系性和整体性。这种行政区划的分割，造成各区域在发展中存在较强的利益竞争性，使各区域在经济发展中相对孤立,经济协同合作的难度加大。龙晔生(2016)认为,"政策的行政区划边界割裂了'文化圈'在经济和社会事业进步道路上的协调,造成了民族文化中心观的'行政的边缘'区域内部的不平等"。① 解决南岭民族走廊区域协调发展的核心就在于突破行政区划界限,在国家层面将南岭民族走廊作为一个集经济互动和文化互动于一体的整体性区域,通过民族关系纽带来强化区域之间的协同合作发展。

**二、发展失衡带来的规划难度**

在南岭民族走廊地区整体经济发展存在的问题中,发展失衡与发展差距无疑是最为突出的核心问题。由于地理位置、自然条件、发展基础、发展理念、发展战略以及经济政策等多方面的原因,南岭民族走廊地区形成了与地势走向截然相反的经济发展走势。表现为:在地势较低的东南部沿海地区的广东和福建两省,整体经济发展水平较高;居于地势较高的广西、贵州、云南等地区,经济发展水平较为落后;处于中部地区的湖南与江西两省,经济发展水平居中。随着地势由东向西延伸,地势逐渐升高,而经济发展水平却逐渐降低,区域经济发展存在较为严重的失衡现象,且发展差距有进一步被拉大的趋势。南岭民族走廊内各区域之间在经济发展水平上的差距,并不局限于某一个领域或行业,而是全方位的,表现在国民经济发展的各个方面。

走廊内区域间在经济发展水平上的失衡和差距,给整个走廊经济发展战略的构建带来了极大的规划难度:第一,较大的发展差距难以形成统一且科学的整体战略目标。各省区在经济基础和发展能力上的差异造成其整体战略目标的实现能力、过程、步伐一定存在较大差别。第二,较大的发展差距对南岭民族走廊的整体战略定位产生负面影响。第三,较大的发展差距对构建统一的协调发展机制及其执行效率带来一定负面影响。第四,较大的发展差距对经济政策的一致性与执行力带来一定负面影响。第五,发展差距对各省区之间建立高效的经济合作机制带来一定的难度。缩小发

---

① 龙晔生:《南岭走廊民族区域平等发展:概念提出及路径选择》,《民族论坛》2016年第6期,第4-7页。

展差距并实现协调发展是构建南岭民族走廊经济发展战略的根本出发点，但是它的现实存在又是战略构建中的影响因素。因此，要充分考虑发展差距现状，科学分析差距存在的原因，努力构建一系列符合走廊内实际区情又可以有效解决协调难度的举措，最终实现走廊内的协调发展。

### 三、自然环境具有的开发难度

南岭民族走廊地区尤其作为中心的南岭山区，大部分为山地、丘陵地貌，以五岭为主体的山脉横亘东西，地形较为陡峭，山地、丘陵的面积占到70%以上，耕地面积十分有限。走廊内属于典型的喀斯特熔岩区，地下溶洞、地下河较多，同时地上还伴有较多的山川、河流、低谷和盆地，地貌十分复杂，自然环境相对恶劣。这样的自然环境造成走廊内交通闭塞、信息不畅、物资匮乏，限制了南岭地区物质、信息的流动，加大了区域开发的成本和难度。

除了地形因素外，自然灾害频繁也是另一个影响走廊经济发展的因素。南岭民族走廊内由于每年季风进退的迟早和强度变化不一，又处于冷热气团交汇的地方，加上地形破碎、沟谷纵横，天气变化多端，灾害性天气较多，危害大，造成农业生产十分不稳定。其自然灾害多以低温冻害、高温热害、旱涝灾害、病虫害出现，给资源开发和经济生产带来了严重影响。

此外，土壤障碍因素也是影响南岭民族走廊经济发展的又一因素。南岭民族走廊自然条件复杂，土壤的种类较多，其障碍性因素也多：一是土层浅薄，这是南岭山区固有的弱点。除了谷地、盆地的土层较为深厚外，山地、丘陵岩性坚硬，坡度较大，水土易流失。这极易造成对生态环境的迫害以及农业生产的发展。二是土壤酸、黏、贫瘠，对农业生产带来不利影响。走廊内的红壤、赤红壤具有酸、黏、瘦的特点，pH 值在 4.5~5.5，呈强酸性，质地为重壤黏土，表土有机质含量只有 0.7%~2.0%，土壤养分短缺且分布广泛。另外，南岭山区的潜育化和矿毒问题也较为突出，造成农业生产难以高产稳产。

以上因素再加上森林长期乱砍滥伐，造成南岭民族走廊的生态环境不断恶化，出现了荒山荒地多、水土流失严重等生态环境恶化的现象。自然环境的相对恶劣以及生态环境的脆弱为南岭民族走廊整体经济的发展带来了约束性条件。在构建南岭民族走廊经济发展战略中，必须依据并实施国家主体功能区战略，对不同的区域进行不同的发展定位和发展规划，才能实现绿色发展和协调发展。

**四、基础设施隐含的协调障碍**

目前，南岭民族走廊中的许多区域尤其是处于西部地区的广西、贵州和云南三省区，其基础设施建设还比较落后，一直是区域经济发展中的瓶颈。基础设施建设的滞后，在不同程度上阻碍着走廊内各个区域的协调发展。在农业建设上，很多地区的农田水利设施长期失修，土地资源存在着不同程度的掠夺性经营，农业生产的后劲不足；在能源建设上，走廊内由于煤炭资源缺乏而以水电为主，但小型水电为主要类型，能源供应因季节变化大而极不稳定，导致工农业生产的电力缺口较大；在工业建设上，以采矿业和冶炼业为代表的资源密集型产业占据主导地位，产值比重较大，产业层次低端，产品附加值较高的高、精、尖产品极少。各种产品之间关联度低，相互协作配套少，产品附加值小，竞争力弱。此外，在交通建设上，铁路建设主干线较多，但支线十分少；公路比较发达，但路面等级较低，很多内河航道淤塞，通航能力受到限制。以上因素造成南岭民族走廊内基础设施建设的工程量大、施工困难、投入成本高、资金投入有限、经济发展平台相对狭小，经济发展受到限制。这些基础设施滞后的局面限制了走廊内综合优势的发挥，不利于南岭民族走廊中各区域的协调发展。

**五、科教落后引起的后力不足**

南岭民族走廊大部分为中西部省份，科学和教育事业的发展相比东部地区来说仍然较为落后，其直接的影响就是人口素质的相对较低和思想观念的滞后，最终导致其经济发展后力不足。尤其是处于中心的南岭地区，高等院校数量少，基础教育资金投入不足，办学条件差。由于经济发展水平滞后，人才引进的吸引力不高，导致人才较为匮乏，科技利用率较低，转化率不高，区域经济发展的动力不足。从南岭民族走廊各省区的人口结构来看，除广东和湖南稍微落后于全国平均水平外，其余五省区具有大专以上学历的人口比例都较远落后于全国平均水平（12.43%），其中云南为 7.22%、广西为 7.25%、江西为 8.14%、贵州为 8.45%、云南为 9.8%；而在小学学历人口所占比例上，除广东外其余六省区全部高于全国平均水平，其中广西为 29.20%、贵州为 34.73%、云南为 42.36%、福建为 27.4%、江西为 27.41、湖南为 27.1%。① 由此可见，走廊内处于广大中西部地区的省份其劳动力素质相对不高，有待于进一步提升。"由于历史和自然的原因，南岭地区开放度不够，人们的文化素质相对较低，思想观念比较滞后，封闭意识比较强，地方保护主义思想、小富即安、不思进取和自然经济观念根深蒂固，市场经济意识淡薄。"② 发展动力不足和发展观念滞后是约束走廊内欠发达地区经济发展的关键因素之一，是影响区域协调发展的重要原因。南岭民族走廊整体发展战略的构建一定要将提升走廊地区的创新发展能力和破除落后的发展理念摆在突出重要的位置。

综合本章所述，南岭民族走廊经济发展战略的构建具有深厚的现实依据，主要表现在以下几个方面：第一，协同走廊内各省区现行的经济发展战略也具有可行性。主要依据是战略目标的相同性、发展理念的一致性、战略定位的互补性、战略举措的趋同性等方面。第二，构建南岭民族走廊经济发展战略具有厚重的现实条件。主要表现在国际国内双重视角下地理区位的战略性、丰裕优质的要素禀赋结构、民族文化与民族关系的纽带性、经济转型与对外开放奠定的良好基础、灵活优惠且全方位的政策条件等方面。尽管构建南岭民族走廊整体经济发展战略在建设走廊经济带、协同各子区域经济战略方面具有现实可行性，构建整体经济战略的现实条件也十分优良，但是也存在许多障碍性和制约性因素需要逐步解决。其制约性因素主要表现在行政分割导致的协同难度、发展失衡带来的规划难度、自然环境具有的开发难度、基础设施隐含的协调障碍、科教落后引起的后力不足等方面，其中发展动力不足和发展观念滞后是约束走廊内欠发达地区经济发展的关键因素之一、是制约区域协调发展的重要原因。因此，在规划南

① 数据来自各省区《2015 年全国 1%人口抽样调查主要数据公报》。
② 周生来：《关于建立南岭经济协作区的战略思考》，《广西民族学院学报（哲学社会科学版）》2005 年第 A1 期，第 96~99 页。

岭民族走廊经济发展战略时，既要充分利用走廊内具有的现实条件、充分发挥各区域的比较优势，同时又要着力克服其存在的约束性因素，最终打造一条具有突出民族经济特色的南岭民族走廊经济带。

# 第五章

## 南岭民族走廊经济发展战略构想

  南岭民族走廊，这条在几千年历史进程中所形成的众多民族之间南来北往、繁衍迁徙和互动交流的重要廊道，区域内自然生态独特，文化形态多元，资源禀赋丰裕，是我国重要的民族聚居区和文化沉积带，在我国区域发展和中华民族多元一体格局中具有特殊地位。以南岭民族走廊为一个整体性区域，以科学的理论依据和坚实的现实依据为基础，构建该区域的经济发展战略，既是对走廊内历史上所形成的共生依存与紧密和谐民族关系的弘扬，是新时期顺应经济发展趋势的必然选择，也是未来实现我国两个百年宏伟目标的必由之路。秉承以费孝通先生为代表的民族学家们在民族走廊学说中的创见以及以施正一先生为代表的民族经济学家们在少数民族地区经济发展战略的卓见，科学构建南岭民族走廊经济发展战略，绘制一张能够引领该区域实现创新发展、协调发展、绿色发展、开放发展、共享发展的总体蓝图，是本书的根本出发点和落脚点。

## 第一节　南岭民族走廊经济发展战略总体蓝图

  科学的战略规划是引领区域经济发展的纲领性思想和指导方针。绘制南岭民族走廊经济发展战略的总体蓝图，必须充分考虑该走廊的区内同质性与区间异质性。从区内同质性看，南岭民族走廊的特征主要表现在地缘关系的紧密性、民族文化的同源性、民族关系的和谐性、历史进程的同步性、自然资源的同构性、协调发展的互补性六个方面；从区间异质性看，南岭民族走廊具有自然环境复杂、民族构成多样、民族分布分散、民族文化多元等特征。另外，南岭民族走廊区域内目前经济发展中存在的发展失衡与发展差距这个最为突出的核心问题是战略制定的关键。综合考虑以上因素，本书将从战略目标、战略定位、发展理念、战略重点、战略举措等几个方面对南岭民族走廊经济发展战略的总体蓝图进行规划。

## 一、以打造"南岭民族走廊区域合作经济带"为战略目标

充分依据区域经济现有发展基础，合理制定战略目标是进行战略规划的首要环节。与其他经济区划存在显著不同，南岭民族走廊是一个兼具文化互动空间和经济互动空间的综合性空间形态，是民族文化关系与区域经济关系的耦合空间。实现民族地区经济加速发展与均衡发展是本书研究的出发点。因此，区别于其他经济区划的战略目标规划，南岭民族走廊的战略目标应该着力凸显出"民族文化""民族联系"和"民族经济"等重要特点，努力打造一条"南岭民族走廊区域合作经济带"。

（一）核心目标：打造一条特色明显、合作创新的民族经济走廊

南岭民族走廊的地理范围以南岭为主体，东至武夷山南端，西抵雪峰山以南的八十里大南山，南与九连山相邻，北与万洋、诸广等山相接，南北宽320余公里，东西绵延640公里。核心区所涉及的行政区域分为粤北、桂东北、湘南和赣南四部分，包括广东省的韶关、清远；广西壮族自治区的桂林、贺州；湖南省的永州、郴州以及江西省的赣州地区。南岭民族走廊辐射区所涉及的地理区域包括武夷山南端、岭南地区、滇东高原山区、黔南地区等。因此，在区域经济研究视阈下，以及考虑到行政区划在区域经济发展战略规划与经济合作中的不可替代的重要作用，本书对南岭民族走廊经济发展战略规划的区域范围涉及广东、广西、湖南、江西、贵州、福建、云南这七个省区。其中，粤、桂、湘、赣四省区为核心区，黔、闽、滇三省区为辐射区，简称"4+3"。在费孝通先生的"中华民族多元一体格局"中，作为三大民族走廊之一，南岭民族走廊是壮侗语族和苗瑶语族等多个少数民族的主要聚居区，也是多元民族文化的沉淀地

带。依据南岭民族走廊独有的民族特征和现有经济发展状况，遵循区域经济发展规律，为了深入推进走廊内各区域之间的合作与发展，实现东、中、西部经济优势互补、协调发展，增强区域经济整体实力和竞争力，提升对外开放整体格局，推动"一带一路"建设尤其是"21世纪海上丝绸之路"建设，南岭民族走廊经济发展战略构建的核心目标是要着力打造"南岭民族走廊区域合作经济带"。

与环渤海经济区、长江经济带、泛珠三角区域合作等国内的其他经济圈或经济带相比，"南岭民族走廊区域合作经济带"这个战略目标的构想体现了以下内涵：

第一，它的本质和最大特色是一条基于民族学理论和区域经济发展理论基础上的民族经济走廊或民族经济带。南岭民族走廊区域合作经济带以费孝通先生提出的"民族走廊"学说为逻辑起点，以施正一先生提出的少数民族地区经济加速发展战略为指导，以通道经济或走廊经济基本理论为依据，实现由民族走廊向经济走廊的发展，是民族学概念向社会经济实践领域延伸的一种创造性运用。它充分考虑了南岭民族走廊地区经济发展中存在的突出问题，以走廊内所独有的民族特征和特色资源为依据，尊重民族地区经济发展的基本规律，以加速发展、协调发展民族地区经济为宗旨，以实现各民族共同发展为根本目的，形成一条极具民族特色的朝着现代化不断迈进的经济走廊。

第二，以历史中所形成的民族联系来强化区域经济联系是该经济带合作机制创新中的主要思路，其动力机制中更加注重民族地区的参与主动性。南岭民族走廊本身就是一个民族文化互动与经济互动的综合性区域形态，走廊中在长期历史积淀中所形成的各民族之间共生共赢、相互依存、互动发展的和谐关系是留给当代世人的宝贵精神遗产。除政府推动、市场主导两大推进区域经济合作的动力之外，该经济带的合作机制中增添了"民族联系"或"文化互动"这一更加主动性、自发性的动力。以走廊中紧密的民族关系为纽带，通过文化互动机制的构建来带动经济合作机制的创新，以经济合作机制来增进民族关系的团结进步与中华民族的向心力、凝聚力，实现民族文化与民族经济的互动互促效应。

第三，南岭民族走廊区域合作经济带更加注重少数民族及其聚居地区的发展问题。费孝通先生自提出民族走廊学说后，就十分重视对走廊内少数民族地区经济发展问题的关注。与其他经济区划相比，南岭民族走廊更加注重少数民族及其居住地区在经济社会发展中的平等性和紧迫性，更加关注少数民族地区的均衡问题、开发问题、贫困问题、生态问题、开放问题等。当然，传统经济区域划分中也有针对西部民族地区经济发展而提出的区域类型，如西部地区、西南地区、大西北地区等，但是南岭民族走廊所涵盖的民族地区更加具有指向性、针对性，内部同质性和外部异质性更加鲜明，更有利于掌握民族地区的共同性和特殊性，更加有利于制定科学、合理、高效的经济发展策略和经济发展政策。

（二）阶段目标："三步走"战略分期

打造"南岭民族走廊区域合作经济带"这个总体目标的实现，不是一蹴而就，而是分阶段逐步完成的，每一个阶段都有相应的任务设定。根据目前南岭民族走廊各省区经济发展现状以及现有经济发展战略规划的内容，可以将南岭民族走廊区域合作经济带这个战略目标的实现分为三个阶段，即"三步走"战略分期：

第一个阶段是 2017～2021 年，此时期为民族经济走廊的组织机构、合作框架、合作机制、合作平台等内容的初期运行阶段。此时期南岭民族走廊区域合作经济带的建设，其根本宗旨和主要任务是必须紧紧围绕中国共产党在十八大报告中提出的"全面建成小康社会"的第一个百年奋斗目标，形成公平开放、利益相关的区域市场，在攻坚扶贫、资源开发、对外开放、基础设施、科技教育、文化卫生等多个领域开展务实性互助合作，确保整个民族走廊在 2021 年基本全面建成小康社会，为进一步深化合作奠定良好的基础。

第二阶段是 2022～2025 年，此时期为"南岭民族走廊"区域合作品牌的打造阶段。这个阶段的主要任务包括：在全面建成小康社会的基础上，继续完善南岭民族走廊区域合作框架协议，继续拓展合作领域，建成适应市场需求的区域综合性基础设施网络；逐步完善区域经济协作机制，创新民族文化与民族经济互动平台，为区域市场体系建设营造良好的制度环境；凭借国内国际双重区位优势，构筑面向国内西南地区经济带、长江经济带、东部沿海经济带等内陆腹地的对内开放合作平台和面向港澳台、东盟国家以及"一带一路"沿线其他国家的对外开放合作平台。

第三阶段为 2026~2035 年，通过市场配置实现走廊内产业协作发展，逐步建立开放竞争的市场体系，整体提高整个走廊区域的国际竞争力，形成走廊东中西部互联互动的协调发展格局，区域发展差距明显缩小、发展方式成功转型升级，不断提升走廊区域与"一带一路"尤其是"21世纪海上丝绸之路"沿线国家的交流合作水平，基本成功打造一条创新发展、协调发展、绿色发展、开放发展、共享发展且具有民族特色浓厚、民族关系紧密、各民族共同发展、基本实现社会主义现代化的民族经济走廊。

（三）具体目标：以解决发展中的突出问题为导向

在确立了构建南岭民族走廊区域合作经济带这个总体目标和核心目标的前提下，南岭民族走廊经济发展战略规划中也必须明确具体目标，以可量化的经济指标来使目标体系更加系统化，提升战略目标的可操作性和可实施性。根据前文对南岭民族走廊区域内经济发展状况的对比分析和归纳，以解决走廊内经济发展中存在的突出问题为导向，可将具体目标概括为以下几个方面：

第一，发展差距明显缩小，发展协调性明显增强。发展失衡与发展差距是目前南岭民族走廊经济发展中存在的最为突出的核心问题，形成了与地势走向截然相反的经济发展走势。这个核心问题的解决是构建南岭民族走廊经济发展战略的根本出发点。逐步缩小经济发展差距，促进走廊区域协调发展，要在 GDP 总量、人均 GDP、居民纯收入水平、一般公共预算、金融存贷款量、固定资产投资以及社会消费品零售总额等反映经济发展水平的具体指标上逐渐缩小差异系数。

第二，经济结构继续优化，发展方式明显转型。经济结构欠优与发展方式落后是目前制约南岭民族走廊整体经济发展的关键问题之一，也是造成南岭民族走廊区域发展失衡的重要原因。促进经济结构优化升级，推进经济增长方式转型，一是要加速优化产业结构、城乡结构，着力发展第三产业，提升第三产业比重，以信息化逐步改造传统产业，加速推进城镇化和农业现代化，加速推进新型工业化。二是要逐步摒弃粗放型增长方式，以提升经济效率和质量为中心，提升资源利用效率，降低生产能耗率和污染物排放量，提升技术要素与人力要素在经济增长中的贡献率，着力进行自主知识产权的产品研发和企业品牌建设，提高产品附加值并推进产业层次向高端迈进。

第三，动力机制逐步转换，创新能力显著提升。创新发展能力是培育经济内生增长动力并实现经济跨越式、可持续发展的关键因素。尽管南岭民族走廊各省区在创新发展能力培育上十分重视，但是其区域创新发展能力仍然不足，区域经济增长的内在动力十分缺失。推进动力机制转换，提升创新发展能力，要继续开创技术创新和制度创新新局面，具体目标为：不断优化创新环境，完善创新激励机制，不断提高 R&D 经费支出，提升经费投入强度，逐步提升技术转化率，务实推进政府职能改革，简化行政审批程序，加大知识产权维护和人才培养力度等。

第四，积极融入"一带一路"，开放格局全面深化。从整体来看，南岭民族走廊地区的对外开放格局还不够开阔，尤其是走廊内居于我国中西部地区的广西、江西、湖南、贵州以及云南五省区，受制于地理区位、开放意识、开放策略等诸多因素，其对外开放程度依然处于较低的水平。积极融入"一带一路"建设，拓展对内对外开放格局，要继续深化与国内其他区域和国际地区的经济合作，更加积极地参与国际市场竞争，发展海洋经济，继续提高进出口贸易总额，优化进出口贸易结构，积极引进和利用外资。

第五，贫困问题明显改善，扶贫攻坚成效显著。南岭民族走廊各省区所涵盖的地理范围跨越我国东中西部，尤其是处于我国中西部地区的广西、贵州、江西、湖南以及云南五省区，其贫困问题也是束缚区域经济发展尤其是民族地区经济发展的重要问题。逐步消除贫困问题，开辟扶贫攻坚新局面，要充分利用国家相关扶贫政策，改善贫困地区生产生活条件，加大教育和培训力度，谋求区域扶贫协作，扎实推进专项扶贫、行业扶贫与社会扶贫，显著提高贫困居民人均纯收入，促进贫困地区经济、社会、生态全面发展。

**二、以五大战略定位彰显差异化发展**

定位是优势的凸显、是特色的彰显。不同的经济区域，其在地理区位、自然环境、要素禀赋、创新能力等方面具有不同的特征，其经济发展中的优势存在较大差异，因此，区域经济的发展路径和战略模式也应随着区域的优势不同而不同。其中，战略定位就是区分区域发展差别与选择差异化发展战略的重要内容，明确战略定位是规划区域经济发展战略的关键环节之一。在全球经济竞争愈演愈烈的区域经济发展时代，战略定位的准确与否，是决定区域经济发展战略成败的重要因素。根据南岭民族走廊地区的地理区位、自然环境、要素禀赋、民族构成、民族文化等特征，本书将南岭民族走廊经济发展的战略定位界定在五个方面，由此形成区别于其他经济区划、适合于南岭民族走廊经济发展的差异化战略。

（一）"21世纪海上丝绸之路"建设的战略起点区与国际大通道

在"一带一路"建设深入推进的时代背景下，我国内陆众多中西部地区的地理区位在从国内视野向国际视野的转变中都发生了深刻变化，由内陆边疆转变为对外开放前沿。海上丝绸之路与南岭民族走廊具有密切关系。古代海上丝绸之路是南岭民族走廊向海洋方向的不断延伸，南岭民族走廊是古代海上丝绸之路的重要组成部分。南岭民族走廊是三大民族走廊中唯一一条连接海洋的大通道，随着海上丝绸之路的扩展，它很早就已经参与到全球海上贸易格局之中，在当代"21世纪海上丝绸之路"建设中具有战略起始地位。在南岭民族走廊地区中，国家已经从宏观的国际视野下对某些特定区域进行了战略定位。例如，福建已经明确被国家定位为"21世纪海上丝绸之路核心区"，云南被定位为"我国面向南亚东南亚辐射中心"，广西是"面向东盟的国际大通道、21世纪海上丝绸之路与丝绸之路经济带有机衔接的重要门户"，广东是"深化改革开放的先行地和我国对外开放的最前沿阵地"，而贵州、湖南、江西等省区在连接我国内陆深处与沿海地区中也具有关键的过渡带和结合带作用。因此，从南岭民族走廊这个有机整体的国际区位来看，它的战略定位可以界定为"21世纪海上丝绸之路建设的战略起点区和国际大通道"。它是新的时代背景和国际形势下我国深化对港澳台地区、南亚国家地区、东盟国家地区以及海上丝绸之路沿线国家地区开放的战略主阵地，是我国内陆地区参与"21世纪海上丝绸之路"建设、发展开放型经济的国际大通道和必经之地。

（二）全国对内对外双向开放先行区

南岭民族走廊的空间地理范围东起武夷山南端，西至滇东高原，横跨我国东中西部地区，其涉及的行政省区既包括福建、广东和广西三个沿海地区，也包括湖南、江西、贵州与云南四个内陆省区。从国内视角下沿海与内陆的地理区位看，南岭民族走廊所涵盖区域既是连接我国长江流域和珠江流域，长江开放经济带和珠三角经济区、泛珠江三角洲区域合作的重要通道；又是串联我国西南内陆经济带和沿海开放经济带的过渡带和结合部。因此可以说，南岭民族走廊具有衔接走廊多个方位经济区的"交叉路口"地位，具有实施双向开放战略的天然区位优势。从对内开放战略看，南岭民族走廊向西南、向南、向北、向东等方位的西南地区、中南地区、华中地区、华南地区、长江经济带、沿海开放经济带、珠三角地区、北部湾经济圈、长三角地区等我国境内地区则是走廊经济发展所依赖的异常广阔的经济腹地，与这些地区开展更为深层的经济合作，拓展对内开放水平，将为南岭民族走廊的经济发展开拓更大范围的国内市场。从对外开放战略看，走廊中湖南、江西、云南和贵州这四个本来处于我国内陆的省区，在南岭民族走廊有机整体视阈下，其地理区位则由中西部内陆地区转变为沿海地区，整个南岭民族走廊成为华南、华东南地区面向港澳台地区、东盟国家地区以及其他海外国际市场最重要的开放前沿，是我国境内区域中发展开放型经济、参与国际竞争和全球资源配置的先行区和主阵地。因此，从这个角度来说，南岭民族走廊的战略定位又可以界定为"全国对内对外双向开放先行区"。

（三）东中西部互联互动协调发展示范区

南岭民族走廊的空间范围不但涉及粤、湘、桂、赣、黔等多个省区，而且横跨东中西三大经济地带，区域内部具有较强的关联性与协作性，是探索东中西部互联互动、协调发展机制并实现共同发展的首选之地。这是南岭民族走廊区别于其他经济区划的重要特征，其区间异质性表现在地理环境、地质特征、民族构成、历史渊源、资源条件、民族文化等多个方面。根据这个特点而统一规划南岭民族走廊的经济发展战略与经济政策，就可以消除同质性带来的对东部地区资金技术优势与中西部地区资源优势之间联系与互利的隔断，充分发挥东部地区对中西部地区的扩散效应或涓滴效应以及中西部地区对东部地区的资源优势和人口红利，弱化走廊内各区域间的竞争性而提高互补合作性，最终实现东中西部协调发展。另外，南岭民族走廊内的各民族在历史迁徙活动中沉淀下了和谐紧密的民族关系，民族文化具有同源性，再加上其在地理区位上的地缘性、自然资源的同构性、自然环境的一致性、历史进程的同步性、产业发展的互补性，走廊内各区域具有开展经济合作和协调发展的天然基础。因此，与其他经济区划相比，南岭民族走廊更加具备构建区域经济合作区的条件和优势，是探索东中西部互联互动协调发展的优良示范区。

（四）民族团结进步与民族经济加速发展示范区

南岭民族走廊是历史上各个民族迁徙流动与沟通往来的交通要道，是我国众多少数民族的摇篮，走廊内共聚居着主要分属于苗瑶语族与壮侗语族的包括苗、瑶、壮、侗、水、毛南、仫佬、布依、畲等在内的多个少数民族。在历史迁徙和互动融合中，形成了一种互利互惠、和谐共生的民族关系。尽管也存在一些碰撞，但是和谐一直是走廊内民族关系的主流。各民族在历史中所形成的这种互利共生、和谐团结、共同发展的关系与意识是留给当代世人的宝贵精神遗产。维护民族团结，增进中华民族凝聚力是制定民族地区经济发展战略的内在宗旨。另外，走廊内的各个民族在相互经济交往和民族延续中形成了极具民族特色的地域经济，如民族特色农业、特色手工艺品制造业、民族文化旅游业等。如何继续传承并发展这些民族特色产业，实现民族经济现代化，也是构建其经济发展战略所必须考虑的内容。南岭民族走廊经济发展战略的规划必须担负起促进民族团结进步和民族特色经济发展的历史使命。因此，从民族团结和民族经济发展的角度看，南岭民族走廊经济发展的战略定位可以界定为"民族团结进步与民族经济加速发展示范区"。

（五）全国主体功能区优化发展样板区

2011 年 6 月，《全国主体功能区规划》正式发布，成为我国国土空间开发的战略性、基础性和约束性规划，将我国国土空间分为种类不同的主体功能区。主体功能区战略的实施，是我国遵循经济社会发展规律和自然规律、提升国土空间开发质量和效率的必然选择。从主体功能区角度看，南岭民族走廊所涵盖区域分属于不同的主体功能区。例如，南岭山地森林及生物多样性生态功能区和桂黔滇喀斯特石漠化防治生态功能区属于禁止开发区域；走廊南侧毗邻的珠江三角洲属于优化开发区域；北侧毗邻的长江中游地区属于重点开发区域；走廊内还有部分地区属于农产品主产区和重点生态功能区等限制开发区域。主体功能区是依据不同区域的特点和问题而对区域主体功能和开发方式的科学界定，体现了科学分工与绿色发展的基本理念。因此，南岭民族走廊的开发必须贯彻落实主体功能区战略，坚持科学的区域主体功能分工，秉持正确的开发理念，最大限度发挥不同地区的不同优势，实现区域主体功能的充分发挥和优势互补，有效利用有限的国土空间。因此，从主体功能区战略的实施来看，南岭民族走廊在经济发展战略规划中，要在全国范围内做到各种主体功能区的充分发展，坚决杜绝出现短板效应，力争做到"全国主体功能区优化发展样板区"。

战略定位是经济发展战略规划中的重要内容，是区域差异化发展的重要体现。差异化发展战略的内涵和目的并不是差距发展，反而是为了更有效地消除发展差距而做出的必然选择，是遵循区域经济发展规律的科学的战略。它根据不同地域的不同区情来制定不同的发展道路与发展模式，通过彰显区域特色来实现区域优势和竞争力的最大化。南岭民族走廊经济发展战略的规划必须坚持差异化发展原则，不能简单地照搬其他区域的发展模式。充分考虑南岭民族走廊在国内区位、国际区位、民族构成、民族文化、民族关系、主体功能区等方面的特殊性，以上五大战略定位就是为南岭民族走廊所量身打造的五大标签，是其经济发展战略中所必须彰显的特殊优势。

### 三、以"五大发展理念"统领走廊发展全局

发展理念是发展行动的先导、是发展战略的重要内容。发展理念的科学与否，是决定发展成效的关键因素之一。牢固树立并在经济发展实践中贯彻"五大发展理念"，是关系我国发展全局的一场深刻变革，是全国各区域全面建成小康社会、实现"两个一百年"奋斗目标的思想指引。南岭民族走廊经济发展战略的构建，必须在协调推进"四个全面"战略布局和统筹推进"五位一体"总体布局的前提下，牢固树立"五大发展理念"，以此作为其整个战略规划的指导思想。

（一）高举创新发展，加速动力转换

创新是促进发展的第一动力，必须把创新摆在整个走廊发展全局的核心位置，作为南岭民族走廊弯道取直、后发赶超的新路径和主动力，使之贯穿于南岭民族走廊经济发展的整个过程。深入实施创新驱动发展战略，大力推进科技、制度、模式、路径、文化等各领域创新，激发走廊内的创新活力，形成促进创新的体制架构和社会环境。优化劳动力、资本、土地、技术、管理等要素配置，加快实现经济发展动力从要素驱动向创新驱动转换，发展态势从跟随式发展向引领型发展转变，增长方式从粗放型增长向集约型增长转变，走出一条创新立廊、创新兴廊的路子。

（二）恪守协调发展，促进区域均衡

协调是持续健康发展的内在要求，必须正确处理发展中的发展与稳定、速度与质量效益、经济与社会、城市与农村、绿水青山与金山银山、突出比较优势与补齐发展短板、重点突破与分类指导等重大关系，坚持统筹兼顾、注重平衡、保持均势，推动南岭民族走廊内东中西部地区协调发展，促进五化建设同步发展，统筹沿海与内地、边疆与内陆、丘陵山区与平原盆地、少数民族地区与非少数民族地区的协调发展，促进经济与社会、物质文明与精神文明共同进步，逐步缩小发展差距，增强走廊发展的整体性和协调性。

（三）秉持绿色发展，开创美丽走廊

秉持绿色发展理念，深入实施生态立廊战略，以国家主体功能区战略中对走廊内国土空间的功能定位为依据，积极弘扬走廊中少数民族价值观

念中对人与自然和谐共生、敬畏自然的积极因素，全面落实节约资源和保护环境的基本国策，坚持可持续发展，坚定走生产发展、生活富裕、生态良好的文明发展道路，积极发展绿色循环低碳经济和生态经济，推动绿色发展，强化环境保护和生态建设，以生态文明先行示范区建设为推力，加快建设两型社会，建设绿色美好的南岭民族走廊，实现经济发展和生态建设双赢。

（四）坚持开放发展，深拓海洋战略

开放是国家和地区繁荣发展的必由之路。高举开放发展，必须坚持开放发展不动摇，充分发挥南岭民族走廊的我国面向港澳台地区、东盟地区、南亚地区的前沿阵地和内陆参与"21世纪海上丝绸之路"建设的国际大通道的区位优势，逐步拓展和提升开放平台，充分利用国内外两个市场、两种资源，坚持"引进来"和"走出去"并重、引资和引技引智并举，推动对内对外开放相互促进。坚持以开放倒逼改革，以改革激活创新，以创新驱动发展，全面深化走廊内各领域社会改革。要更加积极主动地融入"一带一路"建设，积极参与国际市场竞争以加快适应经济全球化趋势，发展更高层次的开放型经济，着力推进海洋战略，努力开创南岭民族走廊对外开放发展的新格局。

（五）遵循共享发展，增进社会民生

共享是中国特色社会主义的本质要求，是实现区域协调发展和各民族共同繁荣发展的有效途径。遵循共享发展，坚持以人为本，坚持发展为了人民、发展依靠人民、发展成果由人民共享，营造人人参与、享有的浓厚社会范围，努力解决人民群众最关心、最直接、最现实的利益问题。积极弘扬走廊内各民族在历史互动中所形成的紧密关系，把增进人民福祉、促进各民族居民的全面发展作为根本的出发点和落脚点，消除贫困，增进民族团结，朝着共同富裕的方向稳步前进。织好基本民生安全保障网，加强保障和改善民生，使走廊中的人民群众在共建共享发展中有更多获得感、幸福感、安全感，厚植人民幸福、社会和谐之本、经济发展之源。

"五大发展理念"相互贯通，是相互促进的统一体，是具有内在联系的集合体，体现了"四个全面"战略和"五位一体"总体布局。南岭民族走廊经济发展战略，必须坚持"五大发展理念"，增强走廊发展的整体性、协调性、平衡性、包容性和可持续性，是建设南岭民族走廊区域合作经济带必须秉持的基本原则。在贯彻"五大发展理念"的过程中，还要充分考虑南岭民族走廊的具体廊情，以解决民族地区实际存在的突出问题为导引，妥善处理和平衡各种利益关系，通过民族关系纽带来强化区域之间的经济联系，在破除南岭民族走廊经济发展的瓶颈与突出问题中切实践行"五大发展理念"。

**四、坚持协同发展与双向开放内外结合**

构建南岭民族走廊经济发展战略，打造一条能够加速中西部民族地区经济发展并缩小走廊内东中西部地区发展差距的极具民族特色的经济走廊或经济带，不但要实现区域内部优势互补和资源整合、打造统一的区域市场体系，更要以更为广阔的发展视野加强国内外区域合作，充分利用国内和国际两个市场、两种资源。因此，南岭民族走廊经济发展战略模式的选择既要遵循民族地区经济发展的一般规律，又要创新发展路径和发展模式。根据南岭民族走廊经济发展总体战略目标的要求，其战略模式可以界定为内部协同发展和外部双向开放，一内一外、两种循环，相互促进、相互衔接。

（一）走廊内部协同发展战略

内因是推动事物发展的根本原因和内在动力。发展失衡与发展差距是目前南岭民族走廊经济发展中所存在的最为突出的核心问题。这个核心问题是影响南岭民族地区社会稳定、民族团结和束缚整个走廊地区经济加速可持续发展的最大障碍。它的破除，除了借助国家的总体调控和协调这个外部力量外，更应该依靠走廊内部各区域和各民族之间的共同努力和相互协作这个内部力量。南岭民族走廊在历史中所形成的紧密和谐的民族关系，为目前走廊内各区域开展更高层次的经济文化合作奠定了良好的传统和人文环境。南岭民族走廊不但具备实施协同发展战略的基本条件和先天优势，也具备实施协同发展的历史时机。走廊内部采取协同发展模式，是南岭民族走廊经济发展战略规划中的关键内容和战略重点之一。

南岭民族走廊内部协同发展，以促进走廊内均衡协调发展为宗旨，积极推进产业转型升级和优化城乡结构，推动公共服务共建共享，加快市场一体化进程,努力形成走廊内目标同向、措施一体、优势互补、互利互赢的协同发展新格局,打造一条极具民族特色的现代化的经济走廊。推进南岭民族走廊协同发展,要立足于区域比较优势、现代产业分工体系、区域优势互补原则、合作共赢理念,以南岭民族走廊区域合作经济带建设为载体,以优化产业布局和区域分工为重点,以资源要素空间统筹规划和优化配置为主线,以构建长效合作机制为抓手,以国家主体功能区战略为依据,在产业发展协同、城乡优化协同、资源开发协同、创新驱动协同、基础设施建设协同、公共服务协同、生态建设协同、对外开放协同等方面科学规划,以民族联系强化经济联系和推动合作机制创新,有效推动走廊内东中西部地区、城市与农村、沿海与内陆、少数民族地区与非少数民族地区之间的互联互动协调发展,推进走廊一体化进程。

(二)走廊外部双向开放战略

与内部采取区域协同发展的战略模式相对应,南岭民族走廊向外则实施双向开放战略,这是总体发展战略蓝图中的另一个战略重点。南岭民族走廊具有衔接走廊多个方位经济区的"交叉路口"地位,具有实施双向开放战略的天然区位优势。从对内开放战略看,处于走廊周边的西南地区、中南地区、华中地区、华南地区、长江经济带、沿海开放经济带、珠三角地区、长三角地区等境内地区是南岭民族走廊经济发展所依赖的异常广阔的经济腹地,是范围广阔的国内市场。从对外开放战略看,走廊中处于我国内陆的省区,在南岭民族走廊有机整体视阈下,其地理区位则由中西部内陆地区转变为临海地区,整个走廊成为我国西南地区、华中地区、华南地区、东南地区面向港澳台地区、东盟国家地区以及其他海外国际市场最重要的开放前沿,是我国境内区域中发展开放型经济、参与国际竞争和全球资源配置的先行区和主阵地。

实施双向开放战略,对内加强区域合作,对外实施海洋战略,以对内开放带动对外开放,以对外开放促进对内开放,实现对内对外双向良性循环,是南岭民族走廊实现其经济发展战略目标的最佳开放模式。南岭民族走廊要充分发挥其"21世纪海上丝绸之路"建设的国际大通道的区位优势,逐步拓展和提升开放平台,统筹国内国际两个市场、两种资源,坚持

"引进来"和"走出去"并重、引资和引技引智并举，坚持内外需协调、进出口平衡，推动对内对外开放相互促进。在实施双向开放战略过程中，要积极融入"一带一路"建设，拓展对内对外开放格局，要继续深化与国内其他区域和国际地区的经济合作，以更加积极的姿态参与国际市场竞争，着力发展海洋经济，继续提高进出口贸易总额，优化进出口贸易结构，积极引进和利用外资，充分发挥外贸对走廊经济发展的拉动作用，将南岭民族走廊建设成为全面开放、适应经济全球化趋势的民族经济走廊。

走廊内部协同发展战略与走廊外部双向开放战略是南岭民族走廊经济发展整体战略的两翼，两者相互依赖、相互促进、相互配合，构成内外结合的战略体系。内部协同发展战略的实施，有利于打破各地区之间相对孤立的态势和行政区划带来的分割，促使南岭民族走廊形成一个内外开放的统一市场体系，为双向开放战略的实施奠定良好的基础。双向开放战略的实施，会有效促进走廊内部区域更加积极地参与国内和国际两个市场的竞争，更好地促进走廊内外之间的要素流动，使南岭民族走廊各区域之间的经济联系和合作更加紧密，区域之间的相互依赖性和走廊的整体性更加突出，更加有利于实现协调发展的目的，有利于打造"南岭民族走廊区域合作经济带"这个核心战略目标的最终实现。

**五、多措并举推进走廊协调发展**

明确了打造"南岭民族走廊区域合作经济带"核心战略目标以及"五大发展理念"，并在此基础上界定了"五大战略定位"和"两大战略重点"，南岭民族走廊经济发展战略的构建还必须科学规划其具体战略举措。战略举措是实现战略目标、践行发展理念、体现战略定位、具化战略重点的重要内容，在战略规划中具有重要作用。规划南岭民族走廊经济发展战略的具体举措，不但要积极借鉴和吸收其他经济区域合作的经验，更要充分分析走廊自身在民族关系、区域文化、要素禀赋等方面的特色，量身打造一系列完整有效、科学创新、特色鲜明的策略体系。

*（一）优化产业布局和空间布局*

优化产业布局和区域布局，科学构建南岭民族走廊内的产业分工体系和区域分工体系是战略举措规划的关键内容之一。根据南岭民族走廊的自然资源禀赋结构、现有产业结构和区域结构，南岭民族走廊在产业布局和区域布局上应该坚持以下发展思路：

在产业布局上，依据南岭民族走廊自然资源禀赋结构，可将南岭民族走廊产业发展战略定位于以下"六个基地"：中国重要的有色金属材料基地，中国重要的亚热带山地丘岗立体农业基地，中国重要的生态、文化旅游基地，中国极具特色的民族文化创意产业基地，中国重要的加工工业与制造业转型发展基地，中国重要的水电能源输出基地。按照这样的产业发展定位，南岭民族走廊在产业布局规划中要着力发展六大产业集群：一是充分利用南岭地区丰富的有色金属资源，大力发展有色金属采矿业、冶炼业、深加工业和先进制造业。在发展有色金属产业中，要以转型发展为主线，以质量效益为中心，积极引进先进开采、冶炼和深加工技术设备，提升有色金属资源的开发效率，坚持生态环保底线，提升产品技术含量与品牌价值，提高产品附加值与企业效益，变资源优势为产业竞争优势。逐步改变资源密集型和劳动密集型产业比重，努力走出一条知识密集、技术富集、自主产权与品牌价值较高、产业层次高端的新型工业化之路。二是充分利用南岭民族走廊的自然地理特征，发挥其气候资源丰富、生物种类繁多、垂直差异明显等优势，大力发展极具民族特色的现代化立体农业。在尊重自然生态规律和彰显民族特色的前提下，依据南岭民族走廊国土资源的水平与垂直分布特征，着力开发极具亚热带气候特征与山地丘岗特色的水稻、果木、经济林、用材林、渔业、烟草、茶叶、花卉、蔬菜、草食动物等产业。三是充分利用南岭民族走廊内丰富的自然景观和人文景观，着力发展生态旅游业和文化旅游业。在发展生态旅游业与文化旅游时，要积极将南岭民族走廊的地理景观与人文景观结合起来，将第一产业与第三产业紧密结合，丰富旅游产业形态，衍生旅游产品链条，努力实现走廊内民族传统产业的改造和新产业形态的培育。四是充分利用南岭民族走廊丰富的民族习俗、节庆、手工艺、音乐、舞蹈、文学等民族文化资源，积极发展新闻出版、影视、表演、手工艺品制作、节庆等民族文化创意产业，打造一条民族文化创意产业走廊。五是充分利用南岭民族走廊丰富的劳动力资源，以走廊内的农业资源、电力资源、水资源等为基础，着力发展具有较高技术水平且具有民族特色的烤烟、木材加工、纺织、农产品等加工工业和制造业，打造一条极富产品附加值和民族特色的产业走廊。六是充分利用南岭民族走廊丰富的降水资源和地势落差，大力开发水电产业，为工农业生产提供丰富的能源保障。

在空间布局上，南岭民族走廊按照国家主题功能区战略的总体布局，以构建通道经济或走廊经济为思路，以区域分工和增长极理论为依据，以城市为中心，以城镇为载体，以交通干线为脉络，以民族关系为纽带，按照"点—轴"式开发模式，合理规划走廊的区域经济布局，重点打造"五纵二横"[①] 的立体交叉经济带。[②] "五纵"即以南岭民族走廊内五条南北走向的交通干线为载体而布局的带状经济区：一是沿京九线和赣粤高速公路而打造以赣州为中心的经济带，主要发展有色金属尤其是钨矿产业和经济林种植、加工业；二是沿京广线和京珠高速公路而打造以韶关、郴州为中心的经济带，主要发展重工业、立体生态农业、生态旅游业、民族旅游业等产业；三是沿永连、清连等高等级公路和太涣高速公路而打造以永州、连州、清远为中心的经济带，主要发展水电能源、生态旅游、特色农业、加工业等；四是沿洛湛铁路、桂梧高速公路和 207 国道而打造以道州、贺州为中心的经济带，主要发展加工业、商贸业、特色农业和生态旅游业；五是沿湘桂铁路、衡昆高速公路和 322 国道而打造以全州、永州、桂林为中心的经济带，主要发展有色金属产业、特色农业和民族旅游业。"二横"即以南岭民族走廊内两条东西走向的交通干线为载体而布局的带状经济区：一是沿处于走廊内北部地区的贵福铁路和夏昆高速公路而打造以瑞金、赣州、汝城、郴州、嘉禾、宁远、道县、全州等为城市节点的东西走向经济带，主要发展有色金属、烤烟、经济林、生态农业、民族旅游等产业；二是沿处于走廊内南部地区的 232 国道而打造以赣州、南雄、韶

---

① 周生来：《关于建立南岭经济协作区的战略思考》，《广西民族学院学报（哲学社会科学版）》2005 年第 A1 期，第 96-99 页。

② 学者周生来在《关于建立南岭经济协作区的战略思考》一文中对南岭地区经济布局做了创造性论述，对本书具有极高的启发意义。本书采纳他提出的"五纵二横"观点，在此基础上予以丰富。

关、连州、贺州、钟山等为城市节点的东西走向经济带，主要发展小型水电、加工业、特色农业和民族旅游业。上述七条南北和东西走向的经济带，相互交织穿插，充分发挥南岭民族走廊衔接北部长江流域和南部珠江流域、串联东部沿海地带和西南内陆地区的区位优势，充分发挥各区域比较优势，开创优势互补、互联互动、协调发展的发展格局，努力打造一条极具民族特色的现代化经济走廊。

此外，南岭民族走廊经济发展战略的规划与实施，是以省区级行政区划为单位进行参与和合作的，因此还必须科学布局各省区在走廊内的发展定位，采取"核心区+辐射区"即"4+3"的发展模式，优化区域经济发展格局。充分发挥广东在创新驱动、产业升级、改革开放等方面的辐射带动和示范效应，其发展定位为"发展中国特色社会主义的排头兵、深化改革开放的先行地、探索科学发展的试验区"；充分发挥广西的国内和国际地理区位，其发展定位为"构建面向东盟的国际大通道、打造西南中南地区开放发展新的战略支点、形成21世纪海上丝绸之路与丝绸之路经济带有机衔接的重要门户"；湖南作为东西和南北的重要过渡带，其发展定位为"东部沿海地区和中西部地区过渡带、长江开放经济带和沿海开放经济带结合部"；江西作为走廊内部区域，其发展定位为"一点、四区"，即建设"一带一路"内陆腹地重要战略支点和长江经济带战略支撑，建设全国生态文明先行示范区、全国改革创新试验区、全国内陆双向开放示范区、全国扶贫攻坚样板区；贵州发展定位为"全国重要的能源基地、资源深加工基地、特色轻工业基地、以航空航天为重点的装备制造基地和西南重要陆路交通枢纽，扶贫开发攻坚示范区，文化旅游发展创新区，长江、珠江上游重要生态安全屏障，民族团结进步繁荣发展示范区"；福建发展定位为"海峡西岸经济区、21世纪海上丝绸之路核心区、生态文明先行示范区"；云南的战略定位为"民族团结进步示范区、生态文明建设排头兵、面向南亚东南亚辐射中心"。

（二）深化合作宗旨与合作原则

不同于目前国内其他经济区域，南岭民族走廊是一个民族构成复杂、民族文化多元的空间区域，在深化走廊各地区经济合作的过程中，不但要符合国家国民经济和社会发展规划的总体要求，也要以国家民族政策为依据，尊重少数民族地区的特殊区情和民族地区经济发展的客观规律。在贯彻国家总体要求和尊重民族地区区情的前提下，南岭民族走廊经济发展要不断深化合作宗旨和合作原则。

在深化南岭民族走廊各地区和各民族之间的合作宗旨方面，应严格恪守国家总体要求，坚持民族平等和民族团结，坚持各民族共同发展、协调发展，充分发挥各民族地区的比较优势和特色，互相尊重、互惠互利，拓展合作领域，形成互联互动、优势互补、各民族协调发展的新格局。要严格恪守《中华人民共和国宪法》及相关法律所明确规定的民族平等与民族团结作为我国解决民族问题的基本政策、民族区域自治制度，履行《中华人民共和国民族区域自治法》中对帮助和扶持民族地区发展经济文化事业的相关法律规定，积极推进西部大开发战略、"一带一路"建设、扶贫攻坚等一系列促进民族地区发展的相关规划。要逐步完善南岭民族走廊区域合作框架与制度设计，有效调动民族地区参与区域合作和协同发展的积极性和主动性，为全面建成小康社会，实现"两个一百年"目标而奋斗。

在深化南岭民族走廊各地区和各民族合作原则方面，要坚持以下基本原则：一是自愿平等、团结互助原则。各方本着自愿原则参加南岭民族走廊区域合作，在合作中享有发展的平等地位和权利。另外，各方应传承弘扬走廊内历史上所形成的共生依存的民族关系，充分考虑到因发展失衡所造成的各地区在经济协作发展中的差异性和欠发达地区参与市场竞争的弱势性，各区域和各民族之间应团结互助，发扬集体主义精神，主动拓展合作领域、落实合作协议，推动走廊全面发展、协调发展。二是优势互补、互利共赢原则。充分发挥走廊各成员地区的比较优势，加强各领域的优势集成与互促互补，创新利益协调机制与共享机制，调动各方参与合作的积极性、主动性、创造性，实现互利共赢。三是互联互动、协同发展原则。打破地区分割，创新合作机制与合作平台，以民族联系强化经济联系，深化合作领域和成果共享，实现东中西部互联互动、协同发展的格局。四是政府推动、市场运作原则。积极转变政府职能，建设服务型政府，坚持区域合作发展的正确方向，完善区域协同发展政策，推进重大基础设施、区域一体化建设，创造良好合作环境。充分发挥市场在资源配置方面的基础性作用，以企业为市场主体，依法自主参与合作。五是开放公平、区域一体原则。在走廊区域合作中，坚持开放、公平和非歧视性、非排他性原则。促进市场开放，提升区域一体化水平建设，形成区域资源整合和优势合力，整体提升区域竞争力。六是服务大局、创新驱动原则。服从服务于国家区域发展战略，贯彻落实国家总体部署规划与区域性改革开放、主体功能规划，根据南岭民族走廊的优势与特点，先行先试、探索创新。实施创新驱动发展战略，增强合作发展的动力活力，争取将南岭民族走廊区域合作纳入国家总体战略布局中。

（三）创新合作机制与合作平台

在完善南岭民族走廊区域合作框架协议之后，为确保各区域有效开展合作，南岭民族走廊区域合作要依照一定的合作机制和合作平台运行推行。

在合作协调机制上，要在以下方面进行建设：一是建立"4+3"行政首长联席会议制度，这是南岭民族走廊区域合作经济带最高决策和协调机构，主要职能是研究决定走廊区域合作重大事宜，审议重大合作项目，举行双边和多边会晤，务实、协调推进区域合作。二是建立政府秘书长协调制度和日常工作办公室工作制度，前者负责协调推进合作事项的进展，组织联合编制合作推进专题计划，及时向年度行政首长联席会议提交合作进展情况报告并提出建议；后者负责区域合作日常工作。三是建立部门衔接落实制度。责成有关主管部门加强相互间的协商与衔接落实，对具体合作项目及相关事宜提出工作措施，制定详细的合作协议、计划，落实合作事项。四是建立南岭民族走廊非官方（包括中介机构、行业协会等民间组织或机构等）协调机制。其主要职责为利用其协调网络和优势，发挥其在协调南岭民族走廊区域各成员企业、政府间的作用。五是建立争端投诉、调节、仲裁机制。其主要职责为调节和解决企业在不同省区贸易和投资中所产生的争端，以营造公平竞争的市场环境。此外，还要建立走廊区域合作发展的咨询机构，为参与合作的政府机构和企业主体提供信息咨询。

合作机制的有效运行还必须依赖合作平台的创新和完善。根据其他区域经济合作经验，可设立两大平台：一是南岭民族走廊区域合作与发展论坛，二是南岭民族走廊民族文化博览会与经贸合作洽谈会。合作平台的搭建，主要目的在于为南岭民族走廊各方创造一个在社会各领域探索合作、相互交流的重要场域，以加强各区域之间的民族关系、经济联系、文化联系，加强各地区、各民族之间的互联互动、协调良性发展。创新南岭民族走廊区域经济合作平台，要从以下几个方面进行：一是按照联合主办、轮流承办的方式，每两年在一个省区举办一次。二是扩大参与范围，除走廊内各省区外，邀请国内外著名企业、专家学者和智库机构参加。三是引入市场运作机制，积极调动各方资源。按照政府引导、市场化的运行模式，推动合作平台发展，将其打造成为促进走廊区域合作与协调发展的重要智库，不断增强南岭民族走廊区域合作品牌的国内外影响力。另外，要努力推进走廊内民族经济文化试验区、合作发展园区、创新创业基地等重大平台开发建设，充分发挥其试验示范和引领带动作用。

（四）拓宽合作领域与合作内容

拓宽合作领域与合作内容是促进南岭民族走廊区域经济合作的重要内容。按照国家相关规划和南岭民族走廊各省区实际区情，重点在以下领域拓展合作：

一是基础设施。推进重大基础设施一体化建设，其重点合作领域包括交通（公路、铁路、航空、航运）、能源、管道、水利、信息等。

二是产业与投资。各区域结合比较优势和发展阶段，由市场机制引导要素流动和资源优化配置，实现区域内的产业转移与承接，形成优势互补、分工合理的区域产业布局。

三是金融与商贸。加强区域金融合作，进一步发展各方金融体系的互动、互补及互利关系，共同推进走廊区域金融业的长远发展。

四是农业与旅游。加强走廊内山地丘岗立体农业发展规划和资源配置，在农业科技开发、农产品质量体系、特色农业开发、农产品产供销等方面加强合作。进一步加强走廊区域旅游合作，充分整合生态旅游资源和民族文化资源，共同策划和推广区域精品旅游线路，大力扶持发展海洋、山区、生态、民族等新兴旅游业态，建立南岭民族走廊无障碍旅游区，打造民族旅游品牌。

五是人力资源。加强走廊内人力资源交流与合作，推动建立统一的公共就业人才服务体系和服务平台，开展人才市场信息共享和劳务流动组织合作，加强劳务人员合法权益合作保障。建立完善的劳动力职业培训、技工教育、职业技能鉴定和资格认证制度，提高走廊内尤其是民族地区、边疆地区、贫困地区等地劳动力的综合素质。

六是环境生态。在生态环境保护、环境检测、污染防治、环境科技与环保产业等方面开展合作，制定走廊内环境保护规划，加大生态建设力度。建立走廊内跨省区环境保护协作机制和国土空间开发保护制度，构建南岭民族走廊区域水土环境、大气环境检测网络和环境数据管理平台，协同推进自然保护区和生态保护建设项目、环境综合治理项目和循环经济试点项目，强化保护走廊内自然资源，加强环境整治，恪守生态红线，提高走廊整体环境质量和可持续发展能力，构建走廊生态屏障。

七是社会事业。促进走廊内各地区在科技、教育和文化领域的交流合作。实行科技资源的开放和共享，联合建立南岭民族走廊科技信息网络和交易网络，推动网上技术市场的形成和科技成果的交易。加快推进科技文献、科技信息、专家智库、教育资源、文化资源的联网共享。深化民族文化遗产保护合作，推动南岭民族走廊文化市场区域合作和一体化建设，加强民族文化资源产业化开发合作。加强医疗卫生合作，建立卫生防疫协作机制，加强走廊区域内社会医疗保险协作。

（五）推进统一市场和区域一体

构建南岭民族走廊区域合作经济带，必须要建立统一的区域市场，促进区域一体化建设，才能促进走廊内各区域之间利益相关、资源整合、互联互动、优势互补、成果共享与协调发展。

全面清理南岭民族走廊内各省区实行地方保护和市场封锁的地方性法规政策，创造公平竞争的市场环境，不断清理和废止各种排斥限制外地商品劳务、保护扶持本地商品劳务的分割市场的规范性文件。开放南岭民族走廊商品和劳务市场，各方应消除限制商品流通的地区障碍，各成员方在走廊内流通的商品具有公平平等性，建立名优产品和特色民族产品市场绿色通道，打造优秀民族品牌，加强走廊内消费者合法权益保护协作，实行区域市场一体化。走廊内建立规范公平的质量标准、技术标准、合格评定体系和监督、监察、处理机制。改善市场主体准入环境，改善投资服务环境，推动走廊内企业之间进行跨区域交流合作。构建南岭民族走廊区域大通关体制，促进走廊内区域间的贸易往来。加快通关便利化，简化铁路转关作业手续，促进铁路运输货物在"4+3"的快速转化，最大限度方便走廊中的内陆省区外贸货物的进出。进一步导引走廊区域内加工贸易转型升级、产业转移和调整，加强与港澳台地区的海关合作，推进南岭民族走廊七省区与港澳台间的贸易便利化。在全面清理走廊内各区域间阻碍要素合理流动的各种规定的基础上，实施统一的市场准入制度和标准，推动各种生产要素在走廊内跨区域有序自由流动和优化配置，规范发展综合性产权交易市场。

综上所述，南岭民族走廊经济发展战略规划是一个系统性工程，包括相互联系的多个环节内容。依据前文对南岭民族走廊地理区位、比较优势、民族文化、发展现状等特征的分析，本书在战略目标、战略定位、发展理念、战略模式、战略举措等方面对该走廊经济发展战略进行了设计。以打造南岭民族走廊区域合作经济带为战略目标，坚持"21世纪海上丝绸之路建设的战略起点区与国际大通道、全国对内对外双向开放先行区、东中西部互联互动协调发展示范区、民族团结进步与民族经济加速发展示范区、全国主体功能区优化发展样板区"五大战略定位，以创新、协调、绿色、开放、共享为发展理念，以内部协同发展战略和外部双向开放战略为战略模式和战略重点，以优化经济布局、深化合作原则、创新合作机制、拓宽合作领域、推动区域一体、促进创新驱动、拓展对外开放等为战略举措，构建南岭民族走廊整体经济发展战略的总体蓝图。

# 第二节　南岭民族走廊区域协同发展方略

南岭民族走廊在实施区域协同发展上具有显著的基础条件，主要表现在地缘紧密、文化同源、资源同构、经济互补、民族关系紧密、历史进程同步等方面。此外，京津冀协同发展的先行，为我国区域经济采取协同发展模式积累了可资借鉴的丰富经验。但是，南岭民族走廊区域经济协同发展战略的构建，必须根据走廊的实际廊情因地制宜，遵循民族地区经济发展的一般规律，努力做到科学规划、合理布局、精准立策。

## 一、走廊内各区域比较优势与互补共生性分析

构建适宜南岭民族走廊的协同发展战略，首先必须对走廊内部各区域的比较优势和互补共生性进行充分分析，以此科学规划其合作机制和协调机制。南岭民族走廊的空间区域跨度非常大，走廊内各省区分别具有不同的比较优势，整个走廊内部各子区域在经济发展上具有显著的互补共生性特征。充分利用各自区域比较优势，加强走廊内各区域之间优势要素的互补性整合，才能推动整个走廊的协同式联动发展。

### （一）各子区域比较优势差异对比

南岭民族走廊空间范围横跨我国东中西地区、衔接我国两大水系流域，南北纬度与东西经度跨越较大，走廊内各省区在地理位置、自然环境、气候特征、资源禀赋等方面存在显著差异，各区域经济发展所依据的自然条件不尽相同。各省区在国民经济和社会发展中，在经济实力、产业结构、城乡结构、科学教育、文化卫生、对外开放、生态文明等方面也显出较大差异性。此外，南岭民族走廊内民族构成多样，民族分布呈插花式杂居特征，民族文化多元，各区域经济发展所依赖的人文环境也存在较大区别。众多差异性的客观存在，使各子区域在经济发展中分别具有各自的比较优势。

作为南岭民族走廊核心省区之一，广东的比较优势主要表现在以下几个方面：一是地理区位毗邻港澳，外联条件优越。广东是国家定位的改革开放先行地，是我国对外开放的前沿阵地之一。尤其是作为著名侨乡，祖

籍广东的华侨、华人遍布港澳、东盟国家及世界其他地区，外联条件十分优越。二是整体经济实力突出，创新发展能力处于前列水平。广东在南岭民族走廊甚至是全国范围内属于经济发展水平较高的地区，尤其是创新发展能力，走在了全国前列。在财政金融、科技创新、人才培养、基础设施建设、社会事业等方面具有参与走廊欠发达地区开发的比较优势。三是外向型开放经济发展优势。广东是市场最为活跃、对外经济贸易发达、投资环境优越、与国际接轨程度较深的开放前沿地，外向型经济发展能力十分突出。四是发展观念先进，市场运作经验丰富。创新区域战略的实施，使广东在全国范围内率先树立了创新发展的理念。经过多年改革开放，广东已经基本健全了市场经济体制，相关政策法规十分完善，市场运作能力十分突出。此外，广东在参与国内和国际区域合作中也积累了丰富的经验，在建设中国特色社会主义道路上一直处于排头兵的位置。

而同属于核心区的沿海省区，广西的比较优势主要表现在以下几个方面：一是地理区位优势。国家对广西所确定的三大定位充分体现了其区位优势。二是有色金属矿产、水能资源、旅游资源等资源优势。广西矿产资源不但种类繁多且储量丰富，水能资源异常丰富，旅游资源独具特色，这些都成为广西发展特色民族经济的重要依据。三是多重优惠政策比较优势。广西兼有沿海、沿边和西部省区、少数民族自治区等多重身份，享受多方面的优惠政策。[①] 此外，广西还有丰富的劳动力资源和土地资源，要素投入具有较为明显的成本优势。

作为走廊核心省区的湖南，其比较优势主要表现在以下几个方面：一是资源优势，主要体现在农业资源、矿产资源和水资源等方面。湖南是一个农业大省，素称"鱼米之乡"，农业在全国占有特殊地位，是农产品的重要生产基地。湖南也是著名的"有色金属之乡""非金属之乡"，矿产丰富。湖南境内"一湖四水"，水资源特别是淡水资源，十分丰富。二是区位交通优势。湖南综合交通发达，且地理区位具有承接地位。湖南南邻华南经济圈，北以"京广大动脉"通中原腹地，东顺长江黄金水道连长

---

① 黎鹏：《区域经济协同发展研究》，经济管理出版社 2003 年版，第 150 页。

江三角洲，西接大西南诸省，承东接西、通南达北，是我国长江以南重要的交通要冲之地，是东南沿海与内陆中西部地区的结合部，是沿海的内地，内地的前沿，同时可以接受长三角、珠三角的经济辐射，在沿海产业向内地转移的格局中居于重要地位。[①] 三是特色产业优势。湖南在国内具有一批特色明显、竞争力突出的优势产业和主导产品。其中重点产业如有色金属、烟草、设备制造等行业的优势突出，文化产业比较发达，旅游产业优势明显。四是科教和人才优势。湖南综合科技实力位居全国前列，在巨型计算机、磁悬浮、复合材料、杂交水稻、基因遗传工程等领域达到国际先进水平，自主创新能力较为突出。

江西经济发展的比较优势主要表现在以下几个方面：一是自然条件优越，生态环境容量大、抗风险能力强。优越的自然条件使江西农业生产具有得天独厚的优势，成为全国重要的农产品生产基地，在全国农业生产格局中具有战略地位。二是生态环境良好，是可持续发展的重要资本。江西是我国生态环境质量最好的省份之一，为发展生态农业、绿色食品和生态旅游、高新技术产业创造了良好条件。三是矿产资源丰富。江西是我国主要的有色、稀有、稀土矿产基地之一，也是我国矿产资源配套程度较高的省份之一。四是区位优势明显。江西地理位置优越，是我国唯一一个与长三角、珠三角、海峡西岸等经济增长极均毗邻的地区，是全国重要的交通枢纽。

在南岭民族走廊辐射区中，福建、贵州和云南三省也具有不尽相同的比较优势。作为走廊内东部沿海省份，福建是我国改革开放先行地、自由贸易试验区和 21 世纪海上丝绸之路核心区，其具有对台渊源深厚、生态环境优良、侨胞众多、民营经济发达、山海资源丰富、基础设施比较完善等优势。作为走廊中的内陆省份，贵州的区位优势主要表现为区位优势、自然资源和旅游资源优势。其中，在地理区位上，贵州是我国西南地区连接华南、华东地区的重要通道之一，具有交通枢纽地位，号称西南"铁

---

① 唐宇文：《打造经济强省：湖南省"十二五"经济社会发展总体战略研究》，中国发展出版社 2011 年版，第 25 页。

十字架"；在自然资源上，贵州是矿产资源大省，煤炭、水能等能源资源丰富，生物资源多样；在旅游资源上，自然景观众多、民俗文化独特，生态旅游、红色旅游、民族文化旅游等构成了复合型旅游产业。而作为我国西南地区的重要省份，云南的比较优势则主要表现在以下方面：一是自然资源尤其是药用资源、有色金属资源异常丰富。丰富的自然资源为云南发展生物医药业、特色农业、纺织业、有色金属业等奠定了物质基础。二是民族构成多元，民族文化丰富。独特的文化为特色产业发展树立了民族品牌，包括制茶、民族文化旅游、民俗演出等。三是区位优势。云南毗邻东南亚、南亚地区，是我国面向南亚、东南亚的辐射中心，是我国对外重要的陆路通道。四是气候条件独特，生态环境优越。云南地处云贵高原，形成了大跨度的热带、亚热带、温带、寒温带立体气候条件，境内动植物种类多样，生态环境优美。

综上所述，南岭民族走廊在我国整体空间格局中处于特殊位置，走廊内各省区在经济发展中所依据的比较优势存在显著差异。同质产生竞争，异质促进合作。正是因为多样的比较优势，才为走廊内各省区进行经济合作奠定了基本前提。

（二）区域间互补共生性特征突出

比较优势的多样化是区域间开展深度经济合作的前提，但是若要实现协同发展、互联互动、区域一体的发展目的，还必须对南岭民族走廊内各区域间的互补共生性进行分析，以明确各省区进行协同发展的内容和机制，以此为依据制定合作更为有效的协同发展规划。根据上文对各子区域比较优势的差异分析可以得出，南岭民族走廊各区域之间具有较强的互补共生性特征，具体表现在以下几个方面：

第一，地理区位与开放发展互补共生。南岭民族走廊整体空间范围辽阔，各省区在地理区位上具有较强的发展互补共生特征。处于走廊内沿海地区的三个省区，是整个走廊内陆省区拓展开放格局、发展开放型经济的出海口和窗口。其中，广东是我国改革开放先行地，福建是海峡西岸经济带、自由贸易试验区、21世纪海上丝绸之路核心区，广西是我国面向东盟的国际大通道、西南中南地区开放发展新的战略支点、21世纪海上丝绸之路与丝绸之路经济带有机衔接的重要门户。而走廊内属于中部省区的湖南、江西则在我国空间布局中属于连接南北、串联东西的过渡带和结合部，具有战略起承作用。处于西南地区的贵州和云南两省区则是西南经济圈重要地带，其中云南是我国面向南亚、东南亚的辐射中心，贵州是我国西南地区连接华南、华东地区的重要通道之一，具有交通枢纽地位。由此可见，南岭民族走廊具有沿海、沿边、沿江、沿山等区位特征，各省区在区位上相互弥补、相互配合，向内可通过贵州、江西、湖南等省区与我国西南、中南、华中、华东等地区进行经济合作，向外可通过广东、广西、福建和云南等省区走向国际市场，实施海洋战略，参与全球竞争。

第二，要素禀赋与产业结构互补共生。要素或资源优势是区域经济发展的基本条件，是形成区域产业结构的重要因素。南岭民族走廊各子区域均具有较为丰裕的要素禀赋条件，且要素禀赋结构存在较大差别，要素的比较优势并不相同。其中，广东在技术、资本、人才、组织管理等方面具有相对优势，而且在发展理念、市场机制运行、制度创新等方面具有丰富的经验，其优势产业主要以服务业、高新技术制造业、电子信息、船舶制造、纺织服装、建筑材料、家用电器、金属制品等为主；广西的要素禀赋优势主要体现在土地资源、劳动力资源、矿产资源、旅游资源、民族文化资源等方面，优势产业主要集中在有色金属、制糖、冶金石化、木材加工、造纸、民族旅游等方面；湖南在农业资源、矿产资源、水资源以及技术、人才等方面具有相对优势，主要以有色金属、农业产品、设备制造、烟草、文化创意产业等为优势产业；江西的要素禀赋优势主要体现在农业资源、旅游资源、矿产资源等方面，优势产业以农业、旅游产业、有色金属、烤烟、高新技术产业等为主；福建要素禀赋优势主要体现在水资源、海洋资源、地热资源、清洁能源等方面，优势产业集中在纺织、机械制造、制茶、商贸服务业、电子信息、冶金建材等行业；贵州要素禀赋优势主要体现在煤炭、水能、矿产、生物、旅游等方面，优势产业包括能源、制茶、有色金属、加工工业、装备制造、生物技术等行业；云南要素禀赋优势主要表现在药用资源、生物、旅游、生态、民族文化等方面，优势产业包括生物制药、民族旅游、制茶业、烤烟业、文化创意产业等。总体来看，各省区要素禀赋优势存在较大差别，产业结构与优势产业各不相同，但是具有较强的互补共生性。走廊沿海地区经济发展水平较高的地区具有走廊内部欠发达地区所欠缺的技术、资本、人才、管理等要素，能够为落后地区资源的开发提供先进的技术设备、人才培训、管理机制以及开发理念等，在技术创新、科技研发、高新设备制造、基础设施建设、生态建设等方面可以为其他省区提供支持。发展水平较为滞后的走廊地区，具有劳动力、土地等要素的成本优势和资源优势，能够为发展水平较高区域提供自然资源、能源、农产品、绿色生态产品等，成为其技术外溢和产业梯度转移的承接地、继续优化发展所依赖的坚实腹地。

此外，走廊内各地区在民族经济发展上具有互补共生性。南岭民族走廊区域内民族构成多样、民族文化多元，各民族在生存地域、生计方式、习俗节庆、手工艺等方面存在显著区别，这为多样化、特色化民族经济走廊的打造奠定了基础。瑶语族中的瑶族属于典型山地民族，主要居住于亚热带地区海拔 1000~2000 米的山区中，生产以山地农业为主，兼营林业种植与狩猎，以山地药材植物资源为基础的瑶族医药是中国传统医药中的瑰宝，瑶族染织刺绣在全国范围内知名。走廊内的苗族也主要生活于高山区，经济活动以农业、狩猎、渔业、手工业和商业为主，农业占主导地位，手工业以纺织、印染、编织、器具制作和酿酒为主。走廊内的畲族是典型散居民族，主要生活于走廊内的丘陵地带，以农耕经济为主，手工艺尤其是编织工艺精湛，享誉国内。而隶属于壮侗语族的壮族、侗族等民族，其民族经济与苗瑶语族民族既有相同之处，在民俗文化上也存在一些差异。壮族、侗族也以稻作文化为核心，以农业经济为主，同时兼营其他经济作物，如亚热带水果、蔗糖、香料等以及发展林业、养殖业、渔业和各种手工业。另外，很多民族村或民族乡正在大力发展旅游业和民族节庆业。总体而言，南岭民族走廊内的民族成分众多，民族经济类型多样，单一的民族地区很难产生规模经济效益和资源整合效应。但是，民族经济类型的多样，却为各民族进行资源整合奠定了基础。各个民族或民族地区在旅游资源、民族文化、特色农业、生态资源等方面可以进行通力合作，整体构建一条特色鲜明的民族经济走廊，以统一的市场、统一的规划，通过民族之间特色经济的优势互补互动，来实现走廊内民族经济竞争力的整合。

**二、走廊内部区域协同发展的基本框架**

根据各省区在地理区位、自然资源、特色产业等方面所具有的比较优势，在贯彻国家基本民族政策和相关规划要求的前提下，秉持自愿平等、互惠互利、合作共赢、成果共享、区域一体、协调发展的基本原则，紧紧围绕打造南岭民族走廊区域合作经济带这个总体战略目标，为构建一条特色鲜明的民族经济走廊和探索一种适合民族地区协调发展的区域合作模式而先行先试、做出示范。南岭民族走廊区域协同发展战略的基本框架应该包括基本目标、基本模式、协同领域、协同机制和重点领域等内容。

（一）中心目标：缩小区域差距、促进均衡发展

发展差距与发展失衡是当前南岭民族走廊区域经济发展中存在的最为突出的核心问题，这个问题的破除是加速走廊地区协调发展与保持可持续发展的关键所在。而实施区域协同发展战略的根本目的就是要缩小走廊区域间的发展差距、促进各区域均衡发展，实现走廊内各民族共同发展、协调发展。因此，南岭民族走廊区域协同发展战略的中心目标就是缩小区域差距、促进均衡发展。围绕这个中心目标，着重在以下几个方面对具体发展目标进行设定：

一是各区域综合经济实力差距显著缩小，走廊整体区域竞争力显著提高。经过一定时期的协同发展，努力促使南岭民族走廊内的东中西部、沿海与内地、边疆与内陆、山地丘陵与平岗、少数民族地区与非少数民族地区等区域间的经济发展差距显著缩小，区域差异系数明显降低，区域均衡发展和区域一体化趋势逐渐增强，南岭民族走廊区域综合经济实力在GDP 总量与人均值、固定资产投资、规模以上工业增加值、公共预算等指标上明显提高，整体竞争力明显提升。

二是贫困问题明显改善，居民人均收入水平显著提高，收入差距明显缩小。在充分利用国家相关扶贫规划和优惠政策的基础上，走廊内各区域、各民族之间更要相互协作、自力更生，在扶贫攻坚任务上通力合作，

通过移民扶贫、行业扶贫、专项扶贫、社会扶贫等多种措施，加快贫困地区尤其是集中连片特困区的各族人民尽快实现脱贫目标，显著提高贫困地区居民尤其是农民人均收入，显著缩小走廊内各族居民的收入水平。

三是产业结构和城乡结构明显优化，区域创新发展能力差距显著缩小，发展方式加速转型。以供给侧结构性改革为主线，以质量和效益为中心，积极改造传统产业，努力发展战略性新兴产业，积极推进新型工业化、信息化、城镇化、农业现代化和绿色化，不断优化三次产业结构和区域城乡结构。积极推进动力机制转换，协同推进创新驱动战略合作，构建共享机制，缩小区域间创新发展能力差距，共同加快发展方式转变。

四是促进民族地区资源高效开发，"两型社会"建设同步推进，加速民族特色产业发展。深入推进国家西部大开发战略，提升民族地区资源开放效率，使"两型社会"建设迎来新局面。发挥民族地区比较优势，协同推进民族特色经济发展，将南岭民族走廊打造成为民族特色产业蓬勃发展的经济走廊。

五是内外开放格局显著拓展，区域开放水平差距明显缩小。走廊内部区域之间相互开放，区域外部开放拓展新格局，实现走廊区域开放水平差距明显缩小。通过对外开放的协同推进，走廊与国内其他经济区域的经济联系逐步加深，合作逐渐深化；开放型经济建设取得新进展，海洋经济加速发展，走廊整体的国际竞争力明显提升。

六是基础设施建设协同发展，促进公共服务均等化，社会事业明显进步。走廊各区域重大基础设施建设协同推进，交通运输网络、信息网络、能源建设、水利设施等一体化程度明显增强。走廊内各区域公共服务均等化程度加深，医疗卫生、科学教育、文化事业、社会治理等明显进步，走廊内民生事业显著进步。

（二）基本模式："核心区+辐射区"模式

南岭民族走廊的地域范围，以南岭山区为主体，东至武夷山南端，西抵雪峰山以南的八十里大南山，南与九连山相邻，北与万洋、诸广等山相接，整体呈东西走向，空间范围跨度极大。此外，走廊内的民族构成十分复杂，民族分布较为分散，整体呈"插花式"的杂居特征。在前文对南岭民族走廊空间范围的界定中，本书就已经将其界定为核心区和外围区。核心区所涉及的行政区域分为粤北、桂东北、湘南和赣南四部分，外围区所涉及的地理区域包括武夷山南端、岭南地区、滇东高原山区、黔南地区等。根据南岭民族走廊的空间地域特征和民族分布特征，借鉴国家在《藏羌彝文化产业走廊规划》中所提出的核心区与辐射区模式，同时借鉴泛珠三角区域合作中的"9+2"模式，在南岭民族走廊协同发展战略构建中，采取"核心区+辐射区"即"4+3"的合作模式。

南岭民族走廊核心区主要包括广东的韶关、清远；广西的桂林、贺州；湖南的永州、郴州以及江西的赣州地区等行政区域，因此协同发展战略的行政省区包括广东、广西、湖南和江西这四个省区。核心区域直接辐射的区域包括武夷山南端、岭南地区、滇东高原山区、黔南地区等区域，涉及的主要行政省区包括福建、贵州和云南三个省区。南岭民族走廊协同发展战略的成员单位共包含七个省级行政区。

核心区的主要功能在于率先在破除行政区划分割、促进要素合理流动、区域优势互补整合、创新合作协调机制、拓展协同发展领域、深化对外开放合作、发展成果共享机制、打造民族经济走廊等方面先行先试、做出示范，充分积累合作经验，不断改进合作缺陷，在打造南岭民族走廊区域合作经济带这个总体战略目标中担当起先行地、示范区、主阵地、排头兵等发展定位，并充分发挥其内核的辐射作用，将区域合作成果和合作经验扩散到辐射区，将辐射区域纳入整个南岭民族走廊区域合作经济带的共建中，通过民族关系纽带来强化整个走廊的经济联系，将南岭民族走廊建设成为民族团结进步示范区和共同繁荣发展示范区，打造一条民族关系和谐、民族经济加速发展的南岭民族走廊。辐射区的主要功能在于充分利用本地区比较优势，以南岭民族走廊历史中形成的紧密民族关系为纽带，积极主动参与走廊区域的各领域合作，实现比较优势的整合，协同推进民族地区的经济发展，参与合作协调机制的创新，将合作成果扩散至本省区的其他地区，以促进更大范围的经济发展。

（三）协同领域：协同推进六大领域合作

根据前文对南岭民族走廊经济发展现状的分析，走廊各区域内的发展差距主要体现在经济水平、经济结构、创新发展能力、对外开放、居民收入等方面。因此，南岭民族走廊实施协同发展，要在制约走廊区域经济协调发展的因素上入手，在基础设施、资源开发、创新发展、产业结构、对外开放、民族经济、扶贫攻坚、城镇化、生态文明、社会事业等领域进行深入协同，以民族关系纽带促进区域经济深度合作，努力提升整个走廊的一体化程度和整体经济实力。

一是基础设施建设协同。基础设施建设是经济发展的保障和支撑。强化走廊区域内基础设施尤其是重大基础设施建设，要在交通运输、能源供应保障、水利基础设施、信息基础设施等领域进行协同。

二是资源开发与产业发展协同。加强各成员省区在资源开发中的协同合作。充分整合走廊内的资金、技术、设备、人才等要素，对走廊内的矿产资源、水资源、农业资源、生物资源、旅游资源、民族文化资源等进行合作开发，提高资源开发效率和深加工程度，创新产品设计，深度挖掘资源价值，通过延伸产品价值链和提升产品附加值来促进资源优势向经济优势的转化。加强各成员省区在产业发展上的协同合作。以各区域比较优势为依据，加强各成员单位在产业布局优化、产业机构优化、产业转型升级、特色产业发展、新兴产业培育、传统产业改造、新型工业化、农业现代化等领域的协同推进。

三是创新发展与对外开放协同。加强各成员省区在创新发展上的协同。充分发挥各成员单位在创新驱动发展上具有统一目标和高度重视的优势，加强各成员方在科研投入、技术研发、科研机构建设、科研人员培养、成果专利申报、激励机制设计、创新环境营造、科技成果转化等方面的合作与协同。强化各成员方对外开放协同。充分南岭民族走廊在实施双向开放战略中的区位优势，加强各成员方在开放平台打造、口岸基础设施建设、大通关体制构建、进出口贸易、外资引进、技术引进等领域的协同发展。

四是民族经济发展协同。充分发挥走廊内各民族地区的资源优势和文化优势，强化各成员方在民族特色产品开发、生态农业发展、特色手工业发展、民族旅游发展、民族文化产业等领域的协同推进，加大政策支持和资金支持，开拓国内、国际市场，以民族经济品牌塑造来提升民族特色产品和产业的附加值。

五是扶贫攻坚与城镇化建设协同。强化各成员单位在扶贫攻坚和城镇化建设上的协同。充分发挥各省区在扶贫攻坚上的优势，将扶贫攻坚作为影响走廊整体发展的特殊因素，加强各成员方在扶贫政策、扶贫投入、扶贫规划、扶贫方式等内容上的合作，并且在融资、教育、培训、就业等环节上通力合作，推进农村剩余劳动力转移，协同推进城镇化建设，培育区域增长极，优化城乡结构。

六是生态文明建设和社会事业发展协同。强化各成员方在生态文明建设和社会事业建设上的协同，建设美丽和谐的南岭民族走廊。加强各成员方在资源环境保护、污染防治、环境治理、清洁技术创新、低碳经济发展、绿色循环经济发展、环境补偿机制、生态保护和治理机制构建等领域的合作。加强各成员方在教育、文化、医疗、卫生、人力资源和社会保障、社会治理等领域的协同。

（四）运行机制：五大机制确保协同效率

南岭民族走廊协同发展战略的实施，必须借助科学的运行机制。在借鉴泛珠三角区域合作、京津冀协同发展等区域合作形式的合作机制基础上，充分考虑南岭民族走廊的特殊性，紧紧围绕协同发展的基本要求和目标。南岭民族走廊协同发展战略的运行机制主要体现在市场调节、政府协同、利益协调、交叉学习、成果共享五个方面。

一是市场调节机制。市场机制是推进区域合作的基本运行机制，在南岭民族走廊协同发展过程中，对优化资源配置中起基础性作用。推进区域市场一体化，构建南岭民族走廊区域整体市场，积极利用国内、国际两个廊外市场，通过价格机制、供求机制、竞争机制和风险机制来促进走廊内各区域之间、走廊与国内外市场之间的要素和商品流动，提升要素投入和使用的效率，促进资源在区域间和企业之间的实现合理配置。

二是政府协同机制。政府在推进区域合作中具有引导和协调作用，在合作推进、政策保障、纠纷处理、矛盾协调等方面，以及在基础设施建设、社会事业发展、民生生态改善、科技资源配置、消除贫困等问题上发挥着不可替代的作用。南岭民族走廊协同发展要积极发挥政府职能和调控，保证走廊协同发展的稳定性、公平公正性、监督性和合法性。政府协同机制构建主要包括组织管理体系构建、平台打造、合作环境维护、纠纷协调、政策保障、监督监察等内容。

三是利益协调机制。利益协调机制或利益分配机制是调动各成员方参与合作的积极性和消除区域发展差距的重要因素，是区域协同发展顺利进行的关键。区域系统发展利益分配具有协议性、动态性、复杂性和合作性特征，南岭民族走廊协同发展战略的规划要根据其特殊性创新利益协调机制，以保证各民族实现共同发展的愿望。在南岭民族走廊协同发展利益协调中，必须坚持合理性原则、科学性原则、公平性原则、动态调整原则、成员充分参与原则、宏观主体主持分配原则，充分考虑各成员所做贡献、投入成本、承担风险以及合作积极性等要素，组建区域利益协调机构，建立科学的收益分配模式，丰富利益协调方式，坚持补偿机制与约束机制相结合，制定合理的收入分配方案。

四是交叉学习机制。尽管各区域在经济合作和协同发展中具有平等的参与地位，但是由于各区域在发展水平、资源禀赋、经济结构、创新能力等方面存在差别，其在协同发展中很难保证获取同等的发展收益。因此，建立走廊内区域间的交叉学习机制是促进协同发展的重要保障，是实现协调发展的良好路径。走廊内各地区、各民族之间可以在资源开发、产业发展、科技金融、科教文卫、扶贫攻坚、管理创新、社会治理、生态建设、民族文化等多个领域开展广泛交流学习，相互借鉴，将先进的发展理念和发展成果推广到其他地区，有效实现协调发展的目的。

五是成果共享机制。成果共享机制是建立在利益协调机制和交叉学习机制基础上的，是各成员在共建前提下对发展成果的平等享有权利的体现。它与利益共享机制、交叉学习机制相互促进、相互补充，对保证各成员方参与合作和协同发展的积极性具有积极意义。构建成果共享机制，要在资源共享、技术共享、知识共享、信息共享、机遇共享、平台共享、收益共享等方面进行设计，着力改善和提高走廊内的民生福祉生活，保障走廊内各族人民享有协同发展所带来的成果。

### 三、多措并举深化走廊区域协同发展

协同发展不同于协调发展，它更加侧重于区域内部各子单元之间的相互协作，通过有机结合来实现区域的整体效应。与其他区域经济合作形式相比，区域协同发展战略更加依赖内部成员的共同努力。南岭民族走廊区域协同发展战略的实施，不但要确立以中心目标、基本模式、合作领域以及运行机制等为主要内容的基本框架，也要采取一些积极的措施以深化走廊区域协同发展。

（一）统一发展规划，促进区域一体

加强顶层设计，由各方参与并协商编制统一的发展规划，明确各区域功能定位、产业分工、城市布局等重大内容，是深化南岭民族走廊区域协同发展的首要内容。协同发展要求区域具有高度的协调性和整合度，要消除和打破各区域之间由于行政区划所带来的界线分割，使要素能够在各区域之间实现自由规范、有序合理流动，从而使各区域有机联系在一起，通过优势互补实现力量整合。这就要求在南岭民族走廊协同发展战略规划中，要在整体层面构建统一目标，进行统一规划，以此来组织和统一各成员方的合作行为，保障整体规划具有较高的执行力度与实施效果。加快区域统一市场的形成，通过信息化建设推进区域一体化进程。加快推进走廊内市场一体化进程，破除限制生产要素自由流动和优化配置的各种体制机制障碍，推动要素按照市场规律在区域内自由流动和优化配置。

（二）丰富合作平台，创新合作模式

协同机制的运行要在一定合作模式下，借助一定的合作平台。因此，南岭民族走廊区域协同发展战略的实施，要不断丰富合作平台、创新合作模式。在南岭民族走廊总体发展战略的框架下，要积极打造南岭民族走廊区域合作与发展论坛、南岭民族走廊民族文化博览会与经贸合作洽谈会两大平台，在两大平台下还可以增设南岭民族走廊区域协同发展论坛和协同发展成果展示会等子平台，并设立类似南岭民族走廊协同发展促进会这样的社会组织，以平台建设推进走廊内各区域间的协同发展。此外，要充分利用走廊内紧密和谐的民族关系以及各民族在历史文化上的同源性，通过民族关系纽带来拉近各区域之间的距离，强化各区域、各民族之间的经济联系，不断创新合作模式。

（三）加快产业对接，优化产业布局

深化区域协同发展，要着力推进产业对接，推进产业梯度转移和转型升级。加快推进走廊内各区域之间的产业对接协作，以各区域资源禀赋结构和比较优势为依据，着力发展竞争力突出的优势产业和特色产业，理顺走廊区域产业发展链条，形成区域间产业的合理分布和上下游联动机制。各区域积极主动打破固有的狭隘理念，破除"一亩三分地"思维定式，围绕统一的目标，相互对接产业规划，摒弃同构性、同质化的产业发展思路，基于各区位优势、发展基础和科教资源等因素，实施差异化的产业发展战略，着重突出地区特色和民族特色，将发展特色民族经济摆在重要位置。要不断优化产业结构和空间布局，在改造提升传统产业、培育壮大新兴产业、加强产业分工协作、促进产业积聚集群等方面统筹规划。

（四）推进创新体系建设，推动创新资源共享

创新是引领区域发展的第一动力，是民族不断进步的灵魂。南岭民族走廊协同发展战略，必须发挥科技创新在全面创新中的核心与引领作用，为走廊经济发展提供持久动力。积极推进南岭民族走廊各区域创新主体间的紧密合作，联合构建由多个主体参与的创新合作体系，积极组建产业技术创新发展联盟，围绕产业发展所需的关键技术，整合走廊内所有科研平台和科研人员进行协同攻关，加速科技成果转化，充分发挥技术的扩散效应和涓滴效应，推进发展动力转换。走廊区域创新发展能力的培育还必须推动创新资源的共享。通过建立南岭民族走廊先进技术设备共享联盟、专家信息服务网、科技资源共享联盟、科技成果转化试验区等，推动走廊内部创新资源共享。

（五）构建一体化现代交通网络，促进基本公共服务均等化

构建一体化的现代交通网络是南岭民族走廊协同发展的骨架系统和先行领域。基于南岭民族走廊城镇和产业的空间布局，按照智能化管理、网络化布局和一体化服务的要求，围绕建设涵盖铁路、公路、航运、航空等在内的综合交通运输体系的目标，形成多节点、网格状的区域交通格局。要逐步缩小南岭民族走廊区域间的公共服务差距，增加公共服务产品的供给，促进走廊内部公共服务资源的均衡布局，提升基本公共服务与社会保障的便捷化程度和运行效率，使走廊内尤其是民族贫困地区的广大人民享

有基本公共服务。

区域协同发展战略的实施，会有效消除走廊内各区域之间的壁垒，促进要素在各区域之间的有序合理流动，强化各成员方之间的经济联系，推动各区域相互开放并提升整个走廊的开放程度。走廊内部区域协同发展战略的顺利实施，必须建立在各区域相互开放的基础上，同时，协同发展又会促进走廊的开放水平。因此，与走廊内部实施协同发展战略相对应，走廊向外则要进一步深化开放，完善对外开放战略布局。

# 第三节　南岭民族走廊双向开放战略

与走廊内部实施协同发展战略相呼应，走廊向外则实施开放发展之路。南岭民族走廊拥有独特的区位条件，具有实施双向开放的先天优势。构建南岭民族走廊的双向开放战略，既符合国家总体战略布局和发展要求，也是呼应走廊内部协同发展战略的积极举措。

## 一、走廊进行双向开放的必要性与可行性

南岭民族走廊经济发展战略的规划区域，既涵盖广大沿海地区，也包括广阔的内地省区；既包括狭长的边疆地带，也包括辽阔的内陆区域。南岭民族走廊沿海、沿边、沿江的优势，使走廊具有实施开放发展战略得天独厚的条件。在经济全球化和区域一体化趋势逐渐深化的时代背景下，实施双向开放是南岭民族走廊开放发展的必然选择。

（一）南岭民族走廊具有实施双向开放的天然区位

南岭民族走廊西接云贵高原，东邻东南沿海，北接长江中游流域，南衔珠江流域，横跨我国东中西地区。从国内视角看，南岭民族走廊所涉及区域既是连接我国长江流域和珠江流域，长江开放经济带和珠三角经济区、泛珠江三角洲区域合作的重要通道，又是串联我国西南内陆经济带和沿海开放经济带的过渡带和结合部。走廊内的江西、湖南、云南、贵州是长江经济带的重要参与省区，而广东、广西、云南、湖南、江西、福建、贵州又是泛珠三角区域合作的重要成员，云南和贵州又是西南经济圈的重要省区之一。另外，走廊又与华中地区、华南地区、东南地区等区域有空

间交集。可以说，南岭民族走廊具有衔接走廊四个方位经济区的"十字路口"地位，具有实施对内开放的天然区位优势。从国内视角看，南岭民族走廊向西南、向南、向北、向东等方位的西南地区、中南地区、华中地区、华南地区、长江经济带、沿海开放经济带、珠三角地区、北部湾经济圈、长三角地区等境内区域是走廊经济发展所依赖的异常广阔的经济腹地，与这些地区开展更为深层的经济合作，拓展对内开放水平，将为南岭民族走廊的经济发展开拓更大范围的国内市场。

从国际区位看，走廊中湖南、江西、云南和贵州这四个本来处于我国内陆的省区，在南岭民族走廊有机整体视阈下，其地理区位则由中西部内陆地区转变为开放前沿地区。整个南岭民族走廊处于港澳台、东南亚地区、南亚地区的环围之中，是我国面向港澳台地区、东盟国家地区以及其他海外国际市场最重要的桥头堡，是西南内陆地区便捷的出海大通道，是我国面向南亚东南亚的辐射中心，是 21 世纪海上丝绸之路与丝绸之路经济带的衔接门户。因此，南岭民族走廊在我国深入推进"一带一路"建设中具有举足轻重的战略地位，是"21 世纪海上丝绸之路"建设的起始区域，是新的时代背景和国际形势下我国深化对港澳台地区、东盟国家地区以及海上丝绸之路沿线国家地区开放的战略主阵地。

由此可见，在国内和国际视角下，南岭民族走廊具有实施双向开放战略得天独厚的区位优势。一方面可以加强与西南经济圈、长江经济带、长三角地区、沿海经济带、华南经济圈、珠三角地区、泛珠三角区域等区域的经济合作，开拓对内开放新格局；另一方面可以加强与港澳台、东盟国家地区、南亚国家地区以及"一带一路"沿线其他国家地区的经贸合作，深化对外开放格局。

（二）双向开放对促进走廊协调发展具有深远价值

在"一带一路"建设的推动下，南岭民族走廊各省区积极开拓对外开放合作，主动实施"走出去"战略并融入"一带一路"建设，在开放型经济建设方面取得显著成就。但是，从整体来看，南岭民族走廊地区尤其是走廊内处于我国中西部地区的广西、江西、湖南、贵州以及云南五省区，受制于地理区位、开放意识、开放策略等诸多因素，其对外开放程度依然处于较低水平。在进出口总额方面，除广东外，只有福建的进出口总额超过万亿元水平，其余五省区都远远落后于广东和福建。尤其是贵州，其进出口总额只有不到 0.04 万亿元，而且比 2015 年降低 50.5%。在实际利用外资方面，广东、湖南和江西是超过百亿美元的三个省区，其余四省区均在百亿美元以下，广西和云南最低，仅有 8.88 亿美元和 8.67 亿美元。无论是在进出口贸易总额方面，还是在外资引进、进出口贸易结构、贸易对象等方面，南岭民族走廊地区的整体对外开放格局还不够开阔，尤其是在国内消费需求动力不足的情况下，其限制了走廊地区经济发展的市场空间，对外贸易对地区经济增长的贡献能力不能得到充分发挥。因此，实施双向开放战略对于南岭民族走廊经济发展具有深远的价值。

第一，有利于构建全方位开放格局。南岭民族走廊是衔接"丝绸之路经济带与 21 世纪海上丝绸之路"的重要地区，如何充分利用"一带一路"建设对南岭民族走廊各省区在对外开放方面所带来的契机并逐步拓展对外开放格局，是关系着走廊地区经济实现协调发展和加速发展的重要问题。以"一带一路"建设为统领，全面推进双向开放战略，对内加强与其他经济区域的经济合作，对外逐步提升开放层次，有利于促进走廊内外要素的有序合理流动，改变以往开放中的"单车道"模式，在加速提升引资引技引智、力度、强度的同时，可以有效促进走廊内民族特色产业、高新技术产业、生态产业、深加工制造业、民族文化产业等"走出去"，并在技术输出、资本输出、产权输出等方面开创新局面，促进国内、国际资源的高效配置和市场深度融合，加快提升整个走廊的国际竞争新优势。

第二，有利于走廊内资源高效开发。受地形复杂、交通滞后、技术落后、设备缺失、基础设施建设滞后等因素影响，南岭民族走廊在资源开放中遇到众多问题。"广大丘陵山地生产经济效益很低，群众生活水平提高不快……能源短缺，矛盾尖锐；草山草坡未被综合利用；矿产开采利用率低，地方工业落后；环境污染日趋严重。"① 这些问题严重影响了资源优

---

① 中国科学院、国家计划委员会自然资源综合考察委员会南岭山区科学考察组：《南岭山区自然资源开发利用》，科学出版社 1992 年版。

势向经济优势的转变。双向开放战略的实施，一方面有利于充分利用国内和国内两个市场中的资金、技术、设备、人才等投入要素，积极引进这些要素可以极大地提高走廊内资源的开发效率；另一方面可以与国内、国际区域开展有效合作，在资源联合开发、产品设计与深加工、产业链条打造、人力资源培训、产品品牌打造与传播等领域相互合作、互利共赢。

第三，有利于融入"一带一路"建设。双向开放有利于充分发挥南岭民族走廊民族文化资源、特色农业、生态资源和自然资源优势，积极推进与"一带一路"沿线国家的经贸合作和人文交流，向北成为丝绸之路经济带的重要战略支点，向南成为 21 世纪海上丝绸之路建设的战略起始区域。双向开放有利于更好地发挥南岭民族走廊国际大通道的区位优势，有效促进走廊与周边区域沿海港口和口岸合作，有利于进一步畅通我国西南地区、华中地区等区域发展开放型经济的出海通道。双向开放有利于南岭民族走廊全面扩大开放领域，提升招商引资质量，优化开放平台和投资环境，扩大进出口贸易，推进走廊内优势产业参与国内国际分工，深度融入全球产业链、价值链和物流链，提升开放型经济发展的整体水平。

**二、南岭民族走廊双向开放战略基本框架**

根据南岭民族走廊在经济发展尤其是对外开放中存在的突出问题，依据走廊的区位条件和各区域的发展定位，充分利用国家深入推进"一带一路"建设的契机，在中心目标、基本模式、面向区域和开放领域等内容上对南岭民族走廊的双向开放战略进行科学设计，以此构建走廊双向开放战略的基本框架。

（一）中心目标：打造"全国对内对外双向开放战略高地"

充分发挥南岭民族走廊国际通道、"一带一路"衔接带以及 21 世纪海上丝绸之路战略起始区域的区位优势，以开创全方位走廊开放格局和区域整体竞争力为宗旨，以维护民族地区稳定和国家边疆地区稳定为前提，南岭民族走廊双向开放战略的中心目标是要着力打造"全国对内对外双向开放战略高地"。这个中心目标包括两方面的子目标：

一是提升南岭民族走廊对内开放水平，深化走廊与周边区域的经济合作。经过双向开放战略的实施，要使南岭民族走廊与国内各经济区域的经济联系明显加强，经济合作明显增加，走廊作为西南地区和中南地区出海大通道的地位更加显现，作为"一带一路"建设的衔接作用更加突出。走廊与国内区域之间的要素流动更加顺畅，阻碍经济合作的障碍机制基本消除，使国内市场成为南岭民族走廊资源开发和产业发展的重要依赖，走廊周边区域成为支撑南岭民族走廊经济可持续发展的重要腹地。

二是深化南岭民族走廊对外开放格局，加强走廊与国际地区的交流合作。经过双向开放战略的实施，要使走廊更加积极地融入世界经济体系，有效促进走廊与国际地区之间的经贸合作，进出口总额、实际利用外资等明显提高，贸易结构明显优化、贸易对象明显扩大，经济文化交流合作更加频繁，经济文化联系更加紧密。充分利用国际市场中的资源，通过双向开放，使走廊内的优势资源和民族特色产业积极参与到国际市场竞争中，商品、劳务、技术、资本等要素积极向外输出，积极参与国际市场规则的制定和全球经济治理，构建广泛的利益共同体。

（二）开放原则：内外统筹、进出平衡、引进走出并重

打造"全国对内对外双向开放战略高地"的实现，必须坚持以下基本原则：

一是内外需协调、进出口并重的原则。以走廊内需求和国内需求为根本立足点，并充分满足国际市场需求，以需求引导资源开发和产品设计。在扩大进口的同时，要鼓励走廊内具有比较优势的产业积极主动参与国际市场竞争，增加出口，优化进出口贸易结构。

二是"引进来"与"走出去"并重的原则。在积极引进国内和国际市场先进技术、资本、设备、人才等要素的同时，也要积极实施"走出去"战略，通过贸易、投资、交流等方式积极促进走廊内的优质要素参与国际市场的流动和优化配置，实现要素资源的价值最大化，提升走廊民族文化和民族特色经济的国际影响力，打造具有国际知名度的产品品牌、文化品牌、企业品牌。

三是更加注重引技引智、培养自主创新与内生增长能力的原则。在积极引进国际资本，提高实际利用外资数量的同时，要更加注重对技术、知识、人才、先进理念、先进管理等内容的引进，加强与国际区域的各种交

流合作，不断提升自主创新能力。在依靠开放带动经济增长的同时，更加注重内生增长能力的培育。

四是统筹国内、国际两个市场的原则。要科学统筹国内和国际两个市场，实现两个市场的良性互动。依托国内市场，不断提升走廊内产业层次和产品附加值，扩大国内需求，为参与国际市场竞争奠定良好基础；积极参与国际市场，加强引进与学习，不断促进产业结构优化和经济转型发展，提升走廊的国际竞争力，以利于更好地参与国内经济合作与竞争，提升走廊整体的国内、国际市场竞争力。

五是加速发展民族经济的原则。加速发展民族经济是构建南岭民族走廊经济发展战略的重要目的，以双向开放促进南岭民族走廊中民族地区资源的开发和民族特色产业的发展，努力帮助民族地区实现脱贫目标，增加少数民族居民收入水平，缩小民族地区与其他地区之间的发展差距，实现各民族共同发展。

（三）基本模式：内部开放战略+外部海洋战略

双向开放战略在不同的地域，具有不同的内涵和模式。中国共产党第十八届五中全会提出的"打造陆海内外联动、东西双向开放的全面开放新格局"，其对双向开放的界定是"东西双向开放"，即以我国整体国际区位为中心，向西以丝绸之路经济带建设为依托对中亚、西亚以及欧洲等国家地区开放，向东以21世纪海上丝绸之路建设为依托对东亚、东南亚、南亚以及其他丝路沿线国家和环太平洋区域开放，从而开创东西双向开放格局。国内有些区域在规划开放战略中，以要素和商品劳务的流动方向为依据将双向开放界定为要素和商品劳务的进出双向开放，即在引进各种要素和进口各种商品劳务的同时，又输出各种要素和出口各种商品劳务，实现引进与输出的双向流动，而不是"单车道"开放模式。例如，江西在"十三五"规划中将打造"内陆双向开放新高地"作为开放发展目标，明确提出"进出双向开放"。

南岭民族走廊作为我国面向东盟的国际大通道，其地理区位既涵盖沿海省区，又涵盖边疆内陆地区。根据南岭民族走廊的区位特征，在其实施双向开放战略中，采取"内部开放战略+外部海洋战略"的基本模式。

南岭民族走廊"内部开放战略"，即以走廊周边我国大陆地区为主要对象和市场区域，加强南岭民族走廊与周边经济区域的战略合作，实现走廊区域和其他区域之间的要素流动和商品劳务流动，相互开放市场，在基础设施建设、资源开发、科技创新、生态环境、社会事业等多个领域加强交流合作，强化区域之间的经济联系和文化交流，将走廊周边区域努力建设成为支撑走廊地区经济可持续发展的广阔腹地。实施内部开放战略的主要目标在于充分利用国内市场资源，通过加强区域合作来提高南岭民族走廊的区域竞争力和吸引力，破除行政区划分割，促进要素合理流动，产业市场相互开放，整合国内多方资源和优势，不断提升资源开发效率和推进产业转型升级，提升南岭民族走廊区域的国内竞争力，为实施外部海洋战略奠定坚持的经济实力。

南岭民族走廊"外部海洋战略"，即以我国大陆以外的区域为主要对象和市场区域，加强南岭民族走廊与港澳台地区、东盟国家地区、南亚国家地区以及其他海外区域的合作交流，努力发展开放型经济和海洋经济，在不断加强引进和进口力度的同时，实施"走出去"战略，促进要素输出和商品劳务出口，积极参与全球市场竞争，逐步提升南岭民族走廊区域的国际竞争力。实施外部海洋战略的主要目标在于充分发挥南岭民族走廊的国际区位优势，促进开放型经济发展，着力发展海洋经济，通过深化对外开放平台建设以加强与港澳台以及其他国际区域的经贸联系，不断优化进出口贸易结构，扩展贸易对象范围，充分利用国际市场资源，积极引进先进技术、理念、知识、人才等，促进走廊内资源高效开发，以对外开放带动走廊内生增长能力和创新发展能力的培育，促进走廊经济结构优化调整和经济发展方式转型，将南岭民族走廊打造成为我国 21 世纪海上丝绸之路建设的战略起始区域和我国大陆面向港澳台、东盟国家地区的桥头堡、战略支点、辐射中心、国际大通道。

南岭民族走廊内部开放战略与外部海洋战略相互促进、互为补充，是紧密联系的统一体。内部开放战略的实施是为了更好地深化对外开放格局，外部海洋战略的实施则能够提升内部开放的层次和高度。

（四）面向区域：从内陆经济圈至国际经济圈

南岭民族走廊独特的地缘区位，使它处于多个经济区域的环围之中。

以南岭民族走廊为中心，其四周分别与我国内陆地区的西南、华中、华南、东南等地区以及内陆以外的港澳、东盟国家、南亚国家等区域有紧密的地缘关系。南岭民族走廊的经济发展深受这些经济区域的交互影响。因此，实施双向开放战略，与这些经济地区保持良好的合作关系，构建广泛的利益共同体，才能实现互利共赢、共同发展的目的，才能加速南岭民族走廊经济的创新发展、协调发展、绿色发展、开放发展与共享发展。从内陆到海外，南岭民族走廊双向开放战略要面向以下地区进行开放。

（1）向华南地区开放。作为我国七大地理分区之一，华南地区包括粤、桂、琼、闽中南等省区，是我国改革开放的先导地区，也是我国经济发展较为活跃、水平较高、创新能力较为突出的区域之一。华南地区在沿海沿边的区位、技术、资本、人才、管理等方面具有比较优势。对华南地区开放，要充分发挥南岭民族走廊在资源、劳动力、土地、生态等方面的优势，加强在基础设施建设、技术创新、产业对接、资源开发、文化教育、生态文明建设等方面的合作，积极吸纳华南面向内地逐步扩散的梯度转移产业，促进走廊内产业转型升级，加速民族特色经济发展。

（2）向西南地区开放。西南地区东邻中南地区，北依西北地区，包括川、黔、滇、藏、渝等省区，是我国少数民族分布最多的区域，自然资源和民族文化资源丰富，是西部大开发战略重要发展区域之一。南岭民族走廊与西南地区交叠，环境、资源、民族、人文等因素交集众多。对西南地区开放，要充分发挥两者在多方面近似的优势，着重在资源开发、产业链条打造、基础设施建设、生态文明建设、民族经济等方面加强交流合作，在有色金属冶炼与深加工、水能资源开发、特色农业、烟草产业、生物制药、旅游业、民族文化产业等多个行业开展有效合作，共同推进民族地区经济发展。

（3）向长江经济带开放。作为三大国家战略之一，长江经济带横跨我国中西部三大区域，覆盖沪、苏、浙、皖、赣、鄂、湘、渝、川、滇、黔11个省市，是目前我国综合实力最强、战略支撑作用最大的区域之一，是具有全球影响力的内河经济带、东中西互动合作的协调发展带、沿海沿江沿边全面推进的对内对外开放带，也是生态文明建设的先行示范带。长江经济带建设对指导和引领南岭民族走廊经济发展具有深远意义。对长江经济带开放，要充分借助两者交叉区域大的特点，强化两者在民族文化、地理区位、优势互补等之间的联系，在东中西互动合作协调发展、对内对外开放、生态文明建设、空间优化布局、产业梯度转移、民族经济发展等方面相互开放合作，充分发挥南岭民族走廊在衔接长江经济带和泛珠三角区域合作之间的过渡带、结合部、桥梁作用，实现多个经济区域的互动融合发展。

（4）向泛珠三角区域开放。泛珠三角区域合作，即"9+2"经济地区，包含粤、闽、桂、黔、琼等九个省区以及香港、澳门两个特别行政区。泛珠三角区域是与南岭民族走廊联系最为紧密的地区，在地缘关系、民族构成、文化渊源、地理环境、自然资源等方面都具有极其紧密的联系。两者只是在区域划分中的依据不同，一个依托民族文化联系，另一个依托自然地理联系。面向泛珠三角区域开放，要加强两者在要素与商品劳务流动、资源高效开发、产业转移对接、科技协同创新、金融、生态文明建设、社会事业等领域的相互开放合作，形成一个互利合作、开放共赢的利益共同体。

（5）向港澳台地区开放。改革开放以来，香港和澳门成为中国内地经济走向国际市场的中介和桥梁，在中国经济的对外开放中发挥了独特的作用。《内地与香港关于建立更紧密经贸关系的安排》和《内地与澳门关于建立更紧密经贸关系的安排》的实施使香港和澳门与中国内地的经济合作关系进入一个新的阶段。在海峡西岸经济区建设推动下，台湾与大陆尤其是与福建的交流合作深入拓展。面向港澳台地区开放，必须坚持贯彻"一国两制"基本方针，在香港、澳门两个特别行政区以及CEPA的框架下，加强各方在多个领域的全方位交流合作，不但拓展港澳台地区的发展空间和市场，也为南岭民族走廊经济发展提供充足的资金保障和技术支持。

（6）向东盟及南亚国家地区开放。东盟与南亚国家地区是"21世纪海上丝绸之路"建设重要的共建区域，是海上丝绸之路沿线重要国家，与我国具有深远的历史渊源，是我国开展对外经济、政治、文化交流，谋求和平稳定发展的重要合作对象。自 2010 年中国—东盟自由贸易区正式成立以来，东盟与中国的贸易总额占世界贸易的 13%，是发展中国家间最大的自贸区。面向东盟及南亚国家地区开放，要充分发挥两地在历史、文化、地理区位上的天然联系，在经贸、投资、教育、文化、旅游等领域加强交流合作，积极推动 21 世纪海上丝绸之路建设，坚持共商、共享、共建原则，平行推进基础设施建设互联互通、产业金融合作和机制平台建设，加快实施中国—自由贸易区战略，在港口航运、经济贸易、海洋能源、科技创新、人文交流、生态环境等领域开展合作，促进政策沟通、贸易畅通、道路联通、民心相通、货币流通，携手共创区域繁荣。

（五）开放领域：加强八大领域的开放合作

以开放促进走廊区域经济协调发展与可持续发展，是构建南岭民族走廊双向开放战略的根本目的，因此，在走廊对内对外双向开放的过程中，首先，要充分发挥走廊所具有的比较优势，在走廊具有相对竞争力的领域深化开放力度，积极参与国内外市场竞争；其次，要弥补走廊经济发展中存在的短板，依托国内外两个市场，积极引进走廊经济发展所需要的各种资源。强化优势与补缺短板是走廊在拓展开放领域中所坚持的基本原则。

一是资源开发。以开放促进走廊内资源开发，是实施开放战略的重要目的。充分发挥南岭民族走廊在矿产资源、旅游资源、民族文化资源、生物资源、水资源等方面的优势，主动与国内外区域开展合作，积极引进先进的技术设备、管理模式、人才、资金等走廊较为稀缺的要素，以多种形式推进联合开发，优化资源配置，实现走廊内资源的高效开发，变资源优势为经济优势。

二是科技金融。深化走廊与各个经济区域在金融领域的合作，建设"一带一路"区域金融中心，提升走廊的金融服务能力，为经济发展提供充足的资金保障。在加大引资的同时，更加注重对技术、知识、人才的引进，尤其是走廊较为短缺的开采技术、农业技术、加工技术等，加强在科技创新领域的相互合作，组建科技创新联盟，逐步提升走廊创新发展能力，培育走廊内生增长能力。

三是产能合作。积极参与国内外产业对接和产能合作，打造产业合作先行区。首先，要充分利用走廊内丰富的资源，着力发展具有较强竞争力的有色金属产业、旅游产业、特色农业、民族文化产业、生物制药、烤烟、机械制造等产业，积极参与国内外市场竞争，优化产业布局和产业结构，促进优势产业和产品积极走向国内外市场；其次，要依托开放平台积极承接产业转移，加强产业对接合作，加速走廊产业转型升级，提升产业整体层次。

四是基础设施。基础设施建设滞后一直是束缚南岭民族走廊尤其是走廊内西部民族地区经济加速发展的瓶颈。借助"一带一路"建设契机，要积极主动与国内外区域强化基础设施建设领域的开放合作，积极采取各种投资融资方式，完善利益分享机制，加强走廊内的交通、水利、能源、信息等基础设施建设。

五是扶贫攻坚。贫困问题是影响南岭民族走廊尤其是少数民族地区经济协调发展的重要因素。在双向开放中，要积极与各方加强在扶贫攻坚方面的开放合作，在专项扶贫、行业扶贫、社会扶贫、国际合作等领域深化开放力度，整合各方资源，有效解决贫困问题。

六是民族经济。少数民族多元是南岭民族走廊的重要特征，加速民族经济发展是南岭民族走廊经济发展战略的重要内容。要积极与国内外各方加强在民族经济研究、民族特色经济发展、民族经济转型、民族经济现代化、民族文化资源开发等领域的开放合作，充分利用各方资源和优势，加速民族经济发展，打造一条民族特色明显、现代化的民族经济走廊。

七是生态建设。坚持绿色发展是南岭民族走廊经济发展战略的基本理念。要积极与国内外各方加强在生态环境保护、资源节约利用、环境污染整治、绿色低碳产业发展、循环经济发展、环保机制创新等领域内的开放合作，共同打造绿色发展、可持续发展的民族经济走廊。

八是社会事业。加强各方在民族文化、科技普及、教育培训、旅游会展、医疗卫生、信息传播、历史遗产等多领域的交流合作，建设"一带一路"人文交流纽带，强化各方在政治、经济、文化方面的紧密联系，创造和平稳定、共同发展的社会环境。加强各方在城乡公共设施建设、公共事业等领域的开放合作，促进公共服务均等化，增进民生福祉。

### 三、多措并举推进走廊双向开放

积极把握国家推进"一带一路"建设的重大机遇，以开放合作拓展南岭民族走廊协同发展空间，实施双向开放战略，要不断丰富对外开放内涵，积极推进高水平双向开放，全面参与全球经济合作和竞争，强化内外联动，构建全方位、多层次、宽领域、高水平的开放发展新格局。南岭民族走廊双向开放战略的实施，要在优化产业布局、融入"一带一路"建设、打造合作平台、引进走出并举、发展海洋经济等方面打造具体运行方略。

（一）优化产业布局，提升走廊竞争力

"区位条件与资源的开发价值有着十分密切的关系，进而还明显地影响一个地区的产业导向。"① 南岭民族走廊具有丰富的资源，其地理分布非常有利于开发。这种区位优势与资源优势的结合，非常有利于产业布局的合理优化。培育具有比较优势的主导产业是提升南岭民族走廊区域竞争力的重要内容，而区域整体竞争力的提升是推进开放战略的基本前提。依据南岭民族走廊自然资源禀赋结构，可将南岭民族走廊产业发展战略定位于以下"五个基地"：中国重要的有色金属材料基地、中国重要的亚热带山地丘岗立体农业基地、中国重要的生态旅游和民族文化旅游基地、中国重要的加工工业与制造业转型发展基地、中国重要的水电能源输出基地。按照这样的产业发展定位，南岭民族走廊在产业布局规划中要着力发展五大支柱产业：一是充分利用南岭地区丰富的有色金属资源，大力发展有色金属采矿业、冶炼业、深加工业和先进制造业。二是充分利用南岭民族走廊的自然地理特征，发挥其气候资源丰富、生物种类繁多、垂直差异明显等优势，大力发展极具民族特色的现代化立体农业。三是充分利用南岭民族走廊内丰富的自然景观和人文景观，着力发展生态旅游业和民族文化旅游业。四是充分利用南岭民族走廊丰富的劳动力资源，以走廊内的农业资源、电力资源、水资源等为基础，着力发展具有较高技术水平且具有民族特色的烤烟、木材加工、纺织、农产品等加工工业和制造业，打造一条极

---

① 李澜、谭朴妮：《环北部湾地区发展中心——广西双向开放开发的理性思考》，《学术论坛》2005年第8期，第112-118页。

富产品附加值和民族特色的产业走廊。五是充分利用南岭民族走廊丰富的降水资源和地势落差，大力开发水电产业，为工农业生产提供丰富的能源保障。此外，在培育主导产业之外，还要对走廊内的传统产业如农业、烤烟、机械制造、纺织、制药等进行改造，以信息化推动传统产业转型升级，通过引进新技术、新设备、新工艺、新机制等开发新产品、开拓新市场，将其打造成为新的经济支柱，焕发新的生命力，成为区域经济竞争力的重要组成部分。

（二）主动对接融入"一带一路"建设

依托南岭民族走廊在"一带一路"建设中的起始区域和国际大通道的战略地位，充分发挥走廊比较优势，积极推进与"一带一路"沿线国家和地区的务实合作和人文交流，全面推进双向开放，努力将南岭民族走廊建设成为"21世纪海上丝绸之路建设的战略起点区和国际大通道"。积极融入"一带一路"建设，要在以下环节进行重点规划：一是建设互联互通的重要枢纽，打通对外开放的战略通道。强化通道的引领作用，突出走廊与国内重要节点城市和丝绸之路沿线主要国家的互联互通，加快构建衔接顺畅、海陆空一体的战略通道。重点建设连接丝绸之路经济带的陆上通道；加强海上通道建设，推进与21世纪海上丝绸之路沿线国家和地区的港口港航合作。二是强化国际产能合作，提升与沿线国家合作水平。推动走廊内优势产业和企业加快"走出去"，重点加强与沿线国家在制造业、基础设施、资源能源、渔业林业等产业的对接合作，不断提升与沿线国家产业合作水平。引导推动优势特色产业拓展海外市场，鼓励有实力、有条件的企业到沿线国家投资发展，在境外建立生产研发基地、工业园区等。三是拓宽合作领域，优化对外贸易结构。有序扩大对外开放领域，不断拓宽合作领域，深化与丝路沿线国家在各个领域的全方位合作。优化提升一般贸易，扩大优势产品出口；加快发展服务业，扩大服务贸易；大力发展跨境电子商务、市场采购等新型贸易业态；促进加工贸易转型，引导加工贸易产业向设计、研发、品牌、服务等内容扩展；支持成套设备、关键技术、科研人员、能源资源以及重点消费品引进或进口。四是搭建开放合作的重要平台，形成人文交流的重要纽带。积极搭建合作平台，在完善现有自贸区、试验区、产业园、博览会等平台的基础上，建设一批功能更为完善的经贸合作示范园区、商品展销平台，推进重点商品出口基地、商品市场和商贸园区建设。加强与沿线国家在教育培训、旅游会展、医疗卫生、文化体育、科技创新、扶贫减灾等领域的交流，发挥华侨华人融通中外的独特作用和重要纽带，共同打造 21 世纪海上丝绸之路高端智库和文化交流平台，将南岭民族走廊建设成为我国促进与沿线国家文化交流合作的示范区。

（三）发展蓝色经济，推进海洋战略

海洋是我国经济社会发展重要的战略空间，是孕育新产业、引领新增长的重要领域，在国家经济社会发展全局中的地位和作用日益突出。我国高度重视海洋经济发展，中共十八大上做出了建设海洋强国的重大战略部署。南岭民族走廊区域中的广东、广西和福建三省区，拥有狭长的海岸线和辽阔的海域。壮大海洋经济、拓展南岭民族走廊的蓝色发展空间，对于走廊区域深化双向开放格局，实现协调发展、开放发展和可持续发展具有重大意义。

"十二五"期间，南岭民族走廊沿海省区海洋经济发展取得重大成就（见表 5-1）。其中，广东海洋生产总值从 8253.7 亿元增加到 13796 亿元，年均增长 10.8%，全省海洋生产总值占全国海洋生产总值的比重超过 20%，连续 21 年居全国首位；广西 2015 年海洋生产总值达 1098 亿元，比 2011 年增加 444 亿元，占全区 GDP 的比重为 6.5%，"十二五"期间海洋生产总值年均增速 10.9%，海洋经济在全区经济社会发展中的地位显著提升。要进一步发挥海洋经济对南岭民族走廊经济协调发展的带动作用，促进走廊双向开放格局的深化，就要更加积极主动地实施海洋战略，推进海洋经济发展。

表 5-1　2015 年南岭民族走廊沿海省区海洋经济发展情况

| 类别<br>省区 | 海洋生产总值<br>（万亿元） | "十二五"期间<br>年均增速（%） | 占 GDP<br>比重（%） | 三次产业结构 |
|---|---|---|---|---|
| 广东 | 1.3796 | 10.8 | 19.0 | 1.6∶43.5∶55.0 |
| 福建 | 0.6880 | 13.3 | 28 | 4∶44.5∶51.5 |
| 广西 | 0.1098 | 10.9 | 6.5 | 16.9∶36.2∶46.9 |
| 全国 | 6.5 | 8.1 | 9.4 | 5.1∶42.5∶52.4 |

资料来源：各省区及全国海洋经济发展"十三五"规划。

推进南岭民族走廊海洋经济发展，拓展南岭民族走廊蓝色发展空间，要贯彻"五大发展理念"，着重在以下几个层面进行科学规划：一是进一步优化蓝色经济空间布局。依据走廊沿海省区海洋资源禀赋和比较优势，按照"海陆统筹、集群发展、优化布局"的要求，坚持资源共享、优势互补、科学分工、错位发展的原则，优化海洋经济区域布局，重点优化海岸带①布局。持续推进广东"一带六湾五岛群"②、"三区三圈两基地"③和"特色海洋产业载体"建设；持续推进福建海峡蓝色产业带建设、强化两大海洋经济核心区地位、高标准打造六大湾区海洋经济、合理开发特色海岛；持续推进"一带三域五区多片"建设，整体优化南岭民族走廊海洋经济空间布局，拓展走廊蓝色经济空间。二是增强海洋科技创新发展能力。深入推进实施科技兴海战略，培育海洋创新主体，加快海洋协同创新体系和平台建设速度，构建海洋产业技术创新战略联盟，集中开展重大海洋科技攻关活动，加快海洋科技成果高效转化；大力发展繁荣海洋科教事业，支持涉海科研机构发展，促进海洋教育事业繁荣发展；优化海洋科技人才结构，形成一批具有自主创新能力的人才梯队。三是加强海洋生态文明建设。坚持绿色低碳发展，有序开发、集约节约利用海洋资源，创新海洋资源开发管理方式，落实国家水污染防治计划政策，强化海洋生态修复和美丽海湾建设制度保障，切实提高海洋经济可持续发展能力。四是提升海上经济开放合作水平。强化海洋合作，共享海洋利益。深化与"21世纪海上丝绸之路"沿线国家和地区海洋经济贸易文化交流合作，重点开展与丝路沿线国家的海上互联互通。发挥走廊海岸线狭长优势，全面推进与周边区域在海洋科学研究、环境保护、防灾减灾、公共服务等领域的深度交流与合作。探索侨胞、台胞等参与海洋经济发展的有效途径，建立

---

① 海岸带，即从大陆海岸线向陆 10 公里起至领海外部界线之间的带状区域，富集了岸线、滩涂、海湾、航道、景观等海洋要素资源以及发展海洋经济所依托的陆域，是发展海洋经济的核心区域。

② "一带六湾五岛群"，即海岸带；环珠江口湾区、环大亚湾湾区、大广海湾区、大汕头湾区、大红海湾区、大海陵湾区；珠江口岛群、大亚湾岛群、川岛岛群、粤东岛群、粤西岛群。

③ "三区三圈两基地"，即珠三角海洋经济优化发展区和粤东、粤西海洋经济重点发展区；粤港澳、粤闽、粤桂琼三大海洋经济合作圈；海洋供给侧改革示范基地和海洋"走出去"基地。

海上经济合作和共同开发机制，全方位、多领域提高走廊沿海省区海洋经济对外开放水平，实现互利共赢。五是深化海洋管理体制创新。突出海洋综合管理体制机制改革创新，努力在重要领域和关键环节改革上取得突破，增强海洋经济发展活力，深化海洋经济体制改革。建立海岸带和海洋资源综合管理新机制、海域使用审批服务新机制、海洋资源市场化配置新机制、近岸海域环境保护新机制、海洋综合执法新机制，完善海洋经济发展各项保障措施。

综合本章所述，南岭民族走廊经济发展战略的构建包括多方面内容。以打造南岭民族走廊区域合作经济带为战略目标，坚持"21世纪海上丝绸之路建设的战略起点区与国际大通道、全国对内对外双向开放先行区、东中西部互联互动协调发展示范区、民族团结进步与民族经济加速发展示范区、全国主体功能区优化发展样板区"五大战略定位，立足"五大发展理念"，以内部协同发展战略和外部双向开放战略为战略模式和战略重点，以优化经济布局、深化合作原则、创新合作机制、拓宽合作领域、推动区域一体、促进创新驱动、拓展对外开放等为战略举措，构建南岭民族走廊整体经济发展战略的总体框架。内部协同发展与外部双向开放是两大战略重点。在走廊内部协同发展战略中，以"核心区+辐射区"为基本模式，在五个方面构建协同发展的运行机制，并多措并举地深化区域协同发展。在走廊双向开放战略中，以打造"全国对内对外双向开放战略高地"为中心目标，以内部开放战略与外部海洋战略为基本模式，从内陆经济圈到国际经济圈全面拓展开放对象的范围，开拓全方位双向开放格局。走廊内部协同发展战略与外部双向开放战略是南岭民族走廊经济发展整体战略的两翼，两者相互依赖、相互促进、相互配合，构成内外结合的战略体系。

# 第六章

## 南岭民族走廊经济发展战略支持系统

　　南岭民族走廊经济发展战略蓝图是基于对该区域地理区位、资源禀赋、民族文化、发展现状等实际情况进行科学、精准把握的前提，在目标、定位、理念、模式、举措等方面对该区域经济发展所做出整体的长远设计，是引领该区域经济发展的纲领性指导。但是，南岭民族走廊是一个横跨多个行政区域和涵盖多个民族地区的地理空间，而且各子区域区情差异显著，其发展战略的有效实施离不开一定的配套支持体系，如有效的组织管理、顺畅的运行机制、健全的政策支持、完善的基础设施等。根据前文对南岭民族走廊经济发展战略构想中对该区域经济发展战略目标、战略定位和战略模式等内容的设计和要求，以走廊所具有的基本特征和经济发展中存在的实际问题为依据，以把握重点和因地制宜为原则，同时参照其他区域经济合作中的经验，南岭民族走廊经济发展战略的支持系统应包含组织体系、政策体系和基础设施体系三个层面的内容，三者之间相互补充、相互联系、缺一不可。

## 第一节　健全组织保障与运行协调体系

　　战略是从全局和整体的角度对事物未来长期发展方向、趋势、路线的长远规划，它的有效实施，首先要求必须具备完善的组织协调和运行保障体系，对各个子系统进行统一规划、有效整合。尽管地缘关系紧密，但是南岭民族走廊横跨东中西部地区，空间范围较为广阔，地貌与民族构成较为复杂，各自区域分属于不同的行政省区，其经济发展战略的实施更加依赖高效且完善的组织运行体系。南岭民族走廊经济发展战略组织运行体系的构建，必须紧紧围绕打造"南岭民族走廊区域合作经济带"这个核心目标，充分发挥走廊历史中形成的紧密民族关系，以民族文化联系强化区域经济联系，以协同发展和双向开放理念为指导，着力打造一条互联互动、协调发展的民族经济走廊。

**一、健全组织机构，完善运行机制**

南岭民族走廊经济发展战略的规划与实施是关系到我国区域协调发展和各民族共同发展的重大课题，是一项复杂的系统性工程，其涉及的成员单位较多，而且走廊内民族构成复杂、民族文化多元，需要建立一套自上而下的运行高效的组织机构和运行机制，以此统一各成员单位和市场主体之间的经济合作行为，按照战略规划内容来推进南岭民族走廊区域合作经济带建设。

在组织管理机构建设方面，要在中央、省（区）、市（县）三个层面建立完善的组织与管理结构，并分别明确各层级机构权责，使南岭民族走廊经济发展战略的规划与实施得到有效的组织保障。首先，在国家层面建立由多部门包括国家发展改革委、民委、文化部、财政部、商务部等横向联合、共同参加的南岭民族走廊区域合作经济带建设领导小组。领导小组为最高领导机构，主要职责包括以下内容：一是在国家总体战略布局层面整体论证南岭民族走廊区域合作经济带战略地位，以制度形式将南岭民族走廊经济发展战略上升为国家战略；二是组织走廊内各成员单位，做好走廊内经济发展调查，指导南岭民族走廊经济发展战略规划工作，明确目标方向与战略重点；三是设计并制定一系列促进南岭民族走廊协同发展与双向开放的配套支持政策；四是审议走廊经济发展战略实施年度报告，监督并协调各参与单位战略执行情况，并对深化战略实施中出现的问题提出指导意见。其次，在走廊整体层面建立由各成员省区组成的南岭民族走廊区域合作经济带建设委员会，这是南岭民族走廊经济发展战略执行与推进机构。委员会实行行政首长联席会议制度，由各省区发展改革委执行日常职能。其主要职责包括：一是在南岭民族走廊区域合作经济带建设领导小组的领导和指导下，依据国家相关要求和走廊实情科学编制相关发展规划；二是依据国家总体要求，按照计划逐步推进南岭民族走廊经济发展战略的实施，并对战略执行情况进行年度总结，向南岭民族走廊区域合作经济带建设领导小组报告，按照领导小组的指导意见对战略实施中的问题进行修正；三是研究决定走廊区域合作重大事宜，审议重大合作项目，举行双边和多边会晤，务实、协调推进区域合作；四是协调各成员单位行为关系，统筹推进协同发展，对合作中的矛盾和纠纷进行调停，落实既定合作机制的顺畅运行。最后，在各省区市（县）层级建立南岭民族走廊区域合作经济带建设协同发展中心，中心设在各市（县）发改部门，是南岭民族走廊经济发展战略的基本执行单位。其主要职责包括：一是按照总体布局和规划要求，扎实推进南岭民族走廊经济发展战略，并及时向上级管理机构进行战略执行年度报告；二是加强相互间的协商与衔接落实，对具体合作项目及相关事宜提出工作措施，制定详细的合作协议、计划，落实合作事项；三是消除区域间限制要素和商品自由流通的体制性障碍，协同推进战略规划中既定的合作内容，及时向上级管理机构反馈战略执行中遇到的困难和问题。

在健全了组织结构后，就要相应建立高效的运行机制。在运行机制建设方面，基于南岭民族走廊在民族构成、民族关系以及多元文化的特殊性，既要充分借鉴其他区域合作运行机制，又要以民族关系来强化区域经济合作创新突破。考虑到以上因素，南岭民族走廊经济发展战略实施的运行机制应该坚持政府引导机制、市场主导机制、中介推进机制相互结合的"三位一体"运行机制。首先，应该积极发挥政府在促进区域合作中的引导作用。积极发挥政府在坚持区域合作发展正确方向上的引导作用，深入实施区域协调发展政策，推进南岭民族走廊一体化建设，创造良好的合作发展环境。在各层级组织机构中，不但需要各政府相关单位积极参与，并自上而下明确相关单位权责，由行政区域间的政府协作推动整个走廊区域的经济合作。在各级政府引导下，各子区域在多方面开展务实合作、互联互动实现共赢，着力破除行政区划带来的界线分割。另外，在区域层级要建立由各成员方单位联合参与的联席会议制度和日常工作办公室工作制度，保障各成员单位均按照国家统一要求和南岭民族走廊区域合作框架协议认真落实相关战略规划的内容。其次，引入市场机制，充分发挥市场在优化区域资源配置中的基础性作用。充分发挥市场在南岭民族走廊地区经济发展中资源优化配置的决定性作用，积极培育企业作为市场主体，依法自主参与合作。推进区域市场一体化，构建南岭民族走廊区域整体市场，积极利用国内、国际两个廊外市场，通过价格机制、供求机制、竞争机制和风险机制来促进走廊内各区域之间、走廊与国内外市场之间的要素和商品流动，提升要素投入和使用的效率，促进资源在区域间和企业间实现合理配置。最后，创新中介推进机制，建立南岭民族走廊非官方参与机制。中介机构、行业协会等民间组织，不但掌握一定的行业信息，在某些专业技术领域也具有一定的权威，而且它们凭借自身灵活性质和网络优势，在协调成员关系、推进区域合作中具有不可替代的价值。发挥这些民间机构在推动区域民族关系、文化交流、市场调研、信息咨询、争端协调等方面的积极作用，有利于保障南岭民族走廊区域合作的务实推进，能够促进市场机制的优化和配合政府主导机制的顺畅运行。

**二、发挥政府职能，加强顶层设计**

南岭民族走廊空间区域范围横跨东中西部，涉及七个行政省区，走廊内区域差异和民族差异又较为显著。若要统筹协调推进走廊各子区域间的协同发展与双向开放，必须借助于之有效的组织管理机构，从国家层面至区域层面加强顶层设计，强化国家对走廊经济发展战略规划和实施的指导，在国家整体战略布局下统一规划、统筹协调，推进南岭民族走廊区域合作经济带建设。

*（一）依托政府推进，力升国家战略*

政府在指导区域经济发展规划和推进跨区域经济合作中具有不可替代的重要作用。自改革开放以来，为了促进区域发展，国家已经从全局层面出台了多个区域发展战略规划，如西部大开发、长江三角洲、珠江三角洲、促进中部地区崛起、海峡西岸经济区、北部湾经济区、鄱阳湖生态经济区、珠江—西江经济带、振兴东北地区老工业基地、山东半岛蓝色经济区发展规划等。南岭民族走廊在我国总体战略布局中具有重要地位，它不但是深入推进西部大开发战略与东西部协调发展的示范区域，也是实现民族地区繁荣发展和密切民族关系的重要区域，同时也是"21世纪海上丝绸之路"建设的起点区域。总体而言，南岭民族走廊能否实现协调发展、加速发展是关系我国民族团结和两个百年奋斗目标能否实现的重大问题。因此，南岭民族走廊经济发展战略的构建与实施，首先必须依托国家和区域政府的推动，从我国特色社会主义现代化建设与民族共同发展、协调发展的高度来看待南岭民族走廊区域合作经济带的建设，根据国家总体战略布局，力争将南岭民族走廊区域合作经济带建设上升为国家战略。

依托政府推进、力争国家战略，对南岭民族走廊经济发展战略的构建与实施具有深远意义：首先，依靠国家和区域层级政府推进，有利于在政策上提升整个南岭民族走廊区域合作经济带建设在国家总体战略布局中的地位，能够提高走廊经济发展的影响力，得到国内外社会的广泛重视；其次，自上而下的政府推进机制，有利于有效推进区域合作，明确区域分工与定位，统筹推进区域协调发展；再次，通过政府间的合作推进，能够有效打破地区封锁和利益藩篱，破除要素和商品流通中的各种体制障碍，全面促进走廊内要素流动和资源配置效率；最后，上升为国家战略，可以在战略规划中得到国家层面更为高瞻远瞩和统领全局的指导，在政策、制度、资金等方面得到更多的倾斜与支持。此外，南岭民族走廊区域合作经济带上升为国家战略，不但可以丰富国家区域发展理论、探索区域经济发展模式，还可以在国家整体框架下，加强南岭民族走廊与周边区域发展战略的联动与协同，形成区域经济发展互联互动新格局。

（二）加强顶层设计，统筹协调实施

加强顶层设计已经成为我国国民经济管理方式中的重要举措。南岭民族走廊经济发展战略的构建与实施是一项系统性工程和任务，也必须加强国家和区域层面的顶层设计，抓好基本战略方向和结构布局，统筹各方面资源和力量协同推进。

在力争上升为国家战略后，南岭民族走廊经济发展战略规划的顶层设计要做好以下方面的工作：第一，强调战略规划的系统性、整体性和协同性，加强顶层设计与"摸着石头过河"相结合，着眼全局、整体谋划，既要着眼于我国总体战略布局，又要充分研究南岭民族走廊具体廊情；第二，在中央层面做出统一战略规划，编制南岭民族走廊区域合作经济带建设和一体化发展的相关规划，增强战略规划的刚性，打破行政区域之间自家"一亩三分地"的思维定式，解决规划布局各自为政的固有习惯，破除限制要素流通的各种体制障碍因素，推进南岭民族走廊市场一体化进程；第三，加强战略规划具体层面的顶层设计，在制度层面上确立走廊整体定位，进一步明确城市布局、产业分工、配套设施等重大问题，在财政、投资、产业、开放等政策方面形成具体举措；第四，对接产业规划，坚持产业差异互补发展，防止同构化、同质化发展，加快走廊内区域间的产业对接合作，理顺产业发展链条，形成走廊内产业的合理分布和产业链上下游联动机制。

（三）明确功能定位，促进区域一体

科学合理的区域功能定位是推动区域协同发展的重要前提，也是区域经济发展战略的重要内容。南岭民族走廊的整体定位和走廊内各子区域的功能定位，既要体现走廊整体特色和各子区域特色，又要符合协同发展要求，以实现走廊整体和各子区域比较优势的发挥和互补为原则，以形成适合于走廊经济发展的差异化战略为目的，进行精准定位。因此，南岭民族走廊的功能定位既要充分对走廊内各子区域进行反复对比，又要从国家总体战略布局的角度对南岭民族走廊与周边经济区划的差异进行科学论证，既要彰显走廊特色，又要确保区域联动。根据前文对南岭民族走廊特殊性的分析以及对相关经济区域合作的利弊分析，南岭民族走廊整体定位为"21 世纪海上丝绸之路建设的战略起点区与国际大通道、全国对内对外双向开放先行区、东中西部互联互动协调发展示范区、民族团结进步与民族经济加速发展示范区、全国主体功能区优化发展样板区"。这五大发展定位体现了南岭民族走廊"一盘棋"的整体思维，突出了功能互补、错位发展的民族关系和区域关系。

南岭民族走廊经济发展战略，采取"核心区+辐射区"即"4+3"模式，各自区域的功能定位必须服从和服务于走廊整体定位，增强整体性和一体化。根据各子区域比较优势，各省区功能定位分别为：广东定位为"发展中国特色社会主义的排头兵、深化改革开放的先行地、探索科学发展的试验区"；广西定位为"构建面向东盟的国际大通道、打造西南中南地区开放发展新的战略支点、形成 21 世纪海上丝绸之路与丝绸之路经济带有机衔接的重要门户"；湖南定位为"东部沿海地区和中西部地区过渡带、长江开放经济带和沿海开放经济带结合部"；江西定位为"一点、四区"；贵州定位为"全国重要的能源基地、资源深加工基地、以航空航天为重点的装备制造基地、文化旅游发展创新区等"；福建定位为"海峡西岸经济区、21 世纪海上丝绸之路核心区、生态文明先行示范区"；云南定位为"民族团结进步示范区、生态文明建设排头兵、面向南亚东南亚辐射中心"。在发挥各自区域特殊功能定位的同时，要促进走廊整体性和一体化，要着力在区域市场一体化、区域资源开发一体化、区域产业一体化、民族经济发展一体化、区域攻坚扶贫一体化、区域基础设施一体化、区域民生增进一体化等方面重点建设，以整体角度加强区域间协作关系，拓宽市场发展空间，加大资源互补深度。

**三、统一规划布局，分步分地实施**

打造南岭民族走廊区域合作经济带，以协同发展和双向开放促进走廊协调发展，要求走廊内各子区域具有高度的协调性和整合度，要消除和打破各区域之间由于行政区划所带来的界线分割，使要素实现自由合理流动，从而使南岭民族走廊成为有机联系的统一整体。这必须依赖高屋建瓴的顶层设计，在国家层面由中央牵头指导、在区域层面由走廊内各方参与，共同协商编制统一的发展规划，明确走廊发展总体目标、区域分工、发展路线等重大问题。这要求在整体层面构建统一目标，进行统一规划，以此来组织和统一各成员方的合作行为，保障整体规划具有较高的执行力度与实施效果。具体应在以下环节上进行统一规划布局：

第一，统一目标。以南岭民族走廊为有机整体，以统一的发展目标引领、统筹走廊内各子区域经济的协同发展与对外开放。南岭民族走廊总体目标的确立，必须在中央统一指导下，既要服从于国家总体战略布局，又要区别于其他经济区划的战略目标。根据前文论述，南岭民族走廊的战略目标应着力凸显出"民族联系"和"民族经济"等重要特点，以建设"南岭民族走廊区域合作经济带"为核心，着力打造一条协调发展的现代化民族经济走廊。此外，在具体发展目标上，也必须进行统一规划。根据南岭民族走廊经济发展中存在的突出问题，其具体目标应以缩小发展差距、促进均衡发展、优化经济结构、促进转型发展、培育创新能力、深化开放格局、逐步消除贫困等为内容。

第二，统一思想。以建设"南岭民族走廊区域合作经济带"为指引，从中央至走廊内各行政省区必须以统一的指导思想、合作宗旨和发展理念来协调各成员方的行为。南岭民族走廊各区域要严格恪守《中华人民共和国宪法》及相关法律所明确规定的基本民族政策和民族区域自治制度，履行《中华人民共和国民族区域自治法》中对帮助和扶持民族地区发展经济文化事业的相关法律规定，要积极服从于国家"四个全面"和"五位一体"战略布局，牢固树立"五大发展理念"，充分发挥各地区的优势和特色，互相尊重、自愿互利，按照市场机制推进区域合作，逐步拓宽合作领域，拓展区域发展空间，形成互联互动、优势互补、互利共赢、各民族共同发展的新格局。

第三，统一布局。以全国主体功能区战略为依据，基于我国经济发展整体格局来优化南岭民族走廊的产业布局与空间布局，是对各自区域进行科学分工和推进走廊整体发展战略实施的重要内容。依据上文对南岭民族走廊资源禀赋结构和现有经济结构的分析，在产业布局上，着重建设有色金属材料基地、亚热带山林丘岗立体农业基地、生态旅游和民族文化旅游基地、加工工业与制造业转型发展基地、水电能源输出基地这五大基地；在空间布局上，采取"核心区+辐射区"模式，按照"点—轴"开发模式，重点打造"五纵二横"的立体交叉经济带。

第四，统一推进。南岭民族走廊经济发展战略的实施还必须在中央领导机构的指导下，按照"三步走"阶段分期路线，统筹推进走廊各区域的协同发展战略与双向开放战略。第一阶段是至2021年之前，逐步完善南岭民族走廊区域合作经济带建设的合作框架、合作机制和合作平台等，在多个领域开始务实性合作；第二个阶段是至 2025 年之前，逐步完善走廊内各种合作项目建设、基础设施建设、创新合作平台建设，开放平台建设等，努力打造区域合作品牌；第三个阶段是建立开放竞争的市场体系，基本实现走廊一体化，形成东中西部互联互动的协调发展格局，南岭民族走廊整体基本实现社会主义现代化。

此外，在统一规划和分步实施的基础上，南岭民族走廊经济发展战略的协同推进，还必须充分考虑各区域在经济发展上的差异性，按照因地制宜的原则，突出重点、分地实施。具体做法包括：一是重点加强走廊内交通网络建设，有效解决基础设施滞后瓶颈问题。基础设施建设滞后是制约走廊内中西部区域经济发展的瓶颈，必须以构建高效的互联互通综合交通网络，促进包括能源、信息、水利等在内的基础设施一体化建设，夯实南岭民族走廊协同发展的基础和骨骼系统。二是发挥各区域比较优势，加快推进产业对接协作。充分发挥走廊东部省区在技术、资金、管理等方面的优势，着力发展高新技术制造业、现代服务业、电子信息产业、海洋产业等，并加快资源密集型和劳动力密集型产业向走廊中西部区域转移；充分发挥走廊中部省区在区位、技术等方面的优势，着力发展现代农业、有色金属业、加工制造业、旅游业等，并在承接产业梯度转移中发挥其中转带和结合部的作用；充分发挥走廊西部省区在劳动力、土地等方面的要素优势，着力发展特色农业、旅游业、民族文化产业、有色金属业等，并积极承接中西部区域产业转移。三是努力克服各子区域突出问题，积极补缺发展短板。其中，广东应重点克服资源与环境约束，以创新发展转变经济发展方式；广西应以提高经济总体水平和对外开放水平为重点；湖南应以促进协调发展和经济转型发展为重点；江西应以优化产业结构和增长动力培育为重点；贵州应以保持经济稳定增长和消除贫困为重点；福建应以加速产业结构调整和促进区域均衡发展为重点；云南应以保持经济稳定发展和加强基础设施建设为重点。

**四、创新协作机制，推进利益共享**

推进南岭民族走廊战略的实施，实现协同发展、协调发展的目标，创新协作机制与推进利益共享是重要内容。南岭民族走廊区域合作经济带的打造，要基于该走廊所独有的民族特征与天然优势，积极弘扬长期历史过程中所积淀下来的和谐紧密的民族关系，以民族关系纽带强化区域经济协作关系，实现各民族、各区域共同发展、协调发展。

第一，创新平台促进与合作协调机制。创新南岭民族走廊合作平台促进机制，要在以下几个方面进行：一是充分发挥民族关系纽带作用，建立民族与经济互促机制、文化与经济互促机制。二是扩大参与范围，除走廊内各省区外，邀请国内外著名企业、专家学者和智库机构参加。将两大发展平台打造为集民族文化交流与传承、区域经济合作与共赢、民族关系互动与融合于一体的综合性合作平台。三是引入市场运作机制，积极调动各方资源。完善合作协调机制，要以统一的目标和规划协调各成员方的合作行为，破除地方保护主义和各自为政的固有习惯，并妥善处理合作中的矛盾与利益冲突。一是建立"4+3"行政首长联席会议制度。二是建立政府秘书长协调制度和日常工作办公室工作制度。三是建立部门衔接落实制度。四是建立南岭民族走廊非官方（包括中介机构、行业协会等民间组织或机构等）协调机制。五是建立争端投诉、调节、仲裁机制。此外，还要建立走廊区域合作发展的咨询机构，为参与合作的政府机构和企业主体提供信息咨询。

第二，建立合理高效的利益共享机制。区域系统发展利益分配具有协议性、动态性、复杂性和合作性特征，南岭民族走廊协同发展战略的规划要根据其特殊性创新利益协调机制，以保证各民族实现共同发展的愿望。在南岭民族走廊协同发展利益协调中，必须坚持合理性原则、科学性原则、公平性原则、动态调整原则、成员充分参与原则、宏观主体主持分配原则，充分考虑各成员所做贡献、投入成本、承担风险以及合作积极性等要素，组建区域利益协调机构，建立科学的收益分配模式，丰富利益协调方式，坚持补偿机制与约束机制相结合，制定合理的收入分配方案。此外，在利益协调机制基础上，要建立成果共享机制，这是各成员在共建前提下对发展成果的平等享有权利的体现。它与利益共享机制相互促进、相互补充，对保证各成员方参与合作和协同发展的积极性具有积极意义。构建成果共享机制，要在资源共享、技术共享、知识共享、信息共享、机遇共享、平台共享、收益共享等方面进行设计，着力改善人民生活提高走廊内的民生福祉，保障走廊内各族人民享有协同发展所带来的成果。

综上所述，由于空间范围跨度较大，走廊内民族构成较为复杂、民族文化十分多元，南岭民族走廊经济发展战略的构建与实施是一项复杂的系统性工程，必须依赖高效的组织保障与运行协调机制。在建构组织体系与运行机制过程中，一是要健全组织体系，完善运行机制；二是要发挥政府职能，加强顶层设计；三是要统一规划布局，分步分地实施；四是要创新协作机制，推进利益共享。

## 第二节　完善建设性支持体系：改善走廊发展硬环境

基础设施建设是区域经济稳定持续发展所不可缺少的重要保障和支撑，是优化区域经济发展硬环境的重要途径。南岭民族走廊经济发展战略的实施，除了必须具备一定的组织支撑体系外，还必须依赖完善的基础设施支持体系。尤其是实现南岭民族走廊区域合作经济带建设，打造现代化的民族经济走廊，就更离不开现代化的基础设施网络体系。构建南岭民族走廊经济发展战略的建设性支持体系，要以促进走廊内重大基础设施一体化建设为目的，以建设现代化的综合交通运输体系、能源供应保障体系、水利基础设施体系、信息基础设施体系等为主要内容。

### 一、打造综合交通网络体系

构建便捷的综合交通网络体系是推进区域经济发展的重要动因，交通一体化在功能疏解、产业转移、区域合作、要素与商品流通等方面扮演着先行者的角色。因此，构建一体化、现代化的综合交通运输网络是推进南岭民族走廊经济发展战略实施的骨架系统和先行领域。基于南岭民族走廊城镇和产业的空间布局，按照智能化管理、网络化布局和一体化服务的要求，围绕建设综合交通运输体系的目标，强化走廊内各种运输方式的衔接，构建快速、安全、低碳、大容量、低成本的互联互通综合交通运输网络，形成多节点、网格状的区域交通格局，实现走廊内交通运输一体化，增强对走廊地区经济发展的支撑能力，为南岭民族走廊经济发展战略的实施奠定坚实的基础保障。

第一，推进跨区域铁路网建设。进一步完善南岭民族走廊地区内的铁路建设发展规划，加快已经列入国家《中长期铁路网规划》的跨国、跨省（区）、内陆省区通向沿海港口及出境的铁路项目建设与改造，共同推动高速铁路、快速铁路发展，构建南岭民族走廊区域铁路运输快达网络，提升走廊与周边经济区域以及国外地区的互联互通水平。贯通南宁经贵阳至兰州的铁路，打造衔接21世纪海上丝绸之路与丝绸之路经济带建设的南北新通道。推进贵广高铁、南广高铁、中老铁路、中缅铁路、中越铁路、中缅印铁路等项目建设，满足南岭民族走廊各省区与南亚、东南亚国家地区间的经贸合作需求。

第二，推进跨区域公路网建设。加快南岭民族走廊内跨区域高速公路、干线公路建设，加强省际高速公路、国省道建设规划和港澳路网发展规划的衔接，加快跨省、跨境和出海通道的建设，全面提升公路技术等级和安全防护水平，提高公路安全性，构筑和完善区域公路交通运输网络。加快推进港珠澳大桥、广佛肇至梧州高速、宁都至龙川等项目建设。加大干线公路改扩建力度，协同实施国道提升改造工程。在南岭民族走廊公路网建设中，要加强与周边省区国省及县乡道路联通连接，打通出廊通道，完善南岭民族走廊区域路网结构。

第三，推进港口航运体系建设。水运与海运在南岭民族走廊经济发展战略实施中具有重要地位，要积极发挥其沿江沿海的区位优势，推进港口航运体系建设，为打造南岭民族走廊区域合作经济带奠定有力支撑。研究制定了南岭民族走廊航运的发展规划，完善走廊内水运发展协调机制，共同推进珠江、赣江、漓江、湘江、柳江等主要干支流高等级航道建设，合力建设珠江—西江黄金水道和海上运输通道，深化沿海、沿江港口合作，促进走廊海运事业、内河航运发展及与其他运输系统的衔接。通过航道、深水码头、泊位的改造和扩建，沟通长江水系与珠江水系，沟通内陆与沿海，形成南岭民族走廊发达的海运、水运体系。

第四，推进航空运输体系建设。统筹南岭民族走廊空域资源管理使用，明确走廊内各区域机场分工定位，实现机场群健康有序发展。优化完善机场布局，加快推进走廊内支线机场建设及与周边区域的联动。进一步推动走廊内国际机场航权开放，推进走廊内国际机场世界级航空枢纽和国际航运建设。推动加密区域内城市间航线航班，促进区域内客货快速运送。积极拓展南岭民族走廊连接东南亚、南亚各国的国际航线和旅游支航线加密航线航班。加快建设南宁、昆明、广州、福州等航空中转枢纽。

**二、构建能源供应保障体系**

构建能源供应保障体系，积极推动区域内输油、输气管道建设步伐，加强电源与电网建设，为促进南岭民族走廊经济发展战略的实施提供稳定、安全、可靠的能源保障。走廊内各方应该积极推进建立长期稳定的能源合作关系，加强区域电网联网建设、电力输送以及能源储运等领域的合作，积极实施"西气东输"和"西电东送"等国家能源发展战略，加快能源建设项目的合作开发，鼓励省际间能源的产销合作，实现区域内资源优势与市场需求的结合。第一，加快推进走廊内跨区域电源与电网建设。在科学布局支撑电源的同时，走廊内各省区应积极开展电力输送及储运合作，建立跨区域能源资源开发合作机制。在保护生态环境的基础上，高效开发走廊内水能资源。推进电网建设，促进走廊内能源资源的优化配置。第二，大力发展新能源和可再生能源。积极开发风能、太阳能、生物质能、海洋能等新能源，推广多能互补的分布式能源。按照安全、绿色、集约、高效的原则，加快发展风电、光伏发电等新能源和可再生能源，加强能源输配网络和储备应急能力建设。第三，深入实施"西气东输"和"西电东送"工程。推进西南能源基地向中南、华南和东南地区输电通道建设，推进走廊内油气管道建设，完善区域性油气管网建设。

**三、完善水利基础设施体系**

完善跨区域水利基础设施体系，以提高水利保障能力为核心，建设综合防洪、抗旱、减灾体系，加强水资源保护与开发利用，强化区域水资源管理。第一，推进防洪供水体系建设。加快推进走廊区域内骨干水利枢纽工程建设，支持走廊内区域防洪（潮）排涝体系建设；推动南岭民族走廊区域防洪供水工程和综合防洪抗旱减灾体系建设，保障走廊地区防洪供水安全；继续推进走廊七省区重点水源工程建设，推进大中型水电站水资源综合利用建设，推进大中型水电站库容纳入全省水资源统一配置，提高水资源综合利用配置能力。第二，推进流域综合整治开发。加快走廊内各水系的堤围达标建设，推进沿海省区实施千里海堤达标加固工程，推进走廊内各省区标准江海堤围建设的相互衔接，有效提升海堤标准化率。共同推进长江流域、珠江流域综合整治开发，联合实施水源涵养和水土保持能力提升工程。加强珠江、湘江、赣江、西江、漓江等流域跨省界断面的水资源信息共享，共同推进流域综合整治开发。

此外，还必须完善南岭民族走廊区域的信息基础设施建设，构建高速、移动、安全、泛在的新一代信息基础设施，深入实施"宽带中国"战略，强化区域通信枢纽建设，加快区域网络基础设施建设升级，强化信息网络安全。

综上所述，南岭民族走廊经济发展战略的实施，离不开完备的基础实施体系建设作为战略支撑。以南岭民族走廊为整体经济区域，在协同发展战略与双向开放发展战略的构建与实施中，推动重大基础设施一体化建设、改善走廊发展硬环境是促进整个走廊区域一体化的重要途径和内容。在构建一体化的基础设施体系中，打造包括铁路、公路、航运、航空等在内的一体化、现代化的综合交通运输网络是先行领域。另外，能源供应保障体系、水利设施体系、信息设施体系、口岸设施体系等都是推进南岭民族走廊基础设施体系建设的重要内容。

## 第三节　构建政策性扶持体系：
## 优化走廊发展软环境

如果说基础设施建设是改善区域经济发展硬环境的重要内容，那么政策设计就是优化区域经济发展软环境的重要表现。南岭民族走廊在地理区位、自然环境、资源禀赋、民族构成、民族文化等方面都具有特殊性，其经济发展是关系到各民族能否共同发展、东中西部地区能够实现协调发展的重要问题，在国家总体布局中具有战略地位。另外，发展失衡是南岭民族走廊经济发展中存在的最为突出的核心问题。可见，南岭民族走廊经济发展战略的实施，除了借助国家的统一规划、统筹协调以及建设一体化的基础设施体系外，还必须依赖健全的政策性扶持体系。根据南岭民族走廊经济发展的需要，其发展软环境的优化必须要在资源开发、产业发展、财政税收、对外开放、攻坚扶贫等方面设计出台行之有效的政策性扶持体系。

**一、坚持高效共享原则，完善资源开发政策**

南岭民族走廊以南岭山区为中心，总体东西横亘，构成了我国南方山区东部丘陵山地的"脊梁骨"，其地域范围宽阔，开发历史悠久，地貌类型齐全，民族成分多样，自然资源与文化资源十分丰富。其中，矿产资源尤其是有色金属资源种类多、储量大、分布广；地貌复杂多样，旅游资源十分丰富；气候资源多样，水能资源丰富；生物区系组成丰富，动植物资源多样；民族构成多元，民族文化资源非常丰富。但是由于基础设施建设滞后、发展理念落后、开发措施不当、过度追求经济效益等原因，不但造成了开发过程中效率低下、资源浪费等情况的出现，还致使走廊内生态环境遭到严重破坏。南岭民族走廊内丰富的自然资源具有巨大的经济效益、社会效益和生态效益，是走廊实现协调发展与可持续发展的前提基础，在其经济发展战略的实施中必须以科学的开发理念进行统一规划，做到资源整合和高效开发，变资源优势为经济优势和生态优势，促进走廊地区经济发展水平的提高和自然生态环境的优化。在制定南岭民族走廊资源开发政策中，除要继续灵活采用并落实《国务院关于实施西部大开发若干政策措施的通知》《国务院关于进一步推进西部大开发的若干意见》《西部大开发"十三五"规划》等重要文件中所给予的优惠政策外，还应以高效和共享为原则，以实现走廊资源可持续开发利用为目的。

第一，消除要素流通障碍，增强高质要素支撑。破解南岭民族走廊资源开发低效的重要途径就是通过要素尤其是先进技术、资金、理念、管理等要素的合理流动实现走廊内资源的整合开发。因此，必须要在政策层面逐步消除走廊内各省区存在的阻碍要素流动的体制性障碍。这就要求走廊内各省区要打破"一亩三分地"的固有思维习惯，以南岭民族走廊为整体，以实现走廊内资源的整合高效开发为目的，消除地方保护主义、各自为政的做法，加强走廊内横向联系，促进先进要素在走廊内有序流动，集中并引进先进技术与理念，通过优势互补实现资源的高效开发和深度利用，提升资源价值转化率。

第二，统筹资源开发规划，深化资源优惠政策。加强各省区在资源开发中的协作，要以南岭民族走廊为整体，依据走廊内各类资源的分布特征与利用途径，科学统筹、统一制定资源开发规划，整体提升资源开发效率。科学制定包括色金属资源、亚热带山地丘岗农业资源、生态旅游资源、民族文化资源、水电资源、生物资源等在内的总体规划，并分地、分类制定适宜的资源开发方略，创新资源开发模式，有效利用走廊国土空间。要继续深化土地和矿产资源优惠政策，并按照统一的原则进一步出台旅游资源、水能资源、生物资源、气候资源、农业资源、民族文化资源等优惠政策，依法明确并优化资源使用权、受益权、开发权、出让权、转让权等权责体系，加大对南岭民族走廊资源调查评价、勘查、开发、保护与合理利用的政策支持力度，逐步完善资源开发行政审批制度，简化审批程序。

第三，规范开发经营主体，加大金融科研扶持。经营主体在资源开发中具有重要作用，其开发理念、开发能力、经营水平等是影响资源开发利用效率的重要因素。南岭民族走廊是自然资源和民族文化资源的富集区，其资源的开发要对开发经营主体进行规范，并通过加大金融与科研支持逐渐提升其资源开发能力。一是不断完善激励政策，积极鼓励、吸引各种经济组织和个人依法申请、参与到南岭民族走廊资源开发中；二是建立南岭民族走廊资源开发市场准入制度，对开发经营主体进行严格审核和筛选，以确保其按照既定规划用途对走廊内资源进行有效开发；三是加大对走廊内资源开发经营主体的金融和科技扶持力度，通过降低贷款门槛和抵押条件、提高信用额度、优惠贷款利率、提供政府贴息贷款等方式，提升其融资能力，统筹资源开发技术研发多元投入，整体资源开发经营主体的资源开发水平。

第四，完善生态补偿政策，促进资源集约开发。面对南岭民族走廊资源开发历史中开发方式粗放、生态环境恶化的问题，要不断完善环境治理机制和生态补偿机制，转变粗放型资源开发方式，向集约型的可持续开发方式转变。一是要建立南岭民族走廊生态环境监测、预防与综合治理机制，加大环境执法力度，严守自然环境红线，推进南岭民族走廊"两型社会"建设；二是完善生态补偿政策，对在自然开发过程中所造成的生态问题进行及时补偿；三是严格规范资源开发行为，摒弃粗放式、掠夺式开发模式，实现资源开发集约化。

第五，创新利益分配政策，实现开发成果共享。整体实现由资源优势向经济优势的转变是对南岭民族走廊资源进行高效开发的目的。但是，由于走廊内各子区域尤其是经济发展滞后的少数民族地区在资源开发水平和资源利用能力上存在差别，其资源开发所获得的成果必然存在差异，如果分配不当就会造成更严重的发展失衡。因此，南岭民族走廊资源开发要创新利益分配政策，实现开发成果的共享。一是要在国家层面在相关法律法规中明确民族地区资源优先受惠权。"我国资源开发的政策中，基本没有考虑《民族区域自治法》等法律、法规的要求，没有给少数民族提供分享资源收益的渠道。"① 二是健全在资源补偿机制、少数民族居民就业等方面的配套立法，保障少数民族地区在资源开发中享有应有的收益。三是创新资源管理模式，强化走廊内少数民族地区的资源配置权。四是采取多种方式鼓励民族自治地方参与国家的资源开发，通过风险共担机制、利益共享机制，促进民族地区经济协调发展。

**二、坚持培新改旧结合，完善产业发展政策**

在前文对优化南岭民族走廊产业布局的论述中，依据南岭民族走廊自然资源禀赋结构，可将其产业发展战略定位于以下"六个基地"：中国重要的有色金属材料基地，中国重要的亚热带山地丘岗立体农业基地，中国重要的生态、文化旅游基地，中国极具特色的民族文化创意产业基地，中国重要的加工工业与制造业转型发展基地，中国重要的水电能源输出基地。按照这样的产业发展定位，南岭民族走廊在产业布局规划中要着力发展六大产业集群：一是大力发展有色金属采矿业、冶炼业、深加工业和先

---

① 王承武、马瑛、李玉：《西部民族地区资源开发利益分配政策研究》，《广西民族研究》2016年第5期，第165-173页。

进制造业；二是大力发展极具民族特色的现代化立体农业；三是着力发展生态旅游业和文化旅游业；四是积极发展新闻出版、影视、表演、手工艺品制作、节庆等民族文化创意产业，打造一条民族文化创意产业走廊；五是着力发展具有较高技术水平且具有民族特色的烤烟、木材加工、纺织、农产品等加工工业和制造业，打造一条极富产品附加值和民族特色的产业走廊；六是充分利用南岭民族走廊丰富的降水资源和地势落差，大力开发水电产业，为工农业生产提供丰富的能源保障。在南岭民族走廊经济发展战略实施中，若要有效发展以上六大产业集群，必须在培育新兴产业和改造传统产业两个维度上健全其政策扶持体系。

第一，完善新兴产业培育政策。以南岭民族走廊的资源禀赋结构为依据，通过培育战略性新兴产业来优化产业结构，促进整个走廊经济转型发展。南岭民族走廊战略性新兴产业的培育，要坚持以优势特色发展、促进要素跨区域高效流动、打造跨区域产业链条、培育产业技术创新联盟为基本路径，并在以下方面制定有效的政策体系：一是完善新兴产业支持机制，科学规划产业发展蓝图。对走廊内各区域新兴产业发展进行科学分工、统筹布局，防止同质化低效发展。从国家层面至省区层面详细制定南岭民族走廊新兴产业鼓励发展目录，严格规划行政审批，建立集中审批和理会审批制度，对经济、社会和生态效益突出的新兴产业项目要给予及时审批，开设绿色通道，限时结办。二是加大新兴产业投资力度。积极争取国家有关部委对南岭民族走廊新兴产业项目国债资金等的支持；积极争取中央财政民族地区转移支付资金等的支持；积极争取省级财政对新兴产业发展所依赖的基础设施建设项目给予一定的贴息支持。三是大力创新金融服务，促进产业技术创新。加大金融创新的力度，通过完善的制度保障体系和金融服务来吸引区外资金流入，与战略性新兴产业互惠互利，形成技术创新与产业进步、金融发展三者相互促进、联手发展的格局。完善财税优惠政策，吸引金融机构聚集，构建多层次资本市场，鼓励并规范社会融资，发展全程式金融服务平台，完善产业发展的金融担保体系，降低融资成本。四是研究制定新兴产业跨区域协同合作。鼓励东部地区软件和信息技术公共服务平台、园区与走廊内地区加强合作，支持发展多语种软件和信息技术服务业、地理信息产业、大数据产业等。

第二，完善传统产业改造政策。优化南岭民族走廊的产业布局和产业结构，除了积极培育战略性新兴产业发展，还应该注重对走廊内现存传统产业的改造。创新的目的并不是消除传统产业，而是以新技术对其改造，使传统产业以崭新的面貌出现在国民经济中。在国家的信息化战略中，促进信息产业与传统产业的融合互动是重要内容。国家信息产业部也颁布了《信息技术改造提升传统产业"十一五"专项规划》，以此作为推进传统产业改造的指导文件。推进以信息技术改造南岭民族走廊内传统产业，整体促进传统产业改造升级并迈向高端化，需要在以下方面进行政策扶持：一是积极落实装备制造业质量品牌提升专项行动、消费品工业"三品"专项行动、服务型制造专项行动和制造业与互联网融合发展转型行动；二是积极推进走廊内传统采矿业、有色金属业、加工工业、传统农业等产业的智能化、信息化提升，对于经济、社会、生态效益突出的改造项目给予相关财税优惠政策支持；三是推进国家智能制造示范区、制造业创新中心建设，实施绿色制造工程、工业强基工程和高端装备创新工程；四是夯实产业基础，持续实施传统产业改造升级重大工程包，重点支持智能化改造、绿色制造推广、基础能力提升、服务型制造转型、关键新材料新能源发展、电子信息升级、质量和品牌提升、重大产业基地建设等工程；五是持续推进智能制造专项，在流程制造、离散型制造、网络协同制造、大规模个性化定制、远程运维服务等方面进行试点示范。此外，要积极发挥南岭民族走廊内多元民族文化优势，在传统产业改造中积极发挥文化创意的作用，创新产品设计、丰富产业形态、衍生产业链条、提高传统产业附加价值，整体提升传统产业层次。

此外，为了更加有效地优化南岭民族走廊经济结构转型升级，要积极引导并有序发展现代服务业。一是支持南岭民族走廊地区现代物流服务业体系建设，大力推进"互联网+"高效物流发展，打造高效边界的物流大通道。二是推动南岭民族走廊实体商业转型升级，大力发展商业新模式、经营新液态，提升流通效率并降低流通成本。三是加快发展生活服务业与生产性服务业，积极培育工业设计、工程设计、会计审计、会展商贸、管理咨询、人力资源等专业服务业。四是落实西部大开发文化产业税收优惠政策，促进南岭民族走廊民族文化创意产业健康发展。五是加快旅游业改革发展，鼓励多元资本进入旅游市场，优化旅游业发展环境，推进走廊内旅游配套设施建设。

### 三、着力改善投资环境，完善财政税收政策

在南岭民族走廊经济发展战略实施中，不但要积极发挥市场在优化资源配置中的基础作用，通过价格机制、供求机制、竞争机制等来促进走廊内要素和商品的有序合理流动，促进走廊内资源的整合、高效开发以及产业发展效率，还必须依赖完善的财税政策，充分发挥其经济杠杆作用。

第一，加大财政支持，增加资金投入。基于南岭民族走廊区域内经济发展差距较为突出的问题，为了实现打造一条协调发展的民族经济走廊战略目标，要在财政政策方面对南岭民族走廊地区尤其是发展水平较为落后的民族地区给予更大的支持，增加区域经济发展所必需的资金投入力度。一是加大建设资金投入。逐步提高中央财政性建设资金用于南岭民族走廊地区的比例。在按贷款原则投放的条件下，尽可能多地安排南岭民族走廊地区经济发展项目的政策性贷款。对走廊内重大基础设施建设项目，通过多种途径解决其资金问题，不留资金缺口。二是加大财政转移支付。逐步加大中央对南岭民族走廊一般性转移支付的规模。在农业、攻坚扶贫、社会保障、生态保护、教科文卫等专项补助资金的分配方面，向南岭民族走廊倾斜。三是加大金融信贷支持。加大对走廊内基础产业建设的信贷投入，重点支持走廊内重大基础设施项目建设。增加对南岭民族走廊特色农业、文化产业、民族旅游业、生态保护与治理、优势产业、城镇化建设、企业技术改造、高新技术企业发展的信贷支持。四是优先安排建设项目。优先在南岭民族走廊内布局交通、水利、能源、信息等基础设施建设项目，水利、有色金属资源开发与利用项目，生物技术与高新技术产业化项目等。

第二，完善税收政策，改善投资环境。除了健全财政政策外，南岭民族走廊经济发展战略的实施还离不开优惠的税收激励政策。对南岭民族走廊经济发展的税收政策支持，要坚持"放水养鱼"和"让利于民"的基

本原则，尽可能减轻走廊内经济发展的税负压力。一是要健全税收优惠政策。对设在南岭民族走廊地区内国家鼓励类产业及优势产业企业，按照国家相关政策减征企业所得税和免征关税、进口环节增值税等。对具有重大社会效益和生态效益的企业收入减征所得税。大力推行研发费用税收抵免制度，创新增值税低税率优惠政策。二是改善投资软环境。深化南岭民族走廊地区国有企业改革，积极引导非公有制经济加快发展。进一步转变政府职能，简化重大投资项目审批程序和审批事项，消除走廊内行政垄断、地区封锁和保护，依法保护投资者合法权益。三是大力创新金融服务。以开放、优惠、服务为原则，吸引金融机构在走廊内聚集，积极争取多层次基本市场直接投资。鼓励和规范发展民间投融资，壮大各类创业投资和风险投资，整合建立和发展全程式金融服务平台。创新金融工具，完善金融担保体系，降低走廊内企业融资成本。完善股权场外交易机制，保障资本的合理合法流转。

南岭民族走廊经济发展的财政税收政策，要注重先行先试、放眼长远。在进一步加大财政资金投入力度的同时，加强财政投入绩效考核，提高资金投入效率。走廊内各成员单位要积极推动审批制度改革的深化，打破市场主体准入上的地区封锁，鼓励不同所有制企业、不同经济成分的经济组织在走廊内开展合作，发挥不同所有制经济之间的优势。

## 四、"引进来""走出去"并举，健全双向开放政策

健全的对内对外开放政策，是提升南岭民族走廊整体开放水平的重要保障，是实施双向开放战略的重要前提。构建南岭民族走廊双向开放政策，要坚持"引进来"与"走出去"并举的基本原则，通过系统的开放优惠政策积极促进引资引技引智，并鼓励走廊内优势要素、民族特色产业、优势产业"走出去"，通过双向开放来促进走廊内经济的内生增长能力。

第一，拓宽外商投资领域与外资利用渠道。鼓励外商投资于南岭民族走廊地区的基础设施建设和资源开发，扩大走廊地区服务贸易领域对外开放，依照国家相关规定拓宽外商投资领域、兴办各类已承诺开放领域的企业。在外资利用方面，要丰富外资利用模式，推广 BOT、TOT 等外资利用方式，积极探索以中外合资产业基金、风险投资基金方式引入外资。支

持走廊地区属于国家鼓励和允许类产业的企业通过转让经营权、出让股权、兼并重组等方式吸引外商投资。鼓励在华外商合资企业到走廊地区再投资，对外商投资走廊地区重大基础设施和优势、特色产业项目，适当放宽其股比限制。第二，大力发展对内与对外经济贸易。鼓励走廊内企业发展优势产品，积极拓展国际贸易，鼓励到境外投资办厂，进一步放宽出入境限制。实行更加优惠的边境贸易政策，在出口退税、进出口商品经营范围、进出口商品配额等方面放宽限制，推动南岭民族走廊与毗邻国家地区相互开放市场，促进与周边国家区域经济技术合作健康发展。第三，推动口岸和特殊区域建设，构建区域大通关体制。统筹规划走廊内各区域口岸布局，加强口岸基础设施建设，扩展和完善口岸功能。增强走廊内边境口岸和特殊区域功能，打造高水平对外开放平台。加快建立南岭民族走廊大通关电子口岸信息平台，推进电子口岸互联互通和资源共享。在全面实施关检合作"三个一"的基础上，逐步推行"单一窗口"制度。在南岭民族走廊各种运输方式实行"多点报关、口岸验放"模式，简化铁路转关作业手续，促进进出口货物的跨省区及出境快速流转。加强与走廊周边经济区域通关一体化衔接，进一步扩大通关一体化范围。进一步引导区内加工贸易转型升级、产业转移和转型升级。

此外，南岭民族走廊双向开放政策的构建，还应该促进走廊地区积极融入"一带一路"建设。发挥南岭民族走廊的国内和国外区位优势，加强与"一带一路"沿线国家经贸往来和文化交流。深化南岭民族走廊区域合作与泛珠三角区域合作、澜沧江—湄公河合作、大湄公河次区域经济合作和泛北部湾经济合作的交流，积极参与中国—东盟自贸区升级建设，参与打造中国—中南半岛、孟中印缅经济走廊。

**五、坚持精准基本方略，完善扶贫脱贫政策**

南岭民族走廊地区尤其是民族聚居区，其贫困县、贫困村分布非常密集，贫困范围大、贫困比例大、贫困发生率高，贫困程度十分严重。贫困问题直接反映了居民收入差距状况和区域经济发展质量，是关系南岭民族走廊地区保持社会稳定、经济健康发展的重要问题。制定有效的扶贫脱贫政策，加速民族地区经济发展是实现南岭民族走廊协调发展的重要途径。

完善南岭民族走廊的扶贫脱贫政策，坚持精准帮扶与整体开发有机结合，加快破解贫困地区区域发展瓶颈制约，不断增强贫困地区自我发展能力，整体解决南岭民族走廊区域性整体贫困问题。

第一，实施产业扶持脱贫政策。把精准扶贫和贫困地区开发结合起来，立足当地优势资源，精准选择产业、对接项目，实现就地脱贫。[1] 在南岭民族走廊贫困地区实施"一村一品"产业推进行动，发展特色农业、文化旅游、手工艺品加工等，生产高附加值民族特色产品，促进贫困农户稳步增收。支持走廊各地区结合实际探索开展资产收益扶贫，深入实施科技特派员制度，加大走廊内贫困地区的资源开发支持力度，实施乡村旅游扶贫工程。积极实施电商扶贫，将农村电子商务作为精准扶贫的重要载体，提升贫困户运用电子商务创业增收的能力。[2]

第二，支持转移就业脱贫政策。要加强走廊内贫困人口的职业技能培训和就业服务，支持处于劳动年龄、有劳动能力和就业意愿的贫困人口转移就业，支持就地、就近转移就业。一是完善劳动者终身职业技能培训制度，提升贫困家庭农民工职业技能培训精准度。二是完善对转移就业贫困人口的公共服务体系，强化走廊内地区间的劳务协作。逐步完善输入地政府对已经稳定就业贫困人口在住房保障、子女教育、户籍管理等方面的政策扶持。建立和完善输出地与输入地劳务对接机制，统筹做好职业介绍、就业指导和政策咨询等就业服务，引导农村贫困人口就地、就近就业和外出就业。

第三，完善易地搬迁脱贫政策。组织实施南岭民族走廊易地扶贫搬迁工程，对走廊内居住在灾害频发、环境恶劣、生态脆弱、生产条件低下、深山区、高寒区等区域的贫困人口，按照自愿原则，因地制宜选择搬迁安置方式，分阶段实施易地扶贫搬迁。一是精准识别搬迁对象。要合理确定南岭民族走廊内搬迁范围和搬迁对象，确保建档立卡贫困人口应搬尽搬。二是稳妥实施搬迁安置。根据水土资源条件、经济发展环境和城镇化进

---

[1] 摘自国家发展和改革委员会《西部大开发"十三五"规划》，2017年1月。

[2] 摘自国务院《"十三五"脱贫攻坚规划》，2016年11月。

程，合理选择搬迁安置方式和安置规模。三是促进搬迁群众稳定脱贫。大力发展安置区优势产业，培育增收产业，发展劳务经济、现代服务业，多渠道增加搬迁群众财产性收入，不断优化收入结构，确保搬得出、稳得住、有事做、能脱贫。

第四，完善教育支持脱贫政策。"以提高贫困人口基本文化素质和贫困家庭劳动力技能为抓手，瞄准教育最薄弱领域，阻断贫困的代际传递。"① 加快实施教育扶贫工程，要在以下几个层面完善相关政策：一是提升南岭民族走廊基础教育水平。全面改善走廊内贫困地区的办学条件，加大学前教育投入力度。二是降低贫困家庭就学负担。完善贫困家庭子女就学资助政策，继续实施普通高中和中等职业学校学生国家资助政策。三是探索完善职业教育扶贫机制，推进职教集团对口扶贫模式。四是提高高等教育服务能力。

第五，完善生态保护扶贫政策。南岭民族走廊是我国重要的亚热带山地丘岗区，区内生态环境较为脆弱。要逐步加大对走廊内贫困地区的生态保护补偿，通过参与生态保护实现走廊内贫困人口就业脱贫，一是加大南岭民族走廊生态保护力度。充分利用南岭民族走廊亚热带气候资源和山地资源，大力发展具有经济效益的立体生态农业。建立和完善耕地与永久基本农田保护补偿机制。二是建立健全生态保护补偿机制。根据"谁受益、谁补偿"的原则，探索多元化生态保护补偿方式。设立生态公益岗位，激励贫困人口参与走廊生态环境保护工作。三是优先安排国家重大生态建设项目。

第六，完善社保兜底脱贫政策。完善走廊内贫困农村的最低生活保障制度，加强农村低保与扶贫开发及其他脱贫攻坚相关政策的有效衔接，引导贫困人口自我脱贫。统筹社会救助资源，将最低生活保障制度与专项救助制度衔接配套，推动建立健全低保标准与物价水平联动机制，把完全或部分丧失劳动能力、无法依靠产业扶持和就业帮助脱贫的贫困家庭纳入农村低保制度覆盖范围，实现社保政策兜底脱贫。实施健康扶贫工程，提高

---

① 摘自国务院《"十三五"脱贫攻坚规划》，2016 年 11 月。

贫困地区基本医疗和公共卫生服务水平。继续实施残疾人康复扶贫贷款项目，加大对贫困残疾人就业扶持力度。

综合本章所述，南岭民族走廊经济发展战略支持系统应包含组织管理体系、建设性支持体系和政策性支持体系在内的三个层面的内容，三者之间相互补充、相互联系、缺一不可。其中，组织管理体系的构建包括健全组织机构、完善运行机制、发挥政府智能、加强顶层设计、统一规划布局、创新协作机制等内容；建设性支持体系建设包括打造综合交通网络体系、构建能源供应保障体系、完善水利基础设施体系、建设信息基础设施体系、建设口岸基础设施体系等方面的内容；政策性支持体系建设包括完善资源开发政策、完善产业发展政策、完善财政税收政策、健全双向开放政策、完善扶贫脱贫政策等方面的内容。三大战略支持体系中，组织体系建设是筋脉，基础设施建设是骨架，政策体系建设是灵魂，三者相互配合、相互依赖。三大支持体系的构建，要服从于打造南岭民族走廊区域合作经济带这个总体目标，既要遵循国家相关法律政策规定和要求，又要尊重民族地区经济发展的客观规律和特殊性，在具体规划中要先行先试、勇于探索。

# 第七章

---

# 研究结论与展望

---

费孝通先生于 20 世纪 80 年代初从民族学角度提出了民族走廊学说，为民族学的研究赋予了区域性的研究视角，同时创新了民族学的跨区域研究方法。本书是在诸多学者对民族走廊尤其是南岭民族走廊相关研究的基础上，在继承费孝通先生对民族走廊核心概念的有关界定的前提下，综合运用民族学、民族经济学、区域经济学、发展经济学、历史学、地理学等多学科理论知识与方法，深入研究了构建南岭民族走廊经济发展战略的必要性、理论依据、可行性以及基本框架等内容。研究取得了一定的成果，得出了一系列结论，但也存在诸多问题需要进一步改进和深入研究。

## 第一节　研究结论

本书以民族学中提出的南岭民族走廊概念为研究对象，通过多学科交叉与跨越，将这个民族学概念引申至区域经济发展研究范畴，并对南岭民族走廊经济发展战略的构建进行了系统的理论研究和现实分析。经过研究，得出了如下结论：

### 一、民族走廊是一个特殊的"历史—地理"区域概念

尽管费孝通先生一生对民族走廊进行了多次论述，但是其本人并没有完整使用过"民族走廊"这个术语，也没有对这个概念进行过系统界定。

"民族走廊"是其他学者依据费先生的相关讲话以及他平生的学术思想而提炼、概括出来的一个概念，但是不同学者对民族走廊的认知和界定存在着较大差异。通过对费孝通先生以及其他学者对民族走廊的相关论述，笔者认为，民族走廊是一个特殊的"历史—地理"概念。首先，民族走廊是一个历史空间概念。作为一个民族学概念，民族走廊首先是一个历史范畴。作为事实存在的走廊正是一种跨区域的历史空间。民族走廊准确地概括了在中国特殊的历史和自然条件下产生的历史空间形式以及这种历史空间形式特殊的形成过程。这个特殊的历史空间形式既是周边各少数民族不断流动、迁徙、开拓的通道，更是中华民族各成分之间不断相互了解学习、不断交流互动融合的场域。由此可见，民族走廊是中华民族多元一体格局的一种历史佐证。其次，民族走廊是一个地理区域概念。民族走廊的形成是族群活动与地理环境相互作用的结果，特殊的地理环境是民族走廊形成的自然基础。中国三级阶梯式的地形结构中，区域板块众多，阶梯之间存在众多过渡地带。走廊本身就具有连接两大地区的狭长地带的含义，这些过渡地带就是连接各区域板块和各文化单元的"走廊"。这些过渡地带，远离中原农耕文明中心地区，多山川沟谷，交通不便，地形复杂，生态资源十分丰富。在这些过渡地带中，孕育了迥然于中原地区的居民和族群，是我国大部分少数民族的栖息地和生存地带。

**二、南岭民族走廊具备作为一个整体性经济区域的合理性和特殊优势**

南岭民族走廊处于多个区域的边缘交界地区，单从施坚雅模式来看，它的空间范围与施坚雅基于市场体系模型下的经济区域有所区别，并不构成一个完整区域。但是施坚雅模式存在固有缺陷。民族走廊的形成，除了互利互惠的交换经济关系之外，文化上的相互认同与互动融合是更为重要的因素。由人群的互动空间所建构的区域范畴，是一个基于子系统之间多种互动关系而形成的整体空间。南岭民族走廊以南岭地区为中心，既是一个多民族之间的文化互动空间，也是一个相互依存的经济互动空间。基于这样的观点来看南岭民族走廊，其作为一个整体性经济区域的特质就异常明显：四周接邻几个经济大区，南北沟通海陆华夷，东西串联汉壮瑶畲，既有局部的封闭性又不失整体上的开放性。作为一个兼具文化互动空间和经济互动空间的整体性区域，南岭民族走廊具有其他经济区划无可比拟的优势。第一，南岭民族走廊的划分体现了同质性与集聚性（异质性）两种区划标准的结合；第二，南岭民族走廊是一个兼具文化互动空间和经济互动空间的综合性空间形态，是民族文化关系与区域经济关系的耦合空间；第三，南岭民族走廊横跨东中西三大经济地带，区域内部具有较强的关联性与协作性，是探索东中西部协调发展机制并实现共同发展的首选之地；第四，南岭民族走廊在国内区位和国际区位上具有得天独厚的优势；第五，南岭民族走廊更为关注少数民族地区的经济发展。

**三、发展失衡是南岭民族走廊经济发展中存在的最为突出的核心问题**

通过对南岭民族走廊各省区经济发展状况的分析与对比可知，尽管在"十二五"时期至今，在经济综合实力提升、经济结构调整、基础设施建设、对外开放深化、人民生活水平提高等方面，各省区均取得显著进步。但是，从南岭民族走廊这个整体性区域来看，其在经济发展中存在着诸多问题，表现在发展差距、经济结构、创新能力、对外开放、贫困状况等多个方面。这些问题的存在，严重阻碍着南岭民族走廊地区经济发展的整体进步以及地区之间的协调发展。其中，发展失衡与发展差距无疑是最为突出的核心问题。由于地理位置、自然条件、发展基础、发展理念、发展战略以及经济政策等多方面的原因，南岭民族走廊地区形成了与地势走向截然相反的经济发展走势。表现为：在地势较低的东南部沿海地区的广东和福建两省，整体经济发展水平较高；居于地势较高的广西、贵州、云南等地区，经济发展水平较为落后；处于中部地区的湖南与江西两省，经济发展水平居中。随着地势由东向西延伸，地势逐渐升高，而经济发展水平却逐渐降低，区域经济发展存在较为严重的失衡现象，且发展差距有进一步被拉大的趋势。另外，南岭民族走廊内各区域之间在经济发展水平上的差距并不局限于某一个领域或行业，而是全方位的，表现在国民经济发展的各个方面。

**四、行政区划带来的区域分割是造成南岭民族走廊内部发展失衡的主要原因**

南岭民族走廊经济发展中存在的发展差距与发展失衡现象，与各省区的地理区位、自然环境、发展基础、资源状况、发展思路等因素息息相关，但是行政区划所带来的区域分割是造成南岭民族走廊区域经济发展失衡的主要原因。长期以来存在的行政区划对南岭民族走廊整体性的相对割裂，不但导致各省区"一亩三分地"式固有发展思维，而且造成了走廊内少数民族地区、内陆地区、边疆地区、山丘地区等在经济发展中不断被边缘化，从而越来越滞后于走廊东部地区的经济发展水平。南岭民族走廊是一个较为独立且具有一定整体性的特殊文化圈。长期以来的行政区划边界与历史上所形成的民族文化边界并不一致，反而在一定程度上割裂了这种民族文化圈的联系性和整体性。这种行政区划的分割，造成各区域在发展中存在较强的利益竞争性，使各区域在经济发展中相对孤立，经济协同合作的难度加大。学者龙晔生认为，"政策的行政区划边界割裂了'文化圈'在经济和社会事业进步道路上的协调，造成了以民族文化中心观的'行政的边缘'区域内部的不平等"。① 实现南岭民族走廊区域协调发展的核心就在于突破行政区划界线，在国家层面将南岭民族走廊作为一个集经济互动和文化互动于一体的整体性区域，通过民族关系纽带来强化区域之间的协同合作发展。

### 五、整体构建南岭民族走廊经济发展战略是解决该区域发展问题的根本选择

南岭民族走廊地区经济发展中所存在的最为突出的核心问题的解决，单靠每个省区各自的力量是难以实现的。各省区也针对发展问题适时调整了经济发展战略，但是受限于本区域在经济发展中的瓶颈，发展差距问题反而出现了越来越被拉大的风险。尽管各省区在经济发展中不断加强区域合作，但是由于行政区划分割所带来的各自为政式发展的思维，各省区产业布局与空间布局并没有得到统一科学规划，没有形成有效的战略整合。发展差距问题的解决必须依赖走廊内各省区之间的相互协作，最佳途径就是将南岭民族走廊视为一个整体性经济区域，并整体规划、科学构建该区

---

① 龙晔生：《南岭走廊民族区域平等发展：概念提出及路径选择》，《民族论坛》2016年第6期，第4-7页。

域的经济发展战略，通过各省区之间的战略协同，实现该地区的协调发展。可以说，构建南岭民族走廊经济发展战略，是形势所致、问题所逼的有效选择。整体构建南岭民族走廊经济发展战略，是缩小差距并实现区域协调发展的内在要求，有利于走廊内资源整合与强化区域合作，是深入推进西部大开发战略的有效途径，是积极融入"一带一路"建设的最佳选择。

### 六、系统协同战略与双向开放战略是破除南岭民族走廊发展问题的有效模式

南岭民族走廊具有特殊的区位优势，而且在历史中积淀了紧密和谐的民族关系，这为南岭民族走廊实施区域协同发展战略与双向开放战略奠定了良好的地理条件与人文环境。推进南岭民族走廊协同发展，要立足于区域比较优势、现代产业分工体系、区域优势互补原则、合作共赢理念，以南岭民族走廊区域合作经济带建设为载体，以优化产业布局和区域分工为重点，以资源要素空间统筹规划和优化配置为主线，以构建长效合作机制为抓手，在产业发展协同、城乡优化协同、资源开发协同、创新驱动协同、基础设施建设协同、公共服务协同、生态建设协同、对外开放协同等方面科学规划，以民族联系强化经济联系和推动合作机制创新，有效推动走廊内东中西部地区、城市与农村、沿海与内陆、少数民族地区与非少数民族地区之间的互联互动协调发展，增强走廊整体创新发展能力，推进走廊一体化进程。南岭民族走廊要充分发挥其"21世纪海上丝绸之路"建设的国际大通道的区位优势，逐步拓展和提升开放平台，统筹国内、国际两个市场、两种资源，坚持内外需协调、进出口平衡、"引进来"和"走出去"并重、引资和引技引智并举，推动对内对外开放相互促进，将南岭民族走廊建设成为全面开放、适应经济全球化趋势的民族经济走廊。

## 第二节 研究展望

在研究过程中，本书基本遵循了前期所确定的研究思路，综合运用多个学科的理论知识，注重理论研究与实证研究相结合，基本实现了预期研

究目标。但是，受到一些客观因素的影响，以及笔者研究水平和知识结构的局限性，本书显然没有、也不可能全面完成这一领域的所有研究，研究过程中难免存在一些疏漏和欠缺。

## 一、对费孝通先生的民族走廊学说研究需进一步深化

本书以费孝通提出的三大民族走廊中的南岭民族走廊为研究对象，将费老先生提出的这个民族学概念引申至区域经济研究领域。在学科跨越中，本书秉持了费孝通先生关于民族走廊的中心思想，坚持了其提出的跨族群、跨区域研究方法，并充分吸取、借鉴了其他学者对民族走廊概念界定中的科学成分。但是，由于受知识结构的影响，本书对民族走廊概念与内涵的理解并不是十分全面。民族走廊不仅是一个"历史—地理"概念，也是一个文化学概念、人类学概念。因此，若要深化对南岭民族走廊经济发展战略的研究，前提是必须对费孝通先生的民族走廊学说进行进一步全面研究。基本思路是：将民族走廊学说放在费孝通先生"中华民族多元一体格局"的视阈下进行认知，把握民族走廊中的民族历史、民族关系、民族文化等研究，结合自然地理学、地质构造学、区域经济学等学科相关知识，在"一带一路"建设背景下以更为广阔的视角来审视民族走廊的形成与发展，以准确且全面地把握民族走廊在中华民族多元一体格局中的地位。

## 二、对南岭民族走廊的空间范围研究需进一步精确

将"南岭民族走廊"这个民族学概念引入区域经济发展战略研究中，面临的首要问题就是确定它的空间范围。费孝通先生尽管在多次讲话中提及这条走廊，也大致提到这条走廊的地理位置，但是并没有全面界定。后继学者均根据费孝通先生的相关论述，对南岭民族走廊的区域范围进行了仁者见仁、智者见智的界定。由于民族走廊是一个特殊的历史地理区域，从不同的学科角度，其空间范围则有不同的边界。本书以地理学或地质学中的南岭山区为依托，以民族学对南岭民族走廊的空间界定为基本依据，兼顾行政区划的完整性，以区域经济研究为主要范式，对南岭民族走廊的空间范围进行界定。但是，本书对南岭民族走廊的范围界定，是从现实角度出发，充分考虑了行政区划在区域构建中的重要作用以及在区域经济合

作中的重要性，以省级行政区为单位界定了南岭民族走廊的范围。这样的界定与历史文化观下的南岭民族走廊并不完全一致。在以后的研究中，需要对南岭民族走廊的空间范围进行更为精确的界定。

### 三、对南岭民族走廊经济发展战略的实施需进行细化研究

除了继续对南岭民族走廊的空间范围进行精确研究外，还要对南岭民族走廊经济发展战略的规划和实施进行细化研究。本书在研究了南岭民族走廊经济发展的现状与问题之后，论证了构建该区域经济发展战略的理论可能性与现实可行性。在这些分析论证基础上，本书构建了南岭民族走廊经济发展战略的总体蓝图，为该区域经济发展明确了方向。但是，南岭民族走廊的空间范围横跨东中西三个经济带，涵盖七个省区，走廊内各子区域分别具有自己的特殊区情。总体战略之下，还需要对各省区、各产业的发展进行更为细致的研究。尽管本书依据南岭民族走廊的区位优势，构建了内部区域协同与外部双向开放的两大子战略，但是并没有对这两个子战略的实施进行非常细化的研究。因此，本书还需要对南岭民族走廊经济发展战略的具体实施方略进行细化研究。基本思路：一是依据各省区的具体情况分别进行各自区域发展战略构建；二是深化产业布局，对走廊内优势产业发展战略进行细致构建；三是对内部协同发展战略与外部双向开放战略进行更为详细的战略构建。

### 四、对不受行政区划影响的新的跨区域合作研究进行进一步探索

本书在对南岭民族走廊区域范围的界定、对走廊区域经济发展现状与问题的分析以及对该区域经济合作战略的构建过程中，都充分考虑了行政区划尤其是省级行政单位的重要性。但是，基于行政区划构成下的南岭民族走廊与民族学、文化人类学视角下的南岭民族走廊的界线并非吻合，行政区域在推进跨区域经济合作中具有重要作用，在当代我国国民经济管理体制下，在非省级行政单位下进行跨省域区域经济合作战略的构建，目前条件尚不成熟。但是，行政区划对南岭民族走廊整体性的分割，是造成该走廊经济发展失衡的重要原因。如何突破行政分割，打破"一亩三分地"式各自为政的固有思维，在不受行政区划影响的情况下进行新的跨区域合作研究，本书将进行进一步的探索。

### 五、对民族文化关系强化区域经济关系的有效机制需进行进一步深入研究

多元的民族文化与紧密的民族关系是南岭民族走廊区别于周边其他经济区域的重要方面，也是加强南岭民族走廊强化区域经济关系的重要优势。本书在构建南岭民族走廊经济发展战略中，通过创新合作平台与合作机制的方式，将走廊形成过程中传承下来的紧密的民族关系作为强化走廊各子区域经济联系的重要纽带。尽管本书提出了设立南岭民族走廊区域合作与发展论坛、南岭民族走廊民族文化博览会与经贸合作洽谈会两大合作平台，但是如何充分发挥民族关系对走廊内区域经济关系的强化作用，如何充分发挥多元民族文化对南岭民族走廊经济发展的积极作用，还没有进行深入研究。在以后的研究中，本书将着重研究南岭民族走廊内民族文化关系对区域经济关系的强化机制，在平台建设、互促机制等方面进行进一步深入研究。

总之，南岭民族走廊经济发展战略研究，将费孝通先生民族走廊学说中的"南岭民族走廊"概念引入区域经济发展研究中，不但拓展了民族经济学的研究内容与研究视角，也开拓了走廊经济研究新思路，对民族学中南岭民族走廊的经济问题研究具有一定的学术贡献。同时，本书对于促进南岭民族走廊地区协调发展，促进该区域双向开放开发，以及加强民族团结与繁荣发展，推进国家"一带一路"建设，具有深远的现实意义。当然，南岭民族走廊经济发展战略研究是一项复杂工程，从理论研究、现实分析，到战略构建、战略规划、战略实施，还有很多深层次问题需要研究，这依赖于学术界对民族学中的南岭民族走廊以及区域经济学视角下的走廊经济继续进行深入研究。随着学术界对该问题的重视、研究方法的不断完善、研究视阈的不断拓展，以及国家对区域经济发展模式尤其是协同发展模式的不断探索，将为南岭民族走廊经济发展战略的进一步深入研究提供更好的支持。

# 参考文献

［1］安虎森：《区域经济学通论：区域经济理论与政策》，经济科学出版社 2004 年版。

［2］卜工：《岭南文明进程的考古学观察》，《历史人类学学刊》2005 年第 2 期。

［3］Charles F. J. Whebell, "Corridors: A Theory of Urban System," Annals of the Association of American Geography, Vol. 59, No. 1, 1969.

［4］陈仲伯：《湘鄂渝黔桂省际边境区域经济发展战略》，湖南科学技术出版社 2001 年版。

［5］陈鸿培、彭晓丹：《试论南岭走廊瑶族文化旅游资源开发相关问题》，《明日风尚》2016 年第 18 期。

［6］陈劲、孙永磊：《创新驱动发展的战略思考》，《科学与管理》2016 年第 1 期。

［7］陈能幸、陈炜：《南岭走廊少数民族非物质文化遗产的分类及特征》，《柳州师专学报》2009 年第 6 期。

［8］陈宪忠：《论南岭地区和湘漓流域在"泛珠三角"的经济合作——关于建立南岭湘漓次区域经济合作区的构想》，《中共桂林市委党校学报》2007 年第 4 期。

［9］程永林：《区域合作、利益冲突与制度分析——以泛珠三角区域经济合作为例》，《改革与战略》2008 年第 10 期。

［10］费孝通：《费孝通全集（第 11 卷）》，内蒙古人民出版社 2009 年版。

［11］费孝通：《费孝通全集（第 12 卷）》，内蒙古人民出版社 2009 年版。

［12］费孝通：《谈深入开展民族调查问题》，《中南民族大学学报（人文社会科学版）》1982 年第 3 期。

［13］费孝通：《关于我国民族的识别问题》，《中国社会科学》1980 年第 1 期。

［14］费孝通：《民族社会学调查的尝试》，《中央民族学院学报》1982 年第 2 期。

［15］费孝通：《中华民族多元一体格局》，中央民族大学出版社 1999 年版。

［16］费孝通：《行行重行行：中国城乡及区域发展调查》，群言出版社 2014 年版。

［17］费孝通：《怎样做社会研究》，上海人民出版社 2013 年版。

［18］冯之浚：《区域经济发展战略研究》，经济科学出版社 2002 年版。

［19］高冲、吴忠军：《南岭民族走廊旅游经济差异研究》，《贺州学院学报》2015 年第 3 期。

［20］葛政委：《论民族走廊研究的几个关键问题》，《铜仁学院学报》2013 年第 2 期。

［21］葛政委、黄柏权：《论民族走廊的形成机理》，《广西民族大学学报（哲学社会科学版）》2013 年第 2 期。

［22］谷显明、张美花：《南岭走廊瑶族文化旅游资源开发探析》，《湖南科技学院学报》2016 年第 2 期。

［23］郭锐、王亚飞、陈东：《"双向开放"战略实施对我国区域发展格局的影响》，《中国科学院院刊》2016 年第 1 期。

［24］国家民委民族问题五种丛书编辑委员会：《中国少数民族》，人民出版社 1981 年版。

［25］国务院发展研究中心发展战略和区域经济研究部著，李善同等执笔：《中国大陆：划分八大社会经济区域》，《上海证券报》2003 年第

2 期。

［26］黄国信：《区与界：清代湘粤赣界邻地区食盐专卖研究》，生活・读书・新知三联书店 2006 年版。

［27］黄河东：《南岭民族地区城市化与生态环境协调发展》，《中国民族》2016 年第 6 期。

［28］侯永志：《区域协同发展：机制与政策》，中国发展出版社2016 年版。

［29］李成勋：《区域经济发展战略学》，社会科学文献出版社 2009年版。

［30］李俊杰：《腹地与软肋：土家苗瑶走廊经济协同发展研究》，中国社会科学出版社 2011 年版。

［31］李澜、谭朴妮：《环北部湾地区发展中心——广西双向开放开发的理性思考》，《学术论坛》2005 年第 8 期。

［32］李澜：《论面向 21 世纪环北部湾地区经济协作中心的可持续发展——探讨广西区域经济发展与布局方略》，《广西师范学院学报（自然科学版）》1998 年第 3 期。

［33］李澜：《论少数民族地区新农村建设突破"发展困境"的重要途径——以广西河池市巴马瑶族自治县为例》，《广西社会科学》2007 年第 7 期。

［34］李澜：《论"一体多元"土地制度下的土地补贴政策实施》，《学术论坛》2006 年第 3 期。

［35］李澜：《西部民族地区城镇化与农村妇女发展关系论析》，《农业经济问题》2005 年第 10 期。

［36］李澜：《关于观光农业理论研究与实践开发中的问题思考》，《广西师范学院学报（自然科学版）》2001 年第 2 期。

［37］李澜、戴宏学：《牧区经济现代化建设实践的分析与思考》，《学术论坛》2009 年第 8 期。

［38］李澜、李阳：《我国农业劳动力老龄化问题研究：基于全国第二次农业普查数据的分析》，《农业经济问题》2009 年第 6 期。

［39］李澜：《潜藏的力量——西部地区农村女性人力资源开发》，中国经济出版社 2006 年版。

［40］李澜：《西部民族地区城镇化》，民族出版社 2005 年版。

［41］李绍明：《巴蜀民族史论集》，四川人民出版社 2004 年版。

［42］李晓明：《族群认同的"多元性"：以南岭民族走廊瑶族为例》，《前沿》2010 年第 22 期。

［43］李晓明：《南岭走廊过山瑶传统文化基本特征探论》，《黑龙江民族丛刊》2011 年第 1 期。

［44］李晓明：《文化和谐与乡村秩序：以南岭走廊民族乡村为中心的考察》，《农业考古》2011 年第 4 期。

［45］李星星：《论"民族走廊"及"二纵三横"的格局》，《中华文化论坛》2005 年第 3 期。

［46］李星星：《再论民族走廊：兼谈"巫山—武陵走廊"》，《广西民族大学学报（哲学社会科学版）》2013 年第 2 期。

［47］李勇军、李双：《南岭民族走廊研究的回顾与展望》，《广西师范学院学报（哲学社会科学版）》2016 年第 5 期。

［48］黎鹏：《区域经济协同发展研究》，经济管理出版社 2003 年版。

［49］梁宏章、何莲翠、李丹：《概念与走向：2013 年"南岭民族走廊"学术研讨会综述》，《民族论坛》2013 年第 12 期。

［50］林毅夫：《解读中国经济》，北京大学出版社 2012 年版。

［51］林毅夫：《制度、技术与中国农业发展》，上海人民出版社 2014 年版。

［52］林毅夫：《经济发展与转型：思潮、战略与自生能力》，北京大学出版社 2008 年版。

［53］林毅夫：《繁荣的求索：发展中经济如何崛起》，北京大学出版社 2012 年版。

［54］林毅夫：《本体与常无：经济学方法论对话》，北京大学出版社 2012 年版。

［55］林毅夫：《自生能力、经济发展与转型：理论与实证》，北京大

学出版社 2004 年版。

［56］林毅夫：《发展战略与经济发展》，北京大学出版社 2004 年版。

［57］林毅夫：《论经济发展战略》，北京大学出版社 2005 年版。

［58］刘恩云：《贵州经济发展战略的选择》，《经济研究导刊》2016 年第 9 期。

［59］刘秀丽：《从四大民瑶看明清以来"南岭走廊"的族群互动与文化共生》，《中南民族大学学报（人文社会科学版）》2010 年第 2 期。

［60］刘再兴：《综合经济区划的若干问题》，《经济理论与经济管理》1985 年第 6 期。

［61］刘招成：《美国中国学研究：以施坚雅模式社会科学化取向为中心的考察》，上海人民出版社 2009 年版。

［62］龙晔生：《南岭走廊民族区域平等发展：概念提出及路径选择》，《民族论坛》2016 年第 6 期。

［63］龙晔生：《南岭民族走廊研究的目标与任务》，《民族论坛》2013 年第 12 期。

［64］鲁迅：《呐喊》，春风文艺出版社 2015 年版，第 58 页。

［65］卢维美：《双向开发：加速山区经济发展的战略探讨》，《农村发展论丛》1995 年第 2 期。

［66］卢正惠：《区域经济发展战略：理论与模式》，经济科学出版社 2012 年版，第 29-56 页。

［67］吕世斌、庞卫宏：《京津冀与长三角区域协同发展战略比较研究》，《商业经济研究》2015 年第 6 期。

［68］麻国庆：《南岭民族走廊的人类学定位及意义》，《广西民族大学学报（哲学社会科学版）》2013 年第 3 期。

［69］麻国庆：《跨区域社会体系：以环南中国海区域为中心的丝绸之路研究》，《民族研究》2016 年第 3 期。

［70］麻国庆：《文化、族群与社会：环南中国海区域研究发凡》，《民族研究》2012 年第 2 期。

［71］麻国庆：《人类学南岭走廊研究传统的接续》，《中国社会科学

文摘》2013 年第 11 期。

[72] 麻国庆：《山海之间：从华南到东南亚》，社会科学文献出版社 2014 年版。

[73] 马成俊、王含章：《范式转换：中国民族走廊与国际民族通道——丝绸之路研究的方法论刍议》，《西北民族研究》2016 年第 3 期。

[74] 毛汉英：《京津冀协同发展的机制创新与区域政策研究》，《地理科学进展》2017 年第 1 期。

[75] 米运生、易秋霖：《全球化、全要素生产率与区域发展差异——基于珠三角、长三角和环渤海的面板数据分析》，《国际贸易问题》2008 年第 5 期。

[76] 苗建军：《城市发展路径：区域性中心城市发展研究》，东南大学出版社 2004 年版。

[77] 莫晨宇：《基于通道经济的钦州保税港区产业发展研究》，《广西民族大学学报（哲学社会科学版）》2012 年第 4 期。

[78] 莫柱孙：《南岭花岗岩地质学》，地质出版社 1980 年版。

[79] 彭壁玉、王聪、李继东：《论华南区域经济合作的可持续发展战略》，《经济前沿》2000 年第 3 期。

[80] 祁进玉：《西部民族走廊研究：田野与实践》，学苑出版社 2012 年版。

[81] 齐雅敏、龙飞凤：《增设南岭山区国家集中连片扶贫攻坚开发区》，《民族论坛》2013 年第 4 期。

[82] 覃德清：《关于开展南岭民族研究的构想》，《广西师范大学学报（哲学社会科学版）》2008 年第 2 期。

[83] 覃德清、杨丽萍：《南岭民族走廊文化积淀与审美人类学研究的拓展》，《文化遗产》2009 年第 3 期。

[84] 覃德清：《南岭瑶族的民俗与文化》，广西师范大学出版社 2014 年版。

[85] 秦红增、玉时阶：《南岭走廊与瑶族研究：人类学学者访谈录之五十七》，《广西民族大学学报（哲学社会科学版）》2010 年第 6 期。

［86］覃慧宁：《"中心"与"边缘"的时空研究范式初探——从南岭民族走廊到岭南地区研究》，《百色学院学报》2016年第5期。

［87］秦永章：《费孝通与西北民族走廊》，《青海民族研究》2011年第3期。

［88］石硕：《藏彝走廊：历史与文化》，四川人民出版社2005年版。

［89］施正一：《民族经济学教程（第二次修订本）》，中央民族大学出版社2016年版。

［90］施正一：《施正一文集》，中央民族大学出版社2015年版。

［91］施正一：《关于少数民族地区经济体制改革的几个问题》，《经济问题探索》1986年第1期。

［92］施正一：《关于少数民族地区经济体制改革》，《民族团结》1985年第12期。

［93］施正一：《制订少数民族地区经济发展战略规划必须正确认识共同性与特殊性的辩证关系》，《中央民族大学学报（哲学社会科学版）》1983年第2期。

［94］施正一：《实施西部大开发战略应当正确处理几种关系——再谈"西部大开发新思路"》，《中央民族大学学报（哲学社会科学版）》2000年第5期。

［95］施正一：《差距与加速》，《中央民族大学学报（人文社会科学版）》1996年第4期。

［96］施正一：《关于加速发展战略方针》，《中南民族大学学报（人文社会科学版）》1992年第4期。

［97］施正一：《关于少数民族地区加速发展的战略方针——学习邓小平同志关于加速发展的战略指导思想》，《内蒙古社会科学（汉文版）》1993年第2期。

［98］施正一：《西部少数民族地区经济发展的"加速战略"》，《中国民族》1986年第11期。

［99］施正一：《差距·加速与均衡——关于少数民族地区经济发展战略的探索》，《黑龙江民族丛刊》1989年第3期。

［100］施正一：《广义民族学导论》，民族出版社 2006 年版。

［101］施正一：《论科学的理论思维方法》，民族出版社 2004 年版。

［102］施正一：《中国西部民族地区经济开发研究》，民族出版社 1988 年版。

［103］施正一：《民族经济学和民族地区的四个现代化》，民族出版社 1987 年版。

［104］石中坚、黄韧：《粤东畲族招兵节研究：兼论南岭走廊民族文化互动特征》，《北方民族大学学报（哲学社会科学版）》2011 年第 5 期。

［105］思睿：《助推南岭片区开发，"南岭民族走廊"研究先行》，《民族论坛》2013 年第 12 期。

［106］苏发祥：《西部民族走廊研究——文明、宗教与族群关系》，学苑出版社 2012 年版。

［107］苏威：《浅谈丝绸之路经济带的发展战略》，《北方经贸》2016 年第 3 期。

［108］孙尚志：《西南和华南部分省区区域发展战略初步研究》，《经济地理》1993 年第 2 期。

［109］孙晓琴、刘锋：《广东省经济增长方式转变的实证研究》，《广东外语外贸大学学报》2010 年第 3 期。

［110］谭建军：《增设南岭山区少数民族集中连片特困地区的思考和建议》，《广东省社会主义学院学报》2015 年第 1 期。

［111］唐宇文：《打造经济强省：湖南省"十二五"经济社会发展总体战略研究》，中国发展出版社 2011 年版。

［112］Thomas G. Taylor, "Urban Geography", London：Methuen Publishing Ltd, 1949 。

［113］韦浩明：《潇贺古道及其岔道贺州段考》，《贺州学院学报》2011 年第 1 期。

［114］韦浩明：《潇贺古道区域瑶族认同汉文化的历史建构》，《广西民族研究》2010 年第 4 期。

[115] 韦浩明：《南岭走廊民族认同研究》，中南大学出版社 2015 年版。

[116] 韦浩明：《多族群区域物质文化的互动与整合：以南岭民族走廊中段地区为例》，《贺州学院学报》2009 年第 1 期。

[117] 韦浩明：《多族群区域制度文化认同的建构——以南岭走廊中段为例》，《原生态民族文化学刊》2011 年第 1 期。

[118] 王承武、马瑛、李玉：《西部民族地区资源开发利益分配政策研究》，《广西民族研究》2016 年第 5 期。

[119] 王德利：《京津冀区域协同发展战略及关键问题研究》，《中国集体经济》2017 年第 1 期。

[120] 王明生：《地缘民族关系研究：以南岭地区为例》，《民族论坛》2012 年第 2 期。

[121] 王施力、王明生：《加强区域协作发展，构建南岭地区瑶族文化圈》，《民族论坛》2007 年第 2 期。

[122] 王怡颖：《我国经济发展战略分析》，《合作经济与科技》2017 年第 2 期。

[123] 王元林：《费孝通与南岭民族走廊研究》，《广西民族研究》2006 年第 4 期。

[124] 王元林：《秦汉时期南岭交通的开发与南北交流》，《中国历史地理论丛》2008 年第 4 期。

[125] 王元林：《内联外接的商贸经济：岭南港口与腹地、海外交通关系研究》，中国社会科学出版社 2012 年版。

[126] 温军：《民族与发展：新的现代化追赶战略》，清华大学出版社 2004 年版。

[127] 温军：《中国民族经济政策的形成、演变与评价》，《民族研究》1998 年第 6 期。

[128] 吴滔、于薇、谢湜：《南岭历史地理研究》，广东人民出版社 2016 年版。

[129] 吴忠军、张瑾：《粤桂湘瑶族文化旅游圈构建研究》，《贺州学

院学报》2009 年第 3 期。

[130] 吴忠军、邓鸥:《南岭民族走廊贫困现状与扶贫开发研究》,《广西民族研究》2014 年第 6 期。

[131] 萧琉、冰馨:《打造"一带一路"双向开放桥头堡》,《市场观察》,2015 年第 1 期。

[132] 徐从才:《江苏产业发展报告 2013——江苏区域产业协同发展分析》,中国经济出版社 2014 年版。

[133] 徐国弟:《长江经济带区域经济发展战略研究》,长江出版社 2006 年版。

[134] 徐杰舜:《梁钊韬与南岭走廊研究——纪念梁钊韬诞辰一百周年》,《广西民族大学学报（哲学社会科学版）》2016 年第 6 期。

[135] 杨树珍:《中国经济区划研究》,中国展望出版社 1990 年版。

[136] 杨鹏:《通道经济：区域经济发展的新兴模式》,中国经济出版社 2012 年版。

[137] 杨荣翰:《南岭民族走廊与南岭走廊民族和谐文化研究》,《佳木斯教育学院学报》2014 年第 6 期。

[138] 杨载田、刘沛林:《南岭山区传统聚落景观资源及其旅游开发研究》,《长江流域资源与环境》2004 年第 1 期。

[139] 姚兵、刘俊:《主体功能区规划框架下深化泛珠三角区域合作研究》,《改革与战略》2012 年第 1 期。

[140] 曾鹏、蒋团标:《基于通道经济下的广西中心城市经济走廊构建反思》,《城市发展研究》2006 年第 1 期。

[141] 张亚辉:《西部民族走廊研究：经典与文献》,学苑出版社 2012 年版。

[142] 张勇、刘星泽、文伯其:《南岭山区：越过封闭屏障 迈向开放走廊》,《瞭望》1992 年第 34 期。

[143] 张正华、史红亮:《国际通道的经济学分析》,人民出版社 2013 年版。

[144] 张子珍:《中国经济区域划分演变及评价》,《山西财经大

学学报（高等教育版）》2010 年第 2 期。

［145］赵亮：《欧洲空间规划中的"走廊"概念及相关研究》，《国外城市规划》2006 年第 1 期。

［146］郑宇劼、胡彩梅：《双向开放面临四大挑战》，《党政论坛》2016 年第 14 期。

［147］中国大百科全书总编委会：《中国大百科全书·民族卷》，大百科全书出版社 1986 年版。

［148］中国环境科学学会：《中国环境科学学会学术年会论文集（2011 年第 3 卷）》，中国环境科学出版社 2011 年版。

［149］中国科学院、国家计划委员会自然资源综合考察委员会南岭山区科学考察组：《南岭山区自然资源开发利用》，科学出版社 1992 年版。

［150］中国科学院《中国自然地理》编辑委员会：《中国自然地理总论》，科学出版社 1985 年版。

［151］中国科学院南方山区综合科学考察队：《中国南方山区的开发治理》，华东师范大学出版社 1988 年版。

［152］中国科学院南方山区综合科学考察队：《中国亚热带东部丘陵山区自然资源开发利用分区》，科学出版社 1989 年版。

［153］周生来：《关于建立南岭地区经济协作区的思考》，《湖南省社会主义学院学报》2005 年第 2 期。

［154］周生来：《建立南岭经济区的战略构想》，《热带地理》2005 年第 3 期。

［155］周生来：《关于建立南岭经济协作区的战略思考》，《广西民族学院学报（哲学社会科学版）》2005 年第 A1 期。

［156］周英虎：《连接中国—东盟自由贸易区的桥梁：广西通道经济研究》，北京：中国财政经济出版社 2008 年版。

［157］朱厚伦：《中国区域经济发展战略》，社会科学文献出版社 2004 年版。

［158］卓贤：《东西双向开放的"丝绸之路经济带"》，《西部大开发》2014 年第 10 期。